西學東漸研究

第十辑

儒学与欧洲文明：明清时期西学与宋明理学的相遇

中山大学西学东渐文献馆 主编

商務印書館
创于1897 The Commercial Press

图书在版编目(CIP)数据

西学东渐研究. 第10辑,儒学与欧洲文明:明清时期西学与宋明理学的相遇/中山大学西学东渐文献馆主编.—北京:商务印书馆,2021
ISBN 978-7-100-19433-4

Ⅰ.①西… Ⅱ.①中… Ⅲ.①西方哲学—文集 ②西方哲学—影响—现代化—中国—文集 ③西方文化—中国—明清时代—文集 ④理学—中国—明清时代—文集 Ⅳ.①B5-53 ②G11-53 ③B248-53 ④B249-53

中国版本图书馆CIP数据核字(2021)第024601号

西学东渐研究
第十辑
儒学与欧洲文明:明清时期西学与宋明理学的相遇
中山大学西学东渐文献馆 主编

商 务 印 书 馆 出 版
(北京王府井大街36号 邮政编码100710)
商 务 印 书 馆 发 行
苏州市越洋印刷有限公司印刷
ISBN 978-7-100-19433-4

2021年5月第1版 开本640×960 1/16
2021年5月第1次印刷 印张25
定价:98.00元

西学东渐研究

编者的话

《西学东渐研究》一直以来关注西学与儒学之间所发生的相遇、碰撞及互促。它们既启动了东亚的西学，又同时启动了西方的中学，而且对双方的学术发展起到了程度不同的影响。如在第四辑讨论了“西学东渐与儒学”，在第六辑讨论了“西学东渐与儒家经典翻译”。

在2018年9月所举办的“儒学与欧洲文明”国际学术会议中，儒家研究者从儒学的脉络分析西学带来的挑战和机遇，而西方思想研究者从西方思想脉络分析中学带来的挑战和机遇，探讨双方做出的选择性、多样性的诠释，试图展开双方互鉴互促的可能思想空间。

这次会议，实质是一场文明对话。在对话过程中，我们很容易意识到，我们不仅是研究者，而且是参与者。我们做出的研究选择也在接续着四百多年来的对话。这个文集所收录的文章大多来自此次会议，在一定程度上反映出了西方人对儒学做出的各种选择，或者偏向古儒的利玛窦，或者偏向宋儒的卫方济及莱布尼茨；同样，东亚人从儒学的立场也做出了不同的选择，如不干斋·巴鼻庵在日本、黄宗羲在中国，或者如黎贵惇在越南。在这一历史过程中，我们特别关注西学与宋明理学从互相排斥到互相接纳的转向。

这次会议由中山大学西学东渐文献馆、广州与中外文化交流研究中心，以及北京外国语大学比较文明与人文交流高等研究院联合主办，国际儒联、国际汉学编辑部协办。特此感谢！

此外，本辑《西学东渐研究》的出版，得到了广州市人文社会科学重点研究基地以及中山大学重点发展项目的资助，特此致谢！

中山大学西学东渐文献馆

2020年1月1日

目　　录

文献资料专题

附录

太极与万物一体：利玛窦对宋明理学的诠释与批判*

台湾"中研院"文哲所　林月惠

一、问题的缘起

众所周知，明末进入中国的耶稣会士利玛窦（Matteo Ricci，1552—1610），不仅开启了中西文化平等对话的契机，而且在中西文化思想的互动交流上具有举足轻重的地位。尤其是利玛窦的重要中文著作《天主实义》，作为"要理本"①，虽是回应晚明中国士大夫之作，但因其涉及天主教要理的深入阐释与辨明，其影响更扩及东亚

* 本文为专题研究计划"《天主实义》校注及其儒耶思想研究"（MOST104-2410-H-001-074）之部分研究成果。承蒙梅谦立、李明辉、杨祖汉、黄冠闵诸位教授与林熙强博士的指正，以及匿名审查者惠赐鸿文，提供修改意见，谨申谢忱。又本文繁体字版曾刊登于钟振宇、陈威瑨主编：《东亚哲学的终极真理》，台湾"中研院"文哲所，2017 年，第 161—209 页。

① 按照意大利学者柯毅霖（Gianni Criveller）的说法，天主教区分两种著作："要理本"（Catechismus）与"基督宗教的道理本"（Doctrina christiana）。前者针对非基督徒，借自然理性谈信仰的理性基础，如天主的存在、灵魂的永恒、善恶回报等；后者针对天主教徒，教导天主教信仰的重要教理，如信经（Credo）、七件圣事（Sacramenti）、十诫（Decalogue），以及重要的祈祷经文（如天主经、圣母经等）。参 Gianni Criveller，"Matteo Ricci's Ascent to Beijing"，in *Portrait of a Jesuit：Matteo Ricci*，Macao：Macao Ricci Institute，2010，pp.39－76。梅谦立指出，利玛窦的《天主实义》是在范礼安（1539—1606）的要求下，专门针对儒家士大夫，提供哲学论证以作为信仰预备的"要理本"。参梅谦立：《〈天主实义〉的文献来源、成书过程、内容分析及其影响》，利玛窦著，梅谦立注，谭杰校勘：《天主实义今注》，商务印书馆，2014 年，第 4—9 页。

汉字文化圈,如朝鲜、日本、越南等,由此展开了基督宗教与东亚思想的对话。

事实上,16—17世纪的东亚思想世界,对于利玛窦所带来的“西学”(西方科学)之重视,远甚于对“西教”(天主教)之关切。虽然如此,作为传教士的利玛窦及其耶稣会士,传播天主教才是其最主要的目的。换句话说,如何教导并传播天主教的“终极真理”(ultimate truth)或“终极实在”(ultimate reality)——天主(Deus),是所有耶稣会士心中最深切的愿景,所谓“愈显主荣”(*ad majorem Dei Gloriam*/to the greater glory of God)。同样地,源远流长的中国文化在利玛窦与耶稣会士来华之前,不论儒家的“天”,或是道家(道教)的“无”、佛教的“空”,其价值位阶,都相当于各自精神传统的终极真理(终极实在),使人们得以安身立命。我们可以想象,作为不同文化精神传统基石的终极真理相遇时,所带来的冲击会多么剧烈,对话与融合的过程又将会是多么困难,多么漫长。也许,迄今为止,中西文化有关终极真理的对话、融合,还未竟全功,仍在漫漫的历程中。毕竟,文明的学习容易,终极真理的内化或转化难。相应于此,中国台湾学界多着墨于利玛窦与明清耶稣会士在科学、文学、艺术的研究,凸显他在中西文化交流史上的贡献,虽然取得了丰硕的研究成果①,然

① 仅以中国台湾学界为例,如古伟瀛长期关切中国天主教史,并投入台湾天主教会史的研究,且将研究视域延伸到天主教在东亚的传播。又台湾“中研院”夏伯嘉与黄一农,以其对欧美多国语文的掌握,深厚的史学功底,在耶稣会士与明清文化的研究上,有卓越的成就。如夏伯嘉2010年出版的《利玛窦:紫禁城里的耶稣会士》(*A Jesuit in the Forbidden City: Matteo Ricci 1552 - 1610*),对中外第一手与第二手资料都有详赡的搜集分析,此研究优势在中外学者中不多见。他在此书中指出,相对于利玛窦的西文原始史料,他的中文论著更能显露利氏的个性与精神特质。而黄一农2005年出版的《两头蛇:明末清初的第一代天主教徒》,博采穷搜各种语文的原始史料,体大思精,考证严密,是此研究领域的杰出之作。自黄一农已降,此领域的青壮年学者如祝平次、徐光台等人,所关切的大多是耶稣会士传入的西学中,属于科学史、医疗史、天文史等议题,彰显此研究领域与西方自然科学思维的对比。此外,陈慧宏、潘凤娟等年轻学者,也具掌握欧美语文的优势,分别从艺术史、经典翻译的角度,对于耶稣会士在明清中西文化交流史的研究,持续耕耘。在史学研究之外,李奭学从比较文学与翻译文学的角度,研究中国基督宗教文学与天主教翻译文学,成果斐然。读者可参上述学者的相关著作。

而，利玛窦与中国文化在终极真理上所涉及的神学、哲学研究，则较为不足。关切此议题的学者，反而多是中国大陆学界。

先是朱维铮（1936—2012）、李天纲所强调的中国经学与西方神学的对比研究。朱维铮认为清代学术中的“汉学”与耶稣会士所传入的“西学”有密切的关系。①李天纲则认为经学与神学一样，都曾经充当过中古时代的社会意识形态，以信仰和知识相混合的方式处理“天、地、人”三者之关系，一样具有很强的宗教性。②但笔者对此研究取径有所保留。因为就清代的经学而言，以考证为主，关注形而下的经验世界，故在“为学日益”这个层面上，是广开学术资源，故能与耶稣会士所传入的西方科学知识或实证知识有某种对应。然而，因清代的“汉学”将天道的超越面减杀，故在终极真理的深究上，清代经学难以与天主教神学相对应。仅以利玛窦的《天主实义》为例，就其与中国思想对话的内容来看，不是清代经学，而是宋明理学。因为在“终极关怀”（ultimate concern）的层面上，宋明理学“天道性命相贯通”的超越蕲向，与天主教神学、哲学及灵修体验，所站的高度是一样的，天主教神学、哲学与宋明理学才是相应的对比项。

之后，孙尚扬、张晓林、刘耘华等人，另以诠释学意识来思考明清天主教与中国儒学。③他们都意识到利玛窦或是来华的耶稣会士

① 参朱维铮：《十八世纪的西学与汉学》，朱维铮：《走出中世纪》，上海人民出版社，1987 年。

② 参李天纲：《跨文化的诠释：经学与神学的相遇》，新星出版社，2007 年，第 3—4 页。李天纲大抵从中国经学与西方神学都作为意识形态（官学）的角度，以及解经的诠释方法等观点，来强调清代经学与神学的可比性。就此而言，清代的经学与基督宗教神学的相遇，仍是“道问学”的知识建构或历史语言的复古倾向，鲜有哲学义理或天道观的会通。但若从人类终极关怀的角度来阐明宗教性，则有关超越性天道的探问、心性的深究、善恶生死的追问、生命的皈依等，宋明理学或佛学才是基督宗教的对比项。

③ 参孙尚扬：《明末天主教与儒学的互动——一种思想史的视角》，宗教文化出版社，2013 年；原书曾以《基督教与明末儒学》为题，1994 年出版于东方出版社。张晓林：《〈天主实义〉与中国学统——文化互动与诠释》，学林出版社，2005 年。刘耘华：《明末清初传教士对儒家经典的解释及其本土回应》，北京大学出版社，2005 年。

所开启的中西文化交流，不能仅止于历史分析，必须深入到中西哲学与宗教的对比研究，亦即儒家与天主教在形而上学理论的整体探究。他们不仅关切耶稣会士所“引进”的西学，也聚焦于中国作为“接受”的一方，如何接受西方的科学与天主教。在此诠释学意识下，孙尚扬、张晓林较能客观地分析《天主实义》所蕴含的神学、哲学理论；张晓林甚至借用汉学家许理和（Erik Zürcher，1928—2008）的术语，指出在明清思想界存在着“儒家一神论”（confucian monotheism）的新思想体系。①他们虽然想将明末清初耶稣会士与儒者的思想交流，聚焦于哲学与宗教等形上超越向度的研究，但因对于宋明理学的理解，仍囿于冯友兰（1895—1990）、侯外庐（1903—1987）等人“理学/心学/气学”的诠释框架，并将宋明理学视为无神论②，加上对西方天主教神学的理解也不够深入，故其研究难免有局限。

近年来，活跃于中国大陆的法籍学者梅谦立，潜心于一系列利玛窦（含明清耶稣会士）中文著作的神学、哲学研究，其近作《天主实义今注》③即以深厚的西方神学、哲学造诣，以及欧洲语文之优势，提升了此一领域的研究高度与深度。但在宋明理学的理解与诠释上，他大体上仍接受中国大陆学界的见解，难免受限，还可以有继续深化的论述空间。因此，本文即在前述研究成果的基础上，以《天主实义》为文本根据，更细致地考察利玛窦对宋明理学的诠释与批判。

在笔者看来，利玛窦《天主实义》所批判的“太极”概念与“万物一体”命题，是宋明理学最核心的终极真理，有其超越的宗教向度，不能仅以“无神论”（atheism）或“泛神论”（pantheism）概括之。尤其在《天主实义》中，利玛窦对宋明理学“太极”与“万物一体”的批判，

---

① 参张晓林：《〈天主实义〉与中国学统——文化互动与诠释》，第 335—336 页。

② 最明显的例子，参张晓林《〈天主实义〉与中国学统——文化互动与诠释》第 2—3 章。

③ 利玛窦著，梅谦立注，谭杰校勘：《天主实义今注》，商务印书馆，2014 年。本文所引用的《天主实义》即以《天主实义今注》为主，编号与页码均从此书。

经由代表儒家的“中士”与代表利玛窦的“西士”之对话来开展，这恰好凸显儒家与基督宗教的终极真理如何对话、如何交锋。职是之故，本文先借《天主实义》中士之言，阐释宋明理学“太极”与“万物一体”的含义。接着，探究利玛窦如何批判宋明理学此重要终极真理。在此一正一反的论述后，最后思考宋明理学与基督宗教在终极真理上的相遇及其对儒家基督徒可能的启发，并对“儒家一神论”做出回应。

二、《天主实义》“中士”诠释下的“太极”与“万物一体”

耶稣会士艾儒略(Giulio Aleni，1582—1649)的《大西西泰利先生行迹》，曾论及《天主实义》的写作过程：

> 于时相国文忠叶公、太宰李公、司马赵公、少司寇王公、少宗伯祝公、佥都慕冈冯公、都谏曹公、大参吴公、龚公、都水我存李公，相与质疑送难，著而成书，名曰：《天学实义》(笔者按：亦即《天主实义》)。①

据此，《天主实义》是利玛窦与当时明代士人，针对宗教、哲学问题的差异，彼此辩论质疑而后成书的。而上述引文所举的士人，大体是利玛窦 1601 年进入北京前后所结识的。但根据梅谦立的研究，《天主实义》的完成，大抵分为两大阶段，一是 1594 年 10 月至 1596 年 10 月，在(广东)韶州、(江西)南昌时完成初稿，约占全文的三分之二；二是剩下的部分，继续于 1599 年在南京，以及 1601 年在北京时，与佛教徒、士人进一步辩难讨论而补充完成。②因此，《天主实义》所

---

① 艾儒略：《大西西泰利先生行迹》，艾儒略著，叶农整理：《艾儒略汉文著述全集》，广西师范大学出版社，2011 年，第 406 页。

② 梅谦立：《〈天主实义〉的文献来源、成书过程、内容分析及其影响》，利玛窦著，梅谦立注，谭杰校勘：《天主实义今注》，第 24—28 页。

谓的“中士”，虽无法一一对应其姓名，但属于江右王门的章潢(1527—1608)、冯应京(1555—1606)，位居礼部尚书的冯琦(1558—1603)，明末天主教三大柱石之一的李之藻(1565—1630)，乃至佛教高僧雪浪洪恩(1545—1608)的身影，都曾出现在书中。而且与利玛窦等耶稣会士对话的中国士大夫，有受洗入教的官员，也有亲近天主教而抱持友善态度的士绅，以及反对天主教的士绅。①因此，《天主实义》的“中士”，应涵盖这三类的儒家知识分子，而以前两类为主。尽管这三类的士人，对儒、释、道传统三教的看法也许不同，对利玛窦的态度有别，但可想而知，宋明理学“太极”与“万物一体”的思想，他们并不陌生。前者是朱子学的核心概念，后者是阳明学的重要主张，二者皆深植于晚明士大夫所熟悉的儒学思想土壤里，也在终极真理的探问上，提供儒家式的回应。

从《天主实义》分上、下卷共八篇的编排来看，上卷四篇集中在终极真理相关问题的探究。如首篇“论天主始制天地万物而主宰安养之”，旨在证明天主存在，对天主有正确的理解，揭示天主教的终极实在。第二篇“解释世人错认天主”，针对佛教的“空”、道教的“无”、宋明理学的“太极”，加以反驳与辩难。第三篇“论人魂不灭大异禽兽”，重点在阐明灵魂不朽的要理。第四篇“辩释鬼神及人魂异论，而解天下万物不可谓之一体”，旨在论证鬼神的存在，反对佛教与宋明理学的“万物一体”说。根据利玛窦“补儒易佛”②的传教策

---

① 参黄一农：《两头蛇——明末清初的第一代天主教徒》第三章《“泰西儒士”与中国士大夫的对话》，台湾清华大学出版社，2005年，第65—130页。

② 利玛窦曾指出，保禄博士(徐光启)提出“驱佛补儒”(Ciue Fo Pu Giu)四个字概括对儒家士大夫的传教策略，意即“破除偶像并完善了士大夫的律法”。参利玛窦撰，何高济、王尊仲、李申译，何兆武校：《利玛窦中国札记》，中华书局，1983年，第485—486页。又徐光启于《泰西水法·序》云：“泰西诸君子……其实心、实行、实学，诚信于士大夫也；其谈道也，以践形尽性，钦若上帝为宗。所教戒者，人人可共由一轨于至公至正，而归极于‘惠迪吉，从逆凶’之旨，以分趋避之路。余尝谓其教必可以补儒易佛，而其绪余，更有一种格物穷理之学。”收入徐光启：《泰西水法》，徐光启：《徐光启全集》，上海古籍出版社，2010年，第290页。

略，以及《天主实义》"容古儒、斥新儒"[①]的论述策略，《天主实义》上卷四篇对终极真理的探究，可归结为：一、"天主"即先秦儒学的"上帝"，而非宋明理学的"太极"；二、因为"鬼神"与"人魂"为不同的存在，故宋明理学的"万物一体"说为谬论。这即利玛窦在《天主实义》中所安排的论述脉络。由此可见，"太极"的论辩与"万物一体"的反驳，二者有紧密的逻辑关联。《天主实义》的"中士"，即在此脉络下，登场为宋明理学的"太极""万物一体"代言。

（一）"太极"的诠释

继利玛窦于《天主实义》首篇揭示天主教的终极真理——天主之后，第二篇一开始，中士就从儒、释、道三教也有终极真理来提问，认为老氏"以无为道"、佛氏"以空为务"、儒家"《易》有太极"，似乎也意味着终极真理。尽管中士接受利玛窦"天下以实有为贵，以虚无为贱"[②]的价值论断，而以二氏为异端，但也意识到"吾闻空无者，非真无之谓，乃神之无形、无声者耳，则于天主何异焉？"[③]言下之意，三教终极真理的理论高度相当，不能轻忽。在此脉络下，中士肯定儒家的终极真理——太极，阐释其含义。大抵而言，中士与西士在论辩中，呈现的观点如下：

1. *太极是理，为万物之原*

在儒家的思想发展史上，"太极"作为终极真理的系统性论述，因朱子（名熹，1130—1200）重视周濂溪（名敦颐，1017—1073）《太极图》《太极图说》而予以充分的阐释。但这并不意味着在周濂溪、朱子之前，儒家思想中没有形上思维。而且宋明理学的形上智慧，也是承继先秦儒学"天命不已"而来的。在此儒学思想脉络下，中士针对利玛窦"但闻古先君子敬恭于天地之上帝，未闻有尊奉太极者"[④]

---

① 参孙尚扬：《明末天主教与儒学的互动——一种思想史的视角》第 2—3 章。古儒指先秦儒学，新儒则指宋明理学（宋明新儒学）。

② 《天主实义今注》：第二篇第 72 条，笔者作 2—72（本文同此例，不另注明），第 92 页。

③ 《天主实义今注》：2—75，第 93 页。

④ 《天主实义今注》：2—78，第 94 页。

的质疑，以“古者未有其名，而实有其理，但图、释未传耳”①来回应，并展开论辩。显然中士对于“太极”的理解，大体是以朱子见解为标准的，而非其他宋明理学家的诠释。为此，中士认为：

> 太极非他物，乃理而已。如以全理为无理，尚有何理之可谓？②

又说：

> 无其理则无其物，是故我周子信理为物之原也。③

虽然《易·系辞》或周濂溪《太极图说》论及“太极”一词时，并未以“理”指涉之，但中士“太极非他物，乃理而已”“无其理则无其物……理为物之原也”的诠释，却是朱子独特的观点，而非周濂溪的见解。事实上，朱子受程伊川（名颐，1033—1107）所谓“离了阴阳更无道，所以阴阳者是道也。阴阳，气也。气是形而下者，道是形而上者”④之分解式思考的影响，乃有“太极属于形而上之理，阴阳属于形而下之气”“理气不离不杂”的二元性思考框架。以此思考框架，朱子将太极与理气论相连结，并将“太极”推向存有论与宇宙论的高峰，嗣后儒者论及“太极”概念时，朱子理气论的解释是主流的思想，广为士人所熟知。

其实，中士所言“太极非他物，乃理而已”，乃源自朱子对《太极图说》“无极而太极”的阐释。此语究竟是意味着“太极”之上还有更高的“无极”？还是“无极”只是“太极”的描述词而已，“太极”才是终

---

① 《天主实义今注》：2—79，第94页。

② 《天主实义今注》：2—81，第94页。

③ 《天主实义今注》：2—86，第96页。

④ 程颢、程颐著，王孝鱼点校：《河南程氏遗书》卷十五，《二程集》，中华书局，2004年，第162页。

极实在？此曾是朱子与陆象山（名九渊，1139—1193）“太极”论争的焦点之一。对此，朱子拒绝《太极图》“自无极而太极”的理解，将《太极图说》的义理与道教的“无”划清界限，并以“无极”的否定性描述，意谓“太极”是“无声无臭”“无方所”“无形状”的形上本体，所谓“实造化之枢纽，品汇之根柢”①。再者，朱子也常以“无形而有理”来指涉“无极而太极”②。他认为“极”之所以得名，取“枢极”（枢纽）之义，“太极”即意味着“天地万物之根（根底）”③。从存有论上言，太极是天地万物的存在根据；从宇宙论说，太极也是万物化生之源。在这个意义下，太极既是终极实在，也是终极原理，所谓：“太极只是天地万物之理。”④此“理”是“存在之理”（principle of existence）⑤，当然是“万物统体一太极”的“全理”⑥。相反地，“无其理则无其物”，若无太极之理，万物也无法存在。据此，太极是理，独一无二的本体，是万物之原。我们可以说，在中士看来，朱子“太极”在存有论的地位与利玛窦所倡言的“天主”相当。

2. 太极化生天地万物

相对于利玛窦所主张的天主创造万物，中士也认为太极能化生万物。中士也表明：

> 吾闻理者，先生阴阳五行，然后化生天地万物，故生物有次

---

① 朱子《太极图说解》解释“无极而太极”云：“上天之载，无声无臭，而实造化之枢纽，品汇之根柢也。故曰：‘无极而太极。’非太极之外，复有无极也。”见朱杰人、严佐之、刘永翔主编：《朱子全书》第13册，上海古籍出版社、安徽教育出版社，2002年，第72页。

② 朱子云：“‘无极而太极’，只是无形而有理。周子恐人于太极之外更寻太极，故以无极言之。既谓之无极，则不可以有底道理强搜寻也。”见黎靖德编：《朱子语类》卷九十四，中华书局，1986年，第2326页。

③ 黎靖德编：《朱子语类》卷九十四，第2326页。

④ 黎靖德编：《朱子语类》卷一，第1页。

⑤ 参牟宗三：《心体与性体》第1册，台北正中书局，1987年，第89页。

⑥ 语出朱子：《太极图说解》，《朱子全书》第13册，第74页。

第焉。使于须臾生车,非其譬矣。[①]

中士在此简单地以“理(太极)→阴阳五行→天地万物”的次第来说明朱子的宇宙论。然而中士的说法过于笼统,有必要进行更细致的分析。大抵而言,朱子认为太极作为万物的存在之理,具有存有论上的优先性,但从“宇宙生成论”(cosmogony)上看,太极如何化生万物的“becoming”过程,还涉及创生动力问题,故朱子必须援引“气”的概念。在朱子看来,太极之理要化生万物,使万物成为具体的存在,必须凭借阴阳之气的交感。在这个意义上,太极是形而上的存在之理,阴阳之气属于形而下的质料层面[②],也是实现之动力,理与气无先后、无离合,理气相即不离才能“生”万物。

不过,须要仔细辨明的是,在朱子的宇宙生成论中,“理生气”(太极生阴阳五行)与“气生万物”(阴阳五行化生天地万物),这两种“生”的含义不同。[③]一方面,太极之理作为首出、终极的原理,固然可说是“太极生阴阳”(理生气),但此“生”仅意味着太极是气的存在根据,没有能动性可言。另一方面,太极之理必须透过阴阳之气的动

---

① 《天主实义今注》:2—88,第 96—97 页。

② 冯友兰曾以亚里士多德的“形式”(form)与“质料”(matter)来理解朱子的“理”与“气”。但牟宗三认为这种比附似是而非,因为朱子所说的“理”并不等于亚氏的“形式”。且朱子的理与气是一元论的说法,亚氏是多元论的说法。朱子所说的“气”还是一元意义的气,而非多元意义的气。(参牟宗三:《四因说演讲录》第四、五讲,《牟宗三先生全集》第 31 册,第 40—45、47—49 页。)而唐君毅也将亚氏的“质料”与中国哲学的“气”加以区分,认为“气”乃是无形质之一“动态的有”[参唐君毅:《中国哲学原论:导论篇》(全集校订版),台湾学生书局,1986 年,第 468 页]。征诸朱子所言:“天地初间只是阴阳之气。这一个气运行,磨来磨去,磨得急了,便拶许多渣滓。”(黎靖德编:《朱子语类》卷一,第 6 页)又说:“阴阳是气,五行是质,有这质,所以做得物事出来。”(黎靖德编:《朱子语类》卷一,第 9 页)由此可见,就“气”→“质”→“物”的具体化过程而言,“气”相当于未分化的“原质”(materia prima、primary matter)。

③ 朱子云:“盖太极即在阴阳里。如‘《易》有太极,是生两仪’,则先从实理处说。若论其生,则俱生,太极依旧在阴阳里。但言其次序,须有这实理,方始有阴阳也。其理则一。虽然,自见在事物而观之,则阴阳函太极;推其本,则太极生阴阳。”黎靖德编:《朱子语类》卷七十五,第 1929 页。

静交感，才能化生万物，故“阴阳（五行）生万物”（气生物），此“生”有实质的作用。此即朱子所言：“若理，则只是个净洁空阔底世界，无形迹，他却不会造作；气则能酝酿凝聚生物也。但有此气，则理便在其中。”①就此而言，真正化生万物的动力与实现原理是“阴阳五行”之“气”，而“气”作为此实现原理的所以然根据是“太极”。

值得注意的是，以朱子理气二元不离不杂的思路来解释宇宙的生成时，可能招致后儒以为理气有先后、有离合、有隙缝而无法化生万物的质疑与批判，但朱子仍旧可从作为存在之理的“太极之理”与实现之动力的“阴阳之气”二者相即不离，来解释万物的存在与生成变化。显然，太极生阴阳五行而化生天地万物的次第，从《易传》、周濂溪《太极图》到朱子，成为中士的宇宙论图像。中士虽无法精准掌握朱子的宇宙论，但他至少意识到这种由太极而引发的气化（化生）过程，并不预设造物主与受造物的关系，也与舆人制造一车不同。

3. 太极之动静

如上所述，在太极化生万物的过程中，太极不可以言动静，太极不能自动；化生万物的动力在于阴阳二气的交感。不过，朱子一再强调，阴阳之所以能动、能静的所以然之理是太极，没有所以能动、能静之理，阴阳也无法化生万物。就此而言，太极之理对阴阳之气有主宰性。在中士的笼统思维中，无法细辨朱子“太极生阴阳”（理生气）的形上思维，故针对利玛窦“理无动静”的质疑，也回应：

> 灵觉为有灵觉者所生，非理之谓，既闻命矣。但理动而生阳，阳乃自然之灵觉，或其然乎？②

经利玛窦论难后，又说：

---

① 黎靖德编：《朱子语类》卷一，第3页。

② 《天主实义今注》：2—92，第97—98页。

> 先生谓天主无形无声，而能施万象有形有声；则太极无灵觉，而能施物之灵觉，何伤乎？①

其实，在利玛窦的思维中，“灵”指理性的能力，“觉”指知觉的能力，最初有灵觉的创造主（天主）能把灵觉赋予受造物，故人之灵觉、物之知觉均来自天主。②由此也逼显太极是否能自动、是否有能动性问题。在中士看来，先认为太极之理自动，而后有阴阳之气的气化活动，人之灵觉、万物之知觉自然而有。此解释与朱子理气无先后、无离合的宇宙生成论思考有别。再者，根据朱子理气论，灵觉属形而下之气，与形而上之理有别。即使太极无灵觉，依旧可以化生有灵觉之物。因为，太极是阴阳所以能动、能静之理，而阴阳的气化活动不能离太极之理而运行。亦即万物之灵觉也有所以能灵觉之理——太极。③据此，中士所言“太极无灵觉，而能施物之灵觉”，亦言之成理。虽然中士未必能深入朱子的形上思维，但他却意识到天主创造万物与太极化生万物的类似性。故笔者认为，太极之理能否活动，是可能打开宋明理学与利玛窦有关终极实在的对话空间，可惜利玛窦错失了。

---

① 《天主实义今注》：2—94，第98页。

② 匿名审查者认为，基督教所说的“灵”是“超理性的能力”，而非“理性的能力”，笔者认为此乃就《圣经》（含旧约、新约）文本或“Holy Sprit”而言。然而，在利玛窦的《天主实义》中，所讨论的“灵才”“灵觉”（灵、觉），乃是指理性的能力（灵）、知觉的能力（觉）。征诸《天主实义今注》2—91（〔西士〕又问）、2—92（中士曰）、2—93（西士曰）、2—94（中士曰）、2—95（西士曰）等数段文本，皆在反复辩论“理”无灵觉，而上帝、鬼神、人之有灵觉。而代表利玛窦思维的西士就说：“彼理者，以己之所无，不得施之于物，以为之有也；理无灵无觉，则不能生灵生觉。请子察乾坤之内，惟是灵者生灵，觉者生觉耳。自灵觉而出不灵觉者，则有之矣；未闻有自不灵觉而生有灵觉者也。子固不逾母也。”（2—91）又梅谦立于《天主实义今注》注解：“因为对他（利玛窦）而言，只有最初有灵觉的创造主能把‘灵觉’交给受造物。”（2—92，第98页）

③ 朱子曰：“天地之间，只有动静两端，循环不已，更无余事，此之谓易。而其动其静，则必有所以动静之理焉，是则所谓太极者也。……谓太极有动静则可。（自注：以流行而言也）若谓太极便是动静，则是形而上下者不可分，而‘《易》有太极’之言亦赘矣。”见陈俊民校订：《朱子文集》卷四十五《答杨子直》第一书，台北德富文教基金会，2000年，第2009页。

(二)“万物一体”的理解

在“太极”之外，“万物一体”是另一个与宋明理学终极真理相关的重要命题。中士在《天主实义》所论及的“万物一体”，实指朱子的“万物统体一太极，一物各具一太极”与阳明的“一体之仁”。兹说明如下：

1. 万物统体一太极，一物各具一太极

利玛窦在《天主实义》第四篇，为强化天主教“灵魂不灭”(immortality of the soul)的论证，引用《尚书》与《诗经》为根据，指出中国古人也相信鬼神的存在，并驳斥宋明理学把“鬼神”视为“气之屈伸”的论点。继之，中士论及人禽之别在气之偏正，人禽之同在于同禀太极之理以为性，以此来讨论万物一体。中士说：

> 吾古之儒者，明察天地万物，本性皆善，俱有宏理，不可更易，以为物有巨微，其性一体，则曰天主上帝，即在各物之内，而与物为一，故劝人勿为恶以玷己之本善焉，勿违义以犯己之本理焉，勿害物以侮其内心之上帝焉。又曰人物坏丧，不灭本性，而化归于天主，此亦人魂不灭之谓，但恐于先生所论天主者不合。①

中士此论述，并非来自“古之儒者”，而是朱子的论点。如前所述，朱子以太极为天地万物之原、超越的形上本体，故总天地万物而言，可说是“万物统体一太极”。另从天地万物各皆禀受太极之理而内在地成为其本性来说，即“一物各具一太极”②，此“太极”落在个别的

---

① 《天主实义今注》：4—207，第131—132页。

② 朱子《太极图说解》：“夫天下无性外之物，而性无不在，此无极、二五所以浑融而无间者也，所谓‘妙合’者也。……自万物而观之，万物各一其性，而万物一太极也。盖合而言之，万物统体一太极也；分而言之，一物各具一太极也。所谓天下无性外之物，而性无不在者，于此可见其全矣。”见《朱子全书》第13册，第74页。

人、物上言，即使人与物成为真实存在的“性”（理）。[①]此总说与分说的“太极”，本质上没有一与多之别，都意谓作为存在之理的“一”。但因为人与万物的存在有气质清浊的不同，故太极之理在人与物的呈现上，就有偏与全的差异。这是朱子“理一分殊”的存有论推证，也意味着：“论万物之一原，则理同而气异。”[②]依此思路，中士认为，太极如同天主、上帝一样，为万物之原，故天地万物无论大小精粗，皆因同一太极之理而成为真实的存在。在此意义下，“天地万物……其性一体”，太极之理“即在各物之内，而与物为一”，都不是指形上的太极等同于人与物，而无所分别，而是意味着天地万物皆以太极为同一本体，人性与物性同根源于太极。

既然太极内在为人与物之性，故人之性本善，具有太极之理，人之异于禽兽，就在能恢复本然之性（复性）。因此，在中士看来，正因“万物一体”，所以人在道德实践上有积极的意义，即使现实之人与物毁丧了，其本性也不会丧失，太极本体仍在。有趣的是，中士竟以此善性固有来类比天主教的“灵魂不灭”，此又是另一奇解。

2. 一体之仁

上述中士对于“万物一体”的理解，着眼于万物与太极之理的关联。另一有关“万物一体”的理解，则就人与万物来谈。故中士以“人于天下万物皆一”[③]来提问，利玛窦则把此命题导向“天下万物皆同”（人与天下万物为同）[④]来讨论，并细分为“异物同名之同”“同宗之同”“同体之同”来追问中士。故中士乃以“万物同体”来诠释“万物一体”，中士说：

---

① 朱子云：“性者，人、物所得以生之理。”见《孟子集注》卷八，《四书章句集注》，中华书局，1983 年，第 297 页。

② 《朱子文集》卷四十六《答黄商伯书》第四书，第 2075 页。

③ 《天主实义今注》：4—238，第 140 页。梅谦立于此条特别批注，利玛窦从此条开始批评“万物一体”的观念，其批评也针对佛教与道家，但根据《天主实义》BC 本[罗马卡萨纳特（Casanatense）图书馆 1603 年本，编号 ms.2136，简称 BC 本]的拉丁文手稿提要，他的批评对象主要是宋明理学。

④ 《天主实义今注》：4—243，第 141 页。

> 谓同体之同也。曰:君子以天下万物为一体者也,间形体而分尔我,则小人矣。君子一体万物,非由作意,缘吾心仁体如是。岂惟君子,虽小人之心,亦莫不然。①

中士此论述,显然本于阳明所主张的"大人者,以天地万物为一体者也"②。其实,阳明"万物一体"的论述,上承张横渠(名载,1020—1077)的《西铭》③与程明道(名颢,1032—1085)的《识仁篇》④而来。《西铭》阐发人与万物同在天地乾坤之德的创生中,同生共长,如同胞手足、朋友同侪,彼此血肉相连,痛痒相关、休戚与共、浑然无别。故朱子称赞:"《西铭》首论天地万物同体之意,固极宏大。"⑤不过,《西铭》所强调的"同体"之意,偏重的是人与万物"同为一体"之意,即人与天地万物本为一体而不可分割,而非前述朱子由太极之存有论推证而言人与万物"同一本体"⑥。至于程明道,则从仁者之"识仁"

---

① 《天主实义今注》:4—244,第141页。引文的标点稍做修正。

② 王阳明曰:"大人者,以天地万物为一体者也。其视天下为一家,中国犹一人焉。若夫间形骸而分尔我者,小人矣。大人之能以天地万物为一体也,非意之也,其心之仁本若是,其与天地万物而为一也。岂惟大人,虽小人之心,亦莫不然,彼顾自小之耳。是故见孺子之入井,而必有怵惕恻隐之心焉,是其仁之与孺子而为一体也。孺子犹同类者也,见鸟兽之哀鸣觳觫,而必有不忍之心焉,是其仁之与鸟兽而为一体也。鸟兽犹有知觉者也,见木之摧折,而必有悯恤之心焉,是其仁之与草木而为一体也。草木犹有生意者也,见瓦石之毁坏,而必有顾惜之心焉,是其仁之与瓦石为一体也,是其一体之仁也,虽小人之心,亦必有之。"见王守仁撰,吴光、钱明、董平、姚延福编校:《王阳明全集》卷二十六《大学问》,上海古籍出版社,1992年,第968页。

③ 《西铭》开宗明义云:"乾称父,坤称母,予兹藐焉,乃混然中处。故天地之塞,吾其体;天地之帅,吾其性。民吾同胞,物吾与也。"见《张载集》,中华书局,1978年,第62页。

④ 《识仁篇》:"学者须先识仁。仁者浑然与物同体。义礼智信皆仁也。识得此理,以诚敬存之而已。不须防检,不须穷索。"见《河南程氏遗书》卷二上,《二程集》上册,第16—17页。

⑤ 《朱子文集》卷四十九《答廖季硕》第一书,第2256页。

⑥ "同一本体"意谓人与万物皆源出于同一个"本体",着重此"本体"的探究。而"同为一体"强调的是人与天地、万物是"一体"的关系,偏重此"一体"之关系的探讨。当然从逻辑上来看,"同一本体"可以蕴涵"同为一体";而"同为一体"之所以可能,即在于"同一本体"。但儒家一体观的讨论,以"同为一体"之意为主。

来体会“浑然与物同体”之境界。他特别以“手足萎痹为不仁”的比喻，强调仁者之心的感通，当此仁心呈现时，“与物无对”，彼此无隔、内外无别、主客俱泯，人与天地万物相互连属，成为一体。阳明继承明道，以“一体之仁”来阐释“万物一体”之义。在阳明看来，大人者之所以能“以天地万物为一体”，原是出于“其心之仁”不容已呈现，全然无私意之计较。而且人人固有此仁心，小人只因躯壳起念，无法时时呈现仁心的感通性，所以无一体之感。阳明甚至从感应上来说，认为禽兽草木、天地、鬼神都与我同体。①换言之，因“仁”（心）之“感通”而有“一体”之感，故阳明谓之“一体之仁”。在这个意义下，阳明所主张的“万物一体”，乃在彰显人与万物的“共鸣共感”，以及道德理想的境界。诚如陈立胜所言，此“一体”是存有论上的事实，是现象学意识上的“呈现”，同时是道德论意义上的价值要求。②

上述阳明“万物一体”的主张，中士大抵能掌握。“一体”之所以可能，在于“仁心”之感通。故中士又举《中庸》列“体群臣”于九经之内③，来凸显“万物一体”的主张，本具有伦理上的积极意义。

三、利玛窦对“太极”“万物一体”的诠释与批判

相对于上述有关中士对“太极”“万物一体”的诠释，利玛窦从西方哲学与天主教神学的立场来看，却有不一样的诠释与批判。固

① 《传习录》下第336条记载：“问：‘人心与物同体，如吾身原是血气流通的，所以谓之同体，若于人便异体了，禽、兽、草、木益远矣。而何谓之同体？’先生曰：‘你只在感应之几上看，岂但禽、兽、草、木，虽天、地也与我同体的，鬼、神也与我同体的。’”本文所引《传习录》根据陈荣捷：《王阳明传习录详注集评》，台湾学生书局，1983年，卷数与编号亦从该书，以下皆同。

② 陈立胜：《王阳明“万物一体”论——从“身—体”的立场看》，台湾大学出版中心，2005年，第63页。

③ 《天主实义今注》：4—249，第142页。

然，利玛窦批判宋明理学，有其 16 世纪天主教神学的背景，也有其“容古儒、斥新儒”的诠释策略的运用。但他对宋明理学的理解，在撰述《天主实义》前，已经深受耶稣会士在日本传教经验的影响，并将耶稣会士对日本佛教的批判，转嫁到对宋明理学的批判上。

根据梅谦立的研究，利玛窦的《天主实义》，与范礼安（Alessandro Valignano，1539—1606）在日本所写的《基督宗教信仰的要理本》（*Catechismus Christianae Fidei*，亦称为《日本要理本》，*Catechismus Japonensis*）密切相关。因为利玛窦在撰写《天主实义》时，不仅仿照《日本要理本》的目次，也将原书拉丁文大量翻译成中文，放入《天主实义》的许多段落中。而且他所用的许多哲学论证也来自《日本要理本》。范礼安此书写于 1579—1582 年，出版于 1586 年。他吸收之前耶稣会士在日本的传教经验所得，系统地介绍日本佛教。其中，有关日本佛教的四点“内部教义”，都涉及“第一原理”的探讨，范礼安也加以批判。范礼安的观点与思想框架，影响利玛窦对中国佛教的理解，而且利玛窦又过于简单地采用范礼安对佛教的理解来理解宋明理学。换言之，利玛窦对佛教与宋明理学的理解，实际上受到范礼安《日本要理本》的误导。不过，范礼安与利玛窦都意识到，无论在日本或在中国传教，第一阶段要从哲学开始。因此，他们都以“士林哲学”（scholasticism）的思想框架去理解佛教或宋明理学的“第一原理”，并用在日本耶稣会士的传教经验所得，批判佛教与宋明理学犯了泛神论与一元论的错误、人类学的错误以及寂静主义的错误。①这样的观点，也很明显地流露在利玛窦对宋明理学“太极”“万物一体”的批判上。

（一）对“太极”的批判

1. 古儒未尊奉太极，太极非上帝

利玛窦对“太极”的理解与批判，首先是从“概念”的思想史起源

---

① 参梅谦立：《〈天主实义〉的文献来源、成书过程、内容分析及其影响》，利玛窦著，梅谦立注，谭杰校勘：《天主实义今注》，第 10—24 页。

说起，并加以质疑：

> 余虽末年入中华，然窃视古经书不怠，但闻古先君子敬恭于天地之上帝，未闻有尊奉太极者。如太极为上帝——万物之祖，古圣何隐其说乎？①

又说：

> 太极之解，恐难谓合理也。吾视夫“无极而太极”之图，不过取奇偶之象言，而其象何在？太极非生天地之实，可知已。②

在利玛窦古儒（先秦儒学）与新儒（宋明理学）的区分下，古儒的终极实在是“上帝”，故经书所载，多见尊敬上帝，未闻“尊奉太极”，足见“太极”概念是后起的，直到宋代周濂溪《太极图》《太极图说》后，才受到重视。再者，利玛窦认为《太极图》不过由卦爻奇偶之数的变化来取象，所取之象又没有实际对应的内容，是为虚象，可知太极不能如同上帝一样，创生天地万物。

利玛窦如此从思想史角度质疑“太极”概念，不仅忽略儒学发展的连续性，也不理解《太极图》所象征的形而上学含义，论据薄弱，难以说服中士。因此，利玛窦转而展开哲学论证。

2. 太极（理）为依赖体，不是自立体，不能为万物之原

针对朱子“太极是理”的观点，利玛窦借由亚里士多德（公元前384—前332）与托马斯（Thomas Aquinas，1225—1274）的哲学来展开批判，利玛窦说：

> 吾今先判物之宗品，以置理于本品，然后明其太极之说，不

① 《天主实义今注》：2—78，第94页。

② 《天主实义今注》：2—80，第94页。

> 能为万物本原也。①
>
> 夫物之宗品有二:有自立者,有依赖者。物之不恃别体以为物,而自能成立,如天地、鬼神、人、鸟兽、草木、金石、四行等是也,斯属自立之品者;物之不能立,而托他体以为其物,如五常、五色、五音、五味、七情等是也,斯属依赖之品者。……比斯两品:凡自立者,先也、贵也;依赖者,后也、贱也。一物之体,惟有自立一类;若其依赖之类,不可胜穷。如人一身固为自立,其间情声、貌色、彝伦等类,俱为依赖,其类甚多。②

又说:

> 若太极者,止解之以所谓理,则不能为天地万物之原矣。盖理亦依赖之类,自不能立,曷立他物哉?中国文人学士讲论理者,只谓有二端:或在人心,或在事物。事物之情,合乎人心之理,则事物方谓真实焉;人心能穷彼在物之理,而尽其知,则谓之格物焉。据此两端,则理固依赖,奚得为物原乎?二者皆在物后,而后岂先者之原?③

利玛窦对于"太极"的理解,是以亚里士多德对"存有者"(beings,物)的分类来理解的。根据亚氏的《范畴论》,存有者可分为"自立体"(substance)与"依赖体"(accident)两大类。此分类若从逻辑上看,是主词与谓词的关系;若就形而上学而言,则是"实体"(substance)与"附质"(accident)的关系。从利玛窦的论述来看,他采取的是形而上学的角度。他依据亚氏之说,指出"自立体"是不依赖他物而能自立之物(物之不恃别体以为物),如天地、鬼神、人、动植物等;"依赖

---

① 《天主实义今注》:2—82,第95页。
② 《天主实义今注》:2—83,第95页。
③ 《天主实义今注》:2—84,第95页。

体”是指必须依赖他物才能存在（托他体以为其物），如五常、五色等。他还以“白马”为例说明，“马”是自立体，“白”是依赖体。再者，利玛窦也指出，自立体为贵、为一，依赖体为贱、为多。[1]在利玛窦的认知里，自立体在存有论上、逻辑上、时间上、价值上都有优先性，充分表现亚氏哲学的实在论立场。对亚氏而言，“存有学”（ontology）的研究对象是“存有者自身”（beings as beings），但因其实在论的立场，转而以“自立体”（实体，ousia，substance）的研究对象成为“实体学”（ousiology）。至于全体存有者之基础，则推至最高的第一实体——“上帝”（God，天主）。故亚氏“存有学”→“实体学”→“神学”（theology）[2]的思路，明显地出现在利玛窦的哲学论证中。

在亚氏的分类下，朱子以太极为理的论点，恰足以证明太极为依赖体（附质），而非自立体，它必须依附在实体上才能存在。利玛窦也举中国文人学士对于“理”的谈论来证明自己的论点。其实，他所举的例子，是朱子的“格物”工夫。朱子认为“格物”实指“即物穷理”。因为，在朱子看来，“人心之灵莫不有知”与“天下之物莫不有理”，“心具众理”与“万物之理”在存有论、知识论上有其对应关系，此即利玛窦所理解的“心之理”与“物之理”二端。格物工夫即以心之虚灵知觉来穷究万物之理，而使心之理与物之理合一。此格物穷理所得之理，在利玛窦看来，是依附于两个实体（心、物），没有心与物之存在，也没有“理”可言。因此，理不仅是依赖体，而且在逻辑上、存有论上，都是后于自立体的。如此一来，太极仅是附质，不是实体，更不能等同于最高的第一实体——天主，当然也就不是万物之根源了。

然而，即使就亚里士多德与托马斯有关“自立体”与“依附体”的哲学讨论来看，利玛窦也不免过于简化。因为就自立体的区分而言，有第一自立体与第二自立体之区分，前者指实际上个别之物，如

---

① 《天主实义今注》：2—83，第 95 页。

② 参沈清松：《物理之后——形上学的发展》第 5 章，台北牛顿出版社，1987 年，第 100—133 页。

个别具体之“人”（若李白）；后者指普遍之物，如普遍之“人”。也有所谓物质自立体与精神自立体之别，前者如动物的魂，随物质之生灭而生灭；后者如人之灵魂，其存在与行动，都不须仰赖物质，一旦脱离物质，仍然可以继续生存。①如此一来，在利玛窦的论证中，天主（上帝）既然可以被视为最高的精神自立体，为何朱子的“太极”，作为存在之理的本体，不能视为最高的精神自立体？当然，在利玛窦的思维里，天主是造物主，人与万物是受造物，而朱子的太极之“理”，不具有形而上学的理论位阶，也非受造物，只是受造物的依赖体而已。就此而言，利玛窦的形上思维，难免有其来自士林哲学的局限。

另从朱子理气论的思维来看，太极为万物存在根据而属于形而上的“存在之理”，在逻辑上、存有论上，都是先于存有者（beings）的，故朱子有“理先气后”之说。然而，在利玛窦的理解下，太极作为理，不是朱子哲学的“存在之理”，而仅是依附于实体的附质，可说是事物的条理、规律，或归纳而来的普遍之理。就此而言，太极之理已经失去形而上学的地位，降低其重要性；也因其为依赖体，在存有论上、逻辑上，都后于物。换言之，“有物则有物之理，无此物之实，即无此理之实”②。如是，利玛窦将朱子的“理先气后”（有是理便有是气）③，翻转为“气（物）先理后”。

3. 太极（理）本无动静，不能创造万物

利玛窦不仅从存有论批判太极，也从宇宙生成论来驳斥太极不能创造万物。利玛窦说：

> 且其初无一物之先，渠言必有理存焉。夫理在何处？依属何物乎？依赖之情不能自立，故无自立者以为之托，则依赖者了无矣。如曰赖空虚耳，恐空虚非足赖者，理将不免于偃堕也。试问盘古之前，既有理在，何故闲空不动而生物乎？其后谁从

① 参曾仰如编著：《形上学》，台湾商务印书馆，1972年，第222—230页。

② 《天主实义今注》：2—87，第96页。

③ 黎靖德编：《朱子语类》卷一，第2页。

> 激之使动？况理本无动静，况自动乎？如曰昔不生物，后乃愿生物，则理岂有意乎？何以有欲生物、有欲不生物乎？[1]

又反问中士说：

> 阴阳五行之理，一动一静之际，辄能生阴阳五行。则今有车理，岂不动而生一乘车乎？又理无所不在，彼既是无意之物，性必直遂，任其所发，自不能已，何今不生阴阳五行于此？孰御之哉？[2]

由于朱子坚持“理”在存有论上的先在性，故即使未有物之前，“理”作为天地万物的存在根据，不能取消。[3]但在利玛窦以“理”为依赖体的认知下，无“物”（实体）则“理”无所依附。盘古之前，万物未生，即使“理”存有，也无所依附，不过是依赖空虚的虚理而已，怎能创造万物呢？若依朱子之说，则宇宙之生成，有物未生而理在，以及理生物两阶段；前者理未生物，后者理生物，难道理有意志吗？不也造成宇宙生成的断裂吗？更重要的是，朱子的理无动静，不能自动，其创造万物的动力何在呢？

利玛窦也针对朱子“理生气”提出质疑。他把“太极→阴阳五行→万物”的生成，当成直线式的思考。由于太极无动静，本身不具有能动性，是难以“生”出阴阳五行之气所凝结的具体存有者。利玛窦举例，即使有车之理作为“形式因”（formal cause），却无法制造出具体可以乘载的车。因为，太极之为“理”，缺乏“质料因”（material cause）、“致动因”（efficient cause）。再者，利玛窦也用亚里士多德的

---

① 《天主实义今注》：2—85，第95—96页。

② 《天主实义今注》：2—89，第97页。

③ 朱子说：“未有天地，毕竟也只是理。有此理，便有此天地；若无此理，便亦无天地，无人无物，都无该载了。有理，便有气流行，发育万物。”见黎靖德编：《朱子语类》卷一，第1页。

四因说来理解“理生物”。[①]在利玛窦看来，既然太极缺乏能动性，就宇宙生成论而言，是无法创造万物的。

尽管利玛窦意识到朱子的太极之理无动静，缺乏自动的能动性问题，但他却无法区分朱子“理生气”“气生物”两者之“生”的不同含义，且在宇宙生成论上，忽略理气无先后、不离不杂的思路。当然，由太极而言的化生万物之次第，也不同于《创世记》中天主以六天创造万物的次第。

4. 太极（理）无灵觉，不是天主

在“理”无动静外，利玛窦又从“理无灵觉”来批判太极不是天主，不能作为万物之原与创造主。利玛窦反问中士：

> 理者，灵觉否？明义者否？如灵觉、明义，则属鬼神之类，曷谓之太极、谓之理也？如否，则上帝、鬼神、夫人之灵觉，由谁得之乎？彼理者，以己之所无，不得施之于物，以为之有也；理无灵无觉，则不能生灵生觉。请子察乾坤之内，惟是灵者生灵，觉者生觉耳。自灵觉而出不灵觉者，则有之矣；未闻有自不灵觉而生有灵觉者也。子固不逾母也。[②]

又说：

> 理也者，……是乃依赖之类，自不能立，何能包含灵觉，为

① 西士曰：“今时实理不得生物，昔者虚理安得以生之乎？譬如今日有舆人于此，有此车理具于其心，何不即动发一乘车，而必待有树木之质，斧锯之械，匠人之工，然后成车？何初之神奇，能化天地之大，而今之衰蔽，不能发一车之小耶？”见《天主实义今注》：2—87，第96页。又利玛窦论及四因说云：“试论物之所以然有四焉。四者为何？有作者、有模者、有质者、有为者。夫作者，造其物而施之为物也；模者，状其物置之于本伦，别之于他类也；质者，物之本来体质，所以受模者也；为者，定物之所向所用也。此于工事俱可观焉。譬如车然：舆人为作者，轨辙为模者，树木料为质者，所以乘于人为为者。”见《天主实义今注》：1—45，第85页。据此，“作者”为致动因，“模者”为形式因，“质者”为质料因，“为者”为目的因。

② 《天主实义今注》：2—91，第97页。

> 自立之类乎?理卑于人,理为物,而非物为理也,故仲尼曰“人能弘道,非道弘人”也。如尔曰“理含万物之灵,化生万物”,此乃天主也,何独谓之理,谓之太极哉?[①]

利玛窦以有灵(理性)觉(知觉)之物从何而来质问太极是否有灵觉。在利玛窦看来,上帝、鬼神、人皆为有灵觉的实体。最高的第一实体——天主——本身就有灵觉(不同于人与物之灵觉),故能创造有灵觉的鬼神、人、禽兽、草木等实体。但理无灵无觉,如何能生灵生觉?就存有位阶言,无灵无觉之物为粗下之“下物”,如何能含有灵有觉之“上物”呢?亦即无灵无觉之物,无法生有灵有觉之物。再者,理虽然无形,即使是一物,也是依附于自立体的依赖体而已。自立体可以含依赖体,即实体含附质;反之,附质无法含实体。在这个意义下,无灵无觉之理,是彻底的依赖体,绝不是自立体,也不属于精神体。如此一来,在利玛窦的诠释下,太极＝理＝依赖体＝无动静＝无灵觉之物,太极作为“形上之理”“存在之理”的含义尽失,属于形而下的无形之依赖体。也许利玛窦意识到在中士的观念中,太极与天主有居于同样的“根源者”地位,因此,他也保留另一种可能性:若太极有灵有觉,含万物之灵,则就可称为天主了。

事实上,在朱子理气论的思维下,有灵有觉属于形而下之“气”的活动,太极是使气之灵、气之觉成为可能的所以然之理。更聚焦地说,灵与觉乃就人之“心”而言,所谓“心之虚灵知觉者,一而已矣”[②]。朱子认为,心是气之精爽、气之灵,所以能有知觉能力(含知觉理与知觉物)。朱子说:“理未知觉,气聚成形,理与气合,便能知觉。”[③]依此思路,朱子的太极,依然可以说是灵觉的根源。

值得注意的是,从以上利玛窦对朱子“太极”的批判来看,他显然无法理解朱子的理气论思维。对他而言,最高的第一原理是上

① 《天主实义今注》:2—98,第98—99页。
② 朱子:《中庸章句序》,《四书章句集注》,第14页。
③ 黎靖德编:《朱子语类》卷五,第85页。

帝,是一个具有理智与意志的绝对实体。在其士林哲学的实在论思维下,他将朱子的"太极"(理)与"气"误解为物质性。即使当他意识到中国士大夫根深蒂固地将"太极"视为万物之本原时,他仍将"太极"理解为"原质"(materia prima、primary matter)①,依旧是受造物。其实,就宋明理学家而言,静态地说,"太极"是形而上之理;动态地说,"太极"是形而上之道,属于精神性,怎可属于形而下的物质呢?类比地说,我们可以将朱子所谓的"太极"视为如"上帝"般的"pure form",是纯粹的精神体,但不具理智或意志。此即朱子所谓:"盖气则能凝结造作,理却无情意、无计度、无造作。只此气凝聚处,理便在其中。……若理,则只是个净洁空阔底世界,无形迹,他却不会造作;气则能酝酿凝聚生物也。但有此气,则理便在其中。"②在这

---

① 从利玛窦1604年致耶稣会总会的信中,可以看到他把朱子的"太极"误解为"原质"。利玛窦说:"此种太极论是一种新的论说,……倘按时下所说,我认为太极不过是我们的哲学家所说的原质(materia prima、primary matter),因为它绝不是一种实体,他们甚至说它不是一种事物,它贯穿于万物。他们说它不是一种精灵,它没有理智。尽管有人说它是万物之理,但他们所说的理不是某种真实的或睿智的东西,而且与其说是一种理性的理,不如说是推想的理。……因此,我们认为在这本书(《天主实义》)中,最好不要抨击他们所说的东西,而是把它说成同上帝的概念一致,这样我们解释原作时,就不必完全按照中国人的概念,而是使原作顺从我们的概念。同时为了不冒犯统治中国的士大夫,我们宁可对各种解释提出不同看法而不针对原理(太极)本身。而倘若他们(中国士大夫)最终理解到太极是实体性的、睿智的与无限的第一原理,那么,我们也就会同意,太极无非就是神。"此书信收藏于罗马卡萨纳特图书馆(手稿第2136号)。此段拉丁文的中文翻译皆转引自谢和耐著,耿昇译:《中国与基督教——中西文化的首次撞击》,商务印书馆,2013年,第19—20页,但不免有些问题。如孙尚扬、张晓林将"原质"翻译为"原动"(《明末天主教与儒学的互动——一种思想史的视角》,第83页;《〈天主实义〉与中国学统——文化互动与诠释》,第177页),显然有误;耿昇译为"第一性物质"(《中国与基督宗教——中西文化的首次撞击》,第19—20页),较为接近。梅谦立教授对照拉丁文后,建议翻译为"原质",谨申谢忱。又"太极是实体性的、睿智的与无限的第一原理",孙尚扬、张晓林译为"物质原理",耿昇译为"第一物质本原",两者皆不通,对照拉丁文后,李明辉教授、黄冠闵教授建议翻译为"第一原理"(primum principium),特此致谢。

② 黎靖德编:《朱子语类》卷一,第4页。

个意义下，类比地说，与形而上之“理”相对的形而下之“气”，反而近似利玛窦所谓“原质”。而个别的分疏之“理”，则是使“原质”成为某种特定之物的“原形”（substantial form）。[①]

（二）对“万物一体”的批判

如前所述，中士所认知的宋明理学之“万物一体”，一方面指朱子存有论推证下的人与万物“同一本体”——太极，故“万物统体一太极，一物各具一太极”“人性物性同”“理一分殊”“理同气异”，皆表示此义；另一方面指阳明从“一体之仁”的感通、感应而来的人与万物“同为一体”。对于前者，利玛窦从万物与天主的超越区分来看，指出此说法犯了泛神论的错误；针对后者，利玛窦就人与万物的差别立说，指出“万物一体”将危及道德伦理生活的实践。

1.“万物一体”泯除天主与物的区分，犯了泛神论的错误

在利玛窦的认知里，当中士提及天地万物皆具有太极之理，而太极之理也内在于万物之中而为物之本性时，他认为此说受佛教的误导，以为天主与物没有本质上的区别，沦为泛神论的主张。利玛窦举例说：“夫天上之天主，于我既共一体，则二之澄澈、混淆无异焉。……今吾心之乱，固不能混天上天主之永攸澄澈；彼永攸澄澈，又不免我心之混淆，则吾于天主非共为一体，岂不验乎？”[②]即从天主

---

① “原质”（primary matter）与“原形”（substantial form）一起构成物的完整本质。“原质”是指“不是任何物，也不是任何依附体如质量，且没有固定的物形”，亦即“物之所由来的基本及第一主体”（primum subjectum ex quo aliquid fit, et non secundum accidens）。它是纯粹潜能（pure potency）、绝对不可知、不能独立存在、完全被动的，必须与原形在一起才存在。而“原形”是“原质的第一现实及与原质构成物之本质”，它是“限定的根源”（principle of specification），物之为此种物或另一种物是由原形来决定的；它还是“存在的根源”（principle of being），因原形是现实，现实是存在，虽非最后存在，但物已成定形，已有类别，即已属于某一种之物。又原形也是“行动的根源”（principle of operation），因存在先于行动，一物必须先有存在才能有行动，凡物在有行动前必先是现实，而原形是现实，故是行动的根源。有关原质与原形此二原理的说明，哲学上简称为“形质论”（hylemorphism）。参曾仰如编著：《形上学》，第209—218页。

② 《天主实义今注》：4—221，第136—137页。

之永远澄澈与人心之混淆,就可得知超越的"存有"(Being)与有限的"存有者"(beings)全然不同,两者不能合为一体。由此可见,利玛窦把"万物一体"视为"天主与物同",并分析出三种形态:

> 夫曰天主与物同:或谓天主即是其物,而外无他物;或谓其在物,而为内分之一;或谓物为天主所使用,如械器为匠之所使用。①

利玛窦认为,"天主与物同"有三种形态:一是"天主即是物",二是"天主在物内",三是"物为天主所使用"。此三种形态利玛窦皆以泛神论视之,逐条加以驳斥。②

针对"天主即是物",利玛窦反驳说:

> 其云天主即是各物,则宇宙之间虽有万物,当无二性;既无二性,是无万物,岂不混殽物理?况物有常情,皆欲自全,无欲自害。吾视天下之物,固有相害相殛者,如水灭火,火焚木,大鱼食小鱼,强禽吞弱禽,既天主即是各物,岂天主自为戕害,而不及一存护乎?然天主无可戕害之理。③
>
> 从是说也,吾身即上帝,吾祭上帝,即自为祭耳,益无是礼也。果尔,则天主可谓木石等物,而人能耳顺之乎?④

此说将整个宇宙万物视为天主,如是,天主与万物的本性相同,天主与物无别,物与物之间也无差异性。其结果将导致:一、无法解释万物的多样性。二、无法解释宇宙内物与物相戕害的破坏现象;若天

---

① 《天主实义今注》:4—221,第137页。

② 梅谦立特别指出,利玛窦要反驳的三种泛神论,都来自范礼安《日本要理本》,参《天主实义今注》,第137页。

③ 《天主实义今注》:4—223,第137页。

④ 《天主实义今注》:4—224,第137页。

主与物同,则天主也戕害万物,怎能赡养万物呢?天主岂不自我否定?三、人与上帝等同,祭拜上帝亦即祭拜自己,于礼不通。四、物与天主亦同,天主成为木、石等物质。①

就“天主在物内”,利玛窦也反驳:

> 其曰天主为物之内本分,则是天主微乎物矣。凡全者,皆其大于各分者也。斗大于升,升乃斗十分之一耳。外者包乎内。若天主在物之内,为其本分,则物大于天主,而天主反小也。万物之原乃小乎其所生之物,其然乎?岂其然乎?②
>
> 且问天主在人内分,为尊主欤?为贱役欤?为贱役而听他分之命,固不可也。如为尊主,而专握一身之柄,则天下宜无一人为恶者,何为恶者滋众耶?天主为善之本根,德纯无渣,既为一身之主,犹致蔽于私欲,恣为邪行,德何衰耶?③

此说认为天主内在于万物,而利玛窦却指出此说在逻辑上与伦理上都无法成立。因为逻辑上必是大含小,若天主在物之内,岂不是物大于天主?天主为万物之原,反而小于万物,亦自相矛盾。再者,若天主在人之内,天主为善之根,则天下存在为恶之人,如此就无法解释伦理上何以有恶人、恶行。④

至于“物为天主所使用”,利玛窦反驳的理由是:

> 其曰物如躯壳,天主使用之,若匠者使用其器械,则天主尤非其物矣。石匠非其凿,渔者非其网、非其舟。天主非其物,何谓之同一体乎?循此辨焉,其说谓万物行动,不系于物,皆天主事。如械器之事,皆使械器者之功:夫不曰耜耒耕田,乃曰农夫

① 此四点反驳,从梅谦立之分析,参《天主实义今注》,第137页。

② 《天主实义今注》:4—225,第137—138页。

③ 《天主实义今注》:4—226,第138页。

④ 从梅谦立之分析,见《天主实义今注》,第138页。

> 耕之;不曰斧劈柴,乃曰樵夫劈之;不曰锯断板,乃曰梓人断之。①
>
> 则是火莫焚,水莫流,鸟莫鸣,兽莫走,人莫骑马乘车,乃皆惟天主者也。小人穴壁踰墙,御旅于野,非其罪,亦天主使之之罪乎?何以当恶怨其人,惩戮其人乎?为善之人,亦悉非其功,何为当赏之乎?乱天下者,莫大于信是语矣。②

此说认为物为天主所使用,犹如匠者使用器械。但利玛窦反驳,若从此说,则天主将是唯一的发动者,也是万物的致动因,万物皆是受动者。如此一来,人与万物皆被决定。物无法说明其变化与行动,人之为恶、为善,也非人之自主行动,而是来自天主的行动。因此,人的自由与责任,都无法得到说明,陷入决定论的困境。③

从以上利玛窦以泛神论诠释"万物一体"来看,可见他将朱子根据太极存在之理所说的万物"同一本体",理解为太极与万物没有本质的区分,天主同于万物,天主降级为万物,否认了天主的超越性。在这个意义下,泛神论也就成了无神论。

2."万物一体"无法区分自我与他者,贼仁害义

针对王阳明根据"一体之仁"而主张的"万物一体",利玛窦先是从"万物为一"提问,指出人若同于天主,则人过尊,若同于物(如木石),则人过卑。④故人与天主、万物都不同。在此不同实体之间,若要言"同",则有不同的含义。如"异物同名之同""同群之同""同理之同""同宗之同""同类之同""同体之同"等⑤,凡此皆就存有者而言。而利玛窦所理解的"同体之同",如同四肢与身体,名虽不同,却

---

① 《天主实义今注》:4—228,第138页。
② 《天主实义今注》:4—229,第138—139页。
③ 从梅谦立之分析,见《天主实义今注》,第139页。
④ 《天主实义今注》:4—239,第140页。
⑤ 见《天主实义今注》:4—240、4—241、4—242,第140—141页。

是同一实体；又如放勋与帝尧，名虽不同，却是同一人。[①]因此，利玛窦认为，“万物一体”意味着“万物同体”，即人与万物本质上是同一实体，无所区分。继而驳斥王阳明“万物一体”之说：

> 前世之儒，借万物一体之说，以翼愚民悦从于仁。所谓一体，仅谓一原耳已。如信之为真一体，将反灭仁义之道矣。何为其然耶？仁义相施，必待有二；若以众物实为一体，则是以众物实为一物，而但以虚像为之异耳，彼虚像焉能相爱相敬哉？故曰为仁者，推己及人也。[②]

又说：

> 仁者以己及人也，义者人老老、长长也，俱要人己之殊。除人己之殊，则毕除仁义之理矣。设谓物都是己，则但以爱己、奉己为仁义。将小人惟知有己，不知有人，独得仁义乎？书言人己，非徒言形，乃兼言形性耳。[③]

利玛窦认为，若从王阳明由大人与小人“其心之仁本若是”来说“万物一体”，只能说人与万物同“一原”。但真若将人与万物视为同一实体，就没有自我与他者之分、人我之别。在利玛窦看来，如仁义等道德行为，是建立在自我与他者的区分上而构成的关系性联结之行动。若泯除人我之别，就没有仁义善行可言。更严重的是，人若将万物视为己者，则人只需爱己即可，无须关照他人，反而助长人之私心。此从无知觉的水火，到有知觉的鸟兽，甚至小人但爱己之骨肉，都有此近爱同类、所亲的行为，但却无道德的价值与

---

① 《天主实义今注》：4—242，第141页。
② 《天主实义今注》：4—245，第141页。
③ 《天主实义今注》：4—246，第142页。

意义。①

另一方面,利玛窦也认为若泯除人我之别,则道德责任也无所归属。他举例来凸显此问题:

> 设如右手能救助患难,则一身两手皆称慈悲;左手习偷,非惟左手谓贼,右手全体皆称为贼矣。推此说也,谓天下万物一体,则世人所为,尽可相谓。跖一人为盗,而伯夷并可谓盗;武王一人为仁,而纣亦谓仁。因其体同而同之,岂不混各物之本行乎?②

利玛窦以身体四肢为例,若右手助人,则二手皆称慈悲,皆有美德。同理,若左手习偷,二手皆为贼,不论美德或失德,都由全体决定。且根据"其体同而同之"推之,跖、伯夷无别,则跖为盗,则伯夷亦被视为盗;武王、纣亦无别,则武王为仁,亦可谓纣亦仁。换言之,若是人与万物为一体,则道德价值无从确立,道德责任无从归属。故在利玛窦的批判下,王阳明"万物一体"的主张,反而导致贼仁害义。最后,利玛窦以"简上帝、混赏罚、除类别、灭仁义"③,对阳明之主张予以最严厉的批判。

由利玛窦对宋明理学"万物一体"的诠释与批判来看,他依旧持"实体学"的实在论立场。故无论朱子的人与万物"同一本体",还是阳明的人与万物"同为一体",都从存有者之为"同一实体"来思考。随之而来,利玛窦认为道德行为是建立在自我与他者的区分上,而非基于仁心的自觉与感通力。宋明理学"万物一体"的形而上学含义,以及道德理想的价值,利玛窦竟然错身而过。

---

① 参《天主实义今注》:4—247,第 142 页。

② 《天主实义今注》:4—254,第 143—144 页。

③ "泥天地万物一体之论,简上帝,混赏罚,除类别,灭仁义,虽高士信之,我不敢不诋焉。"见《天主实义今注》:4—255,第 144 页。

四、宋明理学与天主教终极真理的相遇

(一)“太极”与“万物一体”的宗教向度

透过利玛窦《天主实义》的“中士”与“西士”的对话,我们看到宋明理学与天主教在终极真理上的第一次相遇。当然,在利玛窦的安排下,“中士”大抵被说服了,也接受了天主教的终极真理,不过还没受洗皈依,即使受洗皈依的士大夫也是少数。尽管如此,在“中士”模糊的观念与意识中,时时浮现的宋明理学“太极”与“万物一体”也代表着儒家的终极真理。然而,利玛窦不仅否定“太极”的形而上学含义,以及“万物一体”的道德理想境界;更因受范礼安的影响,将宋明理学所揭示的终极真理,一律视为无神论与泛神论,忽略了“太极”与“万物一体”的宗教向度。

在笔者看来,宋明理学与天主教在终极真理的探究上,有其可以相连接的可能性。兹从“太极”与“万物一体”的宗教向度谈起:

诚如秦家懿(1934—2001)所言,“太极”概念的出现与阐释是朱子哲学体系的顶峰标记。[①]故论及朱子的宗教思想,应以“太极”为核心概念。在朱子理气论的思维下,一再彰显“太极”为超越的、形而上的“存在之理”,故是天地万物之原,也能化生万物。再者,太极本身也意味着一切价值的根源,故朱子也申明:“太极只是个极好至善底道理。……周子所谓太极,是天地人物万善至好底表德。”[②]就此而言,“太极”为唯一至高的终极实在,亦是纯粹精神性的存有,而不属于物质性。因此,若将朱子的“太极”与天主教的“天主”类比时,朱子当然以太极为终极实在,但他并未将太极“实体化”为位格神,

---

① 参秦家懿著,曹剑波译:《朱熹的宗教思想》,厦门大学出版社,2010年,第42页。

② 黎靖德编:《朱子语类》卷九十四,第2371页。

也未赋予太极赏善罚恶的意志。他强调人须透过心之虚灵知觉的能力,认识太极,以认识自己的道德责任,进而实践道德,善度伦理生活。如此理解终极真理的模式,就如同"自然神论"(deism,或译为"理神论")一样,也承认唯一终极实在(神)的存在,并非无神论。当然,自然神论与一神论仍然有距离,它既不同于基督宗教的创造模式,也不接受基督宗教的历史启示,它主张凭借人的理性来认识神的存在与本质。在这个意义上,我们可以说朱子的"太极"概念与论述近于"自然神论"。

如果从基督宗教的角度来看,笔者认为,未尝不可把"自然神论"视为"一神论"的预备阶段。就如同莱布尼茨(G. W. Leibniz, 1646—1716)阅读耶稣会士龙华民(Niccolò Longobardo, 1559—1654)对朱子"理"概念的误解与叙述时,竟然敏锐地意识到:

> 总之,龙华民神父认为中国人也将众善归于"理",所以没有比"理"更好的东西了。它是至善之中、至善之善、至善之纯,微而无形。它真是纯精神体的,不可洞窥的。……说了这些话,为什么不能也说中国人的"理"即我们在上帝名义下所敬拜的至上实体呢?①

另一方面,从利玛窦 1604 年致耶稣会总会的信中,虽然可以看到他把朱子的太极误解为"原质"(materia prima、primary matter),但他仍希望让中国人理解到,当太极是实体的、智力的和无限的第一原理时,就是上帝。②同一年,利玛窦也于《天主实义》拉丁文概要中说:

---

① Gottfried Wilhelm Leibniz, *Discourse on the Natural Theology of the Chinese*, translated, with an introd., notes and commentary by Henry Rosemont, Jr. and Daniel J. Cook, University Press of Hawaii, 1977, p.67。中译本参秦家懿译注:《论中国人的自然神学(致德雷蒙的信)》,秦家懿编著:《德国哲学家论中国》,台北联经出版公司,1999 年,第 74—75 页。

② 参《天主实义今注》:2—98,第 98—99 页。

“如果中国人把太极理解为第一原理，理解为赋有灵明的、无限的实体，那么我们就说，那就是神。”①由此可见，自然神论与基督宗教一神论的距离并非那么远。②

至于宋明理学“万物一体”的主张，无论明道从“以觉训仁”所讲的“仁体”，还是阳明从“一体之仁”所说的“良知”，都含有感通、感应的本质与特性。就此而言，仁心之感通，就在于“与物无对”，自然不容已要求“感通无隔、觉润无方”的道德价值之呈现，推至极，仁者必“以天地万物为一体”为最高境界，这是宋明理学“万物一体”的道德含义。然而，明道与阳明倡言的“万物一体”不仅止于道德伦理生活的面向，它还有其形上高度与宗教向度。因为，就仁者与“天地万物为一体”而言的“与物无对”，包含纵向的“天人无对”与横向的“与万物无对”，此“无对”并非指天、人、万物在存有论上毫无区分，而是就彼此感通“无隔”“无间”而无主客、内外之别来谈“一体”。在这个意义下，仁心之感通万物，犹如天道之体物而不遗。此即明道所云：“‘大人者，与天地合其德，与日月合其明’，非在外也。”③换言之，大

① 此篇拉丁文概要(“Ricci's Latin Summary of *The True Meaning of the Lord of Heaven*”)收录在英译本《天主实义》的附录中，参 Matteo Ricci, *The True Meaning of the Lord of Heaven: T'ien-Chu Shih-I*, translated, with introduction and notes, by Douglas Lancashire and Peter Hu Kuo-chen, Taipei: Institute Ricci for Chinese Studies, 1985, p.462。

② 事实上，晚明至清初，也浮现以“敬天”为主的“儒家宗教化”的风潮。中国儒家思想本有“敬天”思想，宋明理学家也不例外，但他们并不强调人格神、意志性主宰、赏善罚恶的“天”。不过，17 世纪耶稣会士翻译《四书》时，以张居正的《四书直解》为底本，并参考朱子的《四书章句集注》，而张居正《四书直解》所反映的中国古代“天人感应”思想，特别受到耶稣会士的青睐。如《论语》“获罪于天，无所祷也”的解释，朱子以“逆理”“顺理”注解之；但张居正则解释：“作善则降之以福，作不善则降之以祸，感应之理毫发不差。顺理而行，自然获福，若是立心行事，逆了天理，便是得罪于天矣。”由此可见，张居正虽也接受朱子之解释，但又融合天人感应之说，颇能显示晚明“敬天”风潮的趋向。因此，梅谦立指出晚明耶稣会士与中国的“敬天”风潮，彼此有间接与直接的双向互动、影响。参氏著：《耶稣会士与儒家经典：翻译者，抑或叛逆者?》，《现代哲学》2014 年第 6 期。

③ 《河南程氏遗书》卷十一，《二程集》上册，第 120 页。

人之德即天地之德，以此而言天道性命相贯通、天人合一（天人合德）。犹有进者，明道与阳明即以此感通之“仁”，视为人与天地万物的本体，故明道有“天人本无二，不必言合”[①]之言，阳明也说：“可知充塞天地中间，只有这个灵明，人只为形体自间隔了。我的灵明，便是天地鬼神的主宰。天没有我的灵明，谁去仰他高？地没有我的灵明，谁去俯他深？鬼神没有我的灵明，谁去辨他吉凶灾祥？天地鬼神万物离却我的灵明，便没有天地鬼神万物了。我的灵明离却了天地鬼神万物，亦没有我的灵明。”（《传习录》下：336）从明道与阳明之言可以得知，当吾人以“一体之仁”为本体时，在理论形态上就隐含一个动态的、理想主义的“道德的形而上学”（moral metaphysics）。显然，仁者以天地万物为一体，有其存有论洞见，也彰显仁心的内在超越性与天道的超越内在性。

在笔者看来，宋明理学就“万物一体”所彰显的本体，既超越又内在，此在神学上，可视为“万有在神论”（panentheism）的理论形态。此一理论形态，若从宋明理学“万物一体”的宗教向度来看，它并未否认神的存在，也未否认神的超越性，而是强调神内在于万物的“内在超越性”。就此而言，万有在神论并非泛神论，也非无神论。现代中国哲学学者如方东美（1899—1977）与唐君毅（1909—1978），他们在论及中国哲学的“天人合一”或“万物一体”时，皆以“万有在神论”视之。[②]唐君毅甚至认为，此形态能使宗教智慧有更大的开展，也使人随处有“由有限以超升至无限”的精神历程。[③]事实上，在不少明代理学家工夫修养的关键性体验中——顿悟见体，所体会的便是“万物一体”的冥契经验（mystical experience）。此种冥契经验的传统，与西方基督宗教在灵修生活所体验的神秘经验传统，也可以有某种程度的联结。

---

① 《河南程氏遗书》卷六，《二程集》上册，第 81 页。

② 方东美之见，参氏著：《原始儒家道家哲学》，台北黎明文化事业公司，1985 年，第 111—112 页；唐君毅之见，参氏著：《哲学概论》下册，香港孟氏教育基金会，1965 年，第 815—817 页。

③ 参唐君毅：《哲学概论》下册，第 817 页。

虽然由“太极”而言的“理神论”，或从“万物一体”所说的“万有在神论”、神秘经验，与基督宗教“一神论”的距离并非如想象的那么大，但问题的关键在于宋明理学如何看待基督宗教的“位格”(person)思想。由于基督宗教“一神论”中的上帝(天主)，多以拟人化的方式来描述，遂让人误以为敬拜此人格神为由情识决定。若果如此，上帝的超越性就被人的有限性取消了。事实上，“位格”一词，希腊文为“prosopon”，拉丁文为“persona”，原意是面容、面具、角色，在对话、戏剧中，用于描写不同关系的行动。故位格是指具有理性的个别体，整个存在及其活动与关系的最后主体。若就神学而言，位格可包含自立性(sub-sistence)、统一性(in-sistence)、个体性(solo-sistence)、关系性(con-sistence)、行动主体性(ek-sistence)等不同层面，神与人皆有位格，但却不同。[①]基督宗教强调位格神，主要强调人与神的不断相遇、对话，以全然开放的态度，领受神的无限奥秘。人与神的关系，如同德国宗教哲学家马丁·布伯(Martin Buber，1878—1965)所说的“我与你”(I and Thou)的关系，此种关系是一种相遇、对话的情境，是主体与对象间开放的交互性(reciprocity)。在“我与你”的真正对话中，双方相互依存、既主动又被动、既做选择亦被选择、两者可互相转化。[②]如此“我与你”的位格关系，在宋明理学家的“对越上帝”经验中，也可以看得到。如刘蕺山(名宗周，1578—1645)《人谱》“讼过法”(即静坐法)就有如下的描述：

> 一炷香，一盂水，置之净几，布一蒲团座子于下。方会平旦以后，一躬就坐。交趺齐手，屏息正容。正俨威间，鉴临有赫，

---

① 参辅仁神学著作编译会：《神学辞典》，台北光启出版社，1996年，第276—278页；亦参谷寒松：《神学中的人学——天地人合一》，台北光启出版社，2008年，第125—164页。

② 参Martin Buber, *I and Thou*, transl. by Ronald Gregor Smith, New York: Scribner, 1958；中译本参陈维纲译：《我与你》，台北桂冠图书公司，1991年。

> 呈我宿疚，炳如也。乃进而敕之，曰："尔固俨然人耳，一朝跌足，乃兽乃禽，种种堕落，嗟何及矣。"应曰："唯唯。"复出十目十手，共指共视，皆作如是言，应曰："唯唯。"于是方寸兀兀，痛汗微星，赤光发颊，若身亲三木者。已乃跃然而奋曰："是予之罪也夫。"则又敕之，曰："莫得姑且供认。"又应曰："否否。"顷之，一线清明之气徐徐来，若向太虚然，此心便与太虚同体。乃知从前都是妄缘，妄则非真。一真自若，湛湛澄澄，迎之无来，随之无去，却是本来真面目也。①

刘蕺山的描述，若从宋明理学式的"对越上天""对越上帝"②的张力来看其对话，颇具准位格思想。③此与基督宗教的位格思想，也可能开启对话的空间。

---

① 刘宗周撰，戴琏璋、吴光主编：《刘宗周全集》，台湾"中研院"文哲所筹备处，1996年，第18—19页。

② "对越在天"是《诗经·周颂·清庙》之语，原意是对越文王在天之神。而"天"犹言"上帝"，故宋明理学家又有"对越上帝"之语，二者含义相同。如朱子《敬斋箴》云："正其衣冠，尊其瞻视；潜心以居，对越上帝。"（《朱子文集》卷八十五）又程明道言："'毋不敬'，可以对越上帝。"（《二程遗书》卷十一）。牟宗三分析："'对越在天'有两义：一是原始之超越地对，一是经过孔子之仁与孟子之心性而为内在地对。……凡是《诗》《书》中说及帝、天皆是超越地对，帝天皆有人格神之意，但经过孔子之仁与孟子之心性，则渐转成道德的、形而上的实体义，超越的帝天与内在的心性打成一片，无论帝天或心性皆变成起宇宙生化或道德创生之寂感真机，就此而言，'对越在天'便为内在地对，此即所谓'觌体承当'也。面对既超越而又内在之道德实体而承担下来，以清澈光畅吾人之生命，便是内在地对，此是进德修业之更为内在化与深邃化。"参氏著：《心体与性体》第2册，第22—23页。若依牟宗三的诠释，宋明理学家的"对越上帝"是"内在地对"，因超越上帝内在化为人之道德实体，人与上帝之张力不显。但笔者认为，从朱子与程明道之言，人与上帝仍有张力，人与超越之上帝（或更内在之我）仍有其更深对话的"位格"性。

③ 刘蕺山此"讼过法"（静坐法）的描述，杨祖汉教授认为只是"超越我"与"现实我"之对比而已。但从刘蕺山所进行的对话过程来看，"鉴临有赫，呈我宿疚"之"心"，犹似"上帝临汝，无贰尔心"（《诗经·大明》）、"维此文王，小心翼翼。昭事上帝，聿怀多福"（《诗经·大明》）之"上帝"。故从刘蕺山"讼过法"的张力与对话，以及对话进行时的身心反应来看，可说具有准位格思想。

昔日利玛窦驳斥宋明理学的“万物一体”为泛神论，今日台湾天主教耶稣会的神学家张春申（1929—2015）论及神学的中国化、本位化（inculturation）时，就尝试以中国传统的“一体”范畴，来代替或补充天主教的“位际”范畴。①由此可见，宋明理学与天主教的终极真理有其融合的可能。

（二）“儒家一神论”的再思

由前述宋明理学“太极”与“万物一体”的宗教向度之探讨，可以重新思考“儒家一神论”的理论建构。从历史溯源来看，晚明与利玛窦接触过而对之抱有好感的士大夫，有不少人奉教，其中也有杰出的儒者与官员。如明末“天主教三柱石”徐光启（1562—1633）、李之藻、杨廷筠（1557—1628），广为人知。这些奉教的儒家知识分子，多少曾浸润于宋明理学终极真理所提供的世界观与人生观中。在他们身上，宋明理学与天主教的终极真理实质相遇了。对他们而言，儒家与天主教的双重认同必须安立。故笔者同意张晓林的观察，在明末思想史上，奉教的儒家知识分子的确主张“儒家一神论”，这是既定的事实，若不承认这既定的事实，就很难清楚地描绘明末清初乃至近现代中国思想史的整体面貌。②虽然张晓林认为明末出现的“儒家一神论”就历史的既定事实，应该视为中国学统的一部分，但他却过于简单地论断，此“儒家一神论”乃建立在基督宗教与宋明理学的思想断裂上，认为“新儒家（笔者按，指宋明理学）不需要这样的一神论，中国以往的任何学统，例如佛、道，也不需要这样的一神论”，故认为明末如杨廷筠的“儒家一神论”，不仅背离新儒家道统中的无神论，也背离新儒家道统中的此世情怀。③换言之，张晓林的结论是，明末曾出现的“儒家一神论”，虽可属于中国学统的一部分，却

---

① 参张春申：《中国教会的本位化神学》，张春申等著：《教会本位化之探讨》，台北光启出版社，1994 年，第 1—51 页。

② 参张晓林：《〈天主实义〉与中国学统——文化互动与诠释》，第 345—346 页。

③ 参张晓林：《〈天主实义〉与中国学统——文化互动与诠释》，第 328—354 页。

不属于儒家"道统"的一部分,甚至它还从内部侵蚀儒家的整个传统,导致20世中国传统的崩溃、儒家的崩溃,结果"儒家一神论"也随之崩溃。①

笔者对于张晓林的结论有所保留,他太快地将明末出现的"儒家一神论"视为历史残余,而未见其与宋明理学接续的可能性。虽然在利玛窦"适应"(adaptation、accommodation)的传教策略中,采取天主教与宋明理学的断裂论述;然而,笔者发现,曾受王学熏陶的杨廷筠,努力的是将天主教神学的儒家化、本位化,在终极真理的探求上,他也看到宋明理学与天主教神学的联结,并不完全采纳利玛窦"容古儒、斥新儒"的立场。笔者从杨廷筠一系列的护教著作,如《代疑偏》《代疑序篇》中看到"儒家一神论"在理论建构上的可能性。事实上,在终极真理上,宋明理学与天主教有其联结之处,此对明末的儒家知识分子并不难。但就天主教作为严格意义的启示宗教(revealed religion)而言,包含自然启示与超自然启示。"启示"(revelation)一词,拉丁文是"revelatio",有"掀开帐幕"之义,表示将藏在帐幕之后的事物显露出来。就自然启示部分,即透过理性能力来认识终极真理,这对宋明理学或儒家传统并不陌生,也能接受。但对于天主教超自然启示所呈现的历史启示,如天主在犹太历史中

① 参张晓林:《〈天主实义〉与中国学统——文化互动与诠释》,第342—354页。张晓林就晚明思想史的事实而承认"儒家一神论"为中国"学统"的一部分,但在理论上似乎反对,因它并不属于儒家的"道统"。匿名审查者也从理论上反对"儒家一神论",其理由在于:"儒家讲'成圣',但不可以讲'成神'。人皆可以成圣,因为人人心中有良知,万物同体。如果把'圣'理解为'神','儒家一神论'就势必演绎为儒家多神论。"笔者认为,从儒家"敬天"的思想来看,"儒家一神论"乃以"敬天"(天为唯一之位格神)为主,并以自我修养、道德实践来"事天",以臻至"圣人"的完美人格。在此意义下,"儒家一神论"也向往"成圣",但"成圣"不等同于"成神"。因基督宗教在创世与本体问题上与儒家有根本的区别,也有"外在超越"(基督宗教)与"内在超越"(儒家)的不同。故就"儒家一神论"而言,人人可以"成圣",但不可以"成神";因"圣"(人)与"神"(一神)在存有位阶上不同,前者为有限存有者,后者为无限存有自身,二者无法跨越。故笔者认为,"儒家一神论"是思想史的事实,在理论上也是可证成的另一思想形态,这是儒家与基督宗教继续深入对话的重要课题。

主动的“自我通传”，耶稣的降生成人、被钉十字架等历史启示，儒家知识分子就不易接受。如何将历史启示中的“基督事件”，赋予儒家思想的解释，并内化为与存有的相遇、对话，这是“儒家一神论”在理论建构上最困难之处。因此，笔者认为，明末的“儒家一神论”在理论建构上，必须包含兼容于儒家价值意义系统的自然启示、历史启示及灵修实践。“儒家一神论”虽然还未被学术界接受，但曾出现于晚明的儒家知识分子群体中，应有其理论价值与历史地位。即使在今日儒家与基督宗教的对话里，它也提供一种模式、一种思想资源，值得关注。

一种对抗式方法的局限性：不干斋·巴鼻庵对理学与基督教的批判*

日本庆应义塾大学　折井善果撰；
中山大学哲学系　魏鼎译

一、导　　论

本文讨论的对象是基督教护教文学中一部对儒家理学的评论著作：日本耶稣会传教士不干斋·巴鼻庵①（Fabian Fukansai，约1565—1621）的《妙贞问答》（*Myōtei Mondō*，1605）。该书通过分析关于"太极"和"理"的解释，阐明了作者对理学理论的理解，以及为基督教所做辩护的一些特征。在儒家传统中，《易经》中的"太极"一词，表示每一种存在的阴阳运动的起源。后来，朱熹（1130—1200）在接受周敦颐（1017—1073）的《太极图说》时，将太极解释为先于"阴阳"之"气"（或言物质力量）的"理"，从而建立了所谓的"理气二元论"。

---

* 在此感谢梅谦立教授的反馈，以及将我的文章纳入这个文集。同时感谢日本科学促进会（JSPS KAKENHI Grant Number 15KK0054）的资助。

本文译自 Yoshimi Orii，"The limits of a confrontational approach：Fabian Fukansai's critiques of Neo-Confucianism and Christianity"，*Frontiers of Philosophy in China* 14.2(2019)，pp.181－200。——译者注

① 日文作"不干斎巴鼻庵"或"不干斎ハビアン"。——译者注

虽然安贝尔克洛德(Pierre Humbertclaude)的法文译本(1938)① 和希巴德(Esther Lowell Hibbard)的英文译本(1963)②出版在先，但使巴鼻庵和他的作品在世界范围内广为人知的，是艾利逊(George Elison)出版于1973年的专著。从那以后，有几个具有国际认知度的关于巴鼻庵作品的文本。③另一方面，主要由日本哲学和思想史学者引领的对巴鼻庵作品的研究已在日本持续了近百年④，尽管这些研究和论文在国际学术界尚未得到充分的认识。

尤其是日本的中国思想史学者大岛晃⑤和梅泽秀夫⑥，已经研究了与巴鼻庵对《妙贞问答》的描述相关的、他对理学的叙述。大岛

① Pierre Humbertclaude, "Myôtei Mondô. Une Apologétique Chrétienne Japonaise de 1605", *Monumenta Nipponica* 1.2, 1983, pp.515－548.

② Esther Lowell Hibbard, *Refutation of Deus by Fabian*, Tokyo: International Institute for the Study of Religions, 1963.

③ 例如，《妙贞问答》英译本：Fabian Fukan, James Baskind and Richard Bowring, *The Myōtei Dialogues: A Japanese Christian Critique of Native Traditions*, Leiden: Brill, 2016；以及从艾利逊的《破提宇子》英译本转译的葡萄牙文本：Fabian Fukan and Giuseppe Marino, *Ha Daiusu: Destruyendo a Dios*, Córdoba: UCO Press, 2017; George Elison, *Deus Destroyed: The Image of Christianity in Early Modern Japan*, 2nd ed., Cambridge, MA: Harvard University Press, 1988。此外，相关文本不仅限于翻译和注释，如Kiri Paramore, *Ideology and Christianity in Japan*, London: Routledge, 2009。值得注意的是，该书将巴鼻庵的作品置于早期现代日本思想史的背景下，也就是德川时期。这时一个新的封建社会得到了巩固，日本的理学在思想上支持了这一制度。

④ 1917年，在伊势的神宫文库(Jingū Bunko)档案中发现了《妙贞问答》的第二本和第三本后，大量关于巴鼻庵及其作品的日本国内研究由此进行。最近，巴鼻庵经常在关于当代宗教研究的分析中被提及。例如，释彻宗研究了巴鼻庵的"religious individualism"或"individual religion"(见释彻宗：《不干斎ハビアン：神も仏も弃てた宗教者》，东京新潮社，2009年)，这是美国社会学家贝拉(R. Bellah, 1927—2013)创造的术语。根据释彻宗的说法，"通过提取似乎对自己必要的成分，个人构建了自己的宗教"。见释彻宗：《不干斎ハビアン：神も仏も弃てた宗教者》，第225页。

⑤ 大岛晃：《"なる世界"と"つくれる世界"—不干斎ハビアンの朱子学批判をめぐって》，《ソフィア》第33卷第2号，1984年，第170—187页。

⑥ 梅泽秀夫：《"妙贞问答"の儒教批判　その一》，《清泉女子大学キリスト教文化研究所年报(5)》，1997年，第99—115页。

晃和梅泽秀夫都提到，巴鼻庵对于“太极”和“理”的理解很贫乏，但没有做进一步的讨论。

尽管巴鼻庵在作为禅僧受训时期曾学习过理学，但他在十几岁时就皈依了基督教。这可以解释他对理学概念的理解缘何如此有限。另一方面，鲍灵（Richard Bowring）解释说，巴鼻庵“倾向于避免”对理学中的“理”的讨论，并设想了以下原因：“谈论‘理’就是要引入这样一种观点，即生成的任何东西都不是完全偶然出现的，而是落入一种模式中。”①换句话说，他预设巴鼻庵不敢提及与基督教的原则或模式（亦即天主）相对应的任何概念。

在阐明巴鼻庵作品产生的知识与制度环境时，鲍灵的假设似乎更为合理。巴鼻庵曾在耶稣会远东区视察员范礼安（1539—1606）的监督下在耶稣会神学院（Seminario）学习。范礼安在他第一次访问日本的报告《日本事情摘要》（*Sumario de las cosas de Japón*，1583）中，描述了日本人具有的矛盾性特质，他说这些人同时具有善良与邪恶的品质，然后他总结道：“这并不奇怪，因为生活在恶习和美德之中，始终是异教徒的习俗，而且从他们的偶像和主人那里，不可能得到任何其他的律法和教义。”②在“源于异教的一切都是错误的”这一前提下，范礼安编写了他著名的教理问答《基督教信仰要理本》（*Catechismus Christianae Fidei*，1586），旨在通过人的理性（ratio）解释这些谬误。虽然没有证据证明巴鼻庵在写作辩护书时参考了《要理本》，但他的信仰形成和思想却受到了范礼安的影响。③

---

① Fabian Fukan, *The Myōtei Dialogues*, 2016, p.33.

② Alessandro Valignano, and José Luis Alvarez-Taladriz, *Sumario de las cosas de Japón*(*1583*)/*Adiciones del sumario de Japón*(*1592*), Tōkyō: Sophia University, 1954, p.25.

③ 海老泽有道、松田毅一：《ポルトガルエヴォラ新出屏风文书の研究》，东京ナツメ社，1963 年，第 78—89 页。海老泽有道在埃武拉（Evora）找到了范礼安《要理本》的日本手稿，并指出了它与《妙贞问答》的一些相似之处，例如对当地异教宗教的批评，以及对宇宙中唯一创造者与不朽灵魂的信仰。两部作品对基督教教义的解释，如基督的复活与十诫，也存在结构上的相似之处。

鉴于这些情况,在日本宗教中寻找与基督教原理或模式(即天主)的相似之处或对应物,应该是不可能的。然而,在他叛教和退出教团之后所撰写的《破提宇子》(*Ha-Daiusu*)中,巴鼻庵将“理”描述为宇宙的一个理由或模式,以此表现出挣脱于基督教普世主义(Christian universalism)的自由。本文试图首先通过分析他的生平和知识背景,以此阐明巴鼻庵对理学的独特理解,从而更好地理解他的作品。本文继而重点讨论他如何利用理学的世界观,先是强化而后反驳基督教。在这一部分,将研究巴鼻庵的两个论述,其一关于“无极”,另一关于“一如实相”:对于这二者,巴鼻庵都没有给出正确解释,这可能是有意为之的。此外,本文还讨论了他如何通过坚持“赋命”以反驳他以前的主张,“赋命”是巴鼻庵对理学的“理”的另一种说法。

二、巴鼻庵及其作品的历史背景

巴鼻庵①大概于1565年出生在越中国或加贺国(如今的日本北陆地方),成为一名在大德寺修行的和尚,这是一座佛教寺院,也是京都日本禅宗临济宗十四个自治分支机构之一。该宗派的创始人荣西和尚(1141—1215)既研究中国宋代的理学,又研究禅宗。这无疑是当时研究中国哲学的前沿。其他日本禅宗宗派(被称为“五山”)同样研究理学著作。②

---

① 在叙述巴鼻庵的生平时,本文重点参考了切希利克和井手胜美的研究:Hubert Cieslik,《ファビアン不干伝ノート》,《キリシタン文化研究会会报》第15卷第3号,1972年;井手胜美:《ハビアンと“妙贞问答”》,《季刊日本思想史(6)》,1978年,第51—74页。

② 正如沃德指出的,禅宗学派在禅宗学校中对儒学的综合研究,是日本耶稣会士接触儒学的三种方式之一,另外两种方式是从唐代传入的婚姻法和官校——位于京都的大学寮和坂东地区(现在的枥木县)的足利学校——的学术传统。沃德还向我们概述了沙勿略(Francisco Xavier)到达日本(1549)之前的日本儒学史。Haruko Nawata Ward, “Jesuit Encounters with Confucianism in Early Modern Japan”, *The Sixteenth Century Journal* 40.4(winter), 2009, pp.1045-1067.

1583年，巴鼻庵皈依基督教，开始在高槻（现在的大阪）的一所耶稣会神学院学习。第二年，他成为耶稣会“同宿”，这是一群世俗的且与官方耶稣会组织无关的人，但是会从事一些辅助性的神职人员工作。他住在耶稣会的居所，依靠耶稣会生活。1586年，他成为耶稣会兄弟，继续在臼杵（现在的大分县）的耶稣会神学院学习。当时，耶稣会机构被迫在群岛之间四处迁移，一是由于时局的动荡，包括丰臣秀吉（1537—1598）这位试图一统日本的武士在1586—1587年发动的九州之役；二是由于丰臣秀吉在1587年发布了驱逐传教士的敕令。与此同时，巴鼻庵在他的学习期间蜕变为一名杰出人物，并被选为天草学院（位于现在的熊本）耶稣会兄弟们的日语教师。在那里，范礼安指派他编辑以12世纪末源平合战为题材的史诗《平家物语》（*Feiqe no Monogatari*）的口语体版本，其潜在读者是必须学习日本文化和历史的欧洲传教士。1592年，日本耶稣会士使用欧洲活字印刷机出版了这本书。①1597—1602年，在长崎的耶稣会学院教授日语的巴鼻庵，写了一篇批评佛教的文章，后来成为《妙贞问答》的第一部分。1603年，他回到京都的下京，在那里他被特别挑选从事讲道。1605年，在40岁之际，他完成了《妙贞问答》的其余部分。

第二年，在京都，巴鼻庵与当时的儒家学者林罗山（Hayashi Razan，1583—1657）进行了辩论，后者曾对作为德川幕府官方指导哲学的理学的发展做出贡献。辩论的内容作为林罗山反基督教的

---

① 天草版《平家物语》（*Feiqe no Monogatari*，即现代学术界广为人知的 *Heike Monogatari*）与另外两部由耶稣会士编辑的既存作品的口语体版本合订在一起，分别是《伊曾保物语》（*Esopo no Fablas*，即《伊索寓言》）和《金句集》（*Qincuxu*，一部格言集，摘自“四书”和“七经”等书）。这两部书的作者（或编者）不得而知，尽管巴鼻庵可能对此有贡献。大英图书馆拥有唯一的存世本，全部影像最近已在以下网址披露：https://dglb01.ninjal.ac.jp/BL_amakusa/（访问于2019年8月20日）。

纪念作品《排耶稣》(*Hai-Yaso*)留存下来。[①]该文提及,林罗山从利玛窦的《天主实义》(*The True Meaning of the Lord of Heaven*,首次出版于1603)一书中获得了他的基督教知识。[②]1607年10月,巴鼻庵的名字从日本耶稣会的名录中消失了,这一年是他与林罗山辩论后的第二年。也是在这个时期,耶稣会在日本的印刷出版活动(始于1590)达到顶峰。耶稣会主教马修斯·德·科罗斯(Matheus de Couros)在1621年的一份报告表明:1608年,巴鼻庵和在耶稣会住所一个街区外的女子修道院修行的一位修女抛弃了

---

① 《排耶稣》最先出版于1662年,收录在其子林鹅峰(Hayashi Gahō)编辑的《林罗山全集》。海老泽有道等校注的《キリシタン书 排耶书》也收录了此篇,并附有注释(海老泽有道、Hubert Cieslik、土井忠生、大塚光信:《キリシタン书 排耶书》,东京岩波书店,1970年,第413—417页)。英译文可见George Elison, *Deus Destroyed: The Image of Christianity in Early Modern Japan*, pp.149-153。虽然这篇文章声称是林罗山对1606年辩论的同期记录,但帕拉莫尔怀疑它实际上是林罗山后来撰写的,因为与《妙贞问答》相比,巴鼻庵的内容有些奇怪和不兼容。《妙贞问答》出版于辩论的前一年,见Kiri Paramore, *Ideology and Christianity in Japan*, p.68。

② 巴鼻庵是否在利玛窦杰作的影响下写了《妙贞问答》,目前仍存在争议。帕拉莫尔写道"看起来相当清楚",巴鼻庵从未见过《天主实义》,见Kiri Paramore, *Ideology and Christianity in Japan*, p.26。另一方面,戚印平认为巴鼻庵确受其影响,见戚印平:《日本早期耶稣会史研究》,商务印书馆,2003年,第343页。围绕这一问题,出现了相互矛盾的观点,可能是因为利玛窦和巴鼻庵都是基于同样一个传统而写作的,即源于范礼安的《要理本》。海老泽有道解释了范礼安的《要理本》日文版与《妙贞问答》及《天主实义》的相似之处,见海老泽有道、松田毅一:《ポルトガルエヴォラ新出屏风文书の研究》,第69—89页。关于《要理本》和《天主实义》之间的相似之处,也参见Thierry Meynard, "The Overlooked Connection between Ricci's *Tianzhu Shiyi* and Valignano's *Catechismus Japonensis*", *Japanese Journal of Religious Studies* 40.2, 2013, pp.303-322。有证据称,一份日文材料证实,利玛窦的作品已于1604年传入日本,因为林罗山在那一年列出了他已经读过的440多本书的名单,《天主实义》正在其中(伊东多三郎:《近世史の研究:第一册》,东京吉川弘文馆,1981年,第229页)。根据这些情况,巴鼻庵可能已经读过利玛窦的杰作。我们知道,范礼安曾下令重印利玛窦著作,并将其运到日本,但重印的版本首次抵达日本的时间不会早于1606年,因为1605年驶入长崎的船只遭遇了台风海难,只有船体留存(海老泽有道:《切支丹史の研究:增订版》,东京新人物往来社,1971年,第293页)。

基督教信仰。[①]

在1614年的全国性政治动荡期间，传教士面临被驱逐出日本列岛的命令。在德川幕府迫害基督教的行动中，巴鼻庵公开与之合作。1620年，他在长崎写作并出版了前文提到的反基督教作品《破提宇子》，而科罗斯主教称这部书为“地狱的瘟疫”（pestilence of Hell）。[②]巴鼻庵于次年，即1621年3月去世。

了解巴鼻庵的生活及其影响，可以帮助我们理解他的《妙贞问答》，井手胜美称其“与神道教、儒教和佛教之间常见的相互批评不同，它是日本思想史上唯一一部以基督教立场驳斥一切存在着的宗教的个人作品。而且，这是现代早期日本思想史上本土基督教知识分子所写就的最好的护教作品”[③]。根据导言部分，这本书是为在京都下京的修道院中过着隐居生活的贵族妇女或寡妇而写的。它的内容以女基督徒妙秀（Myōshū）和净土宗女佛教徒幽贞（Yūtei）[④]之间的对话形式展开。随着故事的发展，幽贞被撼动，并开始相信妙秀所解说的基督教教义。其中，其他宗教的谬误和基督教的真理是讨论的内容。该书由三卷组成：第一部分驳斥了佛教的十二个教派；第二部分驳斥了儒学和神道教；第三部分讨论了基督教教义及其至高无上。

---

① George Elison, *Deus Destroyed: The Image of Christianity in Early Modern Japan*, pp.155 – 156.

② George Elison, *Deus Destroyed: The Image of Christianity in Early Modern Japan*, p.156.

③ 井手胜美：《ハビアンと“妙贞问答”》，《季刊日本思想史（6）》，1978年，第55页。

④ 沃德认为，在作品中自陈是一位儒学学者之女的妙秀，其原型很可能是清原伊藤玛丽亚（清原いとマリア，Kiyohara Ito Maria）（Haruko Nawata Ward, “Jesuit Encounters with Confucianism in Early Modern Japan”, p.1056）。她是清原枝贤（Kiyohara Shigetaka 或 Edataka, 1520—1590）的女儿。清原枝贤是当时的公卿，其家族曾在宫廷中讲授儒学。关于清原枝贤及其女改信基督，以及清原家族与耶稣会士之间的联系，参见 Haruko Nawata Ward, “Jesuit Encounters with Confucianism in Early Modern Japan”, pp.1049 – 1052。

正如大岛晃所指出的，《妙贞问答》显示了作者坚信这个世界并非“生成”而是被“创造”的，这一点对于他而言，是真宗教和假宗教之间的重要区别。事实上，这种信念存在于巴鼻庵的作品中，而他的作品是一个描绘纯正宗教信仰的“蓝图”，而且他还以一种与这个蓝图相一致的方式，去解释佛教、神道教和儒家（以及道教的某些方面）。他使用了一些令人印象深刻的词语去标记这些宗教的特征，并将它们联系在一起，以突出基督教创世论的特殊性。

在描述理学时，巴鼻庵大量引用朱熹的作品，这些作品在当时的日本都可以见到，包括《近思录》《朱子文集》《周易本义》和《四书集注》。以前的研究认为，直到17世纪初，他对这些材料的理解水平都是很高的。①然而，巴鼻庵提及儒学只是为了给基督教辩护，因此他无意提供关于当时儒学知识的一般的或合理的参考。换言之，难怪任何可能导致读者怀疑基督教普遍性的异教教义，在巴鼻庵的作品中都藏在一览无余的地方，因为作者信奉基督教学说，认为只有一个原理造成了这个宇宙：基督教的上帝。

那么，如果这种可能使人怀疑基督教普世主义的异教教义被提及，它又是何种教义呢？本文的论点是，普世主义是一种形而上学的概念，即理学的“太极”和“理”。为了证实这一论点，接下来的章节将讨论巴鼻庵的两个论述：一个关于“无极”，另一个关于“一如实相”。

三、无极（Mukyoku）

理学把“无极”视为超越人类感官的形而上学概念，也就是说，它排除了物理感官。此外，朱熹通过对周敦颐《太极图说》开端提出的颇具争议的“无极而太极”或“自无极而太极”做出了新的阐释，发

① 井手胜美：《キリシタン思想史研究序说：日本人のキリスト教受容》，东京ぺりかん社，1995年，第203页。

展了自己的形而上学。

朱熹的解读是：无极等同于太极，而不是太极的属性。这成为对理学形而上学的核心解读。[①]正如朱熹将太极解释为理（如前所述），这意味着无极也等同于理。因此，可以说，无极不等于虚无。巴鼻庵在《妙贞问答》第二卷开篇就指出了这一点，他认为这是儒学与佛教、道教的一个主要区别。他在前一卷中已对其进行了广泛的描述和驳斥。

例如，在幽贞说出"道生一，一生二，二生三，三生万物"[②]（引自老子《道德经》，42）之后，作为基督徒的妙秀说：

> 你问：道是什么？它是虚无大道，是完全虚无的状态。说道从这样一个状态"生一"，是指太极之气作为一的存在。"一生二"就是这个作为一的太极之气，分化为阴和阳。"二生三"是指阴和阳产生天、地、人三种力量。"三生万物"则描述了万物如何从天、地和人这三种力量中涌现。[③]

根据这一点，巴鼻庵借妙秀之口将老子的名言解释为：一切都是由太极之一"气"或物质力量分为阴和阳而产生的。他通过妙秀继续说道：

> 但儒家并不认为这个道——生一的道——先于太极而存在或与太极分离。他们将太极和无极视为一体，根本上将其视

---

① 关于朱熹对周敦颐概念的重新诠释和转变，参见 Julia Ching, *The Religious Thought of Chu Hsi*. Oxford: Oxford University Press, 2000，特别是"The Great Ultimate(*T'ai-chi*)"章。

② Fabian Fukan, *The Myōtei Dialogues: A Japanese Christian Critique of Native Traditions*, p.131.

③ Fabian Fukan, *The Myōtei Dialogues: A Japanese Christian Critique of Native Traditions*, pp.131－132；海老泽有道、井手胜美、岸野久：《キリシタン教理书：キリシタン研究第30辑》，第355—356页。

为本源。①

在这里,巴鼻庵(即文中的妙秀)强调儒家不相信“虚无大道,一种完全虚无的状态”。这表明巴鼻庵正确理解了朱熹思想的独特之处。

另一方面,梅泽秀夫已经引起了对巴鼻庵如下奇怪表述的关注:“太极之一气,分为阴和阳”,以及“太极指的是先于阴阳分化之前存在的任何东西”。巴鼻庵解释“太极”为阴阳分化之前的一“气”,是多种物理运动的结合。②换句话说,他认为“太极”与阴阳是连续的,并与阴阳处于同一个本体论层面,他并不认为太极是一种形而上学原则。巴鼻庵的这一阐释通过妙秀给幽贞举的箱子例子变得更加清楚:箱子里放着药物,但盖子仍然没有被取下,“所以把太极设想为一个仍盖着盖子的箱子。现在想象一下打开它并将盖子与箱体分开的行为,可以作为太极如何生二并分化为阴和阳的例示”③。这是他对与阴阳处于同一个本体论层面的太极的理解的一个绝佳例子。换言之,他对理学宇宙论的形而上学面向的思考似乎是保守的,或者他不承认理学的宇宙论不仅仅是宇宙论,而且是一种超验的学说。

让我们看看文本的另一部分。他(作为妙秀)如此解释儒者和佛教徒的学说:

> 此太极无需远求。人心中一念起,就是一个小太极,具有无限的真理。念念皆是如此,人人皆是如此。百姓日用而不

---

① Fabian Fukan, *The Myōtei Dialogues: A Japanese Christian Critique of Native Traditions*, p.132;海老泽有道、井手胜美、岸野久:《キリシタン教理书:キリシタン研究第30辑》,第356页。

② 梅泽秀夫:《“妙贞问答”の儒教批判　その一》,《清泉女子大学キリスト教文化研究所年报(5)》,第102—103页。

③ Fabian Fukan, *The Myōtei Dialogues: A Japanese Christian Critique of Native Traditions*, p.132.

知。因此，天地万物实际上只不过是人心中一念。这正是儒家所说的“小天地”以及释家所说的“肉造化”。研究这些问题的人应该意识到这一点。[①]

巴鼻庵认为儒家与佛教观点相同，并做了如下反驳：

……论及此太极无需远求，人心一念起便是一小太极，以及天地万物实际上不过只是人心一念，不就如同佛教的“万法唯一心”吗？论及儒家所说的“小天地”、释家所说的“闻造化”，即是说太极或真如，二者皆不应于一身之外求，正如弘法大师（空海）所云：“夫佛法非遥，心中即近。”[②]

在朱熹对理学世界观的阐述中，太极不仅是宇宙存在的终极原则（万物统体一太极），也是渗透万物的东西（一物各具一太极）。[③]在谈到人类时，渗透万物的太极蕴含五种美德（即仁、义、礼、智和信）作为人类天性，并且决定了人性的本质。

但是，如同梅泽秀夫指出的，巴鼻庵认为这个理论只不过是佛教一元论心灵主义的表达。尽管事实是：在理学家那里，每个人的心灵意识都与太极这一普遍原则联系在一起，这意味着这个理论并未否定世界形而上学的一面。正是出于这种世界观，理学对如何寻求“理”的研究表示赞赏。[④]

---

① Fabian Fukan, *The Myōtei Dialogues: A Japanese Christian Critique of Native Traditions*, p.137；海老泽有道、井手胜美、岸野久：《キリシタン教理书：キリシタン研究第30辑》，第359—360页。

② Fabian Fukan, *The Myōtei Dialogues: A Japanese Christian Critique of Native Traditions*, p.137；海老泽有道、井手胜美、岸野久：《キリシタン教理书：キリシタン研究第30辑》，第360页。

③ 参见朱熹：《朱子全书·太极图说解说》第13册，上海古籍出版社，2010年，第74页。

④ 梅泽秀夫：《“妙贞问答”の儒教批判　その一》，《清泉女子大学キリスト教文化研究所年报（5）》，第111页。

最后，巴鼻庵将理学的宇宙生成论理解为从物质或质料的阴阳开始。而且，他拒绝参与关于形而上学的理或太极的讨论。通过这种方式，他试图诱使他的读者讨论他的蓝图已经预设的东西：阴阳是自我驱动的，所以能够产生这一运动的原动力不可能存在。

如果巴鼻庵认识到太极或理的形而上学面向，并将其与基督教的对应物进行比较，那么与其说这是一种对理学的驳斥，不如说是一种辩护。因为巴鼻庵没有这样做，他对理学的解释有一个重大的失败。然而，如果我们考虑到该书的写作目的，这种失败可能又是合乎情理的：这是一部基督教的护教作品，曾经旨在通过利用当地人民对于宗教主题的无知，以阻止或防止当时在日本出现的宗教思想。

值得注意的是，正如梅谦立教授最近所总结的那样，关于太极或理和基督教天主的兼容性的辩论，在中国曾延绵不绝。[①]例如，在1610年成为利玛窦之后的中国耶稣会“总长”(Superior)的龙华民(1559—1654)，在他的作品中说：“我想有人可能会认为这个理或太极就是我们的天主，因为我们赋予它只适用于天主的品质和属性。你要小心，不要让自己被这些可疑的头衔弄得眼花缭乱。”[②]在这里，我们可以看到龙华民在对太极或理做了长篇描述之后，不得不接受太极或理和基督教的天主实际上是非常相似的，尽管他的目的是反驳这种相似性。

① Thierry Meynard, “François Noël's Contribution to the Western Understanding of Chinese Thought: Taiji sive natura in the *Philosophia sinica* (1711)”, *Dao: A Journal of Comparative Philosophy* 17.2, 2018, pp.219－230.

② Gottfried Wilhelm Leibniz, Gothofredi Guillelmi Leibnitii... *Opera omnia*. *4*, *4*. Genevae: Apud Fratres de Tournes, 1768, pp.112－113; Thierry Meynard, “François Noël's Contribution to the Western Understanding of Chinese Thought”, p.220.

四、一如实相(Ichinyo-jissō)

在解释基督教教条的第三卷中，有一章题为“论理性灵魂(Anima Rationalis)，即死后继续生存之物”。在这里，他再次提及理学的教义，尤其是事(appearance)、理、性(nature)和气。幽贞对妙秀说：

> 其根本原因在于天下所有事物都有“事”和“理”两个方面。……因此“事”代表“相”，“理”相当于“性”。再举另外一个例子，竹管中的水是“理性”(nature-as-principle)，当它变硬并变成雪或冰时，这就是它的“相”。“事相”(outward appearance)“如同冰、雪一样，是分离的；一旦融化，则一样是河谷中的水”。这与诸法无异；虽然“事相”有不同：鸟不是野兽，草也不是树，但当“事相”消失时，它们又会恢复到同一“理性”。这就是所谓的“一如实相”；它们是相同的。儒家等宗派也设想了“性”和“气”二者。虽然“性”没有区别，但是“气”却被分为“正”“通”“偏”“塞”四种。根据混合的情况成为人、马或牛。甚至在人中存在的愚钝与机敏之别，也不是由于“性”的差异，而是因为“气”的性质不同。尧、舜的美德和盗跖、庄蹻的贪婪，并不是因为他们的“性”有不同，而是因为他们的“气”的性质不同。事物怎么会有不同的“性”？只有一个本性，而无论其“事相”如何，他们称“天地同根，万物一体”。①

作为对幽贞的回应，妙秀这些说法的存在，是因为“他们不知道

① Fabian Fukan, *The Myōtei Dialogues: A Japanese Christian Critique of Native Traditions*, pp.175－176；海老泽有道、井手胜美、岸野久：《キリシタン教理书：キリシタン研究第30辑》，第395—396页。

天地万物的创造者的存在”，并继续说，以这种方式说明所有不同事物一旦消亡就回到一种合一状态，或言“一如实相”，是荒谬的。[①]“一”(ichi)表示“一或不二”，而“如”(nyo)则表示“无分别”(是对梵语“tathatā”的翻译)。“一如”(ichinyo)用于确立两个对立的术语，如自我与事物(心境一如)、是与非(邪正一如)、平凡与神圣(凡圣一如)，以及众生与佛(生死一如)；“一如”代表了天台宗——日本佛教诸宗派之母。幽贞在第一卷开始对宗派做解释时，将这个词定性为“无可争议地属于大乘”[②]。较之其他宗派，巴鼻庵用更多篇幅来解释这一宗派。他举了一些例子：

> 有鳞片的东西会潜水，有翅膀的东西能飞翔：它们有不同的功能(用)。这不是因为它们的形状；这是因为他们的实质，我们称之为他们的形式(forma)，是不同的。为什么你说“理”和“性”是同一的？就“事相”而言，松树不是荆棘丛，荆棘丛不同于松树；它们的“事”和“理”都不同。“万物一体”这种说法，是没有道理的。[③]

通过这种方式，巴鼻庵拒绝承认理学的理的双重特征，其中形而上学的理渗透了物理的理，后者在现象中是内在的。他认为它无异于佛教一元论。因此，他得出结论：“天地同根”且“万物一体”。[④]

此外，我们必须注意到，在基督教教条中，这一段落包含在对理性灵魂(Anima Rationalis)的解释中，这尽可能地解释了基督教中神

---

① 巴鼻庵在这里的解释是值得怀疑的，因为最初，“一如实相”并不意味着一个人死后的状态，而是渗透于整个生命的统一性。

② Fabian Fukan, *The Myōtei Dialogues*: *A Japanese Christian Critique of Native Traditions*, p.79；海老泽有道、井手胜美、岸野久：《キリシタン教理书：キリシタン研究第30辑》，第312页。

③④ Fabian Fukan, *The Myōtei Dialogues*: *A Japanese Christian Critique of Native Traditions*, p.176；海老泽有道、井手胜美、岸野久：《キリシタン教理书：キリシタン研究第30辑》，第397页。

的超越性和内在性。

在基督教神学中，通过构成人类身体中具有的理性灵魂的核心功能“主动理智”（Agent Intellect）的神圣启示，人类可以运用认知能力，如“了解事物的原理”，以及道德能力，如“关心美德、正义、礼仪、智慧和信任的原则”①。②这种理性灵魂论似乎最有可能与理学中太极或理的理论所具有的超越性和内在性相对应，因为基督教神学中的理性灵魂论和理学中的太极或理的理论，都旨在解释在他们各自的宗教中看似矛盾的形而上学，在两个传统中都间或引发争论。然而，巴鼻庵从不背叛这种相似性。更确切地说，在通过依靠与佛教一元论概念的虚构相似性，以使读者理解理学的过程中，他试图将理学和基督教理论描述得与他们实际上的更加不同。

应该指出的是，巴鼻庵的策略突出了他的宗教与所有当地宗教相比之下的独特性；当时的日本知识分子运动间接支持了这一策略，而该运动旨在通过寻求共同点，以实现儒释道的统一。③正如他以妙秀的口吻所说的那样：“从这个角度来看，显而易见的是，儒家和佛教基本上可以归结为同一件事，道教也听起来相似。他们所说

---

① Fabian Fukan, *The Myōtei Dialogues: A Japanese Christian Critique of Native Traditions*, p.178；海老泽有道、井手胜美、岸野久：《キリシタン教理书：キリシタン研究第30辑》，第400页。

② 参见 *Compendium Catholicae Veritatis* 第二部的日文手稿。*Compendium Catholicae Veritatis* 是耶稣会士戈麦斯（Pedro Gomes）写于1593年（并于次年翻译）的对亚里士多德《论灵魂》（*De Anima*）的评注。其中解释了人的理性灵魂通过天主造人赋予，并参考了《圣经·创世记》2:7，《传道书》12:7，《诗篇》104:29和146:4（尾原悟：《日本イエズス会の讲义要纲》，东京教文馆，1997年，第171页）。戈麦斯还解释了主动理智（*entenjimento asente*，缘天治面度アセンテ），一种存在于理性灵魂中且类似于光的精神力量（*supirituaru no sei*，スヒリツアルノ精）（尾原悟：《日本イエズス会の讲义要纲》，第186页）。在巴鼻庵的见习期，这部纲要被用于耶稣会神学院和大学。

③ 帕拉莫尔认为，禅宗的传统和文化调和了中世纪的儒家思想，它影响了这种思想运动。他还提到神道教通过利用这一运动被概念化。Kiri Paramore, *Japanese Confucianism: A Cultural History*, Cambridge: Cambridge University Press, 2016, pp.42－45。

的是真的：三教一致。”①巴鼻庵尤其熟悉这个概念，他在皈依基督教之前曾笃信这一传统。

五、在《破提宇子》(1620)中被天地赋予的命运（赋命）

当我们比较巴鼻庵的《妙贞问答》和他在《破提宇子》中对基督教的驳斥时，我们可以看到他改变了之前对理的理解。②他提出的论点是，基督教并不具有独特性，因为它有许多对应物。例如，他在该书的第二章声明了以下内容，解释了表象和理的理论：

> 所有事物都有“事”和“理”两个方面。如果存在特定的“事”，则其“理”不可能不存在。我们称这个“理”为“赋命”。虽然可能存在多种多样的事物，却不存在两个理或三个理，而只是一个理。功能（应）的差异符合事物的类型。……对于雨水而言，方圆、五味、香臭、清浊……都是由容器的方圆、好坏、净秽所决定的。一个东西的赋命也是如此。根据“气”的差异及其表现出的有形物质——透明或浑浊，厚或薄——其功能（用）

---

① Fabian Fukan, *The Myōtei Dialogues: A Japanese Christian Critique of Native Traditions*, p.137；海老泽有道、井手胜美、岸野久：《キリシタン教理书：キリシタン研究第 30 辑》，第 360 页。

② 奇怪的是，巴鼻庵没有在《破提宇子》中提到“太极”。这可能与上述和年轻儒家学者林罗山的辩论有关。虽然关于太极本身的争论内容未被描述，林罗山却记录道，巴鼻庵对辩论极为不满，并说出了他的最后一句话：“儒家所谓的‘太极’无法与天主相比。天主不是你这样的后生能理解的，但我完全理解‘太极’。”林罗山的弟弟林信澄（Hayashi Nobuzumi）警告他这种傲慢态度，并斥责说：“‘太极’是你永远无法理解的。”（George Elison, *Deus Destroyed: The Image of Christianity in Early Modern Japan*, p.152.）这种令人尴尬的经历，可能使巴鼻庵在之后的著作中对于提及这个词感到犹豫。

将如此不同。怎么可能将这个"理"划分为"植物的（生长的）"（Vegetativa）、"感觉的"（Sensitiva）、"理性的"（Rationalis）以及其他呢！这一点在关于人心的问题上尤其正确：他们称人之心为"理性灵魂"（Anima Rationalis），声称它是一个独立的实体，因此控制身体的欲望，使其成为基本原理，并认为各个学派对此一无所知。这实在是最为目光短浅的。儒家将"气"的欲望称为"人心"，将对义理的思考称为"道心"。儒家力求尽善、尽美，这是提宇子（即 Deus）信徒们的夷狄曲说所不能及的。①

在这里，巴鼻庵强调"理"只有一个，而事物可以根据它们的"事"而变化，这与他以前的主张截然相反。此外，他将这种理的单一性作为基督教理性灵魂论的原因，即用理性灵魂的三个部分来解释唯一天主内在于所有存在，这是毫无意义的。

巴鼻庵在这里使用了习语"赋命"来指"理"。虽然艾利逊将"赋命"译为"事物的自然禀赋"（thing's natural endowment），在当代日本文学中，"赋命"有一种隐义，即"天地之赋命"的简写。②

例如，东晋末至刘宋王朝时期的陶渊明（365—427），其作品曾对中世纪的日本禅宗文化和艺术产生了重大影响；陶渊明在其晚

---

① George Elison, *Deus Destroyed: The Image of Christianity in Early Modern Japan*, p.269；海老泽有道、Hubert Cieslik、土井忠生、大塚光信：《キリシタン书　排耶书》，第431—432页。

② 例如，《祇园物语》（*Gion Monogatari* 或 *the Tale of Gion*，约成书于1644）是江户时代初期的一部作品，主要面向平民与儿童，旨在实现教育和教化的目的，其中提到："桀纣之无道，汤文之仁政，皆是天命；意图矫正者，是违背天地之赋命。"日文可见朝仓治彦、深泽秋男、柳泽昌纪编：《仮名草子集成》第二十二卷，东京堂，1998年，第19页。这与巴鼻庵之前对佛教徒幽贞言论的批评形成鲜明对比，幽贞说"尧、舜的美德和盗跖、庄跻的贪婪"是"因为他们的实质，我们称之为他们的形式（forma），是不同的"。Fabian Fukan, *The Myōtei Dialogues: A Japanese Christian Critique of Native Traditions*, p.175；海老泽有道、井手胜美、岸野久：《キリシタン教理书：キリシタン研究第30辑》，第396页。

年，用“赋命”向他的五个儿子解释生命的真如：“天地赋命，生必有死。”①另一方面，“赋命”不是当时常见的词语，在当时日本文学中可见的例子非常少，也没有收录进当时在日本出版的耶稣会字典《日葡辞书》(*Vocabulário da Língua do Japão*，1603—1604)和《罗葡日对译辞书》(*Dictionarium Latino Lusitanicum, ac Iaponicum*，1595)。②换句话说，“赋命”作为日语词是新颖的，也是属于知识分子的。巴鼻庵有意使用这个新颖的、书面的(甚至是属于精英的)词语“赋命”来替换“理”，从而将这一形而上学概念和真如世界观结合到一起：每个人的存在和他/她的行为，都被天地之间的原理决定着，而不会降低到人类个体的判断层面。

通过这个解释，他将其联系到基督教理性灵魂的论述并批评这种论述，认为真正的人性或人的道德将其自身与所有存在的客观原则相联系，而不是与上帝赋予的内在的理性灵魂相联系。③我们在这里要注意的是，巴鼻庵没有反驳整个基督教，而是基督教的“普世主义”。它拒绝选取个别宗教的共同要素，认为存在一个在每个个体之上的普遍性，而只有当这些个别宗教参与到这种普遍性之中，它们的存在才是被允许的。巴鼻庵很聪明，他理解什么是“普遍的”，也明白这一点：要摧毁基督教的普世主义，指出个别宗教中基督教的对应物就足够了。

---

① 松枝茂夫、和田武司译注：《陶渊明全集》下，岩波书店，1991年，第212页。

② 参见土井忠生：《日葡辞书》，岩波书店，1960年；岸本恵美、三桥健、Ambrogio Calepino：《フランス学士院本，罗葡日对译辞书》，大阪清文堂，2017年。

③ 帕拉莫尔指出，基督教的论述，其中每个人都遵循个体内在化的思想或洞察力，而不是人类主体之外的原则，是一种危险的思维方法。相反，在儒家思想中，“这一过程被认为是理想的：人们不是认同内在的个体理性，而是认同外在的政治秩序或霸权”(Kiri Paramore, *Ideology and Christianity in Japan*, p.48.)。施林普夫也认为，《破提宇子》的前提是一种宗教必须支持社会和政治秩序，而《妙贞问答》则假定一种宗教的功能是提供个人救赎。Monica Schrimpf, “The Pro- and Anti-Christian Writings of Fukan Fabian (1565 - 1621)”, *Japanese Religions* 33.1 - 2, 2008, pp.35 - 54。

结　　论

《妙贞问答》在异教之间制造相似之处以对抗基督教的独特性，即承认作为原则和一切存在创造者天主的普遍性。因此，它对作为整个宇宙的“理”的“太极”的描述，变得肤浅和扭曲。因为过去对理学的了解，理学的“理”显而易见地被隐藏在巴鼻庵的基督教著作中，又是很自然的。

事实上，巴鼻庵强调（或相反忽略）了一些适合（或破坏）框架的要素，这些要素以“普世的”对抗“个体的/本地的”。不过，这些智力巧计有助于突出一些元素，可以反过来成为外在于框架的驳斥要点。事实上，在从基督教的框架挣脱之后写就的《破提宇子》中，他认识到弥漫于宇宙的“理”或“赋命”的存在，所以他可以很容易地反驳他过去所持有的普世主义。①他所做的一切，是指出基督教与异教之间的相似性，但是这足以摧毁基督教的普世主义。一个更广泛的影响在于，巴鼻庵对基督教赞成和反对的论述，向我们展示了以对抗方式引发一种宗教反对其他宗教的潜在局限。

巴鼻庵的《破提宇子》写于 1620 年，而正是在这一境况下，龙华民收到了一些来自他的日本同事的批评，并重新考虑利玛窦之后的中国传教政策。在中国的讨论是否能在某种程度上反映日本赞成基督教和反对基督教的论述？如果是这样，那么到什么程度呢？回答这些问题，是进一步研究的一个可能方向。

---

① 释彻宗认为，巴鼻庵的这种“breakthrough”（释彻宗的用词），源于“考案”（kōan）的传统，一种巴鼻庵在少年时代就曾从事过的禅宗宗教练习。它由不合逻辑的问题或由师徒之间的回答所产生的悖论组成。它培育弟子的智力和精神发展，有时则会引起心理突破。释彻宗：《不干斎ハビアン：神も仏も弃てた宗教者》，第 171—173 页。

从“天”到“天主”的儒耶会通诠释

——梵蒂冈所藏《论儒家之天、太极与天主》析论*

中山大学哲学系　王　格

梵蒂冈图书馆藏有无名氏所撰、无封面及标题的天主教辩教类小册清抄本一种（馆藏号：RACCOLTA GENERALE-ORIENTE-Ⅲ 248.11），今已影印收入《梵蒂冈图书馆藏明清中西文化交流史文献丛刊（第一辑）》第 38 册，编者代拟标题为《论儒家之天、太极与天主》。①该文献仅存于梵蒂冈图书馆，为手抄小册，抄本不仅无年代标识，而且正如丛刊影印编者的“提要”所言，该书“口语化较强，书写亦较为潦草，时有涂抹、添改等情况”②，甚至错别字不少，所以很可能并非正式出版物，未必有刊刻流传，而且传抄者的文化知识水平并不高。虽然如此，就内容而言，该抄本却十分值得注意，因为它讨论了天主教与儒家之间某些最核心的思想观念之交会和沟通问题。就文献性质而言，正文明确出现了“我们儒家”的表述，作者应该兼具儒家士人和天主教徒双重身份，所以它大概是一种面向底层读书人宣扬天主教教义的传抄手册。从知识人的儒家信念巧妙过渡和融通到天主信仰，文本背后所体现的传教者、写作者、抄录者和读者受众及他们之间的互动关系，值得我们揣摩和深究。当然，受限于

---

* 本文系国家社科基金青年项目“理学的早期西传及其影响研究”（18CZX037）的阶段性成果，首发于《国际汉学》2019 年第 2 期。

① 《论儒家之天、太极与天主》，张西平等编：《梵蒂冈图书馆藏明清中西文化交流史文献丛刊（第一辑）》第 38 册，大象出版社，2014 年，第 505—536 页。

② 见《论儒家之天、太极与天主》影印本卷首毛瑞方所撰提要，第 506 页。

文本相关信息的严重匮乏，我们今天所能窥探到的内容其实很有限。但不论如何，该小册抄本受到了传教士的重视，并被带到了欧洲，进入梵蒂冈图书馆收藏，这已表明它在传教史上是一份重要的中国文献。卷首有方济各会会士康和子（Carlo Orizi，1673—1755）题写的按语：

> 这本书尽可能证明中国人在“天”和“上帝”的名义下知晓了天主（Deus），他们懂得了……［此处字迹不清］和上帝的本质。这本书违背了圣职部 1704 年的法令，以及教宗格来孟十一世（Clement XI）1715 年的圣谕《自登基之日》（*Ex illa die*）。它出自我熟识的北京耶稣会神父的某位传道员。
>
> 康和子[①]

这段文字提到梵蒂冈教廷 1704 年和 1715 年公布的法令，而康和子于 1733 年离开北京，次年抵达罗马。由此可知，该抄本应当成于 1715 年（康熙五十四年）至 1733 年（雍正十一年）之间[②]，作者是一位北京耶稣会的传道员，抄本应当就在北京地区流传。康和子一直致力于推动教廷禁止中国礼仪，所以这份抄本应当是他带到罗马用以抨击耶稣会中国传教策略的“罪证”性质的文件。[③]以下，本文对该抄本文献的内容做初步的析论。

---

① 译自《论儒家之天、太极与天主》卷首拉丁文，第 509 页。

② 从文本用字来看，对“玄”字的使用没有避讳康熙皇帝，但这可能是因为抄本并不严格遵守中国避讳原则，不可由此断定写作和传抄年代在康熙朝之后。

③ 感谢梅谦立教授和齐飞智博士细致协助识读此段拉丁文按语手迹，并给出相关的考证参考意见，同时参看伯希和编，高田时雄校订补编：《梵蒂冈图书馆所藏汉籍目录》，中华书局，2006 年，第 114 页。有关康和子相关的基本情况，可参看 Claudia von Collani, “Carlo Orazi da Castorano（康和子）and the Jesuits in the Chinese Rites Controversy”, *Antonianum* vol. 91, no. 2, 2016, pp.479 - 510。

一、“天”的含义

抄本作者首先强调“读书人”(即当时一般所言“儒家”)中的“真儒”，区别于“拘儒”“腐儒”“迂儒”“通儒”等，以便引向与天主教的会通，因为在作者看来，“真儒”的要义在于“真正的知道天地万物有个主宰，尽心竭力，奉事恭敬”。这样一种诉诸“真”的会通的方式，其实是把不同教义的分歧和冲突推卸给对各自教义较为低级的理解；而在真实宗旨的意义上认定为殊途同归、归宗一致，早在儒、佛会通及“三教合一”的思潮中屡见不鲜，比如对佛教有所谓“真乘之教”“正法轮”，等等。①同时，我们可以推知，此抄本要面向的读者应该正是民间基层社会的“读书人”。

作者将儒家经典中“天”的含义分为三种：“无声无臭的主宰”“理”和“有形体的天”。这一分类方式应当来自朱熹。根据《朱子语类》记载，朱熹认为经传中的“天”字“也有说苍苍者，也有说主宰者，也有单训理时”②。抄本作者分别列举中国经典条目，进而强调其中“主宰义”是最为关键的所在。这里，我们稍做整理，并重新核查所引证经典文句的确切出处，排列如表1所示：

表1 抄本所列“天”的含义

“天”的含义	引　　文	出处备注
无声无臭的主宰	“逆天者亡”	《孟子·离娄上》
	“存心养性，所以事天”	《孟子·尽心上》
	“天作孽，犹可违”	《尚书·商书·太甲中》(《孟子·公孙丑上》有引)
	《大学》：“顾諟天之明命。”	《大学》引《尚书·商书·太甲上》

---

① 可参看拙作：《“心学真宗”：论万历时期的王学与佛教之关系》，《中山大学学报(社会科学版)》2015年第3期。

② 黎靖德编：《朱子语类》卷一《理气上·太极天地上》，《朱子全书》第14册，第118页。

续表

<table>
<tr><th>“天”的含义</th><th colspan="2">引　文</th><th>出处备注</th></tr>
<tr><td rowspan="2">理</td><td colspan="2">《中庸》:“不可以不知天。”</td><td></td></tr>
<tr><td colspan="2">《论语》:“获罪于天”</td><td>《论语·八佾》</td></tr>
<tr><td rowspan="5">有形体的天</td><td rowspan="3">《中庸》</td><td>“天地位焉”</td><td></td></tr>
<tr><td>“今夫天”</td><td></td></tr>
<tr><td>“天之所覆”</td><td></td></tr>
<tr><td rowspan="2">《孟子》</td><td>“天之高也”</td><td>《孟子·离娄下》</td></tr>
<tr><td>“天之道也”</td><td>《孟子·离娄上》</td></tr>
</table>

从表1我们可以看出，在排列分类儒家思想中“天”的多重含义时，其引文基本不超出“四书”，而没有直接涉及《诗经》《尚书》等更复杂的“五经”文献，虽然后者对“天”有更多的使用，并且早已被利玛窦(1552—1610)等来华传教士注意到。[①]之所以会这样，有可能限于作者或者读者受众的古代经典文化修养水平，或者很可能二者皆有。在上表所列引文之中，尤其值得注意的是，《论语·八佾》中的“获罪于天，无所祷也”。这里抄本作者依从了程朱理学的解读[②]，而在明代张居正的御前讲义《论语直解》中并不理解“天”为“理”，张居正“天人感应”式的解读被耶稣会传教士特别注意，而在“四书”的拉丁文翻译中予以基督宗教式的解读。[③]这些迹象表明，该抄本文献的作者比较熟悉程朱理学的传统；而文本所面对的读者则大概是民间的读书人，在官方科举制度之下，他们必须熟悉“四书”等基本经典文献，并且较为严格地依从程朱理学的注释传统。

那么，“天”的主宰义如何理解？作者的解说是“天地万物神人，有个真主宰，宰制置理”，由此引入“上帝”一词，并引证文献如下：

---

① 利玛窦著，梅谦立注、谭杰校勘：《天主实义今注》，第25页。

② 朱熹：《四书章句集注》，第65页。

③ 井川义次：《张居正の天——〈论语直解〉を中心に》，《筑波哲学》1995年第6期；梅谦立：《耶稣会士与儒家经典：翻译者，抑或叛逆者?》，《现代哲学》2014年第6期。

《大学》:“克配上帝。”

《中庸》:“郊社之礼,所以祀上帝也。”

《孟子》:“虽有恶人,斋戒沐浴,则可以祀上帝。”

《易经》:“帝出乎震。”

《诗经》:“文王小心翼翼,昭事上帝。”“皇矣上帝,临下有赫。”

《尚书》:“类于上帝。”“予畏上帝。”

事实上,以上这些经典语句在利玛窦的《天主实义》中几乎都已经被引证提及,利氏用以论证“吾天主,乃古经书所称上帝也”[①]。这里,作者开始少量征引“四书”以外的《周易》《诗经》《尚书》等文献,但很有可能是沿袭利玛窦等传教士而来的。[②]而除此之外,整个抄本对“五经”的引用基本局限于人们耳熟能详的若干只言片语。

在抄本作者看来,“无声无臭的主宰”就是古代经典中的“上帝”,也是上古中国的圣人们所敬的“天”之含义,这就通过儒家“天”的观念过渡而引向了基督宗教的“上帝”观,区别于道教的“玉皇上帝”“玄天上帝”等;在抄本作者看来,后者都只是历史上的人,而并非神[③],这也与利玛窦《天主实义》的论调完全一致[④]。

基于以上论述,抄本作者认为真正的“儒家”应当明了古圣人所敬重的“天”,也就是作为天地、神、人、万物之根源和主宰的“上帝”,否则的话,“还算得什么儒家!”[⑤]这里,作者的语气显得十分严厉。

我们知道,在早期耶稣会来华传教士殷铎泽(Prospero Intorcetta,

---

① 利玛窦著,梅谦立注、谭杰校勘:《天主实义今注》,第100—101页。

② 而且,在明代科举考试中,“五经”之中选其一作为“本经”,无须五经贯通。统计数据显示,有明一代,选《易》《诗》《书》三经者居多,这大概与此三部经典篇幅相对较短,备考成本相对较低有关。可参看吴恩荣:《明代科举士子备考研究》,东北师范大学硕士学位论文,2011年,第23—25页。

③ 《论儒家之天、太极与天主》,第513—514页。

④ 利玛窦著,梅谦立注,谭杰校勘:《天主实义今注》,第99—100页。

⑤ 《论儒家之天、太极与天主》,第514页。

1625—1696)等翻译中国古代儒家经典时,“从未将‘天’直译为‘Deus’(God),而多译为自然之天”,因为他们已经意识到“基督的上帝与中国的天之间的差异要远大于其相似之处”①。但另一方面,传教士热衷于对儒家经典中“敬天”“畏天”的宗教性解读,虽然儒家之天确实始终含有这方面的意味②,但不论如何,传教士诠释的侧重点仍然与儒家传统,尤其是理学传统的思想诠释有相当大的差距。思想史上的对话与交流总是充满了相反相成的吊诡互动,结果则正如法国汉学家谢和耐所言:“恰恰是在‘天’的问题上,文人和传教士之间建立了一种以误解为基础的默契。”③当时中国基督徒中那些并不放弃儒家知识精英身份的文人,无疑要进一步以“默契”消除“误解”。基于此,我们很容易理解这份抄本文献中对儒家经典中“天”的三种含义之剖判,由此诠释学思路而确立宗教性的“主宰义”最为根本,以引向天主信仰义。④

二、对“太极”本体的批评

在简要地分梳和辨析了儒家经典中“天”的含义之后,该书很快转向了一个宋明理学中的核心词——“太极”。在该书中,这是以“有人说”的形式提出异议而引出的,有点类似于理学家著述文献中

① 罗莹:《儒学概念早期西译初探:以〈中国哲学家孔子·中庸〉为中心》,外语教学与研究出版社,2014 年,第 132—133 页。

② 赖永海:《略论儒家之“天”及其宗教性》,《国际儒学研究(第 15 辑)》,九州出版社,2007 年,第 198—206 页。

③ 谢和耐著,耿昇译:《中国和基督教:中西文化的首次撞击》,上海古籍出版社,2003 年,第 48 页。

④ 在经典诠释史,经常出现这类情况,即原有多种诠释可能向度,而历史上某位诠释者会通过凸显其中一部分向度,使得经典文本获得新的理解。相关论述可参看黄俊杰:《中国孟学诠释史论》,社会科学文献出版社,2004 年,第 66—67 页。不过,这里抄本文献所反映的情况显然不止于此,因为作者似乎已经具备初步的诠释学反思的意识。

常用的“或问”形式。这里的“有人”，应当指的是一些不太能接受基督宗教基本信仰理念的儒家读书人。而从内容安排来看，异议的提出很可能只是一种设问的修辞，或者至少是经过作者归纳的若干问题，而并非问答论辩实录，因为它们看起来层次分明。从具体内容所反映的立场来看，提出异议者应该大多是程朱理学家，大概也正因此，才会把对“太极”的理学形上本体辨析放在首要的条目位置。既然抄本前文的正面论述逼出了对这些人“还算得什么儒家”的严厉贬斥，相应的异议和反驳也就势所必然。“有人说”一共出现了 11 条内容辨析，其中牵涉“太极”的两条在最前面，而后面则进一步聚焦于“天主”或“上帝”的基本信仰要义问题。

在这两条关于“太极”的辨析中，“有人”并没有过于强势地提出什么主张或者问难，而是仅仅提出两点异议：一、“太极是造化的源头”；二、“太极者理而已，理能生物”。显然，这是旨在提出“太极”具有形而上的本体和本源性，以此可能削弱甚至消解抄本作者所主张“上帝”的唯一主宰性论述。

对于第一点，抄本作者给出了一种归谬式的反驳，他指责“若太极是造化天地万物的，这个造化天地神人万物的就多了”，因为还会有“太绩”“太仆”“太素”“太和”“太初”“太虚”“太始”“太元”“皇极”“有极”“无极”，等等。①对于第二点也类似，“若理能生物，又多了许多的源头了”，不仅因为名相纷繁，而且万事万物都有其自身的根据，而“理”或者“太极”等并不是“源头”，因为“皆在物之内，不在物之外”，那么理就不可能生物。因此，“别有生物者，就是上帝主宰”②。

这样的归谬反驳看起来有些牵强，因为就对“本体”的言说而

---

① 《论儒家之天、太极与天主》，第 514—515 页。这里可能有几个错别字，“太绩”不明所以，“绩”字恐误，可能是“赜”，《周易·系辞上》有“圣人有以见天下之赜”；“太仆”则很可能是“太朴”。

② 《论儒家之天、太极与天主》，第 515 页。这里“源头”“元头”混用，意义实同。

言,"名"多并不影响其"实"为一,而且宋明理学中所谓"理一分殊"更是"一"与"多"、"体"与"用"的统一,所谓"体用一源,显微无间",贯通"内"和"外"。不过,如果考虑到该书作者其实基于基督宗教一神论的信仰主张,强调"源头"只能唯一,且外在超越,那么这种辩护方式或许可以理解;毕竟如果从更严格的一神论来看,儒家的理学传统多少是有些泛神论或者自然神论倾向的。

与之相关,在来华传教士方面,利玛窦在《天主实义》中与"中士"论辩,否认"太极"为上帝(Deus)或者万物之祖,龙华民(1559—1654)也认定"太极"只是"理"一类的概念①,这些都与此份抄本文献的论说立场和思路完全一致。所以,抄本作者一定是接受了早期来华传教士对宋明理学的基本批评,因为除此之外,我们在中国思想文献中几乎看不到这样的批评思路。

我们知道,利玛窦及大部分来华耶稣会士排斥宋明理学,而主张恢复早期"古儒"思想,以"古儒"会通基督宗教思想。这一决策很可能出于多方面的考量,包括理念的理解和现实的策略。②因此,在抄本文献中,作者同样也以古代经典只言"昭事上帝",而不言"昭事太极"等③来否认理学的太极本体论,这也是完全依从来华传教士的思路和策略。

另一方面,虽然 17 世纪明清之际对理学传统的批判和反思已然兴起,追溯和考究上古经典思想的"古学"已逐渐成风,这可能与传教士的儒家经典诠释合流;④但与此同时,我们必须意识到,理学传统不仅是当时所有儒家士大夫的学养基础,而且明清易代之后,程朱理学仍然被确立为官方正统思想,甚至有所加强。从策略上

---

① 刘耘华:《诠释的圆环:明末清初传教士对儒家经典的解释及其本土回应》,北京大学出版社,2005 年,第 123—124 页。

② 李天纲:《跨文化的诠释:经学与神学的相遇》,第 22—26 页。

③ 《论儒家之天、太极与天主》,第 516 页。

④ 参看王格:《耶稣会士〈论语〉翻译(1687 年)中的"古学"倾向》,中山大学西学东渐文献馆主编:《西学东渐研究第六辑》,商务印书馆,2017 年,第 109—123 页。

看，传教士如果要面对广泛的儒家士大夫精英，一味排斥程朱理学并不可取。因此，在后来《中国哲学家孔夫子》(1687)对“四书”的翻译和解说中，虽然表面上仍然排斥宋明理学，但实际已经大量利用和接受了程朱理学的思想；[①]而更晚时期的卫方济(François Noël，1651—1729)《中国哲学》(*Philosophia Sinica*，1711)则更大胆地接受程朱理学，并试图使之成为一种基督教的儒家哲学。[②]传教士方面对程朱理学的态度有这样的转变和分歧，而中国天主教徒则因为科举制度，自始便在程朱理学的大背景之下，后者对前者一定具有重要的刺激作用。在这份抄本文献中，作者随处表现出对朱熹《四书章句集注》内容的精熟掌握。

抄本作者力图从古代儒家基本价值理念出发，来通达到天主教的信仰，造成一种实质的会通：以对早期儒家经典中“天”的含义之辨析，通达到“天主”或“上帝”的主宰义；以对后世儒家理学传统“太极”本体论的批评，通达到基督教一神论的基本教义。因此，作者认定中国上古圣人们所敬的“是上帝主宰，就是我们天主圣教所称的‘天主’”[③]，那么，接下来自然就要进一步详细讨论“天主”(或者“上帝”)的问题。

三、“天主”的问题

关于“天主”的九条“有人说”，相应的回答却不局限于疑问和异议的内容，而是随处大量阐述基督宗教基本观念和信仰，凸显“天主”的至高无上，以及对佛教、道教等异教信仰的批评，看起来更像

---

① 梅谦立：《〈孔夫子〉：最初西文翻译的儒家经典》，《中山大学学报(社会科学版)》2008年第2期。

② 梅谦立、王格：《超越二元，迈向统一——耶稣会士卫方济〈中国哲学〉(1711年)及其儒家诠释学的初探》，《哲学与文化》2017年第11期。

③ 《论儒家之天、太极与天主》，第516页。

"教理问答"一类手册中的最基本内容，亦即类似于《天主实义》部分最核心内容的通俗和简化版本，阐述天主信仰的基本要义，如全智、全能、全善、至上唯一，等等；在书写格式体例上亦并不拘泥于问答段落，而是有时候会接连另起数段内容来阐述有关"天主"的教义。这里，我们首先主要考察来自儒家方面所提出的疑问和异议。

概括地讲，对于天主，抄本作者罗列了来自保守的儒家方面会有的以下疑问和异议：(1)古圣未知"天主"；(2)"五常"已足，不必"天主"；(3)天地自有；(4)人是自有；(5)人死无有不灭灵魂；(6)人死气化；(7)人死脱生；(8)魂升于天，魄降于地；(9)儒书无天堂地狱。①这里可以看出，这些疑问和异议并不完全来自儒家，尤其是宋明理学知识精英群体的理念，而是掺杂有若干民间信仰或者来自佛道思想的成分，比如"脱生"（即脱胎转生）等，这反映出当时中国社会里最普通的读书人的实际精神世界。

抄本作者对这些内容的回应方式，其实比较简单，大致有以下几种：(1)通过摘录和诠释，表明儒家经典里都有相关表述；(2)充分接受和肯定儒家传统对天地自然、人间秩序的基本价值和义理系统，但一切追根溯源，是有"天主"，以及与之密切相关的灵魂、天堂地狱等；(3)强调善恶分判和终极审判，天主赏善罚恶，则必须有灵魂不灭、天堂地狱等，不可抹杀这些内容；(4)与正统儒家一道激烈地批评佛、道思想，并借此大量注入基于天主信仰教义的批判，如天主教的一神论、生死观、天堂地狱观等。所有这些回应和策略都与利玛窦以来耶稣会传教士的主流做法一致，表明中国天主教徒已经有人能熟练掌握传教士的要义和方法，甚至时常能进一步用一些很"接地气"的表述深入浅出地进行阐发和回应，比如出现了珍珠、宝石和鹅卵石比方"天主"这样的极贵重者"不得多"②，也许他受到了

---

① 《论儒家之天、太极与天主》，此九条分别出现在第 516、520、523、524、525、526、527、528、529 页。

② 《论儒家之天、太极与天主》，第 517 页。

福音书的影响，里面多次谈及珍珠。不过，这个比喻看起来似乎并不十分恰当，因为“不得多”的珍珠、宝石固然珍稀贵重，但并不唯一。对于来自佛教思想而为中国民间广为接受的“脱胎转生”的反驳，则是这样：

> 若有脱生，就不好了，必定上辈的祖宗往下脱生，人就不敢娶女人了，倘是前辈祖宗脱生来的，其不是颠倒人伦、败坏纲常？就是禽兽也不肯，况于我们人乎！[①]

基于儒家纲常伦理的立场给出反驳，早在利玛窦《天主实义》中就出现过类似的表述[②]，显然抄本作者应该是沿用传教士的论述。对此，明末高僧云栖袾宏（别号“莲池”，1535—1615）的回应是需要占卜。[③]不论如何，这的确符合中国民间一般的处理方式。

抄本作者阐述“天主”的过程中，对儒家思想有若干巧妙发挥和运用，比如用春、夏、秋、冬的天地四时德序规则运行，来论证其后必有天主，这其实是理学家讨论“天理”时所使用的方式；[④]对于仁、义、礼、智、信“五德”，更是如此，进行一种神学本体论的论证，追本溯源，强调不可“源绝断流”。而从实际文本内容来看，抄本作者实际上接受了朱熹理学诠释的“四书”学系统，甚至大量直接引用朱熹《四书章句集注》里的诠释和界定。比如以“心之德，爱之理”界定“仁”，“礼是天理之节文”，等等，均出自朱熹的《四书章句集注》，而

---

① 《论儒家之天、太极与天主》，第527—528页。

② 利玛窦著，梅谦立注，谭杰校勘：《天主实义今注》，第150页。

③ 袾宏：《天说三》，收入其《竹窗三笔》，《莲池大师全集》第七册，台北法轮杂志社，1997年，第4054—4055页。

④ 《论儒家之天、太极与天主》，第516—517页。这当然可以追溯到《论语·阳货》记载孔子所言“天何言哉？四时行焉，百物生焉，天何言哉？”但《论语》中这句话语义并不特别明确，有待诠释者的解读，朱熹注云：“四时行，百物生，莫非天理发现流行之实，不待言而可见。”见朱熹：《四书章句集注》，第180页。显然，以“四时行、百物生”这样的自然规律运作来论证天主实有，也是类似的本体论论证手法。

抄本作者只不过将作为终极根源的“天理”置换成了“天主”，其中自然增加了人格神较强的能动性；[①]用《周易·序卦》的一段表述来印证上帝创造天地、万物、人的顺序，“可知天地万物都比我们人在先，然后生人”；[②]引用《礼记·礼运》中的“天下为一家”、《论语·颜渊》中“四海之内皆兄弟也”来印证世间所有人“都是这两个人的子孙”，而“两个人”则是天主所生，“是我们普天下人人的祖宗”；[③]利用《礼记·坊记》中“天无二日，土无二王，家无二主，尊无二上”所带来在中国传统社会中已经深入人心的“一主”观念，抄本作者顺理成章地过渡到“天主只有一个”的一神论；[④]利用《尚书》中的“人惟万物之灵”印证灵魂为人所独具，动物、植物没有灵魂；[⑤]利用理学家“生顺死安”中的“安”来证明必有天堂的存在；[⑥]将《尚书》中出现的“乃命于帝庭”(《金縢》)、“乘彼彩云，已归帝乡”[⑦]中的“帝庭”“帝乡”诠

---

① 《论儒家之天、太极与天主》，第520—523页。

② 《周易·序卦》：“有天地然后有万物，有万物然后有男女，有男女然后有夫妇，有夫妇然后有父子，有父子然后有君臣，有君臣然后有上下。”抄本引用作：“有天地而后有万物，有万物而后有人民，有人民而后有夫妇，有夫妇而后有父子。”见《论儒家之天、太极与天主》，第518—519页。这里，把“男女”改成了“人民”，或许为避免易学传统中“太极—阴阳”体系的掺入。

③ 《论儒家之天、太极与天主》，第519页。显然，这里的“两个人”当指《圣经》中记载的人类始祖亚当和夏娃，但抄本中只用“两个人”指代，并没有出现这两个名字；这样的处理方式，很容易让人联想到儒家尤其理学思想中太极生阴阳两仪的结构；不过，前面既然已经反对了“太极”本体的思想，作者自然不会尝试这样的会通诠释可能性。可是不论如何，不使用亚当、夏娃的具体人名，或许还是有助于受理学熏陶的读者接受。

④ 《论儒家之天、太极与天主》，第517—518页。

⑤ 《论儒家之天、太极与天主》，第526页。

⑥ 《论儒家之天、太极与天主》，第529—530页。

⑦ 此语出处不明，俟考。按，《庄子·天地》有“乘彼白云，至于帝乡”，唐代宋之问《桂州黄潭舜祠》诗有“帝乡三万里，乘彼白云归”，与这里抄本作者的引用比较接近，但却是“彩云”，可能摒弃了“白云”一词的仙道色彩；此外，在《圣经》中，也有大量乘云升天的记载，例如：“耶稣说完这些话，就在他们观望中，被举上升，有块云彩接了他去，离开他们的眼界。”(《使徒行传》1:9)“以后，他们二人听见从天上来的大声音向他们说：‘上这里来罢！’他们遂乘着云彩升了天，他们的仇人也看见了。”(《启示录》11:12)“以后，我看见有一片白云，云上坐着相似人子的一位，头戴金冠，手拿一把锐利的镰刀。”(《启示录》14:14)

释为基督宗教的天堂；[①]等等。这些对儒家经典的诠释都脱离了原来的具体论述语境，但在最终的义理旨趣上其实又相差不远，大部分沿用了传教士的摘选和诠释，所以也可以算是谢和耐所谓“以误解为基础的默契”的一部分。除此之外，还出现了用钦天监天文历法所体现的自然观念和古代儒家经典来联合论证所谓“天地是死的”，那么“不能自生自造”，则必然有天主造，这样的推理论证过程融合了中西文化。[②]不过，可能受制于辩教对话语境其实是在中国儒家尤其理学之中，抄本虽然也有一定篇幅谈到上帝创造论，却并没有特别系统和突出的阐述，这与《天主实义》等传教文献有所不同。

最后，作者总结有“四件道理”最为重要，是此手册最核心的内容：(1)天地万物有个“天主”，创造万物，人人必须事奉之；(2)人有不灭灵魂；(3)有天堂；(4)有地狱。[③]这些构成了基督宗教信仰的基本神学价值。由此，对于人来说只有四件大事：生、死、升天堂、下地狱。[④]整个抄本以这样一段高潮结束：

> 一个人活不过八九十年，必定要死了，就要见天主。天主必定要问你吃的是谁的，吃的是天主的；穿的是谁的，穿的是天主的；你是谁生的，是天主生的。我们忘恩背本之徒，违犯天主生人本意，还有何言答对天主？必定要下地狱，受无穷尽的苦楚了！可畏可畏！思之思之！[⑤]

在抄本中，最后这段文字从第一个“生的”二字开始，墨迹突然变化，但字迹应该是同一人的，笔端分叉较多，应该是由于抄者换了

① 《论儒家之天、太极与天主》，第 531 页。
② 《论儒家之天、太极与天主》，第 524 页。
③ 《论儒家之天、太极与天主》，第 533 页。
④ 《论儒家之天、太极与天主》，第 533—534 页。
⑤ 《论儒家之天、太极与天主》，第 534 页。

一支笔；[①]另外，末尾字迹的变化似乎也在一定程度上反映出抄者发自内心的激动不已。

结 语

从以上分析来看，抄本作者对儒家与天主教教义的“综摄”(syncretism)，继承了利玛窦《天主实义》所定下来的基本论调，其中若干文献的引用和对“太极”义理的辨析，以及若干处辩驳方式，都明显有《天主实义》的痕迹。虽然在上帝创造论方面，抄本的论述似乎有一定程度的弱化嫌疑，但在对“天”的理解上，传教士与儒家文人之间显然已经达成一种“基于误解的默契”，而抄本作者则力图通过批判性地梳理儒家经典文献中“天”的多重含义，凸显出“主宰”义，以此诠释学反思的方式、以彼此对“天道”的“默契”来消解神学或形而上学的误解。对于“太极”，儒家古代圣人并不采取，而天主教亦不认可；对于“天主”，作者表明这也是儒家思想背后所隐含的内容，这种“隐含”并非“索隐”式比附，而是通过对经典的诠释和义理的疏解。如此一来，正如影印《梵蒂冈图书馆藏明清中西文化交流史文献丛刊》编者所拟标题暗示出的情形，“天主”不仅是天主教的天主，而且成为“儒家的天主”，这是一种巧妙的会通。或者更准确地说，在抄本文献中，这种诠释会通表现为一种过渡的策略，即从儒家传统理念顺理成章地过渡到天主教信仰，虽然这可能导致“创造论”被一定程度弱化。而另一方面，正如卷首拉丁文所言，这份抄本文献很好地反映出当时中国的最底层读书人中的天主教徒对教义已经开始有了较为深入和准确的理解和接受。[②]此外，抄本中出现了世

① 感谢向珂博士对此段抄本字迹给出的书法鉴定意见。

② 《论儒家之天、太极与天主》，第509页。

界地理名称的音译①，钦天监天文学测算问题②，古希腊哲学的水、火、气、土四大元素论③，等等，从具体内容来看，这些知识无疑都是耶稣会传教士所带动和传播的。所以，虽然只是一份不起眼的小册抄本，甚至抄写得有些粗糙不堪，但它恰恰充分反映了当时天主教义的传播程度，以及耶稣会所采用的传教策略显著的良好效果；虽然也正如康和子所言，它在当时的确已经违背了教廷已经颁布的旨意。

---

① 其中出现的西方世界地名如"利未亚"（可能是北非利比亚地区，这里指整个非洲）、"南亚墨利加"（南美洲）、"北亚墨利加"（北美洲）等，这些音译用字均遵守耶稣会士的用法，也表明抄本作者及相关群体与来华耶稣会士有知识上的直接渊源。见《论儒家之天、太极与天主》，第 519 页。同时参看高翔：《〈坤舆万国全图〉地名考本》"利未亚"词条，光明日报出版社，2015 年。按，此仍待进一步详考。

② 《论儒家之天、太极与天主》，第 524 页。

③ 《论儒家之天、太极与天主》，第 525 页。这里值得注意的是，抄本作者反对中国传统中气本论思想传统所主张的"气聚则生，气散则死"，而提出相反的主张——"气散则生，聚则死"。作者这里的"气"乃是作为四大元素之一的气，以气言动，强调生命在于运动，否则就会病坏和死亡，这显然源自西方医学传统，与中国气论思想并不相关；另一方面，可以看出，抄本作者对中国传统思想中气本论思想的批评，实际上也沿袭了利玛窦等耶稣会士的做法，即排斥某一部分可能存在物质主义和无神论倾向的中国思想传统。

中国与欧洲思想的互动

——以白晋与莱布尼茨为中心

北京外国语大学比较文明与人文
交流高等研究院　张西平

莱布尼茨是当时欧洲思想文化界对中国文化最为关注的人，在他与来华传教士建立直接联系前，他已经读到了一些在欧洲出版的关于中国的书，例如基歇尔(Athanasius Kircher)的《中国图说》、柏应理(Philippe Couplet，1623—1693)等人翻译的《中国哲学家孔子》等，但此时他并未同中国有直接联系。1689年他在罗马见到了来华耶稣会士闵明我(Claudio Filippo Grimaldi，1639—1712)①，从此开始与在中国的传教士有了直接联系，为他的汉学研究打开了一扇门。莱布尼茨对中国知识的渴望和热情非常高，第一次和闵明我通信就一口气提出了关于中国知识的30个问题。②1692年3月莱布尼茨在与闵明我的再次通信中，进一步加深了对中国的了解，甚至已经较为详尽地调查了来华耶稣会士邓玉函(Johannes Terrenz，1576—1630)与德国天文学家开普勒(Johannes Kepler，1571—1630)通信的基本内容。③但此时他对中国哲学，特别是《易经》完全没有涉及。

---

① 多明我会的闵明我(Domingo Fernandez Navarrete)在广州会议后潜回欧洲，耶稣会士格里马尔迪(Grimaldi)冒名顶替闵明我进入了中国。闵明我在罗马与莱布尼茨见面后，莱布尼茨希望他从俄国返回中国；莱布尼茨一直想开辟出一条通往中国之路，但事情最终没有办成。

② 《莱布尼茨致闵明我的信，罗马，1689年7月19日》，安文铸等编译：《莱布尼茨和中国》，福建人民出版社，1993年，第128—131页。

③ 《莱布尼茨致闵明我的信，1692年8月》，安文铸等编译：《莱布尼茨和中国》，第137—143页。

莱布尼茨和白晋的交往是从白晋所写的《中国现任皇帝传》开始的。

一、莱布尼茨和白晋关于《康熙皇帝传》出版的讨论

莱布尼茨在《中国近事》的第一版中，已经刊出了南怀仁《〈欧洲天文学〉的总结报告》中一篇介绍康熙皇帝的文字：《有关现任中国皇帝学习欧洲科学的情况》。[①]南怀仁在文中介绍了康熙皇帝学习科学的一些情况，他说，约四年之前，皇帝每天召见他，持续五个月。皇帝几乎每天从早到晚让南怀仁讲解耶稣会士所写的约120本有关天文学的书。那时，他和一两个人与皇帝在一起。南怀仁常在内宫里用午餐，使用的是镀金餐具。皇帝给他很多荣耀，外国大使们都感觉到皇帝对他的特殊礼遇，而他们必须在很远的地方才能觐见皇帝。

皇帝还要跟南怀仁学习，请他解释清楚有关利玛窦（1552—1610）翻译的《欧几里得原本》一书，这本书是天文学的基础。经过一段艰辛的研究，他完整地了解到了所有的相关问题。他还下令把这本书翻译成满文。后来，他也学习了算术，以及平面和立体三角分析。通过学习艰难的数学问题后，他才很轻松地学会使用几何学、地面测量学和地形学。他在算术方面很成功，还自己训练不同的定比规律，甚至会开最困难的平方与立方。他曾经尝试过几何级数和算术级数。当会用线证明自己预测的地形学结果时，他感觉到十分满意。皇帝还以纸做成的环来显示星球理论。同样，他也花费几夜的时间把固定星球的系统铭记在心，使他仰望天空时，很容易

---

① 莱布尼茨著，梅谦立、杨保筠译：《中国近事：为了照亮我们这个时代的历史》，大象出版社，2005年，第37页。

就能说出星球的名字。传说，过去星球曾经引导东方贤士朝拜上主[①]，如今让中国皇帝接触到欧洲的天文学精华，希望这种对星球的认识也能成功地引导远东的人去朝拜和信仰真正的星球主人[②]。

莱布尼茨第一次听到白晋这个名字，是耶稣会士维利乌斯(Antoine Verjus，1632—1706)在通信中告诉他的，他知道了法国耶稣会士来华一事。维利乌斯当时担任法王路易十四的忏悔神父拉雪兹的秘书，曾任耶稣会东方传教区驻巴黎的负责人。

白晋回欧洲看到了莱布尼茨《中国近事》，对这本书很感兴趣，但感到对康熙皇帝的介绍不够详尽，于是他给莱布尼茨写信说："索邦大学的博士皮克斯(Piques)先生——他的名字我想您一定不陌生，他好心地把您今年出版的论文集《中国近事》给了我一份。我读了好几遍，每次都会发现新的乐趣。您热心地了解并宣传在中国传播福音取得的进展，希望在中国皇帝的支持下让整个帝国皈依基督教，为答谢您这一片好意，请接受一本我不久前刚出版的有关中国那位伟大君主的小书，我想这本书您应该会喜欢。"[③]

莱布尼茨收到白晋的信后十分高兴，他很快在 1697 年 12 月 2(12)日回复了白晋。对白晋的支持和热情，他表示感谢，同时商量将白晋的《康熙皇帝传》翻译成拉丁文在《中国近事》中重新出版。他说："您说要寄给我您已出版的有关中国皇帝的作品，能在我的书里增加这样一段中国皇帝的小传，真是太完美了。我也十分期待您关于中国皇帝颁布容教令并允许自由传教前因后果的新作。我对您给予我的恩惠深表感谢，唯愿自己不致辱没您对我的好意。希望

---

① 《圣经·玛窦福音》第二章。

② 莱布尼茨著，梅谦立、杨保筠译：《中国近事：为了照亮我们这个时代的历史》，第 38—39 页。

③ Gottfried Wilhelm Leibniz, *Der Briefwechsel mit den Jesuiten in China (1689 -1714)*, Herausgegeben und einer Einleitung versehen von Rita Widmaier, Textherstellung und Ubersetzung von Malte-Lundolf Babin, Felix Meiner Verlag 2006, p.106.

您的大作不仅用法语，也用拉丁语出版，让更多的民众都能拜读、受益。"①

白晋的《康熙皇帝传》在整个传教士的汉学著作中是一本十分特别的著作，是唯一一本专门向欧洲介绍康熙皇帝的书。如果我们从欧洲汉学史的角度来考察这本书，它在当时就是一本很好的汉学著作。

首先，他对康熙皇帝的介绍是前所未有的。在白晋的笔下，康熙具有很强的人格魅力。"他具有与生俱来的世界上最优秀的禀赋：思想活跃、明察秋毫、博闻强记、智力过人。他有处理一切要务的刚劲毅力，有规划、指挥、实现宏伟事业的坚强意志。他的所有禀性嗜好均高雅不俗，符合其帝王身份。""康熙皇帝自登基之时起，就专心致力于文武两道，尽量使自己统治下的鞑靼人和汉人都对自己怀有好感。"他力量过人，能拉开朝中无人可以拉开的弓；他马术娴熟，已经达到炉火纯青的地步；他武艺高强，十八般武艺样样精通，使用西洋火器如同使用弓箭一样熟练；他喜欢音乐，无论中国传统的、满族的还是西洋的，他都能演奏；他热爱科学，为学习西方的科学，不耻下问地向传教士门请教；康熙熟读儒家的经典，许多经典烂熟于心。按白晋的说法，康熙几乎读过所有汉文典籍，而且通晓汉诗。他生活简朴，从不追求奢侈浮华的生活。

康熙不仅仅是一个君子，同时也是有着很高统治术的帝王。他威严、谨慎，善于倾听部属和各方面的意见。白晋认为，康熙具有极敏锐的观察力，人们很难对他隐瞒事情的真相。"同时，由于他天赋极高，判断力极强，所以能够从一切复杂的事务中，找到最合理的解决办法。"他爱民、仁慈，善于选拔有才能的官吏，同时对各级官吏严加管理。白晋说："由于康熙皇帝重视才干，所以经常提拔那些吏部推荐之外的人担任要职。当他发现优秀的人才时，立即予以破格提

---

① Gottfried Wilhelm Leibniz, *Der Briefwechsel mit den Jesuiten in China (1689–1714)*, p.107.

拔，委以最高最重要的职务，并公开赐予他特殊的地位和优厚的待遇。如果一个官吏被控收受金钱，康熙皇帝就会毫不宽容地予以制裁，对任何人都绝不留情。”①

康熙还有着一般中国人所不具有的优点，即对待外国的东西从不鄙视，他有开阔的心胸。“由此可见，康熙皇帝的秉性和习惯与一般中国人相比，无疑存在着天壤之别……康熙皇帝与其国民的排外陋习背道而驰，谕令赐予荷兰、葡萄牙及俄罗斯的使节以破格的优待和礼遇。”②

在三藩叛乱期间，康熙临危不惧，以聪明才智和怀柔政策很快瓦解了叛军，不仅平定了南方的叛乱，也镇压了北方的叛乱。无论内政还是外交，他都得心应手。在他的管理下，清帝国呈现出前所未有的繁荣。

因这本小书是白晋献给法王路易十四的，所以他说“对在地球的极远之地发现了一位当时在法国之外从来未曾见到过的君王而感到惊讶。他和陛下一样，智慧精深非凡，兼具帝王胸怀，严于修身治民，备受国内外民众的爱戴。简言之，这位皇帝集英雄美德于一身，即便他的治国之道尚远不如陛下，但至少也可以被称为统治天下的帝王之中最为圣明的君主”③。

白晋在这本书中不仅尽溢美之词来赞扬康熙皇帝，作为一本汉学著作，还介绍了康熙执政期间的许多重大历史事件，例如平定吴三桂叛乱、收复台湾等。这样，欧洲的读者如果读过卫匡国(Martino Martini，1614—1661)的《鞑靼战纪》，再接着读这本书，就可以对当时中国的历史和政治有一个连续性的了解。同时，在书中白晋介绍

---

① 白晋：《中国现任皇帝传》，莱布尼茨著，梅谦立、杨保筠译：《中国近事：为了照耀我们这个时代的历史》，第64页。

② 白晋：《中国现任皇帝传》，莱布尼茨著，梅谦立、杨保筠译：《中国近事：为了照耀我们这个时代的历史》，第60页。

③ 白晋：《中国现任皇帝传》，莱布尼茨著，梅谦立、杨保筠译：《中国近事：为了照耀我们这个时代的历史》，第52页。

了清宫内的许多情况，如康熙和他的孩子之间的关系，皇太后的去世等，使欧洲的读者对康熙朝有一个较全面的了解。

当然，白晋这本书具有传教士汉学的典型特点。白晋是利玛窦路线的极好解释者，在他的笔下，虽然中国人不信仰天主教，但他们开化到了极高的程度，“因而一直走在其他异教国家的前面。所以，如有品行端正、业绩卓著，能够博得他们尊敬与信赖的人，能够采用正确方法向他们明白通顺地宣传福音真理的话，他们远比其他国民更易接受甚至信奉这些真理……”[①]这样既肯定了耶稣会在华的传教路线，也使欧洲的读者更加积极地支持耶稣会在中国的传教。白晋对康熙和中国的介绍服务于归化中国这个总目标，所介绍的内容深深地染上了传教学的色彩。

同时，在白晋对康熙的介绍中，我们可以感觉到他对整个欧洲思想的熟悉和了解。当时的欧洲正值民族国家形成的时期，在这样的时期，像康熙这样英明的君主、伟大的帝王的形象不仅会得到像法王路易十四这样野心勃勃的君王的喜欢，就是对正在走向世俗社会的一般民众和读者来说，也是相当能打动人的。所以，无论从传教学的角度还是从汉学的角度，白晋这本书在当时都相当成功。莱布尼茨在《中国近事》第二版时将其收入，是一个非常正确的决定。它从一个侧面反映了莱布尼茨在对中国的认识上和白晋相契合，这是他们两人合作的开始。事实证明，这是一个很好的开端。

《中国近事》出版以后在知识界和文化界都产生了影响，他给莱布尼茨带来不少声誉。[②]但随着以后传教士发回欧洲的信笺的不断公布，特别是随着“礼仪之争”的深入，各个教派之间在为自己的立场辩护时写了大量介绍中国的书并在欧洲出版，《中国近事》很快就

---

① 莱布尼茨著，梅谦立、杨保筠译：《中国近事：为了照亮我们这个时代的历史》，第88页。

② 波塞尔编，李文潮译：《莱布尼茨与中国：〈中国近事〉发表300周年国际学术讨论会论文集》，科学出版社，2002年，第272—292页。

失去了它刚出版时的效应。但从欧洲汉学发展的历史来看，从欧洲认识中国的历程来看，《中国近事》无疑是一个不可忽略的学术环节，它是作为汉学家的莱布尼茨的一部重要代表性著作。

正是通过公开出版《康熙皇帝传》，白晋和莱布尼茨结下了友谊，为他们以后的通信打下了基础。

二、白晋与莱布尼茨的通信

自从《康熙皇帝传》的合作成功后，白晋从1695年3月30日开始和莱布尼茨通信，到1707年12月13日，在六年多的时间内，两人互通了16封信。白晋是这一时期和莱布尼茨通信最多的人。

1697年10月18日维利乌斯给莱布尼茨写信，向他推荐白晋，说他在中国皇帝康熙身边已经工作了三四年，并告知莱布尼茨：白晋写了一本关于康熙皇帝的小册子。在信中，他也转去了白晋给莱布尼茨的信。这是白晋第一次给莱布尼茨通信。在这封信中，白晋告诉莱布尼茨他看到了《中国近事》一书，希望将他写的《康熙皇帝传》送给莱布尼茨。①由此拉开了白晋和莱布尼茨之间长达多年的通信，共通了16封信：

1697年10月18日白晋致莱布尼茨的信；
1697年12月2日莱布尼茨致白晋的信；
1697年12月4日考康斯基通过莱布尼茨转给白晋的信；
1698年1月莱布尼茨致白晋的信；
1698年1月30日莱布尼茨致白晋的信；
1698年2月28日白晋致莱布尼茨的信；

① Gottfried Wilhelm Leibniz, *Der Briefwechsel mit den Jesuiten in China (1689 - 1714)*, pp.104 - 106.

1699 年 9 月 19 日白晋致莱布尼茨的信;

1700 年 11 月 8 日白晋托郭弼恩致白晋的信;

1701 年 2 月 15 日莱布尼茨致白晋的信;

1701 年 11 月 14 日白晋致莱布尼茨的信;

1702 年 11 月 8 日白晋致莱布尼茨的信;

1703 年 5 月 18 日莱布尼茨致白晋的信;

1704 年 7 月 28 日莱布尼茨致白晋的信;

1705 年 8 月 18 日莱布尼茨致白晋的信;

1706 年 5—6 月莱布尼茨致白晋的信;

1707 年 12 月 13 日莱布尼茨致白晋的信①。

正是在这 16 封通信中,白晋向莱布尼茨介绍了中国古代文化经典《易经》及他自己对《易经》的研究。至今为止,至少在中文学术界并未将白晋与莱布尼茨的全部通信做深入研究,而只是根据已经翻译出来的部分通信展开研究。②在此,笔者初步梳理这 16 封通信,以使我们从整体上了解两人通信的情况。

1697 年 10 月 18 日,白晋第一次给莱布尼茨写信,他在信中表示了对莱布尼茨的敬重和问候,提到了《中国近事》,希望将自己撰写的《康熙皇帝传》给莱布尼茨。

1697 年 12 月 2 日,莱布尼茨给维利乌斯写信,提到白晋并希望他将自己的信转给白晋。这封信中莱布尼茨表达了希望寻找一种

---

① 1707 年 3 月 6 日,路易斯·布尔格(Louis Bourguet, 1687—1742)致达尼埃尔·恩斯特·雅布隆斯基(Daniel Ernst Jablonski, 1660—1741)和莱布尼茨。这封信是在法国的商人读到了白晋在 1701 年 11 月 14 日写给莱布尼茨的信后,写给白晋的信,并转给了莱布尼茨。

② 《莱布尼茨致白晋的一封信》(1703 年 5 月 18 日写于柏林),朱伯昆主编:《国际易学(第二期)》,华夏出版社,1996 年;莱布尼茨:《关于只用两记号 0 和 1 的二进制算术的阐释:和对它的用途以及它所给出的中国古代伏羲图的意义的评注》(1703 年 5 月);《莱布尼茨致白晋》(1697 年 12 月 2 日)、《白晋致莱布尼茨》(1698 年 2 月 28 日),以上两封信载于《国际汉学》2016 年第 1 期。

用数学表达的简洁语言的想法。这封信虽然不是两人的直接通信，但仍应将其纳入讨论之列。

1697 年 12 月 2 日，莱布尼茨第一次给白晋回信，同意将白晋附有康熙画像的《康熙皇帝传》收录到《中国近事》第二版。信中讨论了中文的语言特点，还谈到中国的历史、伦理、科学等多方面的问题，显示出莱布尼茨对中国文化多方面的兴趣。

1698 年 1 月，莱布尼茨第二次给白晋写信。他简单地问候了白晋，希望白晋能寄给他一份“一字一字逐行对照译文的中文天主经”。

1698 年 1 月 30 日，莱布尼茨第三次给白晋写信。这封简单的信只是他转达了朋友委托他转给白晋的信和一些愿望，并再次希望得到一本有对照译文的天主经。

1698 年 2 月 28 日，尚未离开法国的白晋在拉罗谢尔给莱布尼茨写了第二封信。他回答了莱布尼茨所委托的几件事，侧重讨论了中国语言的问题，给莱布尼茨介绍了传教士已经翻译的中国医书《脉经》的译文，并将计划全面展开对中国自然史、道德、法律、政治、艺术、数学和医学的研究。白晋认为中国古代哲学和西方古代哲学十分接近。这里白晋已经展示出索隐派的观点。

1699 年 9 月 19 日，白晋回到北京后给莱布尼茨致信。白晋回答了莱布尼茨在前信中所提出的问题，介绍了他的海上旅行、带到中国的礼物及返回中国后所做的工作。他告诉莱布尼茨，法国耶稣会士刘应在做中文的研究，不久后成果会寄给他。白晋再次提出应该将欧洲古代哲学介绍到中国，因为这和中国古代哲学是一致的。

1700 年 11 月 8 日，白晋通过郭弼恩转给莱布尼茨信件。白晋这封信从礼仪之争在中国产生的严重后果出发，提出要从《易经》中寻找中国思想之源，从宗教与哲学上初步说明了伏羲八卦图中包含与西方古老思想会通的思想内容。这是白晋第一次向莱布尼茨介绍《易经》。

1701 年 2 月 15 日,莱布尼茨给白晋回信。在这封信中,莱布尼茨第一次将他的二进制思想详细介绍给白晋,并且做了具体演算。这是莱布尼茨一贯的思想,即用数学符号来表达思想,使思想的论证和推论可以通过数学符号来运算。

1701 年 11 月 14 日,白晋回复莱布尼茨 2 月 15 日的信。白晋在信中说,他已经听说了莱布尼茨的这种二进制算法,但看到莱布尼茨的通信后,白晋认为这种二进制的算法和伏羲的八卦图是完全一致的,并继续解释了这种一致性。这是白晋关于《易经》与二进制关系的非常重要的一封信。

1702 年 11 月 8 日,白晋致信莱布尼茨,坚信伏羲八卦图和莱布尼茨的二进制有某种关联。中国古代经典包含着极大的古代文化秘密。白晋希望利用莱布尼茨的影响力,推动欧洲耶稣会高层进一步加派来华传教士,和他一起来做这种文献的索隐工作。

1703 年 5 月 18 日,莱布尼茨给白晋信。莱布尼茨和白晋同样相信伏羲八卦图的宗教性意义,二进制所包含的宗教意义。他告诉白晋,如果在中国推广他的二进制,这样会在传教上取得重大进展。在这封信中,他告诉白晋看到了柏应理的《中国哲学家孔子》一书。

1704 年 7 月 28 日,莱布尼茨致信白晋。莱布尼茨告诉白晋,他认为自己的二进制在哲学和数学上都会有重要价值,希望白晋能多给他介绍中国历史文化情况,并建议在中国成立科学研究院。

1705 年 8 月 18 日,莱布尼茨致信白晋。莱布尼茨询问白晋是否将二进制告诉了皇帝,这样有助于传教。

1706 年 5—6(?)月,莱布尼茨致信白晋。莱布尼茨告诉白晋,他已经收到了他寄来的十六本中文手稿,但因为没有任何说明而无法理解,希望白晋提供一个说明。

1707 年 3 月 6 日,路易斯·布尔格致信达尼埃尔·恩斯特·雅布隆斯基和莱布尼茨,同时转给白晋。

1707 年 12 月 13 日,莱布尼茨致信白晋。这是莱布尼茨最后一次给白晋写信。在这封信中,他说:“我将我的二进制又向前推进了一步，又有了一些别人不知道的新启示，有利于数学方面重大发现的产生，以及无公度数和超越数大小的表示。不过要将它再向前推进，需要更多时间，而我没有。我现在不大关心使用伏羲符号及类似字符的原理了，因为对我的真正文字又有了新的设想，它依然可以用来表达并指引思维，就像一种活的逻辑。”

从以上两人通信来看，从 1697 年 10 月 18 日白晋第一次给莱布尼茨写信，到 1707 年 12 月 13 日莱布尼茨最后给白晋的信，在长达十一年的时间里，白晋写给莱布尼茨六封信，莱布尼茨写给白晋十封信。从 1703 年开始，白晋突然中断了与莱布尼茨的通信；为了继续通信，莱布尼茨从 1703 年后又给白晋写了五封信，但仍未收到回信。

通过以上的介绍，我们可以看到莱布尼茨和白晋之间的通信内容十分复杂，涉及很多问题，需要我们分别加以研究。

三、莱布尼茨和白晋关于中国语言文字的讨论

在通信中，莱布尼茨和白晋关于中国语言文字的性质和来源的讨论最值得注意。

1697 年 10 月 18 日，莱布尼茨在给维利乌斯的信中首次表达了他在寻找最简洁的语言形式的想法：“这个计划就是我发现可以通过一个与数学不同的方法发现建立真理，并借助算术的检验使之与数字和代数一样确凿无疑。在这个奇妙的领域里，独立于任何语言的新的哲学计算能让彼此相隔最遥远、语言完全不同的两个民族——比方说我们和中国人——共同理解自然界最重要最抽象的真理。这不同于建立新的万能文字或万能语言，既不会有建立新语言的不便与困难，还有更多其他优点：因为它不仅仅用于解释事物（抽象符号也可以解释事物），更可以用于揭示真理，甚至用于口头

表达、化解纷争，这些都是抽象符号所无法比拟的。这种特别的计算应该还有更多其他令人惊异的用途，我无法简单描述，而且没有实践也很难让人信服。我不知道我是否有机会把它付诸实践，也找不到任何与之相近的观点，我很担心这计划就这样流产会给传教事业带来巨大损失。不过，我们应该完全相信主的神意，在全知全能的主认为合适的时候，实践这计划的时机自然会出现。”①这里莱布尼茨已经开始将语言问题与数学问题联系起来，从而为他以后和白晋的通信转向《易经》的象数研究打下了基础。

莱布尼茨在1697年12月2日给白晋的信中提出了关于中文学习的问题。他说：“对中文书写与语言的说明阐释可说是文学史的基础，也是打开一切知识宝库的钥匙。现存有好几本有关中文字符的手抄字典，分别有中文版、葡萄牙文版、佛拉芒文版，等等。好像闵明我神父曾对我说中国也有这方面的字典，中文的字符是与各种东西的不同外观紧密相连的。不论中国的字典是什么样的，我坚信通过诸位神父大人我们一定能得到最精准的中文字典，我也相信一定已经有人带来了一些出色的字典与语法资料，这样我们就可以判断新近去世的米勒先生的期望是否有凭有据。米勒先生在东方语言研究上造诣颇深，他曾断言能够有一种开启中文奥秘的钥匙。我特别想知道神父大人您对此的感想。要深入地研究中文，出版一些中文书很有必要，这些书不仅应有逐行对照的译文，还应配有语法来分析解释文字本身的规则，如果是早期古文字的话，就应该专门阐释那些改变字符含义的细小笔画。”②

1698年2月28日白晋在信中回答了莱布尼茨关于中国语言的一些问题，他说：“在中国的神父里对中文与汉字造诣最深的刘应神父决定编纂一部字典，这部字典会让您觉得在这一方面已经做得无

① Gottfried Wilhelm Leibniz, *Der Briefwechsel mit den Jesuiten in China (1689－1714)*, p.105.

② Gottfried Wilhelm Leibniz, *Der Briefwechsel mit den Jesuiten in China (1689－1714)*, p.136.

可指摘。附在书中的语法及其他注释将使这部著作完美无缺。不论米勒先生所说的中文钥匙是什么，我坚信总有一天，我们会对中文做出完美的分析，或许能将它们作为埃及人的象形文字来解读，由此确认究竟它们中哪一种是大洪水之前学者们使用的文字。我们已经想办法了解了您想知道的中国邻国的语言情况，会尽快把相关资料寄给您。”①米勒一直被称为当时德国最好的汉学家，他编辑了一部中文辞典，声称使用他编的这部辞典，可以很快地学会汉语。很遗憾直到临终前，他也没有公布这部辞典，并在去世前一把火烧了这部手稿，这使得莱布尼茨非常痛心。白晋当然知道这件事，所以，他所说的刘应(Claude de Visdelou，1656—1737)编辑的这部辞典实际上最终并未给莱布尼茨寄去，但他回应了莱布尼茨的问题。

接着他说：“如果我有多一点的空闲时间，我会写一本中文解密，或一本最初汉字的分析，最初的汉字由或断开或完整的横线构成，据说为伏羲所创，我自认为已经找到了学习它的真正秘诀。柏应理神父在他的《中国哲学家孔子》一书序言中将这些古汉字列进表格里。创造汉字的人巧夺天工，汉字以一种简单自然的方法展现了一切科学原则。换言之，这是一套完美的理论体系，但似乎在孔子之前很久，中国人就不认识这套体系了。不过，虽然中国人已不再懂得这语言，他们对这体系，或这些文字的真正奥妙却仍怀有特别的尊崇。这奥妙所在不仅能帮助我们重建中国古人真正的法则，使全国人认识真正的上帝；还能帮助我们确定在一切科学中都应遵守的自然法则，或更确切地说，重新找出理性之光最为纯洁时古人所遵循的古老法则。”②

在白晋看来，中国最古老的文字就是伏羲所创立的《易经》。《易经》对他来说既是哲学又是语言学，《易经》里的每一爻、每一卦

① Gottfried Wilhelm Leibniz, *Der Briefwechsel mit den Jesuiten in China (1689 - 1714)*, p.164.

② Gottfried Wilhelm Leibniz, *Der Briefwechsel mit den Jesuiten in China (1689 - 1714)*, p.170.

都是一个字,它们都有着深刻的含义。所以,他研究了《易经》后,从索隐派的角度对《易经》做了自己的说明。这样,他认为自己已经彻底地弄懂了中国最古老的文字,因此他在给莱布尼茨的信中显得自信。

白晋所介绍的《易经》的简洁性、古老性都给莱布尼茨留下了很深的印象。无独有偶,莱布尼茨本人一直在设想一种最简洁的语言,这种语言简洁到可以直接进行运算。这样,语言的问题变成了一个数学的问题。这是他关心中国语言文字的根本原因之一。所以,当他听到白晋介绍的情况后,当然很高兴。他 1701 年 2 月在给白晋的信中说:"我记得跟您说过一个非同寻常的构想,通过这一方法,我们不仅可以表现所说的话语,还可以表现思想,就像数学中的代数一样,将言语用字符表现之后,就可以对它们做运算、论证与推理,我想应该可以找到一种方法将它与您早就开始研究的古老的中文字符联结起来,这样就能在很大程度上帮助他们接受理解这个发明及这种神秘的书写字符,这种字符可能是通过理性树立真正宗教的最佳渠道。"①

白晋接到莱布尼茨这封信以后很高兴,在 1701 年 11 月 4 日给莱布尼茨回信,认同了莱布尼茨的想法。他告诉莱布尼茨,他所说的中文字之间有着内在联系的观点是完全正确的。在白晋看来,中文结构绝不是取决于随机和偶然,人们只有了解了其中的联系以及结构的真正原则,才能真正学习好和理解好中文,同时所谓中文难记的问题也就解决了。因此,记住了中文的内在结构,知道了中文的这种内在联系,那么,学习汉字将是一件快乐的事;否则学习汉字将是世界上最讨厌、最棘手的事。白晋认为,在编写汉字的字典时,就要将这种内在的结构揭示出来。在字典的开头部分就要有一张组成其他字的字根表,字根之下的字被分成若干类。不过为了更方

---

① Gottfried Wilhelm Leibniz, *Der Briefwechsel mit den Jesuiten in China (1689-1714)*, p.229.

便地找到要查的字，这些字典只有根据笔画多少来将字进行分类，除此以外这些字典没有其他优点可以借鉴。这里白晋实际上提出了一套他编写中文字典的原则。

同时，白晋兴奋地告诉莱布尼茨，他所设想的那种数字化的语言在中国的《易经》中就可以发现。他说："我发现您的这些算术原则和某些中国的科学原则存在奇妙的关联，这些原则在我看来是古代中国人计数科学、物理学，其他失去认识的科学，研究万物生长、消亡原因和规律的科学的基础。"但遗憾的是，"由于中国人完全不懂得隐藏在这些代数式或是代数符号之下数字的价值，所以他们完全不知道他们的文字和这些最早的象征符号之间有关联。不过这些文字经过长期庸俗化的使用之后已经被曲解和破坏了，那些遗留下来能够回复原本正确形态、保存完好的已经很少了"①。这样，白晋认为他的任务就是要使它们恢复到与莱布尼茨新发明的理念相似的原来特性，最便捷的方法是首先重建伏羲八卦体系，使用几何级数增长使之具有自然的理论体系，以便像在一个系统一样，以非常简单而自然的秩序将所有理念按普遍的等级划分品种类别，加以编排。同时在这个系统中，每一级之间都是成几何级数增长的。

这样我们看到在语言的数字化，在寻找普遍的通用语言符号这个设想上，白晋和莱布尼茨有着共同点，他们也同时认为中文作为世界上最古老的文字，包含着数字化的特点。特别是在白晋告诉莱布尼茨有关《易经》的理解后，使他十分兴奋，好像他设想多年的一个计划，一下子在白晋这里得到了证实。

但两人的看法马上就出现了分歧。在白晋看来，在《易经》中所体现出来的这种特点，证明中文是古埃及的象形文字的一个延续，是它的一种变化形态，即中文和象形文字有着这样或那样的关系。

---

① Gottfried Wilhelm Leibniz, *Der Briefwechsel mit den Jesuiten in China (1689－1714)*, p.332.

也就是说,西方人长期所寻找的象形文字,终于在中国的文字中找到了。他给莱布尼茨说:“我对您这个富有特色的构想毫不惊讶,因为在我看来这种文字包含古代象形文字和希伯来人通灵术的理念,也包含伏羲所创字符的理念。”①这是一个伟大的发现,白晋认为中国忘记了他们自己文字的真正来源,而他帮助中国人找到了这个根!中文的创始人是一位全人类的立法者,只不过各个民族对他有不同的称谓,但他并非中国人。他论述道:“我认为这些已经发生改变的象形文字本来和埃及象形文字是一样的。不过中文词汇经历的变化更大,但仍在发音和意义上和其他语言,特别是和最简单、最古老的语言,比方说希伯来语和其他东方语言有不少关联。如果我有空,我会就这个主题做一些细致的研究,我觉得这将为各领域提供不少资料。”

他告诉莱布尼茨,他极为敬佩的米勒先生所谓的“中文钥匙”其实不是别的,就是变化了的埃及象形文字而已,他认为中文的“这个入门秘诀是与埃及象形文字通用的,我根据一些可能的猜测推断中文和埃及文在本源上有近似之处”。

很显然,白晋的这个设想是和他的索隐派理论联系在一起的。当把中国的文字说成是象形文字后,很自然就可以推出中国人是在大洪水以后诺亚的后代,这样一系列的设想就都可以从中演绎出来。但莱布尼茨对这个问题却十分冷静,他说:“我不知道埃及象形文字有什么深层含义,很难相信它与中国文字有契合之处。而我认为埃及文字更为通俗,过于重视与可感知事物(比方说动物)或其他事物的相似之处,因此更接近寓意。而中文更为复杂,其基础似乎是更智慧的思考,比方说由数字、秩序、联系引发的思考,因此只有分散开的笔画和实际事物毫无相似之处。我知道有不少人根据两种文字所谓的契合之处,认为中国曾是埃及的一个殖民地。不过没

---

① Gottfried Wilhelm Leibniz, *Der Briefwechsel mit den Jesuiten in China* (*1689 - 1714*), p.333.

有任何迹象证实。”他对白晋说：“这个观点在西方早就有了，很多人在这样的研究，也出版了一些这样的书，但我认为，这些研究的价值不大，这些书对你没用，所以，也就没有寄给你。”①

莱布尼茨的冷静一定使当时已经沉醉于索隐派思想的白晋不知如何回答。从他对白晋的回答中我们可以看到，一方面，莱布尼茨有着比白晋更广泛的学术视野，对欧洲学术的进展与历史了如指掌。当白晋一提出这个问题后，他马上就指出当时或历史上对埃及象形文字研究的基本情况，他显然不像白晋那样，对这套理论那样热情，有那样的新鲜感。另一方面，他对中国文字和埃及象形文字的比较也更为深刻。在他看来，埃及的象形文字更感性些，即一种直接对事物的临摹和表现，而中国的文字则由笔画组成，在抽象性上应更高些。正像他在以前所问米勒的问题一样，中国文字中还可以表现情感和抽象的内容。这样他的结论是中文更复杂，其基础似乎是更智慧的思考。

四、莱布尼茨和白晋关于二进制与《易经》的讨论

莱布尼茨和白晋的关于中国语言和文字的讨论说明，在莱布尼茨心中，中文是世界上最古老的语言，可能包含着将语言和计算相联结的因素，可能蕴藏着他一直在追求的通用语言符号的内容。但他又明确地拒绝了白晋所提出的中文是埃及象形文字的观点。我们在这里所讨论的他和白晋的通信，对我们研究莱布尼茨的中国语言观并不是没有价值的。只有从这里入手，我们才能最终揭示出，为什么莱布尼茨当时对中国的语言和文字有这样大的兴趣？他的

① Gottfried Wilhelm Leibniz, *Der Briefwechsel mit den Jesuiten in China (1689 – 1714)*, p.395.

目的何在？这必然引出他对数学的兴趣，他所发明的二进制与《易经》的关系。

这样，白晋和莱布尼茨就由讨论语言问题进入了关于《易经》和二进制的问题。关于这个问题中外学术界已经有了很多讨论，大体形成两种意见：一种意见认为，正是白晋寄给莱布尼茨的邵雍的六十四卦方圆图，莱布尼茨受启发，才发明了二进制；[①]另一种意见认为，莱布尼茨独立发明了二进制，白晋所寄给他的《易经》图，莱布尼茨只是发现周易的六十四卦排列符合二进制而已。[②]

我们从两人通信的实际情况来分析这个问题。

1698 年 2 月 28 日白晋提到柏应理的《中国哲学家孔子》一书。在《易经》西传的历史上，最早介绍《易经》的有门多萨（Juan González de Mendoza，1545—1618）、曾德昭（Alvaro de Semedo，1585—1658），特别是卫匡国在《中国哲学家孔子》出版前 27 年，在他的《中国上古史》中已经介绍了《易经》的六十四卦图。[③]柏应理这本书的重要价值在于，它第一次公布了《易经》的六十四卦图。

对《周易》的介绍是《中国哲学家孔子》的一个亮点。首先，它介绍了《周易》中的阴阳两卦（图一），然后列出了由阴阳两爻所产生的四种图像（图二）。接着，他列出了八卦的图像（图三），根据八卦又列出了八卦方位图（图四），最后列出了一幅六十四卦图（图五）。关于八卦图的图式有朱熹作和蔡元定作两种说法（图六）。从柏应理所介绍的图式来看，他的图很可能来自朱熹所作的八卦次序图。

---

① 胡阳、李长铎：《莱布尼茨二进制与伏羲八卦图考》，上海人民出版社，2006 年；姜广辉：《邵雍的"加一倍法"就是严格意义上的"二进制"》，《光明日报》2007 年 3 月 22 日。

② 孙小礼：《莱布尼茨与中国文化》，首都师范大学出版社，2006 年。董光璧：《易图的数学结构》，上海人民出版社，1987 年。焦树安：《二进位制数学创始者辩述》，《历史研究》1984 年第 4 期。

③ 张西平：《中国和欧洲早期宗教和哲学交流史》，东方出版社，2001 年，第 312—314 页。

Perfectum
Yam
Imperfectum
Yn

图一

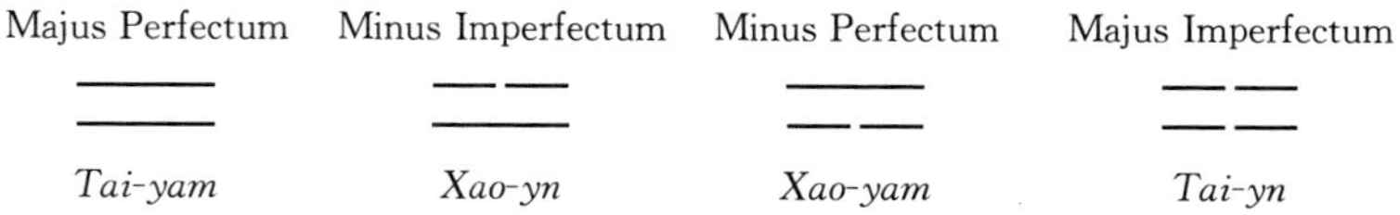
Majus Perfectum
Tai-yam
Minus Imperfectum
Xao-yn
Minus Perfectum
Xao-yam
Majus Imperfectum
Tai-yn

图二

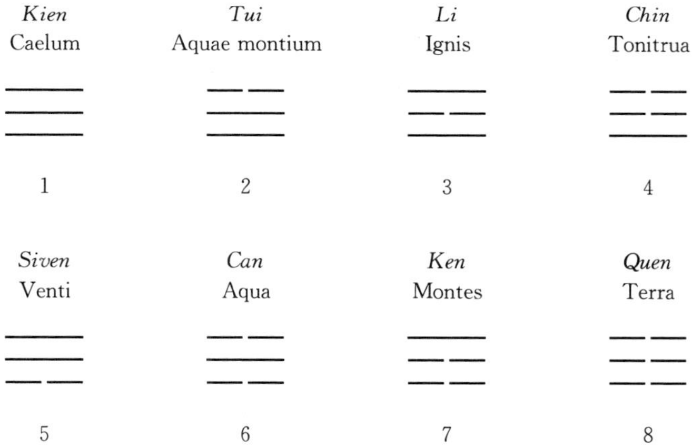
Kien
Caelum
1
Tui
Aquae montium
2
Li
Ignis
3
Chin
Tonitrua
4
Siven
Venti
5
Can
Aqua
6
Ken
Montes
7
Quen
Terra
8

图三

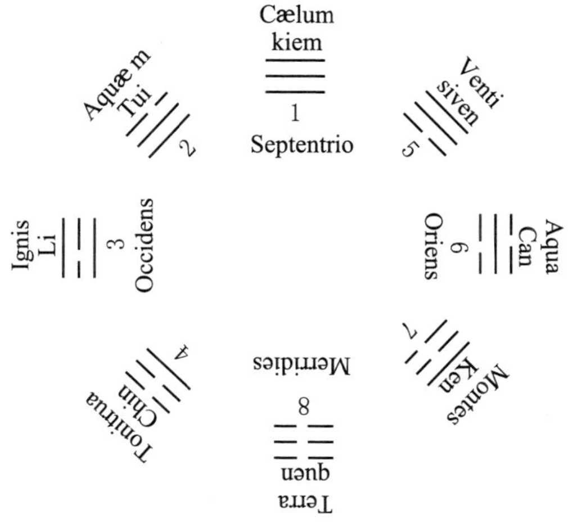
Cælum
kiem
1
Septentrio
Aquæ m
Tui
2
Venti
siven
5
Ignis
Li
3
Occidens
Aqua
Can
6
Oriens
Tonitrua
Chin
4
Montes
Ken
7
Meridies
8
quen
Terra

图四

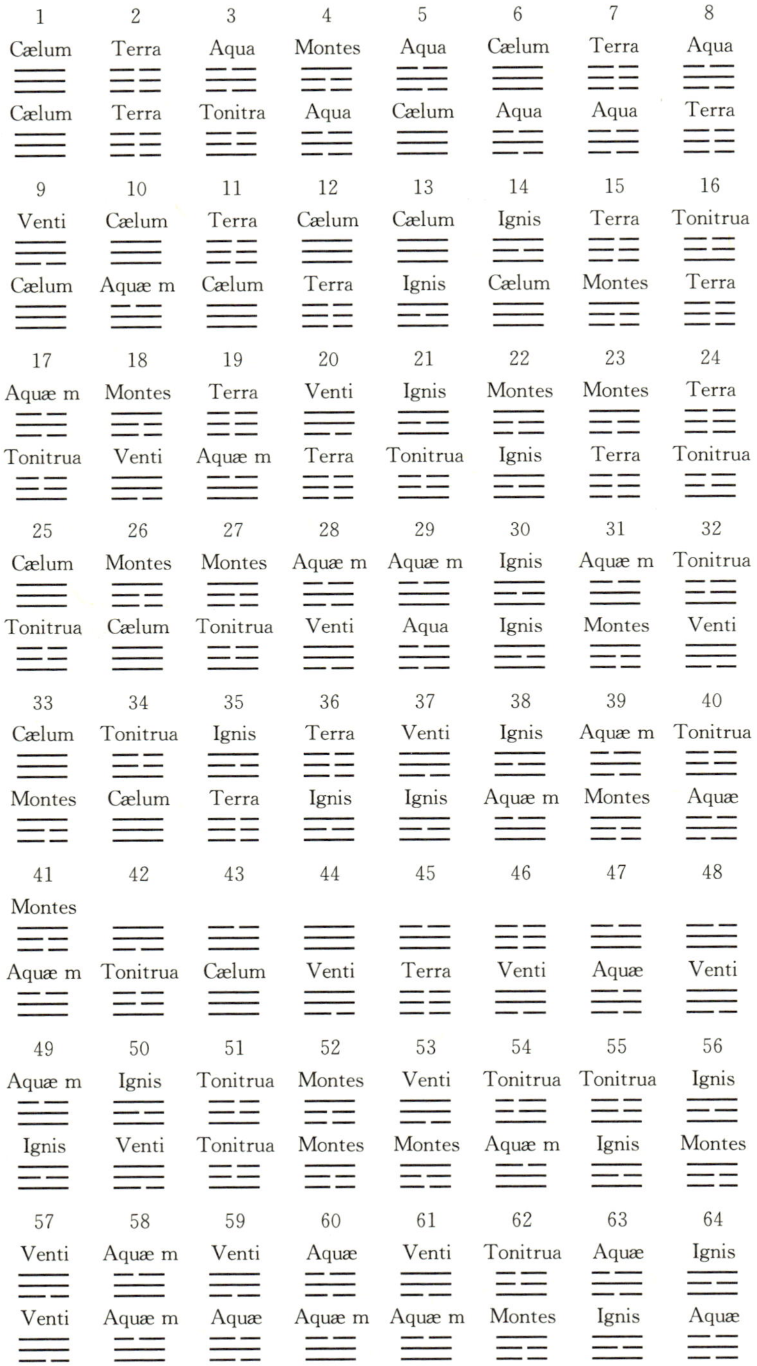
1 Cælum Cælum
2 Terra Terra
3 Aqua Tonitra
4 Montes Aqua
5 Aqua Cælum
6 Cælum Aqua
7 Terra Aqua
8 Aqua Terra
9 Venti Cælum
10 Cælum Aquæ m
11 Terra Cælum
12 Cælum Terra
13 Cælum Ignis
14 Ignis Cælum
15 Terra Montes
16 Tonitrua Terra
17 Aquæ m Tonitrua
18 Montes Venti
19 Terra Aquæ m
20 Venti Terra
21 Ignis Tonitrua
22 Montes Ignis
23 Montes Terra
24 Terra Tonitrua
25 Cælum Tonitrua
26 Montes Cælum
27 Montes Tonitrua
28 Aquæ m Venti
29 Aquæ m Aqua
30 Ignis Ignis
31 Aquæ m Montes
32 Tonitrua Venti
33 Cælum Montes
34 Tonitrua Cælum
35 Ignis Terra
36 Terra Ignis
37 Venti Ignis
38 Ignis Aquæ m
39 Aquæ m Montes
40 Tonitrua Aquæ
41 Montes Aquæ m
42 Tonitrua
43 Cælum
44 Venti
45 Terra
46 Venti
47 Aquæ
48 Venti
49 Aquæ m Ignis
50 Ignis Venti
51 Tonitrua Tonitrua
52 Montes Montes
53 Venti Montes
54 Tonitrua Aquæ m
55 Tonitrua Ignis
56 Ignis Montes
57 Venti Venti
58 Aquæ m Aquæ m
59 Venti Aquæ
60 Aquæ Aquæ m
61 Venti Aquæ m
62 Tonitrua Montes
63 Aquæ Ignis
64 Ignis Aquæ

图五

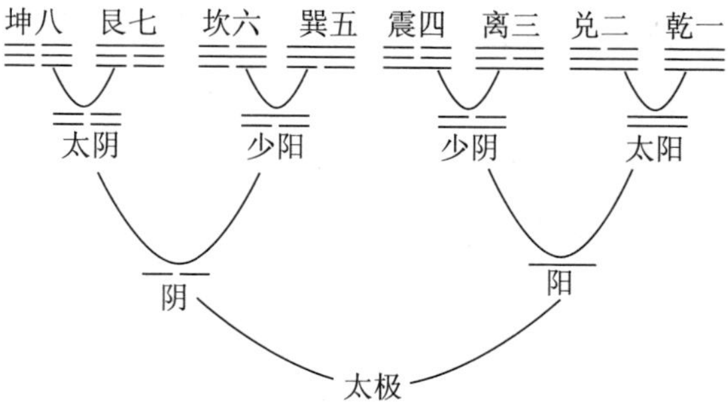

图六

柏应理的八卦方位图则取自《周易本义》，此图式称为伏羲八卦方位图，又称“小圆图”。朱熹解释说：“乾南坤北，离东坎西，震东北，兑东南，巽西南，艮西北。自震至乾为顺，自巽为坤为逆。”①

柏应理对《周易》的介绍在国人看来似乎只是很简单的常识，但在西方毕竟是第一次全面展示六十四卦图。白晋认为莱布尼茨一定看过柏应理的书，实际上莱布尼茨也看过此书。

1698 年，莱布尼茨与维尼乌斯的通信中提到白晋给他介绍了中国古老的符号，实际上是《周易》。莱布尼茨说：“自青年时代起，我就想着创建一种新的文字，使它不仅能像中文那样表意，还能对许多我们现在还只能做模糊推理的东西做精确计算。”“这个关于字符别出心裁的构想由来已久，我 20 岁时写的一本书里就提到过它，也是我所有构想中最为重要的一个。”②这说明莱布尼茨对二进制的设计绝非一时冲动，而是从年轻时起就有初步的想法。

1700 年 11 月 18 日，白晋给莱布尼茨的通信中第一次提出，他通过对伏羲八卦图的研究认为：“《易经》是中国最古老的一部著作，或许也是世界上最古老的。它是中国所有科学和传统的真正来源。”③白

---

① 参阅张西平：《欧洲早期汉学史》，中华书局，2009 年，第 439—441 页。

② Gottfried Wilhelm Leibniz, *Der Briefwechsel mit den Jesuiten in China (1689 - 1714)*, p.194.

③ Gottfried Wilhelm Leibniz, *Der Briefwechsel mit den Jesuiten in China (1689 - 1714)*, p.274.

晋说，他自己主要是从图像入手来研究的，“通过反复结合中国科学里我觉得最有根据的原则和我们科学中最古老的原则后”，他认为：“通过构成该体系基础的算术，我很成功地分析了伏羲八卦，因此我毫不怀疑自己终于破解了这一奥秘，或者说至少找到了一条能破解它的可靠而简捷的途径。现在我还坚信自己恐怕是伏羲在中国最好的门徒，我相信八卦的确包含着其他一切科学。”①从这里我们看到白晋已经开始从数学的角度来研究《易经》的图像了。

莱布尼茨在接到白晋 1700 年 11 月 18 日的信后，1701 年 2 月 15 日给白晋回了信，在这封信中莱布尼茨第一次明确提出了二进制，并详细向白晋介绍了二进制的基本运算方法。

> 我不知道过去给您的信里有没有提过一种我新发明的算术法则，不是用于普通计算，而是用于科学理论的建立，因为它给新定理的确立提供了广阔空间，特别是这种计算方法出色地体现了基督教的创世说。根据这套方法，所有数字都写成是单位 1 和 0 的结合体，很像一切的创造物都只是来自上帝与虚无。数学里没有什么能比这个能更完美地为宗教服务，并证实基督教里最重要问题中的一个，而这些问题都是非基督教哲学惯于异口同声否定的。我们也有理由说：一切精华就好像数字，而一切事物的缺陷由否定构成，因此圣奥古斯丁说得好：丑恶来自虚无。以下就是我的计算方法：一般我们习惯于使用十进制，而既然已经有人使用了别的进位方法，我就想研究最简单的进位方法，也就是二进制，或者说双几何进制。首先，因为十进制只使用十个字符计数，即从 0 到 9，那么二进制就只使用两个，即 0 和 1。既然十进制里，10 表示十，100 表示一百，1 000 表示一千，10 000 表示一万，100 000 表示十万，1 000 000 表示

① Gottfried Wilhelm Leibniz, *Der Briefwechsel mit den Jesuiten in China (1689—1714)*, p.277.

一百万，以此类推；那么我认为二进制里，10 是 2，100 是 4，1 000是 8，10 000 是 16，100 000 是 32，1 000 000 是 64，以此类推。这就是假如我们只使用两个字符 0 和 1 时计算产生的结果，因为 1＋1 相当于 10，而 3 是 10＋1＝11，4 是 11＋1＝100。因为 1＋1 相当于 10，也就是说，第一位上为 0，进一位到第二位上是 1，进位用圆点表示。第二位上仍是 1＋1 须进位，于是第二位上为 0，第三位上是 1，这样写出来是 100，就像我用标记 א 在边上空白处注解的一样，圆点表示进位。同理可得出：5 就是 100＋1＝101，6 是 101＋1＝110，7 是 110＋1，即 111，8 是 111＋1 即 1 000，以此类推。用 ב 标记的表格列举了从 0 到 32 各数字的表示法，每一数位前的空白处填满了 o 以便表现我马上会谈到的循环数节。

א

1　　1

<u>1</u>

10　　2

<u>1</u>

11　　3

<u>..1</u>

100　　4

<u>1</u>

101　　5

<u>.1</u>

110　　6

<u>1</u>

111　　7

<u>...1</u>

8

oooo0	0
oooo1	1
ooo10	2
ooo11	3
oo100	4
oo101	5
oo110	6
oo111	7
o1000	8
o1001	9
o1010	10
o1011	11
o1100	12
o1101	13
o1110	14
o1111	15
10000	16
10001	17
10010	18
10011	19
10100	20
10101	21
10110	22
10111	23
11000	24
11001	25
11010	26
11011	27
11100	28

11101	29
11110	30
11111	31

oooooo0	0
oooo11	3
ooo110	6
oo1001	9
oo1100	12
oo1111	15
o10010	18
o10101	21
o11000	24
o11011	27
o11110	30
100001	33
100100	36
100111	39
101010	42
101101	45
110000	48

平方数

oooo0	0
oooo1	1
oo100	4
o1001	9
10000	16
11001	25

100100	36
110001	49
1000000	64
1010001	81
1100100	100
1111001	121
10010000	144
10101001	169
11000100	196
11100001	225
100000000	256

立方数

oo0	0
oo1	1
1000	8
11011	27
1000000	64
1111101	125
11011000	216
101010111	343
1000000000	512
1011011001	729
1111101000	1000
10100110011	1331

初看这张表格会发现它有着奇妙的和谐，每一数位都有规则的循环数节，第一位上是01，出现的是010101……总是0与1交替出现，第二位上是0011重复出现，第三位上是00001111，第四位上是0000000011111111，以此类推。因此我们可以不用

计算就可以将表格接着补充写下去。像这样组成数字的规则为一种从未有人想过的崭新科学开启了大门。因为既然将所有数字都分解为0和1是最为完美和透彻的方法,我们自然可以通过这一方法深入进一步研究。此外,我还发现3、5、7的倍数,即可被3、5、7除尽的数也有无限循环的数节,比方说3的倍数,第一位上的循环数节是01,第二位上是0110,第三位上是00101101,第四位上是0001110011100011,以此类推,这些都可以从表格ב中看到。5、7、9等的倍数也一样,而且一般在倍数里前一半的循环数节与后一半正好相反,即0对1或者倒过来1对0。此外,平方数、立方数及其他乘方数都有这样的循环数节,比方说平方数,第一位上的数节是01,第二位上是0,第三位上是0010,第四位上是00010100,第五位上是0000110101011000。立方数第一位上是01,第二位上是0001,第三位上是00000101,其他的以此类推。这样一来,通过这一奇妙的方法,最高次幂的表格也能不用计算就写出来,除了用于思考,应该还可以将它派上更大的用场。简言之,这其中蕴藏着一门崭新的算术,奇妙地孕育在各种定理之中,因为无论在哪一系列之下,数字的表现总是有规律的。它完全不是用来做普通的正确计算的,而是用来解决我们熟知的其他方法无法解答的问题。这方面我就不赘言了,结束这一话题之前,我再补充一个有趣的发现,这样大家就能一下子明白为什么所有数字都能在双几何进制或二进制下通过唯一的组合予以表现,这也是算术家们发现的该进制的一个优越性。比方说:23是16+4+2+1,也就是10000+10+10+1,或直接等于10111;113是64+32+16+1,也就是1000000+100000+10000+1,即1110001,其他的以此类推;正是依照同样的道理,货币的鉴定师们才使用几何级数的砝码,这样,少量的砝码就足以称量大量沉重的钱币。比方说要组成1至63这些数目,我们只需要6个数字或6个砝码,即1、2、4、8、16、32。要组成1至31只需5个,即1、2、

4、8、16,正如表格所示。①

这说明,至少在1701年2月,莱布尼茨的二进制已经十分成熟了。

白晋在接到莱布尼茨1701年2月的信后十分兴奋,尽管他在此之前已经知道莱布尼茨发明了二进制算法,但毕竟是其他朋友告诉他的。1701年11月4日,白晋告诉莱布尼茨,可以将伏羲八卦图按照卦象排列成圆形,就可以看到伏羲八卦图就体现了一种二进制的计算方法。

> 不过我这里只谈谈您增加了几何级数增长的数字表,中国人将几何级数增长看作所有之中最为简单的,同时也含有最完美的和谐。先生,为了向您说明您的这个表格与八卦,即中国哲学泰斗伏羲的"短线"完全一样,我想向您提三个要求,都是您毫不费力就能做到的。
>
> 第一,请您将您的数字表推进(您的信里只算到5次几何级数,即只到数字32)到6次几何级数,也就是到64,或者更确切地说是只到63,因为63个数加上最开头的0即64。因为是几何级数增长,您的数字表会加长一倍。然后第二个要求:假设将表示虚无或是不完美的所有的0换成同样数目的断开短线,如括号中所示(¦),并且您的表格全部由断开和完整的短线组成,就如同伏羲的八卦。之后第三个要求:将表格分成两半,每一半包括32行,每行有6条或断开或完整的短线,将表格的两半像两根柱子一样靠近着立在一起,使它们在切断前相连的两头相互倒置。这样一来两列数字就都呈半圆形朝彼此弯曲,再将高处的两端和底处的两端都连接起来,然后拿它和我寄给您的中国的环形图做比较,看看您是否能从中找出不同来;看

① Gottfried Wilhelm Leibniz, *Der Briefwechsel mit den Jesuiten in China (1689–1714)*, pp.305–307.

看在中国的环形图里是不是找不到您数字表里奇妙的和谐。①

白晋所说的图就是邵雍的“伏羲六十四卦方位图”，即“邵雍《先天图》”（图七）。

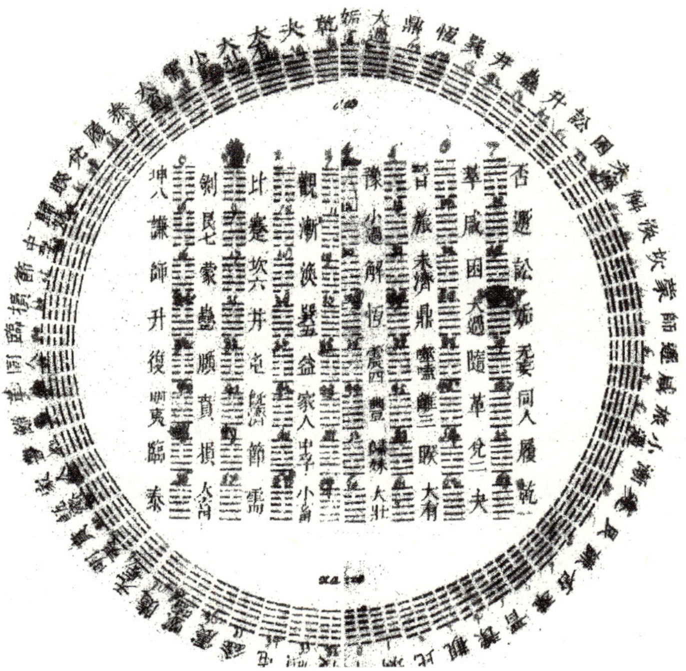

图七

白晋同时将《易经》的数学特点和宗教思想相连接，从中看出中国古代的宗教思想。他说：

必须强调的第三点是：您通过数字来巧妙地证明万物创造者上帝的存在，而伏羲理论的基础是几何级数的增长：1、2、4、8、16、32、64，直到第7级。其中1或更确切地说是（•）是本

① Gottfried Wilhelm Leibniz, *Der Briefwechsel mit den Jesuiten in China (1689–1714)*, p.335.

> 原或第一要素，作为其他一切的产生源头。第一级增长是 2，第二级得 4，第三级得 8，以此类推。伏羲在此体系中给出了增长过程的最后六项，作为一切自然事物形成的象征或图标，由此可见，作为第二要素，或生长的第一级，2 体现了天与地的特征。我认为由此可见，既然 2 是生长的第一级，而 1 是生长的本原，那么同样在伏羲看来天与地是自然产生的第一级，它们生成也有唯一本原，由 1 表示，1 是几何级数增长 1、2、4、8、16、32、64 中的第一项。而且，这个真理在中国经典著作中就有清楚的体现，我们在《礼记》中可以读到这样一段："太一分而为天地。"意思是说伟大的单位元素一或三倍伟大的单位元素一，或更确切地说是三位一体的单位元素一（因为太一这两个象形文字包含这三层意思）是天与地的本原。①

这个看法和莱布尼茨对二进制的看法十分接近，莱布尼茨也认为他自己二进制的"这一发现能将信仰的一个大课题阐释清楚，借助一切数字都由 1 和 0 来表现这一类比，说明万物源自上帝和虚无"。

从这封信可以看到，白晋在听到了莱布尼茨向他介绍的二进制后，强烈地感到莱布尼茨所研发的二进制就是伏羲六十四卦图。

在接到白晋 1701 年 11 月 4 日的来信后，莱布尼茨于 1703 年 5 月 18 日给白晋回复了一封重要的信。在信中，他说：

> 老实说，如果我自己没有创立二进制，我恐怕会用很长时间研究八卦图都弄不明白其中要旨。二十多年前，我就开始思考用"0"与"1"表示的数学，我认为它较之过去的（进位方法）更为优越，对推进算术学发展使之近乎完美有不可思议的效果。

---

① Gottfried Wilhelm Leibniz, *Der Briefwechsel mit den Jesuiten in China (1689 - 1714)*, p.477.

> 但我想等到自己能证明它有更重要的用途时再公开，可是后来无数别的事务使我无法继续这一研究，最终为了使这一重大发现不至于流失，我还是将它公开发表了（虽然并未出版相关书籍）。让我非常欣喜的是，此时，您正好可以利用它解释中国古老典籍。事实上，这恐怕是神意所授。我还相信如果我们将它予以发展——已经有一些能干的人打算从事这方面研究了，不久之后，它会提供一条新的途径重新引起中国皇帝和大部分人对它的注意，其实您对八卦的解读本身就已经会让他们很吃惊了。①

这里莱布尼茨明确指出二进制和白晋所介绍的伏羲八卦图在数学上的一致性，同时，对二进制，莱布尼茨已经思考了很长时间。

五、关于二进制和《易经》之间关系的结论

通过以上的叙述，我们可以得出这样的结论：

第一，《易经》图像中具有与二进制同样的逢二进一系统，但并未上升为一种数学计算的二进制。

《周易》的八卦、六十四卦，是一个独特的系统，既不可能是六十三，也不可能是六十五。《周易》的八卦、六十四卦，都用符号来表示一定的意义，这是所谓“象”。八卦、六十四卦及三百八十四爻之间有一定的数理关系，这即所谓“数”。《周易》包含“象数之学”。“象”“数”对称最早见于《左传》僖公十五年：“龟，象也；筮，数也。”“象数”连用，大约出现在汉代，如《易纬・乾坤凿度》：“八卦变策，象数庶

① Gottfried Wilhelm Leibniz, *Der Briefwechsel mit den Jesuiten in China* (*1689 - 1714*), p.405.

物，老天地限以为则。”然而汉代易学家喜欢讲象数，但常常陷于牵强附会，支离烦琐。只是到了到宋代，邵雍提出自己的象数学说，自称“先天之学”，《周易》象数之学才有了新的开端。

姜广辉认为：“邵雍的《先天图》四图的卦序都遵循着一种逻辑法则，当时被称为‘加一倍法’。所谓‘加一倍法’即是今天严格意义上的‘二进制’的记数方法。”一些学者在谈到这个问题时认为邵雍的图顺着读，看不出二进制的特点。①但姜广辉指出，邵雍已经在《皇极经世书》中说“夫易之数，由逆而成矣”。他告诉我们考察《先天图》的易数关系的要诀是“逆数”，其中包括卦序的“逆数”和爻序的“逆数”。卦序的“逆数”是从坤卦至乾卦，如果我们将卦画中的设定为“0”，设定为“1”，那上面的“伏羲八卦次序图”正好是按二进制记数方法所表示的 0—7 的自然数表：

坤	☷	000-0
艮	☶	001-1
坎	☵	010-2
巽	☴	011-3
震	☳	100-4
离	☲	101-5
兑	☱	110-6
乾	☰	111-7

图八　伏羲八卦次序图

坤	䷁	000000-0
剥	䷖	000001-1
比	䷇	000010-2
观	䷓	000011-3
豫	䷏	000100-4
晋	䷢	000101-5
萃	䷬	000110-6
否	䷋	000111-7
谦	䷎	001000-8

① 朱伯昆所说：“此种[卦序]进位的顺序，与数学中的二进位的顺序正相反。……邵雍的八卦横图和圆图，都是讲卦气说，并非讲数学上的二进位制，虽然，(横图)从左到右看，与二进位的顺序是一致的。”参阅《易学哲学史》中册，北京大学出版社，1988 年，第 143—144 页。

艮	䷳	001001-9
蹇	䷦	001010-10
渐	䷴	001011-11
小过	䷽	001100-12
旅	䷷	001101-13
咸	䷞	001110-14
遯	䷠	001111-15
师	䷆	010000-16
蒙	䷃	010001-17
坎	䷜	010010-18
涣	䷺	010011-19
解	䷧	010100-20
未济	䷿	010101-21
困	䷮	010110-22
讼	䷅	010111-23
升	䷭	011000-24
蛊	䷑	011001-25
井	䷯	011010-26
巽	䷸	011011-27
恒	䷟	011100-28
鼎	䷱	011101-29
大过	䷛	011110-30
姤	䷫	011111-31
复	䷗	100000-32
颐	䷚	100001-33
屯	䷂	100010-34
益	䷩	100011-35
震	䷲	100100-36
噬嗑	䷔	100101-37
随	䷐	100110-38
无妄	䷘	100111-39
明夷	䷣	101000-40
贲	䷕	101001-41
既济	䷾	101010-42
家人	䷤	101011-43
丰	䷶	101100-44
离	䷝	101101-45
革	䷰	101110-46
同人	䷌	101111-47
临	䷒	110000-48
损	䷨	110001-49
节	䷻	110010-50
中孚	䷼	110011-51
归妹	䷵	110100-52
睽	䷥	110101-53
兑	䷹	110110-54
履	䷉	110111-55
泰	䷊	111000-56
大畜	䷙	111001-57
需	䷄	111010-58

小畜	䷈	111011-59
大壮	䷡	111100-60
大有	䷍	111101-61
夬	䷪	111110-62
乾	䷀	111111-63

图九　六十四卦方位图

在伏羲六十四卦方位图的圆图中，又置有一个六十四卦的方图。无论圆图和方图，卦序之中都内在地体现严格意义上的二进制的记数方法。其中的方图更为典型而直观，读懂它的要诀就是“逆数”，即由左向右，第一行始坤终否，接第二行始谦终遯，再接第三行始师终讼，以下接第四行、第五行、第六行、第七行，最后接第八行始泰终乾，而这正是按二进制方法。①

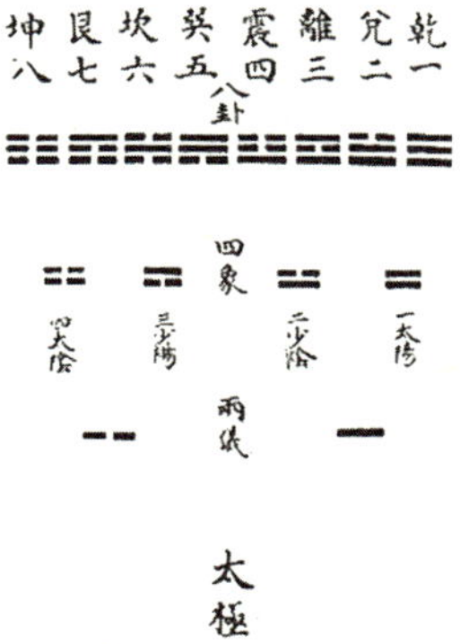

图十

我们承认邵雍的《先天图》具有和二进制一样的逢二进一的方法，或者称“加一倍”计数的方法，但这并不是数学的运算方法。

在《周易》象数学派的研究历上，“取数法”是其中一种重要的方法，如邵雍的六十四卦序书和八卦序书的卦数法。邵雍的先天八卦之数、后天八卦之数、先天六十四卦之数都是他的重要创造。但一般而论，象数派的“数”“并非数学之数，不是用于数量计算，而是用

① 姜广辉：《邵雍的“加一倍法”就是严格意义的“二进制”》，《光明日报》2007年3月22日。

于表义和明理”①。

> 邵雍的象数学在对“物理”、自然之理的研究方面作出了重大贡献。他设定了万物之数和天地体数四、用数三；太阳、太刚、少阳、少刚之体数各为十，总为一百六十；太阴、太柔、少阴、少柔之体数各为十二，总为一百九十二。阳刚总用数为一百一十二，阴柔总用数为一百五十二。以阳刚之用数乘阴柔之用数，得出日月星辰的变数为一万七千二十四，又称动数；以阴柔之用数乘阳刚之用数，得出水火土石之化数亦为一一万七千二十四，又称植数。这些数字的具体设定，虽不具备严格的数学量化意义，而是表明宇宙中的事物由简单到复杂的演变规律，但其扣的数字推衍符合数学运算，可以说这类数字已开始从表“象”之“数”向表“量”之“数”演变，而到了邵雍在说明声律、天文、物候、节气时所用的“数”则显然是明确的数量之“数”了。②

这说明，邵雍的象数之学在《周易》研究史上有着重要贡献，因此，方以智将他列为“太西质测”之学者。

但是姜先生在这样论证时，有以下几点需要加以说明：

首先，他在文中所标示的二进制是按照莱布尼茨的表达形式来做的，如果不将莱布尼茨所说的“我们只使用两个字符 0 和 1 时计算产生的结果，因为 1+1 相当于 10，而 3 是 10+1=11，4 是 11+1=100”列出，没有莱布尼茨这样的解释，他所列出的八卦图对应的二进制和六十四卦图对应的二进制都无法解释清楚。也就是说，姜广辉先生是用二进制来解释邵雍八卦图和六十四卦图的。当然由此

① 张其成：《象数易学》，中国书店出版社，2003 年，第 249 页：“有人认为‘象’偏向于定性，‘数’偏向于定量，这是不对的。象数派取数法中的‘数’绝不是纯粹表示数量，更多带有‘象’的特征，即偏向于定性。因而，‘数’其实是一种特殊的‘象’。”

② 张其成：《象数易学》，第 253 页。

可以说"邵雍的'加一倍法'就是严格意义的'二进制'"。问题在于，虽然"宋代数学家已广泛地采用0号，但是我们可以说，在明代以前的任何数学著作中，我们从来没有见到过用零字代表零的用法，并且很容易找到一些用文字表达的，本来用得零的数字"①。也就是说，在邵雍的时代，中国没有0的记号使用，是无法像姜广辉先生这样来表示邵雍图的计数法的。姜先生的论证只是说明邵雍的图可以译成二进制的表达方法，但它并不能证明这就是二进制的算法。

其次，《周易》的象数派研究包含了二进制的思想，但并不是二进制数学，在中国数学史上并未将邵雍的伏羲八卦图和六十四卦图作为数学问题展开讨论。②所以"邵雍的六十四卦方图的卦序实质上是二进制(当然也是十进制)的自然数序"。但"易图不能算成二进制数学。……易图本身只不过可以译成二进制数码，但它以及它的演成都并不蕴含二进制算法"③。n 位 r 进制整数：④

$$N_r = \sum_{i=0}^{n-1} K_i r^i$$

其中 K_i 是 i 幂位的数字，r 是记数制的底。K_i 的符号个数等于进制底数 r。

对十进制记数法展开式变为：

$$N_{10} = \sum_{i=0}^{n-1} K_i 10^i$$

$K_i = 1, 2, 3, 4, 5, 6, 7, 8, 9$。例如，十进制数 $N_{10} = 3407$ 的展开为：

$$(3407)_{10} = \sum_{i=0}^{4-1} K_i 10^i = 3 \times 10^3 + 4 \times 10^2 + 0 \times 10^1 + 7 \times 10^0$$

① 李约瑟：《中国科学技术史》第三卷《数学》，科学出版社，1978年，第34页。
② 参阅吴文俊主编：《中国数学史大系》，北京师范大学出版社，1999年。
③ 董光璧：《易图的数学结构》，第58页。
④ 董光璧：《易图的数学结构》，第51—52页。

对于二进制记数法，展开式为：$N_2=\sum_{i=0}^{n-1}K_i2^i$

$K_i=0,1$。例如，二进制数 $N_2=1011$ 的展开为：

$$(1011)_2=\sum_{i=0}^{4-1}K_i2^i=1\times2^3+0\times2^2+1\times2^1+1\times2^0$$

对于三进制记数法，展开式变为

$$N_3=\sum_{i=0}^{n-1}K_i3^i$$

$K_i=0,1,2$。例如，三进制数 $N_3=2102$ 的展开为

$$(2102)_3=\sum_{i=0}^{4-1}K_i3^i=2\times3^3+1\times3^2+0\times3^1+2\times3^0$$

数学上的位值制在中国已经有数千年，当然“这些位值成分本身并不是数码”①。二进制的 10 表示 2，100 表示 4，1 000 表示 8，10 000表示 16，……二进制同样是“位值制”。同一个数码 1，在不同数位上表示的数值是不同的。如 11111，从右往左数，第一位的 1 就是 1，第二位的 1 表示 2，第三位的 1 表示 4，第四位的 1 表示 8，第五位的 1 表示 16。二进制数据也是采用位置记数法，其位权是以 2 为底的幂。例如二进制数据 110.11，逢二进一，其权的大小顺序为 2^2、2^1、2^0、2^{-1}、2^{-2}。对于有 n 位整数、m 位小数的二进制数据，用加权系数展开式表示，可写为：

$$\begin{aligned}&(a_{n-1}a_{n-2}\cdots a_1a_0\cdot a_{-1}\cdots a_{-m})_2\\=&a_{n-1}\times2^{n-1}+a_{n-2}\times2^{n-2}+\cdots+a_1\times2^1+a_0\times2^0+\\&a_{-1}\times2^{-1}+a_{-2}\times2^{-2}+\cdots+a_{-m}\times2^{-m}\end{aligned}$$

二进制数据一般可写为：

$$(a_{n-1}a_{n-2}\cdots a_1a_0\cdot a_{-1}\cdots a_{-m})_2$$

① 李约瑟：《中国科学技术史》第三卷《数学》，第 39 页。

【例1102】将二进制数据111.01写成加权系数的形式。

解：

$$(111.01)_2 = (1\times2^2)+(1\times2^1)+(1\times2^0)+(0\times2^{-1})+(1\times2^{-2})$$

因此，邵雍的易图蕴含二进制的思想，具有和二进制一样的计数系统，显示出《周易》象数派在《周易》象数研究上的重大进展，但这并不是二进制算法。

在中国数学史上从未有人将邵雍的伏羲八卦图作为数学问题来研究。在中国古代"算和数这两个字经常带有预卜未来的意味。例如，《西京杂记》在谈到东汉的学者皇甫嵩真、玄菟曹元理是'算术'行家时，从上下文看，显然是说他们能够预卜他们自己以及他人寿命的长短。因此，他们不属于数学史"①。虽然，中国古代数学有着很高的成就，很早就使用了十进位和用空位表示0，"但是中国数学家从未自发地发明任何记录公式的符号方法，在耶稣会传教士入华之前，数学上的陈述主要是用文字写的"②。

因此，姜广辉用0和1来表示伏羲八卦图和六十四卦图，以表示二进制中国早已有之，论证有些不足。

第二，莱布尼茨发明二进制前的中国知识。

在莱布尼茨时代，入华的耶稣会士已经将大量的中国知识介绍到欧洲。欧洲16世纪关于中国的书，影响最大的当首推1583年西班牙传教士儒安·贡萨烈斯·门多萨所写的《中华大帝国史》。③当1663年莱布尼茨17岁时，这本书已经再版了28次，被译为七种语言；经金尼阁(Nicolas Trigault，1577—1628)所改写的《利玛窦中国札记》④到莱

---

① 李约瑟：《中国科学技术史》第三卷《数学》，第9—10页。

② 李约瑟：《中国科学技术史》第三卷《数学》，第338页。

③ Juan Gonzáles de Mendoza, *Historia de las cosas más notables, ritos y costumbres, del gran reyno de la China, sabidas assi por los libros de los mesmos Chinas, como por relacion de Religiosos y otras personas que han estado en el dicho Reyno*, Roma 1589.

④ Nicolas Trigault, S.J., *De Christiana expeditione apud Sinas suscepta ab Societate Jesu, ex P. Mattaei Ricii eiusdem societatis commentariis... Auctore Nicolao Trigautio*, Augsburg, 1615。何高济、王遵仲、李申译，何兆武校：《利玛窦中国札记》，中华书局，1983年。

布尼茨出生的时候已经再版了 12 次，被译为六种语言；葡萄牙传教士曾德昭的《大中国志》①，到 1678 年时已经再版了九次，被译为五种语言，此时莱布尼茨 32 岁；意大利传教士卫匡国的《鞑靼战纪》②从 1654 年的初版，到 1706 年已经被重印了 21 次，这一年莱布尼茨 60 岁；而由布劳恩(Joan Blaeu)家族编辑出版的卫匡国精美的《中国新图》1665 年第一次出版时③，莱布尼茨刚大学毕业，19 岁。值得注意的是，此书的德语版"是献给布郎施威格公爵乌利希(Ulrich)"的，此人是安东·乌利希的父亲，莱布尼茨后来成为安东·乌利希的图书管理员。④这一时期在欧洲出版的在华耶稣会士的书还有安文思(Gabriel de Magalhaens，1609—1677)的《中国新史》⑤、南怀仁(Ferdinand Verbiest，1623—1688)的《欧洲天文学史》⑥、柏应理的《中国哲学家孔子》⑦等书。如果我们算上莱布尼茨生前在欧洲所出版的其他介绍中国的二手书，那将是一个很大的数目。

莱布尼茨具体读过哪些当时关于中国的书呢？我们可以初步

---

① A. de Semedo, *Imperio de la China*, Madrid, 1642.

② M. Martini, *De bello tartarico in historia; in quâ, quo pacto Tartari hac nostrâ aetate sinicum imperium inuaserint, ac ferè totum occuparint, narratur; eorumque mores breuiter describuntur*, Antwerpen, 1654.

③ *Novus Atlas, das ist Weld—beschreibung. Mit schönen newen außführlichen Land-taffeln in Kupffer gestochen und an den Tag gegeben durch Joan Blaeu. Sechster Theil. Novus Atlas sinensis, a Martino Martinio S. J. Descripu*, Amsterdam, 1656.

④ H.波塞尔编，李文潮译：《莱布尼茨与中国：〈中国近事〉发表 300 周年国际学术讨论会论文集》，第 2 页。

⑤ 安文思著，何高济译：《中国新史》，大象出版社，2006 年。

⑥ F. Verbiest, *Astronomia Europaea sub Imperatore tartaro Sinico Ca'm Hy appellato*, Dilingae, 1668；参阅南怀仁著，余三乐译：《欧洲天文学史》，大象出版社，2015 年。

⑦ *Confucius Sinarum Philosophus, sive Scientia Sinensis Latine exposita. Studio & Opera Prosperi Intorcetta, Christiani Herdtrich, Francisci Rougemont, Philippi Couplet, Patrum Societatis Jesu... Adjecta est Tabula Chronologica Sinicae Monarchiae ab hujus exordio ad haec usque Tempora*, Paris. 1687.

列出一个书单，从而看出他掌握中国知识的程度。

1. 斯皮则（T. Spitzel, 1639—1691）于1660年在荷兰莱顿（Leiden）出版的《中国文献注释》（*De re litteraria Sinensium commentarius*）。[①]德国学者汉斯·波塞尔（Hans Poser）认为莱布尼茨在1672年去巴黎之前就读过斯皮则这书，并和后者通过信。[②]

---

① 斯皮则拉丁文名叫"Theophilus Spizelius"，还书写为"Gottlieb Spitzel"。朱谦之先生译为"斯彼基利阿"，书的拉丁文信息是：*Theophili Spizelii De re literaria sinensium commentarius, in quo scripturae partiter ac philosophiae sinicae specimina exhibentur, et cum aliarum gentium, praesertim Aegyptiorum, Graecorum, et Indorum reliquorum literis atque placitis conferuntur*, Antwerpen, 1660。

② 莱布尼茨和他两人相互通信有12封之多。斯皮则是奥格斯堡（Augsburg）当时著名的神学家，莱布尼茨与其有过较密切的交往。在1669年莱布尼茨的《自然反对无神者的声明》（Confessio naturae contra atheistas）一文就发表在他主编的刊物（*Epistola ad Reiserum de eradicando atheismo*）上。

仅在柏林科学院出版的《莱布尼茨》（*Gottfried wilhelm leibniz*）一书就收集了莱布尼茨与斯皮则的12封通信（René Etiemble, *L'Europe chinoise*, Paris: Gallimard, 1988），这些信有：[38]. LEIBNIZ AN GOTTLIES SPITZEL, 12./22. Dezember 1669. Eigenh. Abfertigung A (Augsburg); [41]. GOTTLIES SPITZEL AN LEIBNIZ, Januar 1670. Eigenh. Auszug B (Augsburg); [42]. LEIBNIZ AN GOTTLIES SPITZEL, 10./20. Februar 1670. Eigenh. Abfertigung A (Augsburg); [45]. LEIBNIZ AN GOTTLIES SPITZEL, 7./17. April 1670. Eigenh. Abfertigung A (Augsburg); [48]. LEIBNIZ AN GOTTLIES SPITZEL, 6./16. Juni 1670. Eigenh. Abfertigung A (Augsburg); [54]. LEIBNIZ AN GOTTLIES SPITZEL, 3. Oktober(?) 1670. Eigenh. Abfertigung A (Augsburg); [74]. GOTTLIES SPITZEL AN LEIBNIZ, 17. Marz 1671. Eigenh. Abfertigung A (Hannover); [76]. LEIBNIZ AN GOTTLIES SPITZEL, 7. April 1671. Eigenh. Abfertigung A (Augsburg); [123]. GOTTLIES SPITZEL AN LEIBNIZ, 22. Februar 1672. Eigenh. Abfertigung A (Hannover); [127]. LEIBNIZ AN GOTTLIES SPITZEL, 27. Februar/8. Marz 1672. Eigenh. Abfertigung A (Augsburg); [128]. GOTTLIES SPITZEL AN LEIBNIZ, 24. Marz 1672. Eigenh. Abfertigung A (Hannover); [132]. GOTTLIES SPITZEL AN LEIBNIZ, 14. Mai 1672. Eigenh. Abfertigung A (Hannover)。

据D. J. Cook、H. Rosemont, G. W. Leibniz, *Writings on China* (1994)一书，除了上列通信以外，在奥格斯堡科学院出版的文献中还收集了一些斯皮则与莱布尼茨的通信。参阅H.波塞尔编，李文潮译：《莱布尼茨与中国：〈中国近事〉发表300周年国际学术讨论会论文集》，第3页；朱谦之：《中国哲学对欧洲的影响》，福建人民出版社，1985年，第218页。

这本书的图如下：

图十一

该书出版年代用拉丁文印刷体书写为 1660 年，出版地点为 Lugduni Batavorum（荷兰莱顿），出版者为 Petrum Hackium，开本为 787×1092，1/64，全书正文共计 306 页，13 章（Sectio）。①

根据《中国文献注释》一书的主要参阅文献，我们知道莱布尼茨通过此书已经开始了解传教士的著作。

2. 金尼阁于 1615 年出版的《利玛窦中国札记》。

3. 曾德昭于 1642 年出版的《大中国志》。莱布尼茨 1700 年 1 月 1(11)日致维利乌斯（Antoine Verjus）的信中提到他读过此书。

4. 卫匡国于 1654 年出版的《鞑靼战纪：鞑靼征服中国史》。

① 胡阳、李长铎：《正本清源、再思自然》，见“天地生人学术讲座”第 600 讲“理学研究”（www.lixue.org）。以上关于斯皮则和莱布尼茨的文献来源于胡阳、李长铎的网上长文，我又根据原书做了核对。在此，对胡阳和李长铎所提供的文献表示感谢。

5. 卫匡国于 1658 年出版的《中国上古史》。①

6. 聂仲迁(Adrien Greslon，1614—1695)的《鞑靼统治下的中国历史》(*Histoire de la Chine sous la domination des Tartares par le P. Greslon S.I.*)。②莱布尼茨在 1672 年和罗特利普·施皮策尔(Lottlieb Spitel)的信中就说他已经读了此书，对书中所介绍的中国传教史十分熟悉。

7. 基歇尔《中国图说》。③莱布尼茨在他的法学博士论文《论组合》(Ars combinatoria)中就引用了基歇尔关于中国文字的内容。④他在和斯皮则的通信中也谈到过基歇尔，并于 1670 年给基歇尔写过信。⑤

8. 柏应理《中国哲学家孔子》。莱布尼茨于 1687 年 12 月 19 日给冯·黑森-莱茵费尔(Landgraf Ernst Von Hessen-Rheinfels)的信中提到他读了这本书，以后在和传教士的通信中多次提到这本书，并说："你们的柏应理这位杰出的人物，开始使我们尝到真正中国历史的滋味。"⑥

9. 李明(Louis Le Comte，1655—1728)《中国现形势志》，这本书 1696 年在巴黎出版，第二年，即 1697 年 1 月莱布尼茨就收到这本书。⑦

---

① *Sinicae Historiae decas prima. Res a gentis origine ad Christum natum in extrema Asia*，München.

② 费赖之著，冯承钧译：《在华耶稣会士列传与书目》上册，中华书局，1995 年，第 302 页。

③ 书的拉丁文版信息为：*China monumentis qua sacris qua profanis，nec non variis naturae et artis spectaculis，aliarumque rerum memorabilium argumentis illustrata*，Amsterdam，1667。张西平、杨慧玲等译：《中国图说》，大象出版社，2010 年。

④ 参阅 H.波塞尔编，李文潮译：《莱布尼茨与中国：〈中国近事〉发表 300 周年国际学术讨论会论文集》，第 3 页；朱谦之：《中国哲学对欧洲的影响》，第 219 页。

⑤ D. J. Cook，H. Rosemont，*Writings on China*，1994.

⑥ 见 Heraugegeben von Rita Widmaier，*Leibniz Korrespondiert mit China*，Frankfurt am main，1990，p.16。

⑦ *Nouveaux mémoires sur L'état present de la Chine*，Paris，1696. 参见 A I，XIII，N.80，p.129。参阅 H.波塞尔编，李文潮译：《莱布尼茨与中国：〈中国近事〉发表 300 周年国际学术讨论会论文集》，第 41 页注 100。

在 1699 年 4 月 20(30)日，莱布尼茨致维利乌斯的信中，请他问好李明神父，其实他并未见过李明，只是读过他的书而已。但从 1700 年开始，他已经参与了“礼仪之争”，并对李明的书做过评论。

10. 南怀仁《欧洲天文学》。有的学者认为，这本书可能是莱布尼茨在编《中国近事》时放在手边“最早且最长的资料”。[①]

11. 苏霖(Jose Suarez，1656—1690)《苏霖神父对 1692 年容教诏令的报告》。[②]这份文献是当时“明斯特(Münster)的耶稣会士约翰尼斯·克雷夫(Johannes Clerff，1639—1700)提供给莱布尼茨的”[③]，他将其收入《中国近事》，成为书中最重要、最长的文献之一。

12. 龙华民(1559—1654)《论中国宗教的若个问题》、利安当(Antonio de-Santa-Maria，1602—1669)《论中国传教区的若干点》。这两份文献[④]是德雷蒙在 1714 年 10 月寄给莱布尼茨的，这促使他写下了临终前的最后一篇长文《论中国哲学》。

---

① 丽塔·威德迈尔(Rita Widmaier)：《〈中国近事〉的目的与意图》，参阅 H. 波塞尔编，李文潮译：《莱布尼茨与中国：〈中国近事〉发表 300 周年国际学术讨论会论文集》，第 22 页。

② *Libertas Evangelium Christi annunciandi et propaganda in Imperio Sinarum solenniter declarata*, anno Domini 1692, die 22 martii.

③ *Libertas Evangelium Christi annunciandi et propaganda in Imperio Sinarum solenniter declarata*, anno Domini 1692, die 22 martii, p.22.

④ 龙华民的文章最初是拉丁文，后被译成西班牙文“Repuesta Breve Sobre Las Controversias de el Xang Ti, Tien Xin, y Ling Hoen(esto es de el Rey de lo alto, espiritus, y alma racional, que pone et China) y otros nombres Chinicos, para determinarse, quales de ellos se pueden usar en esta Christiandad”，被多明我会传教士闵明我收入他的西班牙文《论中国帝国的历史、政治、伦理道德及宗教》(Tratados historicos, politicos, ethicos, y religiosos de la monarchia de China)，这篇文章后被希策(Abbé de Cicé)译成法文“Traité sur quelques points de la Religion des Chinois”；利安当的文章原标题为“Tratado sobre algunos punctos tocantes a esta mission de la gran china”，见孟德卫(David E. Mungello)：《早期莱布尼茨的哲学中中国到底有多重要?》，载 H.波塞尔编，李文潮译：《莱布尼茨与中国：〈中国近事〉发表 300 周年国际学术讨论会论文集》，第 52—53 页注 1—2。

13. 卜弥格(Michel Boym, 1612—1659)《中国植物志》。[①]在1689年莱布尼茨给闵明我的信中[②],他询问这本书,以后他读到了这本书。

14. 胡安·尼叶霍夫(Joan Nieuhof)《东印度公司使节奏中国皇帝书》。[③]莱布尼茨在自己的《中国风车》的札记中引用了此书,该书1669年在荷兰出版。

15. 邓玉函《中国来信》。[④]莱布尼茨在几封信中多次提到这本书,以后帮助白晋找开普勒读邓玉函书后的回信。

16. 基歇尔《有吸引力的自然王国》。[⑤]莱布尼茨在1689年所记他和闵明我在罗马谈话的记录中说:"基歇尔神父所写的《有吸引力的自然王国》一书对中国的某些可贵之处做了介绍。"[⑥]

17. 尼古拉·威斯滕(Nicolaas Wisten)编《从亚洲东北部至欧洲,从新地岛至中国的新地图》。[⑦]莱布尼茨一直关注亚洲东北部地理位置的实际情况,在1691年致闵明我的信函中希望入华的传教士关心这个问题,修正尼古拉·威斯滕的地图。

18. 西蒙·德·拉·鲁贝尔(Simon de la Loubère, 1642—1792)《暹罗王国》。[⑧]莱布尼茨对该书关于中国的报道很感兴趣。

19. 潘国光(Francesco Brancati, 1607—1671)《论中国礼仪,耶

---

① *Flora Sinenses* 于1656年在维也纳问世,以后在1666年在巴黎出版的《旅游杂记》(*Relations de divers voyages*)中译成法文。参见 Herausgegeben von Rita Widmaier, *Leibniz Korrespondiert mit China*, p.6。此书以下简称 LK。

② LK, p.4.

③ *Gesantschaft der ost-Indischen Gesellschaft an den... Sinesischen Keyser*, Amsterdam, 1669。参见 LK, p.7。

④ *Epistolium ex regno Sinarum ad Mathematicos Europaeos missum cum commentatiuncula Johannis Keppleri*, Sagani Silesiae, 1630.

⑤ Athanasius Kircher, *Magneticum naturae Regnum*, Rome, 1667.

⑥ LK, p.10.

⑦ *Nieuwe Lantkaarte van Noorder en Oesterdeel van en Europa, strekkende van Nova Zemla tot China*, Amsterdam, 1687。参见 LK, p.14。

⑧ *Du Royaume de Siam*, Paris, 1691。参见 LK, p.19。

稣会士潘国光神父用他在华传教三十四年的实践对多明我会士闵明我的答复》。[①]莱布尼茨在1701年2月15日与郭弼恩的通信中说自己读过这本书。

根据德国学者维德迈尔(Widmaier)的研究,莱布尼茨在和传教士或欧洲的学者、教会人士的通信中还提到下列有关中国的书籍,这些书籍也是他熟悉的:

20. 毕嘉(Domenico Gabiani)《中国教会发展史》;[②]

21.《1693、1694、1695年莫斯科特使中国之行纪要》;[③]

22. 米勒(Andreas Müller)《关于汉字部首的建议》;[④]

23. 米勒《论汉学大发现》;[⑤]

24. 门采尔(Christian Menzel, 1622—1701)《从太古时代到今天的中国皇帝大事记》;[⑥]

25. 安德烈里斯·克雷耶尔(Andreas Cleyer)《附有中文说明的袖珍植物志》《中国药物图志或中国药物学,附脉象论》;[⑦]

26. 基歇尔《埃及的奥狄蒲斯》;[⑧]

27. 郭弼恩(Charles Le Gobien, 1653—1708)《中国皇帝颁布容

---

① *De sinensium Ritibus politicis Acta. Seu R.P. Francisci Brancati, S.J. Apud Sinas per annos 34...*, Paris 1700。参见 LK, p.133。

② *Incrementa Sinicae Ecclesiae*, Wien 1673。参见 LK, p.54。

③ *Brevis descriptio itineris Sinensis a legatione Moscovitica annis 1693. 94.95. confecti*, emendatius edita。参见 LK, p.66。

④ *Propositio super Clave sua Sinica, quam Autor Inventum Brandenburgicun cognominata constituit*, LK, p.66.

⑤ *De Invento Sinico*. LK, p.66.

⑥ *Kurtze chinesische Chronologie oder Zeitregister aller chinesisch Kaiser von ihrem also vermeinten Anfang der Welt bis hierher zu unseren Zeiten*, Berlin 1696, LK, p.69.

⑦ *Herbarium parum Sinicis vocabulis indicis insertis constans Specimen medicinae Sinicae sive opuscula medica ad mentem sinensium, continens I De Pulsibus*, LK, p.71.

⑧ *Oedipus Aegyptiacus*, Rome, 1652-1655. LK, p.78。此书认为中国文字起源于埃及。

教法令的历史》；①

28. 郭弼恩《关于中国宗教发展致院长大人书》；②

29. 郭弼恩《关于中国人尊孔敬祖的说明》；③

30. 郭弼恩《耶稣会某些传教士论中国和东印度书》；④

31.《中国敬礼史》；⑤

32. 亚历山大·诺埃尔(Alexandre Noël)《为入华多明我会传教士辩护》；⑥

33. 南怀仁《满文入门》；⑦

34. 阎当《中国人的礼仪以及有关中国礼仪的各种著作史》。⑧

这个书单只是莱布尼茨所掌握的当时欧洲关于中国书籍的一部分，因这仅仅是他在1689年至1714年间与入华传教士通信中所涉及的有关中国的书，还没包括他和其他人通信中所涉及的有关中国的书。例如，1672年2月7日他在给斯皮则的信中说："但愿我们不久看到英托列柯塔(Intorcetta)⑨的那些中国珍品。由耶稣会士聂仲迁在1671年8月出版的《鞑靼统治下的中国历史》一书是用法文写的。还有一本由另一位传教士用法文写的相类似的书也出版

---

① *Histoire de l'Edit de l'Empereur de la Chine en faveur de la Religion Chrestienne*, Paris, 1698.

② *Lettre sur les progres de la religion à la Chine, à Monsieur L'abbé*, Paris, 1697.

③ *Eclaircissement sur les honneurs que les chinois rendent à Conffucius et aux Morts*, Paris, 1702.

④ *Lettres de quelques missionnaires de la compagnie de Jesus, écrites de la Chine et des Indes Orientales*。参见 LK, p.82。

⑤ *Historia cultus Sinensium*，这是反耶稣会的教派编的一本书，1700年在巴黎出版。参见 LK, p.116。

⑥ *Apologie des Dominicains Missionnaires de la Chine*。参见 LK, p.122。

⑦ *Elementa Liguae Tartaricae*。莱布尼茨有此书的手抄本，参见 LK, p.202。

⑧ *Historia cultus Sinensium seu varia scripta de cultibus Sinarum*.

⑨ 这指的是入华传教士殷铎泽(1625—1696)："1670年期届满时，其伴侣从澳门召一教士来粤，代其居狱，而遣铎泽赴罗马，以会务报告耶稣会长。"费赖之：《在华耶稣会士列传及书目》上册，第328页。安本翻译有误。

了，该书中描述了中国基督教事业的情况。……两本书我都拜读过，并由此得知，汤若望传教士这位有名的清朝官员，极其不幸，死在监狱里了，本来他就已经老得精疲力竭了。但是，正像原来清朝的嫉妒首先发泄到他身上一样，他死后给其他传教士提供了继续生活的空间。比利时传教士、数学家南怀仁得以渐渐按照他的前任所充满的同意希望而尽力工作……”①由此可见，莱布尼茨对当时中国情况的熟悉。收入《中国近事》中的信件，这里仅仅列了苏霖一封。但仅此就可以看出莱布尼茨当时对中国的关注程度，即便是当时的一流汉学家也未必有他关于中国的藏书多。更重要的是，莱布尼茨并不仅仅在自己的书斋里研究中国，他还与中国保持实际的联系。

莱布尼茨在晚年致德雷蒙的信中指出：“由于这种二进制算术虽然在《柏林杂文集》中有过解释，人们还仍然不大知，而且它和伏羲的符号的相似也只有在 1705 年已故的腾柴留斯(Tenzelius)的《德国日报》上谈到。”当时和莱布尼茨相识的早期汉学家米勒，曾介绍过阿拉伯的汉学家“阿布杜拉·白达瓦鲁斯(Abudula Baidavarus)关于中国所写的著作，并加以注释。这位阿拉伯著者在那篇著作里提到伏羲找到了一种特别的写作方式，算术缩减法、计算，因为他说到了算术，肯定了我对这位古代哲学帝王的符号的解释，即我认为这些符号是数目字”②。

这说明在与白晋通信之前，无论在来华传教士的汉学著作中，在斯皮则那里，还是在米勒所介绍的阿拉伯汉学家的著作中，莱布尼茨对伏羲的符号系统是隐隐约约知道一些的。莱布尼茨所阅读到的中国知识，对于他发明二进制产生了重要的影响。

第三，莱布尼茨二进制的发明。

1679 年 3 月 15 日莱布尼茨用拉丁文撰写了《二进制算术》(De

---

① 安文铸等编译：《莱布尼茨和中国》，第 125—126 页。

② 莱布尼茨著，庞景仁译：《致德雷蒙的信：论中国哲学》，《中国哲学史研究》1982 年第 1 期。

Progressione Dyadicu)的论文草稿。在这篇草稿中已经对二进制的运算原则有清楚的说明。他的这个想法是直接和欧洲的数学传统联系在一起的。在他晚年给德·雷蒙的信中说得很清楚，他希望可以用二进制来推进欧洲的十进位演算法。①按照胡阳的说法，此时斯皮则在介绍《周易》时已经提出了"二进制"的概念。莱布尼茨看到这些材料，同时，他作为数学家有着欧洲的数学传统，这两方面的因素，使他写出这篇论文。应该看到，这篇论文并不仅仅是表达一种思想，而是提出一个实际的算术系统。

莱布尼茨在 1697 年 1—2 月给闵明我的信中已经列出了 0—32 的二进制表示式。

1700 年 11 月 18 日，白晋给莱布尼茨的通信中第一次提出，他通过对伏羲八卦图的研究，认为："《易经》是中国最古老的一部著作，或许也是世界上最古老的。它是中国所有科学和传统的真正来源。"②莱布尼茨接到白晋 1700 年 11 月 18 日的信后，1701 年 2 月 15 日回信，在这封信中莱布尼茨第一次明确提出了二进制，并详细向白晋介绍了二进制的基本运算方法。

numeri	
0	0
1	1
10	2
11	3

additio	
1	1
10	2
11	3

multiplicatio	
11	3
11	3
11	
11	
1001	9

Zahlen	
0	0
1	1
10	2
11	3

Addition	
1	1
10	2
11	3

Multiplikation	
11	3
11	3
11	
11	
1001	9

① 秦家懿译：《德国哲学家论中国》，生活·读书·新知三联书店，1993 年，第 122 页。

② Gottfried Wilhelm Leibniz, *Der Briefwechsel mit den Jesuiten in China (1689－1714)*, p.274.

numeri	
100	4
101	5
110	6
111	7
1000	8
1001	9
1010	10
1011	11
1100	12
1101	13
1110	14
1111	15
10000	16
10001	17
10010	18
10011	19
10100	20
10101	21
10110	22
10111	23
11000	24
11001	25
11010	26
11011	27
11100	28
11101	29
11110	30
11111	31
10000[0]	32

additio	
10	2
101	5
111	7
110	6
1001	9
1111	15
1001	9
1101	13
··	
10110	22
100	4
101	5
110	6
1111	15
111	7
1001	9
1011	1[1]
····	
11011	27

multiplicatio	
101	5
11	3
101	•
101	•
1111	15
110	6
101	5
110	
1100	
11110	30
111	7
111	7
111	
111	
111	
110001	49
1001	9
111	7
1001	
1001	
1001	
111111	63

图十二

1701年2月26日，也就是在莱布尼茨给白晋写信的十天之后，作为法国科学院的外籍院士，他向法国科学院提交了关于二进制算术的论文，并于4月25日做了宣讲。但他要求不要立即发表这篇论文，因为他还要从数的理论方面对二进制做进一步的研究，况且他还没有看出二进制有什么实用价值。1701年11月4日，白晋告诉莱布尼茨，可以将伏羲八卦图按照卦象排列成圆形，就可以看到伏羲八卦图就有一种二进制的计算方法。

白晋这封信到 1703 年 4 月 1 日莱布尼茨才收到，1703 年 5 月 5 日莱布尼茨对自己 1679 年提交的论文做了增补和修改，吸收了白晋提供给他的伏羲八卦图的符号内容，将论文题目改为《关于只用两个记号 0 和 1 的二进制算术的解释——和对它的用途以及它所给出的中国古代伏羲图的意义的评注》(Explication de L'arithmétique binaire，qui se sert des seuls caractères O et 1，avec des remarques sur son utilité，et sur ce qu'elle donne le sens des anciennes figures Chinoises de Fohy)。

1703 年 5 月 18 日莱布尼茨给白晋回信说："如果我自己没有创立二进制，我恐怕会用很长时间研究八卦图都弄不明白其中要旨。二十多年前，我就开始思考用'0'与'1'表示的数学，我认为它较之过去的(进位方法)更为优越，对推进算术学发展使之近乎完美之域有不可思议的效果。但我想等到自己能证明它有更重要的用途时再公开，可是后来无数别的事务使我无法继续这一研究，最终为了使这一重大发现不至于流失，我还是将它公开发表了(虽然并未出版相关书籍)。"①

这说明莱布尼茨在收到白晋的信以前就在研究二进制。正因为有了长期的二进制的研究，才使他对伏羲八卦图所包含的二进制思想很快有了理解，并且按照二进制的方法对整个卦图做了详尽的研究。同时，正是白晋所介绍的伏羲八卦图使他鉴定了自己的研究成果的可靠性和实用性。

结　论

一、莱布尼茨二进制的发明是他长期关心欧洲数学演算的结

---

① Gottfried Wilhelm Leibniz, *Der Briefwechsel mit den Jesuiten in China (1689 - 1714)*, p.403.

果。他在晚年说得很清楚:“古时罗马人曾使用五进制和十进制混合的算术,我们在硬币里还看到这种残余。我们在阿基米德关于沙子的数目里边看到,在他那个时代已经理解到接近于十进制算术的东西。十进制算术是从阿拉伯来的,它好像是从西班牙传过来的,或者至少是由于著名的热尔贝特当了教宗名为西尔维斯特二世而为世人所知。这种计算法大概来源于我们有十个手指。不过,因为这个数目是任意起的,于是发展到一打和一罗,等等。相反,已故的埃哈德·魏格留斯(Erhard Weigel, 1625—1699)先生按照毕达哥拉斯的方法,由十进制缩小到四进制。这样一来,按照十进制,我们用0、1、2、3、4、5、6、7、8、9写出一切数,而魏格留斯先生用四进制即0、1、2、3写出一切数。……这使我想到,在一五、一五或一对、一对的计算法中,一切数都可以用0和1写出。”①莱布尼茨如果没有这些欧洲数学知识的积累,是不可能发明二进制的,他发明的二进制直接继承了十进制以来不断推进演算简洁化的传统。

二、莱布尼茨二进制的发明是他长期关注中国文化的一个结果。欧洲关于二进制的讨论一方面有着自身的传统,另一方面也受到东方演算知识的影响,特别是伏羲八卦图所包含的二进制思想。二进制这个概念是1660年斯皮则在《中国文献注释》中提出的,在与白晋通信之前,莱布尼茨也通过汉学家米勒所介绍的阿拉伯汉学家的著作,初步了解了伏羲八卦图的符号系统。这位阿拉伯学者说到了算术,从而使莱布尼茨了解了对这位古代哲学帝王的符号的解释,使他认识到伏羲八卦图符号是数目字。而莱布尼茨与白晋的通信,进一步加深了他在此以前关于伏羲八卦图符合数字意义的认识。他说:“我和尊敬的白晋神父发现了这个帝国的奠基人伏羲的符号显然是最正确的意义,这些符号是由一些整线和断线组合而成的……是最简单的,一共有64个图形,包含在名为《易经》的书

---

① 莱布尼茨著,庞景仁译:《致德雷蒙的信:论中国哲学》,《中国哲学史研究》1982年第1期。

中。……当我把这个算术告诉尊敬的白晋神父时，他一下认出来伏羲的符号，因为二者恰恰相符：阴爻'--'就是0（零），阳爻'—'就是1。"因此，莱布尼茨二进制的发明并非他在单纯的欧洲知识中发展起来的，他在二进制的发明过程中直接受到了中国文化的影响，特别是受到伏羲八卦图的影响，并最终促使他修改自己的论文，将题目改为《关于只用两个记号0和1的二进制算术的解释——和对它的用途以及它所给出的中国古代伏羲图的意义的评注》而寄出。莱布尼茨二进制的发明，充分说明了18世纪中国文化对欧洲上层知识界的影响。

三、伏羲八卦图所包含的二进制思想，正如莱布尼茨所说："《易经》，也就是变易之书。在伏羲的许多世纪以后，文王和他的儿子周公以及在文王和周公五个世纪以后的著名的孔子，都曾在这64个图形中寻找过哲学的秘密……这恰恰是二进制算术。这种算术是这位伟大的创造者所掌握而在几千年之后由我发现的。"①在这里莱布尼茨给予伏羲八卦图、《易经》高度的评价，说明了中国古代思想中蕴藏着许多智慧。这些智慧同样启迪着现代科学的发展和现代思想的变更。伏羲八卦图与二进制诞生的关系，说明中国古代文化传统是一个伟大的宝藏。这些看似遥远的文献和思想正是中国文化之根，我们不仅应对其始终保持敬重与谦恭，更重要的是，我们可以在古人的智慧中得到启迪，开启当代的生活与发展。

四、尽管莱布尼茨说中国古代《易经》六十四卦演算就是二进制算术，但这只能说是莱布尼茨对中国古代文化的一个猜想。把邵雍的八卦图说成就是二进制，从而说二进制是中国人所发明的，这目前无法在中国数学史上得到证实。这点，笔者赞成孙小礼教授的以下观点：

> 莱布尼茨的上述猜想，正是一个至今未能得到证实的猜

① 莱布尼茨著，庞景仁译：《致德雷蒙的信：论中国哲学》，《中国哲学史研究》1982年第1期。

想。因为在易图中虽然有与0和1相对应的符号：阴爻--和阳爻—；虽然有与从0到63的二进制数相对应的六十四个六爻排列，但是迄今为止，在《周易》中或在中国的其他古籍中，并未看到用阴爻和阳爻这两个符号写出一切数字的明确规则。有人误以为六爻排列就是中国的二进制记数法，其实，与数字64的二进制表示式1000000相对应，就必须是七爻排列；与数字128的二进制表示式10000000相对应，就必须是八爻排列……再者，在中国的古籍中，从未看到用阴爻和阳爻来进行数学运算，如加、减、乘、除四则运算等，因而也看不出阴爻和阳爻具有0和1在数学运算中的功能，如0加某数仍等于某数，乘某数则等于0；1乘某数仍等于某数等。然而在莱布尼茨1679年的论文稿中，用0和1两个记号写出一切数的规则和进行四则运算的规则，都已叙述得十分清楚。相比之下，说中国古代已有二进制算术，只能是莱布尼茨的一个至今不能被证实的猜想。①

① 孙小礼：《关于莱布尼茨的一个误传与他对中国易图的解释和猜想》，《自然辩证法通讯》1999年第2期。

以“西”明“儒”

——黎贵惇《芸台类语》对理气的见解

中山大学哲学系　阮廷庆

在中国哲学史中，“理气”是一个重要的问题。如何理解理与气并说明两者之间的关系，是儒者尤其是宋明理学家关注的主题。南宋朱熹（1130—1200）提出其理气观之后，他的观点慢慢地被接受，成为官方的立场。在越南，从11世纪起，李朝开始建立文庙（1070），稍后举行科举考试（1075）、立国子监（1076），儒家思想具有越来越重要的地位。从后黎朝（1428—1784）到阮朝（1802—1945），独尊儒家，“四书五经”成为科举考试的内容。[①]由此，程朱理学也统领越南学界，朱熹的理气观也受到广泛的公认。黎贵惇《芸台类语》（1773）中有《理气》篇，他用不少篇幅来证明理气的存在，且似乎含争辩意味。问题在于，《理气》是否只是一篇“读书心得”？或者还蕴含着一个学术争辩？如果后者存在的话，争辩的内容是什么？由谁主张？在这篇文章中，我试图通过考察文本来理解此问题，并通过它来理解黎贵惇如何看待理气，另外也进一步理解他如何运用西学带来的新知识讨论理气问题。

---

① 关于在越南儒学的历史，可参阅林月惠：《黎贵惇的理气论》第一部分《越南儒学的兴替与后黎朝的黎贵惇》，钟彩钧主编：《黎贵惇的学术与思想》，台湾“中研院”文哲所，2012年，第247—252页；尹正主编：《越南哲学思想史》，越南国家政治出版社，2013年，第426—438页。

一、黎贵惇与《芸台类语》

黎贵惇①(1726—1784),字允厚,号桂堂,幼名黎名芳,山南镇延河县人(今太平省)。他出身于士大夫家庭,父亲黎仲庶(黎富庶)为进士,曾任刑部尚书,受封侯爵。黎贵惇自幼熟读儒家经典,少年时已博览“四书五经”与诸子百家思想,有深厚的汉学根底,被称为越南百科全书式的儒者。可以从三个角度来概括黎贵惇的一生:重要的政客、博览的儒者及有革新思想的人物。

首先,关于政治的方面,黎贵惇的参政经历非常丰富。景兴十三年(1752),27 岁的黎贵惇进士及第,其官路从此开始了。他同年入翰林院为侍书,进而为侍讲,一年后任国史馆纂修。景兴二十一年(1760),他被选为清岁贡副使,与正使陈辉宓等人出使中国。出使的经历(1760—1762)带给黎贵惇丰富的国际经验。他有机会观察中国当时的社会、经济、政治、地理等方面,跟中国的文人士大夫来往交流,如兵部尚书梁诗正(1697—1763)、秦朝钎,广西提督学政朱佩莲等人。另外在北京城期间,他与朝鲜使臣鸿启禧、李辉忠等人有诗文交流。②回国后,他被任命为翰林院承旨,1766 年转为海阳省参政,但他辞职回乡,讲学授徒。隔年,朝廷召回复职,任翰林院侍书,编修国史,兼任国子监司业。几年后,因平乱立功,他被升为工部侍郎(1770)、陪颂(副宰相,1773)、新设顺化镇抚司协镇抚(1776)。景兴四十四年(1784)三月,升为工部尚书,一个月后卒于河南省,享年 58 岁。有一件事值得关注,景兴三十五年(1774),郑

---

① 关于黎贵惇的生平,我们根据如下学者的考察结果来综合:陈文甲、高春辉等译注:《芸台类语》,越南河内文化通讯出版社,2006 年;谢光发译注:《芸台类语》,越南河内国务卿府出版社,1972 年;范宇、黎贤译注:《芸台类语》,越南自力出版社,1972 年。

② 高春晖:《黎贵惇的身平》,陈文甲、高春辉等译注:《芸台类语》,第 8—9 页。

主亲身南征,命黎贵惇及阮廷石、阮缓、阮廷勋为京都留守。在这段时间,关于对内及对外发布公文、支援粮食、招募新宾等事情主要由黎贵惇来负责。通过对黎贵惇外交(出使)、内治职务履行的分析,我们可以发现他是一位敏捷、有能力、有经验的政客。

其次,黎贵惇是一位博览的儒者。他少年时期已经通读"四书五经",终身好学。虽然政治活动繁忙,但他还保持学术活动,读书、著作及讲学授徒。同朝之友陈名林评价他,说:"延河桂堂黎公于书无所不读,于物无所不格。平日研覃所得,随笔著书满案盈厢,有不可得而殚述。"[①]他的作品很丰富,可以分为如下五个种类,即经典、历史、诗文、哲学及综合类。

1. 经典:《书经演义》、《四书略解》(*)[②]、《易经肤说》(*)、《金刚经注解》(*);

2. 历史:《大越通史》《抚边杂录》《北使通录》;

3. 诗文:《桂堂诗集》《桂堂文集》《桂堂遗文》、《全越诗录》(编辑)、《皇越文海》(编辑);

4. 哲学:《群书考辨》《阴骘文注》《圣谟贤范录》;

5. 综合类:《芸台类语》《见闻小录》。

另外,黎贵惇一直怀有改革精神。在其时代,理论上黎朝统一全国,但事实上,黎王只有虚名,国家被分为两个王国,北国由郑氏掌握政权,南国属于阮氏。两国之间经常发动战争,社会动乱,百姓痛苦。面对此情况,黎贵惇用心用力写出一份改革计划献呈郑主,这件事情发生在出使中国后。他要用儒家德政和法家学说的结合来使得国强民富,但郑主拒绝改革。黎贵惇以辞官来表达其立场,回乡讲学授徒,两年后朝廷召回复职。他还提倡过数次改革,但其计划都没有机会施行。他的改革精神还表现在关注、爱好新的知识,特别是由西方传教士带来的地理学、天文学、医学等。他很关注

---

① 陈名林:《序》,陈文甲、高春辉等译注:《芸台类语》,第43页。

② (*)指书还在存疑中,下同。

“西洋人”并谨慎考察这群人到中国的历史及其学术。在《芸台类语》卷三《区宇》，他说：“愚按：大西洋自宋、元以前，未通中国。明永乐中，始航海入贡。万历三十年(1602)，其国人利玛窦与其徒南怀仁、艾儒略、熊三拔、高一志等五六人，由广东入闽。[①]过上金陵，称欧罗巴洲人。路远十万，泛海九年，出其千里镜、自鸣钟、浑天仪、量天尺、勾股法，算时、测度、卜影、景星，谈理气历数，极其精妙，诸台省官，尊为‘西儒’。”面对西学新知识，特别是地理学方面，他无法全部检验，但保留开放的态度，他阅读并谨慎地一一写下来：“愚常得《坤舆图说》，观其所论地体、地球、山岳、江海、潮汐、风雨，多有至理。其言天下有四大洲：中国与胡越、沙漠、海岛诸国，属亚细亚洲(Asia)；大西洋与海外各国，属欧罗巴洲(Europa)。又有海外诸国，属利未亚洲(Libia-Africa)；又有海外诸国，属亚默利加洲(America)。不知信否？今略录之。”

黎贵惇《芸台类语》[②]写于1773年，其序有“景兴癸巳孟秋既望”之语。“芸台类语”，意思是“所在芸台收集的言语，分为类”，“芸台”指藏书的地方。[③]此书可看作一种“读书心得”，黎贵惇在读书中，记录下喜欢的内容、故事，有时加上自己的评论及观点，按内容分类。他说：“尝读採诸传记说话事迹，略加檃栝，有据意见评论，有取旧文纂入，积久成帙，分为九卷，名曰‘类语’。”[④]九卷的安排次序如下：理气、象形、区宇、典汇、文艺、音字、书籍、仕规、品物。这可概括为三个领域：天文、地理与人事。对于黎贵惇的《芸台类语》，陈名林的概括评价如下：“《芸台类语》此其尤粹然者。其书析为九帙，门类晰，

---

① 可能黎贵惇根据当时官方的记载，从利玛窦到北京的年份(1602)来算。事实上利玛窦入中国更早，1582年9月到达澳门，一年以后(1583年10月)到肇庆居住，学习中国语言、文化。利玛窦于1601年1月24日到达北京。可参阅Thomas F. Ryan, *Jesuits in China*, Kuangchi Cultural Group, 2007, pp.16－40。

② 本文使用的《黎贵惇·理气》(中文电子版)为林月惠标点版(未刊)。为了方便参阅，我们暂用陈文甲、高春辉等译注的《芸台类语》来定页码。

③ “芸”应该是“芸香”，一种香草名。古人常将它放在书里以除蠹虫。

④ 黎贵惇：《序》，陈文甲、高春辉等译注：《芸台类语》，第46页。

义理详。上之天文，下至地理，中之人事。格致诚正之学，修齐治平之功，莫不于是乎在。”

二、是否发生过一个“理气之争”？

（一）从文本内部来看问题

《芸台类语》有九卷，《理气》为卷一。虽然篇名是《理气》，但很容易看出他用更多篇幅来谈“气”，其目的也很清楚，就是证明“气”真实存在。因此，有人认为《理气》体现了黎贵惇的“唯气论”，当然有其道理，但其中有几段话值得我们进行讨论。在第 8 条，他说：“言此数端，以证气之寔有，人皆诧以为奇。”(1:8)[①]在此段之前，黎贵惇已经引用四种书籍来证明“气之寔有”，但人“皆”惊讶、怀疑气的现实：“人皆诧以为奇。”接着，到第 43 条，黎贵惇指出此“怀疑的态度”更清楚，他说：“宇宙之间，一理而已。人信其常见，而致疑其所不见……若耳目所不知，便断以不然，岂非愚近之徒耶?”(1:43)这段显出有人不承认“耳目所不知”的东西，“便断以不然”。面对这样的态度，黎贵惇指出：眼没看到、耳还没听到的东西不等同于它不存在；如果以这样的态度来看待世界的人就是“愚近之徒”。他引用古书来证明这种态度是不合理的：“齐颜之推《家训》曰：‘武帝不信弦胶，魏文帝不信火浣，胡人见锦，不信有虫食树叶吐丝所成者。昔在江南，不信有千人毡帐，及来河北，不信有二万石船，皆寔验也。’”(1:43)在此，汉武帝、魏文帝、胡人不相信他们还没亲眼看过的东西，但事实上这些东西都是实存的。如此，还没体验过的事物不等于不存在，相反，有许多事物因我们的限制而不被得知。他引用这

---

① (1:8)指卷一第八段(条)。冒号左边数字指卷数，右边指段数或条数。本文下同。

些例子以反驳不承认理气存在的人。当然，例子有不适当之处，因为“弦胶”“火浣”都是可见的东西，但气是阴、阳二气，是不可见的，理更是“无形迹”。虽然如此，其目的很清楚，重点是要证明理气实存。他的结论是：“事物之不可胜穷矣。夫上而空际而下封域，有形有象，俶怪万端，以意测则枉费精神，以辞辨则徒滋唇舌，而于寔境概未能诣，亦何为乎？故君子之学，循常而已矣。”(1：43)

通过这些分析，我们可以推论黎贵惇当时可能面对一些人怀疑或反对理气的实存，甚至他们之间可能发生过“辞辨”，也就是说他们怀疑甚至要否定当时流行的理气学说。黎贵惇的《理气》篇可能是一个“回应”或者“对话”，目的是要明辨和肯定理气观。问题是，黎贵惇当时的“对话者”是谁？他们的主要理论是什么？当然其“对话者”可能不是中国的学者，而是越南国内的士大夫，因为《芸台类语》写于1773年，离其出使中国已经11年了。

(二)《芸台类语》之外

后黎朝期间，可看到越南学者经常谈到理气的观念。在升龙(今河内)文庙，有一由申仁忠所写的碑文，即《大宝三年(1442)壬戌科进士题名记》，内容谈到“元气”：“贤材(是)国家之元气，元气盛则国势强以隆，元气馁则国势弱以污，是以圣帝明王莫不以育材取士培植元气为先务也。”①“元气”在中国思想传统中是一个重要的概念。张载的气化观中，“太虚”是一种“元气”，万物由它而生：“太虚无形，气之本体。”②黎贵惇也用“元气”的说法：“太极者一也，混元一气也。”因此，对宇宙生成来说，“元气”的功用非常重要，申仁忠把国家的贤才看为“元气”，这表明贤才对国家是非常重要的。此碑是后黎朝的科举考试“进士题名记”第一文碑，放在京都文庙，其“元气”说得到广大传播。另外，阮秉谦(1491—1585)也谈到理气，他的《感兴》写道：

---

① 我们引用汉喃研究院的版本，它登在其官方网站：http://www.hannom.org.vn(2009年1月25日访问)。

② 张载：《张载集·正蒙太和》，第7页。

太极初肇分，
三才决定位。
轻清上为天，
重浊下为地，
中立而为人，
禀受时一气。

这是阮秉谦对天、地、人生成的看法，三才都由一气而成。但此气不是混乱的气，因为在事物中有理："消长随时知物理，穷通有命岂吾忧。"①

在黎贵惇所处的时代，著名儒者如黎有卓（1720—1791）、吴时任（1746—1803）等都谈到理气，但通过其著作，可看到他们对当时的大士夫持批评的态度。理由是读书人只关注"辞章之学"，忽略"实学"。吴时任在其《竹林宗旨元声》中强烈反对当时越南儒家只跟随"辞章"，释家只关心"斋祭"，这些都是"极端的"。他认为"辞章"或者"斋祭"属于"事"，都是"粗浅"的部分，"理"才是"精微"，放弃"理"而跟着"辞章""斋祭"终归带来不好的结果。②

如此，黎贵惇面对当时一部分学者怀疑、反对理气说是有事实根据的，这"怀疑派"可能来自"辞章派"。通过吴时任的《竹林宗旨元声》，我们可得知，"怀疑派"可能不仅仅出现在儒家内部，而且还指佛家的人。

三、对"理气"的见解

黎贵惇《理气》篇不以理而用气来开篇："大哉乾元，万物资始，

① 尹正主编：《越南哲学思想史》，第525—527页。

② 阮才东主编：《越南哲学思想史概略》，（越南）师范大学出版社，2016年，第222—223页。

至哉！言其气也。至哉坤元，万物资生，言其形也。自天地言之，各有形气，自万物言之，则禀气于天，成形于地也。”(1:2)在此段，气对万物的生成有重要的功用。到第二条作者才谈到理，然而再一次放在气后面：“盈天地之间，皆气也。理者，言其寔有而非无耳。理无形迹，因气而见，理即在气之中。阴阳奇偶、知行体用，可以对言，而理、气不可以对言也。”(1:3)有人认为黎贵惇看重气超于理，理只作为气的性质。①其实这问题并不那么简单。如果按照作者的用法，“理、气不可以对言”，我们不能把理自动转成气的属性。②将“阴阳”“知行”“理气”放在一起，这并不表示“阴”是“阳”的性质，“行”是“知”的性质，“理”是“气”的性质。然而，通过此段，我们看出黎贵惇受到朱熹关于理气“不离不杂”的说法影响。谈到理气的关系，朱熹曾说：“天地之间，有理有气。理也者，形而上之道也，生物之本也；气也者，形而下之器也，生物之具也。是以人物之生，必禀此理，然后有性；必禀此气，然后有形。”(《答黄道夫书》)理被看作“形而上”，气为“形而下”，万事万物都禀理气而生成，理气之间的关系是不可分的。朱子说：“天下未有无理之气，亦未有无气之理。”③

为什么黎贵惇不从理开始讨论？其实，对“形而上”的理，人不能通过耳目的感官来把握，只能通过“气也者，形而下之器也”来推论其存在。回到前文所讨论“理气之争”的可能性，要明辨这问题，合适的方式不是从抽象开始，而是从具体方面着手，这是黎贵惇的选择。

(一) 气——宇宙的根源

为肯定理气说的价值，首要问题是如何论证气的存在，这是黎贵惇关注的内容。他认为太极是宇宙万物的根源：“太极者一也、混

---

① 黄文草：《黎贵惇〈芸台类语〉中的本体论》，《哲学杂志》2005 年第 4 期。

② 林月惠：《黎贵惇的理气论》，钟彩钧主编：《黎贵惇的学术与思想》，第 258 页。

③ 冯青：《朱子语类学归 · 理气》，江西人民出版社，2011 年，第 4 页。

元一气也。一生二、二生四、以成万物，是太极有一也。”(1:4a)“太极”本来是宋代理学核心概念，周敦颐曾用“无极而太极”(《太极图说》)解释其宇宙论。黎贵惇也用“太极”来谈论宇宙的本源，但他不提“无极”。其目的可能是要肯定“有”，避免谈到“无”，他引用古籍说：“《大衍》之数五十，虚一不用以象太极，非有而何？……谓有生于无，可乎？”(1:4b)虽然肯定“太极”是万物的本原，但他强调“太极”其实是“混元一气也”，因此谈到气就等同“太极”一样。气就是万物的本体：“盈天地之间皆气也。”(1:3)气是一切的根源，万物因气而成：“大哉乾元，万物资始，言其气也。至哉坤元，万物资生，言其形。自天地言之各有兴起，自万物言之，则禀气于天，成形于地也。”(1:2)天下、地上、人间各种各样事物都由气而生成。日、月、星宿气化而成，黎贵惇引用《列子》来证明：“列子曰：天积气耳，无气处无形。日月星宿，积气中之有光耀者耳。”(1:6)不只是天象而且地上各种现象也是气运：“按明薛瑄《通论》有曰：‘摇扇有风，见得天地间无处无气。’又曰：‘天地间，游尘纷扰，无止息，无间断，是皆气机使然。’观日射窗屋之间，可见其说正与此合。《素问》亦云：‘升降出入，气无不有。’”(1:8b)

可见，黎贵惇多用“圣贤之书”来证明“气之寔有”，这当然有其效果与权威。但从另一个角度来看，这种证明相当抽象。虽然气是“形而下之器”，但事实上气是无形无象的。因此，为了加强其论证，他从日常生活的经验出发来证明气的存在：“天之下，地之上，皆风气也。近人之处，不见有风；盖为众物所障碍，生意所融散。稍高，则风大；极高，则风愈大而刚燥矣。且如山下深土，人凿至丈余，初犹软润，总出地上，便已成石，岂非见风而刚。婴儿在母腹，只是一块血胞，初生便坚寔，亦其理也。”(1:9)风、地、婴儿等事物都是日常生活常见的，人人都可以体验得到。黎贵惇所列举的这些自然现象都跟气有密切关系，他通过这些现象试图证明气的实存。

(二) 以“西”明“气”

值得关注的是，黎贵惇引用南怀仁的作品来证明他的论述：“西洋人《坤舆图说》云：‘无气则天内空矣，地何以悬空而得居于其中？’又曰：‘禽鸟飞者，以翼御气，如人御气，用手御水而浮。’又曰：‘人向空挥，便有声响，若中无有气，必无他物以生声矣。空中静寂无声，见隙影内，尘埃滚滚上下，必气使之然。’”(1：8)中国传统认为“天圆地方”，但通过引用《坤舆图说》，黎贵惇接触到新的观念，即西方的“地圆”说；“地何以悬空而得居于其中？”是根据此新观念而来的。在《芸台类语·象形》中，他更详细指出：“西洋南怀仁等著《坤舆图说》有曰：‘地与海本是圆形，合为一球。居天球之中，诚如鸡子，黄在清内。天既包地，则彼此相应。’”(2：8)根据此说，地是圆形，如鸡子之黄在其清内，在天地之间就充满气。如此，气成为一种无见但非常重要的物质，无气地不稳，无气鸟不能飞，无气人与人之间也不能沟通，因为无法造成声音。为了增加可靠性，他还加一句说：“(西洋人)举东西南北度数以证合地圆之旨，甚为详晰。”

“地圆”说，本来由利玛窦《坤舆万国全图》一书传入中国，南怀仁续用此说法。黎贵惇通过清代的书籍，可能阅读过《坤舆万国全图》的内容：“按《大清一统志》，利玛窦有《万国全图》，大略言天下有五大洲：第一曰亚细亚洲、第二曰瓯逻巴洲、第三曰利未亚洲、第四曰亚墨利加洲、最后得墨瓦腊泥加洲为第五，而域中大地尽矣。其所谓亚细亚洲者，自中国以至日本、交趾、西域等国是也。其所谓瓯逻巴洲者，南至地中海，北至冰海，东至墨的湖大海，西至大西洋，共七十余国。自国王以(至)庶民，皆奉天主耶苏教，即玛窦所生之本国也。”①

对于越南当时的儒者而言，“地圆”说与西方的技术是新的知识，他们大部分对这些新知识并不接受，甚至加以反驳。在黎贵惇之后一个世纪，尽管阮朝王嗣德(1829—1883)可谓一位“多闻”的儒者，还是不能接受“地圆”说，否定西学能用“度数”来测量天。②因此，黎贵惇引

---

① 黎贵惇著，谢光发译注：《芸台类语》，第 287 页。按谢光发注，这部分是后来加上的。

② 陈顺主编：《越南士大夫的态度——东西接触的时代》，越南胡志明市综合出版社，2014 年，第 123 页。

用南怀仁的《坤舆图说》来论儒家对气的观念是一个罕见的事情。如此，他已把西学的书籍列在“圣贤之书”内了。要注意的是，他引用《坤舆图说》来当其结论的主要根据：“言此数端，以证气之寔有，人皆诧以为奇。”(1:8)在他的观念中，气“寔有”，这是不能否定的。

(三) 一切都是气化的结果

通过《理气》篇我们能看到黎贵惇特别关注气化宇宙论：一切事物都是气化的结果。这种宇宙论早已存在于中国传统中，《国语》记载古人已用气来解释地震的现象：“伯阳父说：‘夫天地之气，不失其序，若过其序，民乱之也，阳伏而不能生，阴迫而不能生，于是有地震。’”[①]汉代气化论很盛行，后来宋代张载综合并提出气化的主张：“太虚无形，气之本体，其聚其散，变化之客形尔……太虚不能无气，气不能不聚而为万物，万物不能不散而为太虚。”[②]朱熹也经常提到张载之言来肯定其贡献：“横渠先生曰：气坱然太虚，升降飞扬未尝止息。此虚实动静之机，阴阳刚柔之始。浮而上者阳之清，降而下者阴之浊。其感遇聚结为风雨、为霜雪。万品之流形，山川之融结，糟粕煨烬，无非教也。游气纷扰，合而成质者，生人物之万殊。其阴阳两端，循环不已者，立天地之大义。”[③]黎贵惇将自然现象理解为气化的结果，他说：“大暑之水，泡沫浑浊，一夜朔风，廓然清澈，万顷一碧，此气也。久晴之山，烟雾浓暗，一朝大雨，淡然明净，万景俱新，亦气也。当其浊暗之辰，羸羸不望而拂郁，及其化机默转，霎辰清明，人情争相爽快，而有不知其以然之妙者存焉，否泰治乱之机正如此。”(1:18)

现代的气象学可能对这些现象有不同的解释，但黎贵惇从气化宇宙论的角度，将这些都归于气的原因。不只自然现象方面，连人事也是气化的结果：“《淮南子》曰：‘山气多男，泽气多女，水气多瘖，

① 张岱年：《中国哲学史》，中国大百科全书出版社，2010年，第17页。

② 张载：《张载集·正蒙太和》，第7页。

③ 朱熹、吕祖谦著，于民雄译注：《近思录·道体》，贵州出版社，2008年，第26页。

风气多聋，林气多癃，木气多伛，石气多刀，下气多肿，险气多痿，谷气多痹，丘气多狂，广气多仁，陵气多贪，暑气多夭，寒气多寿，轻土多利，重土多进迟，清水音小，浊水音大，湍水人轻，迟水人重，中土多贤。’圣宗《太史集》云：‘山林之人青而瘦，得木气多也；川泽之民黑而泽，得水气多也；丘陵之民团而长，得火气多也；坟衍之民智而方，得金气多也；原湿之民丰而痹，得土气多也。’此皆穷尽物理，持此说以推之，无不合者。”(1：17)从现代科学来看，人的身体会怎么样生长，当然有环境的影响，但更重要的是遗传因素。在此方面遗传学指出基因有其重要的影响。然而，在黎贵惇的眼光中，他认为都是气的变化所致：自然、人事、社会的治乱都要以气来理解。如此，气不只是物质的，是有生命力的，也含着神妙的作用：“气之所为，神乎！微乎！盛必舒，衰必缩，于木根之气生枯见之；清必通，浊必窒，于人心之通暗见之；盈必长，虚必消，于海水之潮汐见之；和必合，乖必离，于世道之治乱见之。”(1：20)

值得关注的是“地气”问题，他说：“天气下降，地气上腾，天地之气皆生意也，风气周旋其间，无时不有，非动辰有，静辰无也。”(1：9)虽然整个宇宙是一气，但具体来说，可分为“天气”与“地气”，两者都有“生意”，意思是有生命力。“地气”如何形成？黎贵惇认为它是各个地方的风、水、山川等因素合而形成的：“地以土为肉、以石为骨、草木为毛、川源为脉。草木荣泽，气之盛也；川源衍溢，气之滋也；土肥石秀，生气贯焉。木枯老而苔犹生，石碎断而础犹润，气未尝不在也。人与天地一本，而终日动复饮食，尤与地气相参，故《家语》曰：‘坚土之人，刚；弱土之人，懦；墟土之人，细；息土之人，美；耗土之人，丑。’”(1：16—17)他认为“地气”会影响到人格的形成。高春辉认为这体现出黎贵惇的“物质有生主义”：“如古代的中国与希腊学者，黎贵惇有‘物质有生主义’(Hylozoisme)的思想，相信物质也有灵性与生命力。”①

① 高春辉：《序》，陈文甲、高春辉等译注：《芸台类语》注解3，第28页。

（四）理——规律性与普遍性

黎贵惇在文章中用很多篇幅来谈气化论，但面对否定理气观的立场，论述气与气化是实有只是第一步，第二步必须证明理也实存，这样才能肯定理气观的价值。关于理，黎贵惇说："盈天地之间，皆气也。理者，言其寔有而非无耳。理无形迹，因气而见，理即在气之中。阴阳奇偶、知行体用，可以对言，而理、气不可以对言也。"（1：3）气虽然看不到，但至少可以通过天地之间的空间认出其存在。与此不同，理完全无形无象"无形迹"，但这不等同虚空，因此用"理"来指此现实。理从开始已经显出其功能："一开一阖谓之变，往来不穷谓之通。阖者为无，开者为有；往者为无，来者为有，有无相循，人与物一也，亘古及今，未尝不在此。可见空虚寂寞之中，元有是理，谓有生于无，可乎？"（1：4）谈到理气的关系，朱熹主张"理先气后"："先有一个天理，却有气。气积为质，而性具焉。"[①]黎贵惇不多讨论"先后"的问题，但通过其"空虚寂寞之中，元有是理"，可见在万物生成之前已经存有理。这段话表达了理含有两个重要的性质："一开一阖""往来不穷"，指出理有规律性，永远不变或者永恒性，"亘古及今，未尝不在此"；"人与物一也"，表明理也有普遍性、一贯性。接下来的整篇文章，黎贵惇用多种方式、举例来表达理的规律性及普遍性。

首先，规律性体现于自然现象，特别是气候的变化；这变化有其节奏，有其循环。黎贵惇运用天文与历法的知识来肯定其观点。关于"五运""六气"，来自《素问》的说法：

> 自斗建卯正春分，至于巳中立夏：少阳，君火之主气也，天度至此，暄淑盛行，君之德也；自斗建巳正小满，至于未中小暑：少阴，相火之主气也，天度至此，炎热盛行，相用事也；自斗建未

① 冯青：《朱子语类学归·理气》，第4页。

正大暑，至于酉中白露：太阴，湿土之主气也，天度至此，云雨盛行，湿蒸乃作；自斗建酉正秋分，至于亥中立冬：阳明，燥金之主气也，天度至此，寒气盛行；自斗建丑正大寒，至于卯中惊蛰：厥阴，万物乃燥；自斗建亥正小雪，至于丑中大雪：太阴，寒水之主气也，天度至此，寒气盛行；自斗建丑正大寒，至卯中惊蛰：厥阴，风木之主气也，天度至此，风气盛行。此谓每气各司十六日，有奇以周天之度，终而复始。(1:27)

六个主气的秩序如下：“少阳，君火之主气”“少阴，相火之主气”“太阴，湿土之主气”“阳明，燥金之主”“太阴，寒水之主气”“厥阴，风木之主气”。五运就是六气之间的换位。世界的气候虽然是千变万化的，也不走出此规律。因此，他总结道：“愚谓：天地之气，无非阴阳五行而已，冲合不齐，主客亘别，典司于岁月，流转于节候，千变万化，人之所感，虽未必一一相应，然大概亦不相差。”(1:26)

古人看“飓”为天气混乱的现象，但在黎贵惇看来，连被认为比较“混乱”的风雨也有其规律性：“飓字从具，谓具东西南北之风也。起于朝者三日，起于暮者七天，起于昼者一日。其起也，自东北来者，必自北而西；自西北来者，必自北而东，并至于南乃息。谓之洛西，谓之回南。若不洛西，不回南，则遇月复作，作必对时：日作，次日止；夜作，次夜止。飓乃不正只风，逆气之变，而亦有长度如此。”(1:13)这世界不是一个混乱的世界，确有其规律。

谈到理，黎贵惇没用现代人的“规律性”说法，但提到“常度”：“飓乃不正只风，逆气之变，而亦有常度如此”。“度”是衡量长短的标准，因此“常度”表示规则性、规律性，意思是在气中有理。他经常用“常度”来表达事物的理：“日食有常度，然于人事之变，未尝不相关。”(1:21)这些表述用来明确其《序》中的观点：“日月星辰，天之文也。中外气候虽异，次舍缠度，顺逆迟速，何莫不有常乎？山川草木，地之文也。彼此之形类虽异，脉络原委，高下肥瘠，何莫不有常乎？礼乐法度，人之文也。古今沿革，中外好尚，各有不同。其所以因辰立教，通变宜民之意则一而已……古之君子行之，后之君子由之，所谓‘格物’者此也，所谓‘致知’者此也，所谓‘具众理而应万事’者此也。非泛徒事于外而不求于内也，不然，物物而格之，不几于多歧亡羊耶?”(《序》)他采用了“三段论”的推理方式：

> 天之文也……何莫不有常乎?
>
> 地之文也……何莫不有常乎?
>
> 人之文也……则一而已

这表明不管是天文、地文、人文，全实有其“常度”，第三句指他的结论：天、地、人的“常度”只是“一”，即理。如此，规律性也是普遍性。人不能看到规律或原理，但可体验到“规律性”。如此，黎贵惇用“规律性”来指出理的存在。

因为理有“常度”，所以人可以通过观察气的变化来把握它。黎贵惇引用经典，说：“《中庸》曰：‘至诚之道，可以前知。’”具体来说，人能通过学习以理解理：“天之高也，去地不知几万里也，测验之学，纵横、顺逆、增减、乘除，不过一握算子，而七政、二十五八宿，运行缠次，皆可周知，岂非其体至大，其用至微，而其道则有常乎？非常何安？非安何大?”(1:14)如此，理不只真实存在，而且对人生的“安”与“常”非常重要，因此“理气之学”必须是君子之学，是君子之宝：“宇宙之间，一理而已……故君子之学，循常而已矣。”(1:43)

在《理气》篇中，黎贵惇也谈到卜筮、风水、算命等：“朱子曰：‘屈伸来往者，气也。人之气相天地之气，相接无间，人心才动便必违于气，与这气屈伸来往者相感通。如卜筮之类，皆是心中自有此物，只是说心上事，才动即应。’又曰：‘人禀天地五行之气，这气须从人身中过。今以五行枝干推演人命，与地理家推择山林向背，皆是此理。’愚谓：合此二说观之，则先生非惟重卜筮，而命数形象之谈，皆在所不废矣。二说好辨者常驳之，终是于理气有归者，不可忽也。”(1:32)有一些活动，从现代的角度来看，可能是迷信的，但黎贵惇也列举出来，表明理气说在其中也能发挥其功效，“终是于理气有归者，不可忽也”。我们可以把握他的论证思路：理有其“常度”，或者普遍性，它能应验于所有事物，因此在卜筮、风水、算命等中理也有其应验。不止如此，黎贵惇也努力证明理气说对宗教的世界，如道家、佛家也有其应验：“仙家之说，炼形也；佛家之说，炼神也。形神皆资气以立，气聚则道成，散则道不成矣。以日月譬之，仙家则如质，佛家则如其影，质行天上，未始不有影，散水中，未始不存。”(1：45)这些例子都肯定了理气说的价值。

(五) 以“西”明“理”

为证明理气，黎贵惇再一次引用西学来指出理的普遍性：“昔人谓‘南北东西之海有圣人出焉，此心同也，此理同也’。回回默德那国王建国①，当随(隋)开皇初，制历法，考天象，自成一书；西洋欧罗巴国人利玛窦、南怀仁、艾儒略等以明万历间入中国，谈天说地，渊奥无穷，治理历法，亦多先儒所未发。言语文字，虽不相通，义理之得于心身，才识之具于学问，与中州何异?”(1：44)我们知道，利玛窦、南怀仁、艾儒略等都是传教士，他们从西方至东方传教，也将西学传入中国。黎贵惇评价这些新的知识“渊奥无穷，治理历法，亦多先儒所未发”。通过接触西学与“西洋人”，他意识到在中国文明以外，还有其他的文明中心，还有新的陆地、宗教与文化：“大西洋国，在中国西六万里而遥，地名欧海。国列三主：一理教化，一掌会计……文字自为一体。皆秉教于天主，不知有中国儒释道教。天主者，最初生人生物之主也，立庙共祠之。”②(3：92)黎贵惇特别关注“治理历法”。他认为能把握历法，在某程度上来说，是理解天地之

---

① 按陈文甲注，此段可能有一个不准确的细节：“默德那”即“Medine”，是伊斯兰教的圣地。作者把它弄混为穆罕默德(“Mohamedam”或者“Mohamed”)——伊斯兰教的建立者。请参阅黎贵惇著，陈文甲、高春辉等译注：《芸台类语》注解3，第73页。

② 这段话是黎贵惇从清褚人获《坚瓠秘集》一书中摘录下来的。

“常度”：“岂非其体至大，其用至微，而其道则有常乎？”在此领域来看，东西“言语文字，虽不相通”，但“义理之得于心身”是共同的，或者引用陆象山的话就是：“南北东西之海有圣人出焉，此心同也，此理同也。”

如此，通过考察黎贵惇的理气观，我们发现他接受汉代以来的气化观念，并从朱熹的理气“不杂不离”之说综合出其理气观。虽然以此框架为主，但他对“地气”有其见解，强调本土各地的特殊性。另外，作者以“一以贯之”的精神，用理气观来诠释一切。《理气》篇展现了黎贵惇对理气的见解，体现了他对世界学术开放与关心的态度。林月惠对黎贵惇的理气观评价道：“黎贵惇杂糅宋明理学与两汉气化宇宙论而构作的理气论，反而能兼容儒、释、道三教，此实与越南三教并行融合的传统相乘接……犹有甚者，黎贵惇还以理气论为资源，接轨 17、18 世纪传入中国的西方自然科学知识，对于耶稣会传教士的学术，保持开放的态度，予以正面的肯定。”①

总体来说，黎贵惇对理气的见解，使用了大量的中国书籍进行解释与说服，西学只占据着一小部分。事实上，引用的所谓“西学”也是汉译作品。黎贵惇因为语言的障碍，还没直接参考或者引用西方人的拉丁文作品。引用的内容，也与儒家思想关系密切。在这方面来看，他还是一个儒者，信奉儒学的观点。但另一方面，黎贵惇运用西方地理、天文学新知识来解释儒学的问题，这很值得关注。他以“西”明“儒”，称得上是越南国内学者的先锋。这里的“西”指“洋人”所带来的“新知识”，如天文、地理、西方哲学等，“儒”主要指儒学，也指中国传统学问。因此，对黎贵惇来说，“西学”成为一种新的工具，他借助新工具来理解传统学问。

① 林月惠：《黎贵惇的理气论》，钟彩钧主编：《黎贵惇的学术与思想》，第 270—271 页。

结　语

总而言之，黎贵惇的理气论不是一个新的问题，这原本就是宋明理学的主要话题，但他是越南儒者的先锋，善用西方传教士带来的知识证明理气的实有。从当时越南儒家学界来看，这代表着一种很开放与进步的态度。黎贵惇不仅不视西学为“异端”“邪说”“要排除的东西”，反而用西方的书籍来证明儒学的观点，用“西”明“儒”。这样，他已经把有价值的西学书籍列入传统“圣贤之书”了。黎贵惇带给后人一个乐观、积极的看法：东西学术有共通处。通过《理气》篇，可看出他运用儒家“一以贯之”的精神与西方知识的合而为一，以此作为自己做学问的方法。

虽然黎贵惇还在气化宇宙论和宋明理学的框架内，但通过接触西学，他慢慢意识到：除了中国以外，世界上还有其他的文明。较之大多数当时的越南学者，他已经走出“旧的”观点，形成新的世界观。地理学的新知识让他意识到世界非常广大，存在着新的国家、宗教、文化、文明。另外，他通过强调“地气”对事物的影响，指出不同地方各有其特殊性。

罗光生命哲学中的创造观

——兼论其对利玛窦思想的推进*

扬州大学社会发展学院　黄志鹏

引　言

罗光①的生命哲学体系，主旨在于从哲学的思维去解释“生命”，并以“生命”贯通全部哲学，解释生命的意义，从而解释万有。方东美曾说：“中国哲学的中心是集中在生命，任何思想的系统，是生命精神的发泄。”②牟宗三亦曾指出：“中国文化之开端，哲学观念之呈现，着眼点在生命，故中国文化所关心的是‘生命’。”③牟宗三同时也指出，西方哲学关注的是“自然”或“外在对象”，因此，需要从这两条主导线索去谈中西哲学之会通。由此观之，从“生命”的方向去讲中

* 本文的部分内容曾发表于《原道》第 36 辑，受 2019 年扬州大学人文社科基金项目资助。

① 罗光(1911—2004)，号焯昭，字达义，洗名达义，湖南衡阳人。早年负笈求学于罗马传信大学、拉德朗大学，先后获得法律博士、哲学博士和神学博士学位。1936 年于传信学院圣堂领受司铎。1961 年赴台，历任台南主教、台北总主教、台湾辅仁大学第二任校长(1978—1992)。毕生著作等身，撰《罗光全书》四十二册，研究功深而得士林望重，享有“圣堂学者”之美誉。其创立的“生命哲学”体系，冶中国传统哲学思想、西方哲学和士林哲学(经院哲学)于一炉，融会贯通。称誉：“尽瘁教育，厚泽桑梓，硕望景行，允垂世范。”

② 方东美：《方东美讲演集》，中华书局，2013 年，第 79 页。罗光亦曾引此言，参见罗光：《生命哲学(订定版)》，《罗光全书》第二册，第 34 页。

③ 牟宗三：《中西哲学之会通十四讲》，吉林出版集团，2013 年，第 13 页。

国哲学，自然不差。然而，如果承认牟宗三所指出的中西文化之分野，那么，如何用“生命”的概念去沟通两者，尤其是沟通中国儒家哲学与基督宗教哲学，便是罗光生命哲学体系的重点所在。

明清之际来华耶稣会士，以利玛窦为代表的一种观念认为，儒家思想可资基督宗教的中国本土化之利用，他的策略主要是适应性的。利玛窦等人通过切割古代儒家与当时占据正统地位的理学，即“合古儒而斥新儒”，意图实现所谓“补儒”甚或“超儒”的目的。而以利氏的后继者龙华民为代表（不仅限于耶稣会内部）则认为，整个儒家，不管“古儒”还是“新儒”，都是无神论，因而对儒家整体持批评的态度。本文将以儒家思想是否可以为基督宗教之本土化所用、如何使用为问题背景，分析罗光的生命哲学体系中的创造观，如何赋予“生命”以形而上的性格，并凭借“生命”这一概念来会通中西哲学（准确地说是儒家思想与经院哲学），以此实现儒家思想助益于基督宗教思想的中国本土化。最后，笔者将对罗光的努力所面对的困难做一简要反思。

一

明清之际，当时的耶稣会来华传教士便以基督宗教的“天主”，与中国儒家经典中的“天”和“上帝”等概念进行比附。利玛窦在《天主实义》中便如此解释：

> 吾国天主，即华言上帝，与道家所塑玄帝、玉皇之像不同。……吾天主，乃古经书所称上帝也。《中庸》引孔子曰：“郊社之礼，以事上帝也。”朱注曰：“不言后土者，省文也。”窃意仲尼明一之以不可为二，何独省文乎？《周颂》曰：“执兢武王，无兢维烈。不显成康，上帝是皇。”又曰：“于皇来牟，将受厥明，明昭上帝。”《商颂》云：“圣敬日跻，昭假迟迟，上帝是祗。”《雅》

云:"维此文王,小心翼翼,昭事上帝。"《易》曰:"帝出乎震。"夫帝也者,非天之谓,苍天者抱八方,何能出于一乎?《礼》云:"五者备当,上帝其飨。"又云:"天子亲耕,粢盛秬鬯,以事上帝。"《汤誓》曰:"夏氏有罪,予畏上帝,不敢不正。"又曰:"惟皇上帝,降衷于下民。若有恒性,克绥厥猷惟后。"《金縢》周公曰:"乃命于帝庭,敷佑四方。"上帝有庭,则不以苍天为上帝,可知。历观古书,而知上帝与天主,特异以名也。①

利玛窦的设想大致是,通过比附中西文化中的近似概念,希望让刚接触基督宗教的中国士人产生同情,进而便于基督宗教的接受和传播。利玛窦在他1604年写给耶稣会总长的一封信中便提到他对宋明儒学"太极"概念的看法:

这种"太极"的理论是新鲜的,是在50年前形成的。②……从他们所说的来看,我认为这完全是我们的哲学家(亚里士多德)所说的第一物质(matière première),因为它根本不是一个实体。他们都声称太极不是一个事物,它在所有事物中,如同

① 利玛窦著,梅谦立注,谭杰校勘:《天主实义今注》,第99—101页。

② 关于太极理论形成于50年前的说法,明显有误。主要是从谢和耐的 *Chine et christianisme. Action et réaction*(汉译《中国与基督教——中西文化的首次撞击》,耿昇译)一书而来的,谢氏文中为法文"cinquante ans"(50年),他自己也意识到这个说法显得很奇怪,并在脚注中提到"Cette date est évidemment fantaisiste",不过并未深究。学界后来在引用此段文字时基本上沿袭了此误。孙尚扬在《基督教与明末儒学》(1996)一书中引用谢氏的文字,也意识到了"年代显然有误",并指出台湾中译本的《利玛窦全集・书信集》并未收录上述信函。实际上,"50年"实为"500年"之误,因为我们可以在利玛窦《天主实义》刻本的拉丁文摘要(Biblioteca Casanatense, ms 2136,详见 Matteo Ricci, *The true meaning of the Lord of Heaven*, revised edition by Thierry Meynard. S. J., trans. by Douglas Lancashire and Peter Hu Kuo-chen. S. J., Chestnut Hill: Institute of Jesuit Sources, 2016, p.377)中找到来源:"Haec doctrina de Taikieo nova est, et quingentos ante annos nata..."文中明确说是"quingentos ante annos"(500年前)无疑。感谢梅谦立教授提供的资料。

> 这些事物的组成部分。他们说太极不是一个"神",而且不具有理智。并且,尽管某些人声称太极是事物的"理",但他们没有将其理解为某种具有实体性的和理智性的东西,并且这种"理"自身更接近于推理理性而不是理论理性。……如果我们攻击这个原则(太极),那么统治着中国的士大夫就会被严重地激怒。所以我们所要做的最大努力,便是只涉及他们对这一原则的诠释,而不是这一原则本身。如果他们最终认识到"太极"是实体性的第一原则(le premier principe substantiel)、理智的和无限的,我们可以同意说它就是天主,而不是其他的。①

利玛窦在这封信中,将宋明儒学的"太极"理解为亚里士多德的"第一物质",这种理解对后来的传教士有很深刻的影响,龙华民也继承了这种理解。不过,利玛窦同时还为儒家留下两种解释性的可能:承认古儒,并利用之;劝导理学家接受"太极"本身具有创世能力(等同于基督宗教的神)。然而第二种可能性在《天主实义》中已然被排除,因为在该书中,利玛窦严厉地批判了理学的"太极"概念。

龙华民作为利玛窦在华事业的继任者,却倾向于采用更直接的办法。他在韶州时,曾"停止了学术工作,亲往各城乡市镇,公开宣讲教义,激动人心,多收教友"②。龙华民的思想,反映在他的学术著作中则表现为对儒家思想的直接批判,他"虽研究中国经典很久,但仍不能忘情于基督宗教与孔子的根本不同"③。在《灵魂道体说》中,他将亚里士多德的"第一物质"(materia prima)译为"道体",而"道

---

① Jacques Gernet, *Chine et christianisme. Action et réaction*, Paris: Gallimard, 1982, pp.41 - 42。中译本请参考谢和耐著,耿昇译:《中国与基督教——中西文化的首次撞击》,第19—20页。本文翻译有所改动。

② 罗光:《利玛窦传》,《罗光全书》第二十八册,第202页。

③ 朱谦之:《朱谦之文集》第七卷《中国哲学对欧洲的影响》,福建教育出版社,2002年,第92页。

体”则等同于“太极”等中国哲学中的概念。①“道”和“体”二字合用而成“道体”一词，虽然早已存在，但并非一个普遍使用的术语。只有王廷相(1474—1544)在《慎言》中有专章《道体篇》展开讨论。②朱熹的《太极图说解》出现“道体”一词，然而其使用该词，乃是为了与道之“用”相对区别，故此“道体”与“(道)用”、“道”与“器”皆是对举，以明“道”之一体两面。③龙华民采用这个概念，目的大致有二：其一，试图尽量避免中国传统文化中惯用的词汇，以避免不必要的语义混乱；其二，则是更为重要的原因，即通过将“道体”解释为物质性的“第一物质”(形而下者)，从而将其置于作为精神性的“灵魂”(形而上者)之下，由是，不仅宋明儒，乃至古儒，都成为唯物论者。④朱谦之就认为龙华民“无形之中即是认中国哲学为物质主义”⑤。然而，“道体”在宋明儒学中，并不指纯粹物质性的东西。哪怕是晚明极具唯物主义立场并提出“天下惟器而已”的王夫之，也只是认为“器不仅

① 龙华民：《灵魂道体说》，黄兴涛、王国荣编：《明清之际西学文本》第一册，第441页：“儒云，物物各具一太极；道云，物物俱是大道；释云，物物俱有佛性，皆是也。所谓太极、大道、佛性皆指道体言也。”

② Isabelle Duceux, *Longobardo and Chinese Philosophy or the Struggle between Understanding and Interpreting*。该文提交于中山大学西学东渐文献馆2013年“亚里士多德学说在中国”国际学术研讨会。中译请参见Isabelle Duceux著，黄志鹏译，梅谦立校：《龙华民和中国哲学——理解与解释之间的斗争》，《西学东渐研究第五辑》，商务印书馆，2015年，第36页。

③ 儒家基本上是排斥体用分隔的，故而“道体”和“道用”，在朱熹看来，实是浑然一致的。然而他以“道、器”分“太极、阴阳”则引来很多批评。朱熹在《太极图说解》有论：“愚既为此说，读者病其分裂已甚，辩诘纷然……或谓不当以太极阴阳分道器……夫道体之全，浑然一致，而精粗本末、内外宾主之分，粲然于其中，有不可以毫厘差者。此圣贤之言，所以或离或合，或异或同，而乃所以为道体之全也。今徒知所谓浑然者之为大而乐言之，而不知夫所谓粲然者之未始相离也，是以信同疑异，喜合恶离，其论每每陷于一偏，卒为无星之称、无寸之尺而已，岂不误哉！”参见朱熹：《朱子全书》第13册《太极图说解》，第76—77页。

④ 龙华民总共列出“道体”与“灵魂”的十个差异，他以经院哲学的立场来解释两者的差别：“道体”是质料，“灵魂”是形式，前者不可离开物质而独立，后者则具有超越性。参见龙华民：《灵魂道体说》，黄兴涛、王国荣编：《明清之际西学文本》第一册，第442—443页。

⑤ 朱谦之：《朱谦之文集》第七卷《中国哲学对欧洲的影响》，第105页。

是简单的质料，而且它具有秩序，并表现其内在的理。所以道、理与器，是一实体的两面"[①]。戴震在《孟子字义疏证》中亦曾解释"道""器"所谓形而上、形而下之分殊。[②]法国学者迪瑟认为："他（龙华民）这样做是为了便于驳斥而重新解释中国思想。我们同样可以强调，龙华民选择了中国哲学中最唯物主义的方面，来证明他的论点。因此，一方面我们可以看出龙华民对中国哲学的深入阅读。但是另一方面，他的基督信仰妨碍了他理解中国哲学家的学术思想的本意。"[③]

概言之，利玛窦认为古代儒家经典中"上帝"实际上就是基督宗教中的"天主"，乃是一具有格位的创造主，而"天"也具有创生的能力；而龙华民则认为，不管古儒还是新儒，都是唯物论者，宋明儒的"太极"，实质上等同于经院哲学中"第一物质"而已，绝无创生的能力。

二

如果说利玛窦的方法代表了迂回而成效缓慢，然而却稳妥的"文化适应策略"，那么龙华民则代表了直接而有效，然而却侧重于

---

① Wing-Tsit Chan, *A Source Book in Chinese Philosophy*, Princeton University Press, 1969, p.693。中译本请参见陈荣捷著，杨儒宾等译：《中国哲学文献选编》，江苏教育出版社，2006 年，第 573 页。

② 戴震：《孟子字义疏证》，中华书局，2012 年，第 80 页："《易》'形而上谓之道，形而下谓之器'，亦非为道器言之，以道器区别其形而上形而下耳。形谓已成形质，形而上尤曰形以前，形而下尤曰形以后。阴阳之未成形质，是谓形而上者也，非形而下明矣。器言乎一成而不变，道言乎体物而不可遗。不徒阴阳非形而下，如五行水火木金土，有质可见，固形而下也，器也；其五行之气，人物之所禀受，则形而上者也。"

③ Isabelle Duceux, *Longobardo and Chinese Philosophy or the Struggle between Understanding and Interpreting*。中译请参见《西学东渐研究第五辑》，第 37 页。

曲解和攻讦中国传统思想的“文化改造策略”。[1]但是，从历史的事实来看，两种策略实际上都没有达到设计者预期的目的。

较之利玛窦，罗光并不是简单地进行概念上的比附，而是对中国哲学进行了创造性的建构，将“创造力”和“创生力”用于重构中国哲学，以期与基督宗教思想融合起来，而不是“被中国社会吞并了”[2]。而较之于龙华民，罗光并没有试图攻击古代儒家和宋明理学传统，而是“坚信儒教在中国福音化的过程中，可以起积极作用”，所以，他的方法是从儒家形而上学讲开去，以《易经》中的“生生”作为贯穿整个中国哲学史的基本概念。概言之，罗光基于中西文化差异及其比较的基础上奠基起来的“生命哲学”体系，可以说集“适应”与“改造”于一体：“适应”体现在尊重中国形而上学传统，以《易经》中的“生生”作为“创生力”的立论基础；“改造”则体现在从亚里士多德—经院哲学的立场出发，用基督宗教的创造观，即“创造力”，重构中国传统形而上学。他的“适应与改造”，是从讨论中西形而上学本体论开始的。

（一）士林哲学（经院哲学）的形而上学本体论

士林哲学的形而上学本体论探究万事万物的根本原因，即对“有”之作为“有”（being as being）进行讨论。对“有”的形而上学探究可称为“存有论”（ontology，即本体论），罗光指出：“亚里斯多德和多玛斯（托马斯·阿奎那）就在‘有’的基础上建立自己的学说。”[3]那么，“有”究竟是什么？罗光站在士林哲学的形而上学立场认为“‘有’是‘在’”[4]，最终的、绝对的“有”就是天主；而在事实的层面上，“在”指一般事物的存在。而“有”之所以是“在”，则必须从“在”和

---

① 罗光对利玛窦的方法更赞同。参见罗光：《利玛窦传》，《罗光全书》第二十八册，第202—203页。至于说龙华民的方法“文化改造策略”，则是笔者为对照利玛窦的策略而提出的。

② 约翰·圣索利厄：《入华耶稣会士的儒教观》，谢和耐、戴密微等著，耿昇译：《明清间耶稣会士入华与中西汇通》，东方出版社，2011年，第388页。

③④ 罗光：《生命哲学（订定版）》，第2页。

“性”(nature)二者说起。

阿奎那认为,“天主与他的本质或本性(essence、nature)是同一的”,而在受造物那里,由于他们都是由质料和形式组合而成的“组合物”,故作为受造物的人“本质或本性必然与(其个别自立的)主体或基体(独立个体)不同。因为本质或本性所包括的,只是属于‘物种或类别(species)之定义的一切;……人性所指的就是人之所以为人者’”①。“性”起规定一个事物本质的作用,即区别一个事物之所以是其自身而不是其他事物的“理”(form,即“形式”)。从抽象的“理”到实际的“在”,则分为“自有”(prima ens,第一存在,故而亦是“在”)和“从他有”。“自有”为一绝对的存在,其形式与质料同一,故而是唯一的、绝对的“有”。“从他有”则与“自有”相对,非一绝对的存在,其存在的根源在于“自有”,因为“自有”乃是最终的动力因与目的,是造物主。宇宙万物皆为“从他有”,其未存在之先乃是一“潜能”(potential),借着造物主的创造而成为“现实”(reality)。

受造物被创造之后,便获得了“在”,那么“在”应当如何理解?罗光认为,西方形而上学研究“有”就是研究宇宙万物最后的理由,“但是‘有’是在,‘有’是‘有者’,‘有者’所以有,是因为‘在’,‘在’又是什么呢?西方传统哲学没有解释”,然而“中国形上学,儒家的《易经》,便答复这个问题”。②在罗光看来,儒家的形而上学如何回答这个问题呢?

(二)中国哲学形而上学,或准确而言儒家形而上学本体论

《易经·系辞上》说“生生之谓易”,“一阴一阳之谓道,继之者善也,成之者性也”。《易经·系辞下》:“天地之大德曰生。”罗光生命哲学中的“生生”观念就是从《易经》中来的,而“生生”的本义,就在于生命的化生。梁漱溟认为,孔子的形而上学讲的就是“宇宙之生”:“这一个‘生’字是最重要的观念,知道这个就可以知道所有孔家的话。孔家

---

① *ST* Ia, q. 3, a. 2。中译本参见多玛斯·阿奎那:《神学大全》第一册,台湾高雄中华道明会/台南碧岳学社,2008 年,第 38 页。

② 罗光:《生命哲学(订定版)》,第 4 页。

没有别的，就是要顺着自然道理，顶活泼泼顶流畅的去生发。他以为宇宙总是向前生发的，万物欲生，即任其生，不加造作必能与宇宙契合，使全宇宙充满了生意春气。”①从“生生”的角度看来，梁漱溟与罗光是契合的，后者便从这上面讲开去，探讨儒家的生命哲学。

罗光归纳出儒家生命哲学中的三条原则：

第一，《易经》“研究宇宙的变异，由宇宙到万物，从变异而认识万有”②，因此，变异乃化生万物，而万物自己也常常在变异之中。所以，《易经》的“生生”即为创生生命。

第二，“生生”的第二个原则是“中庸”，即事物需恰如其分，阴阳各得其分，因此有时和位的观念，“凡变异都要适合时和地位的境遇，适合者则为中庸”③。

第三，整个宇宙为一个相互联系的整体，此间紧密相连、错落有序，从而形成了宇宙整体的和谐。

罗光在比较中西形而上学本体论的时候，只是着重于讨论儒家的形而上学思想，并没有论及道家和佛家，这也为他重构整个的中国哲学带来很大的困难。道家本以“无”为基础。（《道德经》：“天下万物生于有，有生于无。”“无名，天地之始；有名，万物之母。”）因此道家哲学的宏旨乃着重于精神生活的超拔脱世，以及一种去伪存真的生活实践，故其形而上学的最高范畴“道”乃是“无”。“无”是“不造作”的态度，即“物各自生而无所出焉”的事实④，即“道法自然”。由是观之，道家所关注的仍是“生”，是“生命”。而对于中国佛教来说，简言之，则“取资于道家精神之激扬与充实者为多，……道家素倡‘本无’……而（佛家）视之为与‘真如’相通”，如同道安所说的“无在万化之前，空为众形之本”⑤。

① 梁漱溟：《东西文化及其哲学》，商务印书馆，2013 年，第 126—127 页。
② 罗光：《生命哲学（订定版）》，第 4 页。
③ 罗光：《生命哲学（订定版）》，第 5 页。
④ 冯友兰：《中国哲学史》下册，华东师范大学出版社，2003 年，第 95 页。
⑤ 方东美：《生生之德：哲学论文集》，中华书局，2013 年，第 254—255 页。

换言之，罗光对中国哲学形而上学的重构实质上是有所取舍的，其目的也比较显然：第一，是为建立现代儒家哲学，用他自己的话来说，“应当从儒家传统哲学的中心思想出发，从‘生生’的思想去建立新儒学”；[①]第二，他清楚地看到：“儒家整体哲学，如孔子所说‘吾道一以贯之’，以‘仁’贯通。仁为生，以生命贯通整体的儒家哲学；儒家哲学具有自己的体统，为一种活泼的生命哲学。”[②]尽管从生命哲学出发去讲整个的中国哲学传统并非不可，但是三家之中只有儒家承认“有”的形而上学，并且肯定了创生宇宙万物的“天”。[③]正如《易经》所云：“大哉乾元，万物资始，乃统天。”《中庸》云：“天地之道可一言而尽也：其为物不贰则其生物不测。”由是观之，天地之道乃在于创生万物。而罗光站在士林哲学的立场上，追究“生生”的来源，进而指出其根源乃是创生宇宙万物的“创造力”(即基督宗教的“神”)。然后，他将“创造力”的概念引入儒家哲学，使两种哲学在动态中形成有机结合，从而试图达实现儒家与经院哲学两种不同哲学传统的融合。

三

(一)基督宗教的创造观

《创世记》第一章：“在起初，天主创造了天地。”《圣经》开宗明义

① 罗光：《儒家生命哲学·序》，《罗光全书》第四册，第 4 页。

② 罗光：《儒家生命哲学·序》，《罗光全书》第四册，第 3 页。

③ 对于中国古代哲学概念“天”，张岱年认为：“上古时代所谓天，本有两重意义，一指有人格的上帝，一指与地相对的天空。上古时代的宗教思想以为天是有意志的，是世界的最高主宰。哲学家中，孔子所谓天，仍有最高主宰的意义……但孔子讲天，有时亦指广大自然而言……所谓‘唯天为大’(《论语·泰伯》)，不能理解为唯有上帝最伟大，而是说天是最广大的，这所谓天乃指广大的苍苍之天。孔子这句话，可能是晚年讲的。孔子关于天的思想可能有一个转变。”参见张岱年：《张岱年全集》第四卷《中国古典哲学概念范畴要论》，河北人民出版社，1996 年，第 472 页。

便提到神的创造，因而“创造”的观念是基督宗教最为基本的信仰之一。阿奎那尤其重视如何融合哲学的理性和基督宗教的信仰，在他所关心的问题中，“创造”的观念就是一个关键。

亚里士多德在《形而上学》第十二章中，将“神”释为“不动的推动者”，是万事万物的最终动力因，而且亚里士多德认为“神是不含物质的相，它不是感觉的对象，乃是高级认识的对象”①。陈康先生指出：“亚里士多德的神学并非泛神论，他所谓的神乃是超越的。”②然而，亚氏所谈的“神”仍然不是基督宗教的，“神”的超越性仍然不足以满足基督宗教神学体系的建构。因此，阿奎那虽然大量采用了亚里士多德的哲学以服务于基督宗教神学，但是在他的形而上学中，还是以“自无中的创造来说明神是绝对的第一因”③。神的创造并不是借着绝对本体的自然流出，而是他的自由意志创造了万物。因此，20 世纪新托马斯主义神学家拉格朗日（R. Garrigou-Lagrange, 1877—1964）就认为：“自无中的创造及自由的创造，人的理智在信仰的启示下能够做的，肯定象征着多玛斯的形上学以及整个基督宗教哲学中的一最具决定性超越希腊哲学的地方。”④

所谓“自无中的创造”（creatio ex nihilo），并不指质料上的从无而有（如前苏格拉底时期的哲学家基本上都探讨自然的第一元素），也不是哲学玄思上的“有无”之辨（如《道德经》“天下万物生于有，有生于无”）。阿奎那在《神学大全》中，明确解释了“自无中的创造”这句话的含义：“前置词‘由’或‘从’（ex）并不意指质料原因，而只意指先后的秩序。”⑤换言之，源出于神的创造，并不涉及质料因，只有一

① 陈康：《论希腊哲学》，商务印书馆，2011 年，第 303 页。

② 陈康：《论希腊哲学》，第 302 页。

③ 丁福宁：《多玛斯形上学》，台湾商务印书馆，2007 年，第 244 页。

④ R. Garrigou-Lagrange, O. P., *Reality: A Synthesis of Thomistic Thought*, trans. By Partrick Cummins, O.S.B., London: B. Herder Book Co., 1950, pp.125 - 126。转引自丁福宁：《多玛斯形上学》，第 245 页。

⑤ *ST* Ia, q.45, a.1。中译本参见多玛斯·阿奎那：《神学大全》第二册，第 12 页。

个目的因或者动力因：目的因乃可表现为神的创造活动的自由，体现了他的自由意志(这是对普罗提诺的新柏拉图主义的修正)；动力因则表现为神的创造能力是无限的，也体现了他与受造物的截然不同(并且创造乃体现为创造物整体的被造成)。所以，“创造，即全部物或有的源出，也是从无‘物’或‘有’起，而无物或无有就是无”，“那被理解为创造的起点的，却是绝对的非物或无物(non ens)”。①进而，阿奎那指出：“创造并不是变化或变动，除非是按照(人的)理解方式……产生物之整个本体的创造，却无所谓同一物的前后情形不同。”②易言之，“天主之藉创造而产生万物，其间没有变动或变化”③。因此“创造既是没有变化的，所以，一物同时是在受造之中和已被造成”④。

同上所述，罗光站在士林哲学的立场上，认为基督宗教讲的“创造”，是一次性从无到有的创造，并不是变异或变化。受造物在被创造后即作为有限实体而存在，此后受造物的一系列变异或者变化，都体现在附体(attribute，属性)上，变异或者变化就是一个从“潜能”到“现实”的“行”的过程。罗光认为，基督宗教神学讲神的创造，但是却没有讲“在”——神的创造活动之后，作为受造物的“生生不息”的持续变化、变异的存在方式。因此，他一方面需要将基督宗教的创造观加之于中国哲学，另一方面也从中国哲学的“生生”，即生命哲学，去补充士林哲学。

(二) 改造中国儒家传统形而上学，以配合基督宗教的创造观念

现在面临的问题是，中国传统哲学尤其是《易经》“生生之谓易”中的“生生”是否是一个“创造”的观念？这一观念与基督宗教的创造观有何不同？两者的补充将构成何种面貌？

---

① *ST* Ia, q.45, a.1。中译本参见多玛斯·阿奎那：《神学大全》第二册，第12页。
② *ST* Ia, q.45, a.2。中译本参见多玛斯·阿奎那：《神学大全》第二册，第14页。
③ *ST* Ia, q.45, a.3。中译本参见多玛斯·阿奎那：《神学大全》第二册，第16页。
④ *ST* Ia, q.45, a.2。中译本参见多玛斯·阿奎那：《神学大全》第二册，第15页。

罗光认为，虽然西方哲学也讲动，但主要注重“静”；中国哲学则将“动”视为万事万物内在的恒久持存的力量，主要注重“动”。要言之，西方哲学思维重“分析”，从“静”出发，方可便于进行事物的条分缕析（自柏拉图以降而为西方哲学思维的主要脉络）。而中国哲学传统的开端，儒家的《易经》或老子的《道德经》，皆主要从“动”去体会世间万物，继而统摄万有，与宇宙万物和合为一，以追求圣人的超拔境界、实现“一体之仁”为旨归。方东美指出：“在东西方哲学中，本体论涵义各殊。古代东西方均以本体论指称客观实在界之本质或其最初实体，显而易见的差别有二：(1)希腊人较为看重‘存有’之静止的自立性，印度人与中国人则往往赋予‘存有’一种动态流衍的特性；(2)希腊人深通二分法，遂断言‘存有’高居超越界，不与表象世界相涉；中国人与印度人则相信机体主义的生化历程，使‘存有’能够流衍贯注于万事万物。”①

一方面，“静”与“动”既为“存有”的存在方式的两极；另一方面，“存有”之被理解为超然、超越，与被理解为流行贯注于宇宙万物，这两方的差异何其巨大，其中究竟有否相互会通的契机与可能？罗光即从这方面去发挥，融合两种不同的思维和文化。体现在他生命哲学体系中的，则是属“静”的“创造力”，与属“动”的“创生力”。虽然，“创造力”无疑是“神”为创造万有而发出的，其本质上仍是一个“动”，故难言“静”。“神”在本体上而言是一个既动又静的绝对实体（所谓不动的推动者），其内在并不发生任何变化；而受造物则不然，虽从存在的角度而言，其个体的独立存在乃是“静”的，但就其本体论而言，则是恒常变异的过程，因此是“动”的。而推动个体变异的“力”，便是罗光所说的“生生”。

我们知道，孔子讲“生”，但并未具体阐述“生”之系统如何展开。及至周敦颐的《太极图说》，宋明儒家便开始以“太极”详尽地描述形而上学的宇宙演化生成，进而说明万物化生的演化过程：

---

① 方东美：《生生之德：哲学论文集》，第282页。

> 无极而太极。太极动而生阳，动极而静，静而生阴。静极复动。一动一静，互为其根；分阴分阳，两仪立焉。阳变阴合，而生水、火、木、金、土。五气顺布，四时行焉。五行，一阴阳也；阴阳，一太极也；太极，本无极也。五行之生也，各一其性。无极之真，二五之精，妙合而凝。“乾道成男，坤道成女”，二气交感，化生万物。万物生生，而变化无穷焉。惟人也，得其秀而最灵。形既生矣，神发知矣，五性感动，而善恶分，万事出矣。圣人定之义中正仁义，而主静，立人极焉。故“圣人与天地合其德，日月合其明，鬼神合其吉凶”。君子修之吉，小人悖之凶。古曰：“立天之道，曰阴与阳；立地之道，曰柔与刚；立人之道，曰仁与义。”又曰：“原始反终，故知死生之说。”大哉易也，斯其至矣！

由是观之，《太极图说》的主体思想便是“太极”的演化；《易经》的“生生之谓易”，便转化为太极、二五的妙合与化生，从而“万物生生，而变化无穷焉”。换言之，“太极”本身并非一个绝对的实体（神），而是变化的开端，《太极图说》是对“太极”演化的描述。罗光在展开论述的时候仍然采用宋明儒“理、气”论来进行解释。儒家的“生生”谈的是变异，那么变异必然需要一个主体。罗光引用张载的《正蒙·大易》中的“一物两体，气也……一物而两体，其太极之谓欤。阴阳天道，象之成也”，从而指出“本体神妙能化为气，又称为太极”。[①]如此，“气”便成为变异的主体，它遍布于宇宙各个事物之中，它的变异乃是一个过程，变异的结果就形成了各个现实生命的存在（罗光的术语为“成”）；生命存在之后又展开新的变异，由此乃展现为恒常变异的化生流衍的生命之动态过程。换言之，变异乃是受造物的存在方式。然而，个体生命并非一模一样，因为它们都必须接受“理”的规定性，这就是朱熹所说的“理一分殊”。易言之，在“气”

① 罗光：《生命哲学（订定版）》，第88页。

的变化过程中,“理限制气的变化,气限制理的性质,‘成’受理又受气的限制”①。如此,“太极”本身是否具有创造能力这个问题,一化而成“气”本身的流行与变异。从某种意义上来说,罗光也回应了利玛窦(详见第一节内容)对于“太极”的理解。

那么,变异的主体(气)变异所需的限制性原则(理)又从何而来?用罗光的概念来说,就是“创生力”,它包含了整个宇宙中所有的理和气,也就是说“创生力”本身就是宇宙:“创造力所造的宇宙是一个创生力,这个创生力是一个活动的宇宙。”②“创生力”受造于“创造力”(即“神”),后者乃一次性地、整体地创造了整个宇宙;宇宙中的受造物,在被造之后,一方面获得了存在,另一方面则以恒常变异作为其存在的方式,这种变异就是儒家所说的“生生”;“生生”乃是一个过程,最终目的便是“生”(生命)的化生。易言之,就创造主来说,他自然是士林哲学所说的最终的“四因”所在;就持存的宇宙万物来说,“四因”则表现为:(1)作为全部形式、质料因之“创生力”;(2)作为动力因的“生生”(变异);(3)作为目的因的个体生命的“生”(或者“成”);(4)上述的“四因”是一个整全的、恒常变异的作用过程,罗光称为“成”(也就是过程)。通过上述的融合,罗光将经院哲学中的创造观及儒家哲学中的“生生”结合起来,用来描述整体宇宙的变异与流行。

四

如前所述,罗光有意整合并重构整个中国哲学的形而上学,补以经院哲学或基督宗教哲学的创造观,以成一个“中国的新哲学”。但他的理论间架实际上仍是以儒家的“在”(在生命哲学体系中即为

---

① 罗光:《生命哲学(订定版)》,第 92 页。
② 罗光:《生命哲学(订定版)》,第 55 页。

"生命""生生")为基础,在"在"之上补以经院哲学的"有"(造物者),以"有"为"在"提供存在的来源及最终目的所向;并且,用"在"的持续存在、生化流行来解释"有"的创世的目。用罗光的概念来说,就是"创造力"始创造万物,而后万物在"创生力"之中生存与流变。所以说,他的努力重点,实质上在于儒家,而于释、道两家则是有所取舍的。熊十力明言:"佛氏之理论以缘生义为骨髓。人生与宇宙都由众缘生故,不可说有造物主;又以由众缘生故,万有都无独立的自体,都无固定性,应说五蕴皆空。易言之,缘生义即是空义。"①而道家则崇尚"无",不得已乃以"道"称之,故"无"即"道","'无'也者,'无在而无不在'之谓也,换言之,即道也。万化之总汇,贞夫一而妙用无穷者也。于兹乃得识道之无限实体(即用显体,即无体道)"②。由于儒释道三家在历史上的冲突与融合已逾千年,任何切割三家学说的努力,都将面对极大的困难。对于与罗光同时或稍早的哲学家而言,如章太炎、熊十力、梁漱溟或者牟宗三等人,皆游走于儒释道之间,大致也都经历了由儒入释、由释返儒的过程。至于道家,则早已与儒家相互影响,如方东美所说:"依据《史记》的记载,孔子问礼于老聃。而孔子的思想一形成之后,后期的道家——庄子,又转而容受了儒家孟子的思想影响。因之,在哲学的气韵风格中,儒家同道家大可以贯穿起来。"③职是之故,以士林哲学补、超中国哲学的形而上学,似乎困难重重。

周敦颐的《太极图说》首句"无极而太极",朱熹解释道:"上天之载,无声无臭,而实造化之枢纽,品汇之根柢也。故曰:'无极而太极。'非太极之外,复有无极也。"④朱熹释太极为形而上之道,阴、阳为形而下之器,太极之动静相转,而后乃有万物化生。然而,如果太极本身已经是形而上之道,为何还要提"无极"?朱熹在给陆梭山的

---

① 熊十力:《熊十力全集》第七卷,湖北教育出版社,2001 年,第 730 页。
② 方东美:《生生之德:哲学论文集》,第 253 页。
③ 方东美:《方东美先生讲演集》,中华书局,2013 年,第 141 页。
④ 朱熹:《朱子全书》第 13 册《太极图说解》,第 72 页。

书信中有所解释："不言无极，则太极同于一物，而不足为万化根本；不言太极，则无极沦于虚寂，而不能为万化根本。"①朱熹又说："'无极而太极。'盖恐人将太极做一个有形象底物看，故又说'无极'，言只是此理也。……'无极而太极'，只是说无形而有理。所谓太极者，只二气五行之理，非别有物为太极也。"②朱熹认为"太极"并非一个具体的事物，但是它本身又不可以是"空"或者"无"："无极是有理而无形……太极是五行阴阳之理皆有，不是空底事物。"③既然如此，那么"太极"究竟是什么？朱熹说："太极无形象，只是理。"④"或问太极。曰：太极只是个极好至善底道理。人人有一太极，物物有一太极。周子所谓太极，是天地人物万善至好底表德。"⑤易言之，"太极"是朱熹哲学体系中的最高范畴，无极只是太极存在状态的一种描述，故而不可说在太极之上另有一个无极。冯友兰解释朱熹的太极，认为："就其（太极）为天地万物之最高标准言，则太极即如柏拉图所谓好之概念，亚里士多德所谓上帝也。"⑥职是之故，"太极"在朱熹那里，乃是一个抽象化、概念化了的理性"神"，这虽然与基督宗教的具有位格的、自由创造的神的观念仍相去甚远，但如果我们承认前面所提到的拉格朗日的论断，则罗光对中国哲学，尤其是从朱熹哲学这一脉进行改造，当具有可行性。

然而，就儒家传统而言，朱熹的太极、理、气的观念并非绝无可商榷。对于朱熹用理、气来解释"太极"，清初的戴震便有严厉的批判。戴震对朱熹的批判，其中一点即认为太极非孔子所言的"易有太极，是生两仪"，其真正意思是"以太极指气化之阴阳"，并非在上者还有一个太极生出阴阳，只是"后世儒者以两仪为阴阳，而求太极

---

① 毛奇龄：《太极图说遗议》，《周敦颐集》附录三，第156页。

② 朱熹：《朱子语类》第九十四，《朱子语类》第六册，中华书局，2011年，第2365页。

③ 朱熹：《朱子语类》第九十四，《朱子语类》第六册，第2367页。

④ 朱熹：《朱子语类》第九十四，《朱子语类》第六册，第2366页。

⑤ 朱熹：《朱子语类》第九十四，《朱子语类》第六册，第2371页。

⑥ 冯友兰：《中国哲学史》下册，第256页。

于阴阳之所由生"[①]。戴震也批评朱熹以"理、气"释"太极"本体、"性即理",以及程、朱认为"理"是"如有物焉,得于天而具于心"。他认为,"理"并非某种外在的、普遍化的抽象概念,而只是在具体物事展开过程中,人所应当遵循的某种具有共通性的原则。易言之,即"以情系情"。此原则在人伦日用,表现为"情之不爽失也;未有情不得而理得者也";[②]在"天理",则"言乎自然之分理也;自然之分理,以我之情系人之情,而无不得其平是也"。[③]如此,"理"即化为人心在人伦日用中所应遵守的内在原则,而非由外而入。那么,这样的"理"有何普遍性?戴震以孟子的"同然"[④]来解释人与人之间具有相同的内在共通性,"心得其常,耳目百体得其顺,纯懿中正,如是之谓理义。故理义非他,心之所同然也。何以同然?心之明之所止,于事情区以别焉,无几微爽失,则理义以名。专以性属之理,而谓坏于形气,是不见于理之所由名也"[⑤]。如此,程朱理学中的"理"从绝对化的规律转化为人伦日用过程中人人"同然"的"情不爽失";"太极"也不是"阴阳"所由出者,而只是气化流行过程中尚未具有形质的状态而已。[⑥]职是之故,"太极"在戴震这里,并不具有创造、创生的意蕴。那么罗光要改造的儒家形而上学,在戴震这一脉,重构的方式必然与在朱熹那里有所不同。然而,如果追问"气"之气化流行、同然之心何以同然这些问题,那么罗光所提出的"创造力"与"创生力",或许仍可以对戴震的学说予以重构。

---

① 戴震:《孟子字义疏证》卷中,第 23 页。

② 戴震:《孟子字义疏证》卷上,第 1 页。

③ 戴震:《孟子字义疏证》卷上,第 2 页。

④ "心之所同然者,谓理也、义也;圣人先得我心之所同然耳。"(《孟子·告子上》)"口之于味也,有同耆焉;耳之于声也,有同听焉;目之于色也,有同美焉;至于心独无所同然乎?"(《孟子·尽心下》)

⑤ 戴震:《孟子字义疏证》,第 70 页。

⑥ 戴震:《孟子字义疏证》卷中,第 22 页:"气化之于品物,则形而上下之分也。形乃品物之谓,非气化之谓。《易》又有之:'立天之道,曰阴与阳。'直举阴阳,不闻辨别所以阴阳而始可当道之称……一阴一阳,流行不已,夫是之谓道而已……阴阳之未成形质,是谓形而上者也,非形而下明矣。"

至于释、道，由于本文篇幅有限之故，无法一一展开，仅以明末力推“三教合一”的方以智的哲学作为例子，简要探讨中国哲学形而上学的基督宗教化改造的困难所在。方以智早年求学于与传教士多有交往的熊明遇，中进士后亲受汤若望教授“天学”。他对“天学”的造诣极深，其子方中通言：“家君亦精天学，出世后绝口不谈。”①方以智对“天学”之所以有这样的态度，原因在于他认为“彼详于质测，不善言通几，往往意以语阂”②。那么，方以智认为的真正的“通几”之学是什么呢？仍以宋明儒家最高范畴的“太极”为例。对于“无极而太极”之说，方以智有着自己独到的观念和解释，他认为“无极”与“太极”并非指示两种不同的“极”。③“太极”与“阴阳”，实为“大一”（即太极）与“大二”（即阴阳），一分为二，一在二中，三者形成“∴”的关系。④当一不用时，仍然为一，而当一开始起作用，则由一而自生二而成三，三复归于整体之“一”。⑤也就是说，在“圆∴”中，太极处于顶端的一点，当其处于静态时，自然是有极（点）的，不可谓无极；但是“一不住一”，自然而生出“二”，即所谓的“大一分为天地，奇生偶而

① 方中通：《陪集·陪诗》卷二《与汤道未先生论历法诗注》，《清代诗文集汇编》第133册，上海古籍出版社，2010年，第83页。转引自许苏民：《中西哲学比较研究史》下卷，南京大学出版社，2014年，第755页。

② 方以智：《物理小识》卷一《历类》。转引自徐海松：《清初士人与西学》，东方出版社，2000年，第271页。

③ 方以智著，张昭炜整理：《象环寤记　易余　一贯问答·易余》，九州出版社，2015年，第420—421页：“通书谓何？曰：通书因直下之有推太始之无，以为自无生有，故曰无极而太极，而动静阴阳，而五行四时矣，非欲表两极也。其曰阴阳一太极也，太极本无极也。”

④ 方以智：《象环寤记　易余　一贯问答·易余》，第421页：“一不住一之阴阳，即《礼运》所云本于大一，分而为天地者也。五行四时，从此万有，皆一有俱有者也。直谓阴阳为有极可也。有极与无极相待轮浸而贯其中者，谓之落有不可也，谓之落无不可也，故号之曰太极。”另见方以智著，庞朴注释：《东西均（注释）》，中华书局，2001年，第36页：“大一分为天地，奇生偶而两中参。盖一不住一而二即一者也。圆∴之上统左右而交轮之，旋四无四，中五无五矣。”关于此处引文，庞朴先生已有详细解释，兹不赘言。

⑤ 方以智：《象环寤记　易余　一贯问答·易余》，第415页：“用之者三，不用之者一，而总为无体之一。盖不落有无者，不离有无，故曰有无之极也。”

两中参”;这三者成为一种“交轮”的活动状态(实际上《东西均》的“均”就有轮转的意思),而后乃有万物化生。故而,方以智说:“三即一,一即三,非一非三,恒三恒一。”[①]因此,方以智所持的宇宙论和形而上学本体论,仍以“穆不已”[②]的“自然之天”为最高。他认为,三教百家的学说,由外而看,众说纷纭,实际上则是相通的,并且可以融合以达到圆融无碍的境界:“太极也,精一也,时中也,混成也,环中也,真如也,圆相也,皆一心也,皆一宗也,因时设施异耳。”[③]以上这些不同学派的学说相互切磋、磨合,个别的学派乃是“分推之为专门”,而一旦圆融和合,则“合推之为大宗”,这就是“代错不息之道也”。[④]如上粗述,方以智自称其以“合三教百家”为目的而构建的宇宙论和形而上学的完备哲学体系,是一种“圆融无碍”的哲学。

五

罗光的生命哲学,一方面是对儒家哲学的改造,将基督宗教的创造观注入其中;另一方面也是对经院哲学的改造,使之融入中国哲学传统,以“生生”观念描述受造物的存在方式:“创造力”(神)创造出“创生力”(宇宙),后者的本质是“生生”(《易经》所讲的变异),“生生”是一个持续不断的过程,在这个过程中,宇宙万物变异化生,生生不息。从利玛窦开始,许多传教士都希望借助儒家哲学以实现基督宗教的中国本土化,罗光生命哲学体系中的创造观也可以视为与利玛窦等人的思想遥相呼应,是对后者的一种思想推进。

然而,当罗光要将基督宗教的思想“移植到”儒家传统的时候,

---

① 方以智著,庞朴注释:《东西均(注释)》,第 37 页。庞朴先生的注释已有清楚解释,此不赘言。

② 方以智:《东西均(注释)》,第 38 页:“谓之本不动者,非静也,穆不已也。”

③④ 方以智:《东西均(注释)》,第 30 页。

则注定了会存在诸多张力，这是融合两种异质哲学体系所必然面对的问题。然而，这样的尝试是否成功呢？或许用罗光自己的话来说："生命哲学可以代表中国传统哲学的革新而成为中国的新哲学吗？生命哲学可以作为天主教思想和儒家思想的结合成为教会本地化的基础吗？请好心的读者自作答复。我只述说了我自己的哲学思想。"①

① 罗光：《生命哲学》第一版序，《罗光全书》第二册，第XV页。

西方德性教育思想在晚明的译介

——以高一志为中心的考察*

中南大学哲学系　谭　杰

晚明时期中国和西方教育思想的相遇，是教育思想史上独一无二的盛事。西方教育思想的东渐，意大利耶稣会士高一志(Alfonso Vagnone, 1566—1640)居功甚伟。②高一志以“德性教育”为主题的六部著作，均由其晚年在山西绛州与当地士人合作完成，范围涵盖了从童幼到成人教育的全部时期，且涉及个人、家庭、国家三个方面。根据教育所面向的对象，这六部著作又可分为两部分：第一部分主要针对中小学阶段教育，包括《童幼教育》和《励学古言》两部，均刊刻于 1632 年；第二部分主要针对大学阶段教育，包括《达道纪言》《修身西学》《齐家西学》《治平西学》四部，刊刻于 1636—1640 年，其中后三部共同构成“义礼西学”系列译著，以《大学》八目的后四目“修身齐家治国平天下”来比附文艺复兴时期个人、家庭和国家的伦理学三分法。③在这六部著作中，高一志并未完全基于西方教育思想进行严格的“翻译”工作，而是创造性地融合了儒学和西方教育思想，构建出自身独有的德性教育体系。

---

* 本文的一个较早版本以《中西德性教育思想的融合——晚明传教士高一志德性教育思想研究》为题发表于《现代大学教育》2018 年第 4 期。

② 高一志于 1566 年生于意大利，1604 年入华，取汉文名王丰肃，字一元、泰稳，1616 年因南京教案被逐至澳门；1624 年返内地，改名高一志，字则圣，居于山西绛州至 1640 年逝世；毕生刊印汉文著作近 20 种，涵盖众多学科，仅利玛窦、艾儒略二人可比。

③ Charles Schmitt(ed.), *The Cambridge History of Renaissance Philosophy*, Cambridge: Cambridge University Press, 1988, pp.303 - 306.

一、德性教育的内容
——以“仁义廉智”为中心

高一志生活的时期正值欧洲文艺复兴末期，此时的正统道德教育以阿奎那（Thomas Aquinas，1225—1274）《神学大全》（*Summa Theologiae*）为代表的经院伦理学思想为主，是亚里士多德的德性伦理学与天主教伦理学相结合的产物，主要围绕“四枢德”展开。高一志共有三部著作论及德性教育之德目，《修身西学》较为忠实地介绍了智（prudentia，今译智慧）、廉（temperantia，今译节制）、毅（fortitudo，今译勇敢）、义（justitia，今译正义）“四枢德”，《童幼教育》和《治平西学》则在西方德性教育基础上融合儒学德性教育，进行了诸多创造性发挥。《童幼教育》针对儿童教育而作，可分为三个部分，依次论述家庭和老师对儿童的教育义务（卷上前六章），童幼应修习“仁孝忍智”四德（卷上后四章和卷下前五章），以及童幼在衣服、饮食等方面的外在行为习惯（卷下后五章）。《治平西学》针对君王教育而作，承袭了当时欧洲较为流行的“君主明鉴”（advise-book to the prince）写作范式。全书由四部分构成，前两部分论述君王应有之德性：第一部分论述君王应有仁、义两大德性；第二部分论述君王的外在举止，其中包括养谦逊之德和廉德，施政应言而有信，以书来滋养其智。概括以上三书关于德性的论述，高一志的德性教育主要围绕“仁义廉智”四德来展开。以下逐一讨论这四个德性。

（1）仁德（pietas）

在《修身西学》中，高一志对仁德有如下定义：

> 西学仁德之名义广，凡志精修，先善身，次推爱人物者，仁也。其切义则惟爱亲、敬长称焉。夫仁者，爱之理也。爱繇恩生，恩莫大于生养、教育、成就，然皆先繇大主，次繇父母、兄长，

> 以及姻党。故义礼先务奉敬、爱慕造物真主，是万民之大父也，次务奉事、爱慕二亲，以及兄长、姻党，是之谓仁。……故尝谓“仁者爱人”，又曰“仁者，怀其妻、慈其子也”。①

此处的仁德对应四枢德之一正义的属德 pietas，今译“孝敬”。高一志首先指出，西学仁德的切义是“爱亲、敬长”，即儒学的孝德和悌德。这一句话对应西文底本中西塞罗的名言：“孝敬即我们通过其向亲属和善待祖国者尽义务和效劳之物。”(Pietas est per quam sanguine iunctis patriaeque benevolis, officium & diligens tribuitur cultus)②高一志将其转化为儒学的“爱亲、敬长”，但并未明言孝、悌二字。西文底本并未提及“仁者爱之理”和“仁者爱人”，高一志以“爱”解“仁”，亦有附会儒学之意，下文会有详论。爱由恩生，由恩而产生了爱天主和爱亲之理，基于恩之次序，爱天主又先于爱亲。③

在《童幼教育》中，仁德被列于“仁孝忍智”四德之首，不再具有孝亲的含义，仅具有敬畏天主之含义：“乃仁之学，又本于天主，即以敬畏天主为首功，盖吾之所当爱及所当敬者，莫大莫尊故也。”④孝亲的含义被以孝德之名单独提出，列于仁德之后。其中孝顺父母为首要：“盖子于父母最亲，其受父母之恩亦最重，则敬天主之后而孝二亲，乃天理人情之至切者也。”⑤其次则为孝敬尊长：“不但所生当孝

---

① 高一志著，梅谦立、谭杰、田书峰编注：《修身西学今注》，商务印书馆，2019 年，第 275 页。

② 参见 Leonard Lessius, *De iustitia et iure caeterisque virtutibus cardinalibus*, Lovanii, 1605, p.596a。

③ 这一句也译自西文底本：“Ubi notandum est, pietatem primo & principaliter respicere parentes, quia hi post Deum sunt praecipui authores ortus & educationis. Secundo, Patriam, quia etiam patria aliquo modo est principium ortus; tum quia parentes fouet, tum quia opportuna ad ortum & educationem suggerit。”(Lessius, *De iustitia et iure caeterisque virtutibus cardinalibus*, p.596a.)

④ 高一志著，梅谦立编注，谭杰校勘：《童幼教育今注》，商务印书馆，2017 年，第 179 页。

⑤ 高一志著，梅谦立编注，谭杰校勘：《童幼教育今注》，第 183 页。

敬也，又推广其仁，而自天子以至于郡伯师长之属，皆孝敬之，内外尽其恭焉。"①

《治平西学》则将仁、义二德单独提出，和儒家思想一样置于最重要的位置，其中仁德乃君王之首要德性："仁者，所以爱慕天地真主，因及爱人之德也。人王既为天主所举，以代敷命而治万众者，其首务则宜伏认其所由源而钦崇之也。"②仁德之成又在于两个方面："认真"和"钦崇"。其中，"认真"指辨别当敬之真神，"钦崇"则指《修身西学》中义德之首要属德"religio"，指对天主的爱慕和朝拜。君主认识和钦崇天主，即为民做表率，使民信主而听命。③在此之外，仁德又包含两个方面：首先，由爱天主及爱人必然会推出仁慈其民；其次，仁慈其民的外在表现在于施惠于民。④

综合三书对仁德的论述，高一志所论的仁德兼具钦崇(religio)和孝敬(pietas)的含义。仁德由恩而生，首先在于报天主之恩，即爱天主和爱人；其次在于报父母亲属之恩，即孝亲和敬长；对君主来说，则又包括慈民和惠民之意。

在儒学传统中，仁德是一个最为基本的德性。《论语》中孔子答樊迟问仁即有"爱人"之说(《论语·颜渊》)，又有言"孝悌也者，其为仁之本与"(《论语·学而》)；《孟子》中亦有"仁者爱人"之说(《孟子·离娄下》)；朱熹则在《四书章句集注》中有十余次以"爱之理，心之德"来解仁。⑤程朱理学乃明代科举考试评判标准，来华传教士与中国士人交往密切，对中国典籍亦有精研，高一志仿效儒家以爱解仁，并

---

① 高一志著，梅谦立编注，谭杰校勘：《童幼教育今注》，第 188 页。

② 钟鸣旦等编：《法国国家图书馆明清天主教文献》第一册，第 410—411 页。

③ 高一志著，梅谦立、谭杰、田书峰编注：《修身西学今注》，第 272—274 页；又见钟鸣旦等编：《法国国家图书馆明清天主教文献》第一册，台北利氏学社，2009 年，第 410—417 页。

④ 钟鸣旦等编：《法国国家图书馆明清天主教文献》第一册，第 417—428 页。

⑤ 参见王格：《高一志〈修身西学〉中的"孝悌"观》，杨雄威主编：《中国基督教青年学者论坛》，上海大学出版社，2013 年，第 29—36 页。

将狭义的仁德定义为孝与悌,均是为了让西学仁德更接近儒家。然而西学仁德首先在于爱天主,其次才在于孝亲,这对于绝大多数并未奉教的儒家士人来说恐怕难以接受,毕竟儒学传统是以自然的血缘关系来构建人伦之道的,孝敬父母才是最为首要和重要的人伦之道。

(2) 义德(justitia)

《修身西学》对"四枢德"之一的义德定义如下:

> 名含二意:一甚广,一甚切。广者,概论合宜合节之理,通诸德,使人每事从之,凡有积于心,不论何德,总称义士云。切者,定各物之宜之理,时无常变,地无远近,人无众寡,事无大小,施之各有其宜,圆满无缺,齐治均平是也。①

这一段话中较为关键的是"合宜合节"之说,对照西文底本,"合宜"译自"adaequatum",乃合适之意,"合节"则译自"commensus",乃相应的比例之意。②高一志较为准确地表述了西方古典正义观念,即根据人或物应得的比例来进行交换或分配。《治平西学》将义德列于仁德之后,认为"义王分定各品各势,自所宜得之分"③。君主之义德也意味着遵从法度、明赏罚、亲理朝事。④

义德同样是儒学看重的德性。从文字演变来看,"义"字指早期人类原始宗教祭祀的神圣性。《中庸》有"义者宜也"之说,《释名》谓"义,宜也,裁制事物,使各宜也",《荀子·议兵》有"义者循理"之说,韩愈亦有"行而宜之之谓义"(《原道》)之说,儒家主要是以"宜"和"理"来解释义德的,强调行为的适宜与合理。⑤儒学义德和西方的古典式义德在这一方面是一致的。高一志此处以"宜"来解释西学义

① 高一志著,梅谦立、谭杰、田书峰编注:《修身西学今注》,第 259 页。

② Lessius, *De iustitia et iure caeterisque virtutibus cardinalibus*, p.14a.

③ 钟鸣旦等编:《法国国家图书馆明清天主教文献》第一册,第 439 页。

④ 钟鸣旦等编:《法国国家图书馆明清天主教文献》第一册,第 443—465 页。

⑤ 参见涂可国:《儒家之"义"的责任伦理意蕴》,《孔子研究》2017 年第 5 期。

德,显然是以“格义”的方式适应了儒家义德的含义。至于君主应遵从法度之说,则源自西方古典正义观念中“正义”(justitia)与“法”(jus)之间的亲缘性,这一点并不为儒学所强调。

(3) 廉德(temperantia)

廉德同样属“四枢德”之一,高一志在《修身西学》中对其有如下定义:

> 廉德者,窒欲之方,精修之基也。生人之乐二,一从神,一从身。……神乐,发自天倪,出于理窍,取舍合宜,不谓之廉,即过宜,不谓之不廉。身乐,陷溺人心,入乎兽域,此则切属廉德之治矣。然治身乐,莫先且急于饕、色二欲,而后简制他欲。①

由此可知,廉德乃节制身体欲望之德。身体欲望之中,最为主要的是食欲和色欲,与之相应,廉德包括节食(abstinentia)、节饮(sobrietas,即节制饮酒)、节色(castitas,即节制内心色欲)、节狎(pudicitia,即节制外在色行)四种。②廉德的重要性同样体现在针对儿童和君主的教育中。《童幼教育》论童幼应有“仁孝忍智”四德,其中忍德又包括“洁身”(castitas)。所谓“洁身”指戒除淫欲,乃因童幼不如老者和壮者那样有智慧和毅力,易沾染淫习,败坏心性。③《治平西学》同样专辟一章论述,君王应节制自身衣食和酒色等方面的欲望,以为民作则,抑民之侈。④

儒家早在孟子时便有“从耳目之欲”(《孟子·离娄下》)之说,《孟子》多次以口、耳、目、体等表示各种生理欲望,又有言“养心莫善于寡欲”(《孟子·尽心下》),朱熹对此的解释是:“欲,如口鼻耳目四支之欲,虽人之所不能无,然多而不节,未有不失其本心者,学者所当深戒也。”⑤尽管朱熹有“存天理灭人欲”之说,但其“欲”并非指以

---

① 高一志著,梅谦立、谭杰、田书峰编注:《修身西学今注》,第227—228页。

② 高一志著,梅谦立、谭杰、田书峰编注:《修身西学今注》,第229—233页。

③ 高一志著,梅谦立编注,谭杰校勘:《童幼教育今注》,第188页。

④ 参见钟鸣旦等编:《法国国家图书馆明清天主教文献》第一册,第274—285页。

⑤ 朱熹:《四书章句集注》,第374页。

食欲和色欲为主的身体欲望，而有更广泛的含义。由此可见，儒学倡导节制身体之欲，并将其与“本心”或“天理”相对立。基督宗教对节制身体欲望的强调则来自身心二元论：与灵魂的高贵相比，身体欲望是恶的，因而需要被遏制。在节制身体欲望方面，儒学和西学廉德均以二元对立的方式贬斥身体欲望，二者的不同在于儒家并未对身体欲望进行特别的分类，高一志则专门强调对食色二欲的节制，且对不同的身体欲望有十分细致的分类讨论。

(4) 智德(prudentia)

智德被《修身西学》列于“四枢德”之首，其定义如下：

> 智从广义言之，明知之德也。字形以知冠日，旨趣观矣。凡明彻物理，情志虽不善，犹得称智焉。从切义言之，乃人之灵德，每事指善、指恶者也。①

高一志继承了亚里士多德的“白板说”，强调学习的重要性，认为人如“无字之素简”，要“行学之劳，补性之拙”。②学习的一个主要途径在于读书：《童幼教育》卷下以两章论述智德，《正书》一章阐明童幼宜读正书而非邪书，《西学》一章则介绍当时的西学教育系统；③《治平西学》同样专辟一章论述君王应以读书滋养智慧。④此外，尽管智德属于“灵德”(virtus intellectus，今译理智德性)，其生成途径仍与实践有诸多关联。在讨论的智德之生成途径时，高一志较为少见地偏离了西文底本，加入了符合中国传统的实践要素。在高一志所列智德之生成的八种途径中，仅“记”(memoria，今译记忆)、“达”(intelligentia，今译领悟)、“学”

① 高一志著，梅谦立、谭杰、田书峰编注：《修身西学今注》，第214页。最后一句译自西文底本：“Prudentia est virtus intellectus, qua in quovis negotio occurrente novimus quid honestum sit, quid turpe。”(Lessius, *De iustitia et iure caeterisque virtutibus cardinalibus*, p.1b.)

② 高一志著，梅谦立、谭杰、田书峰编注：《修身西学今注》，第223页。

③ 高一志著，梅谦立编注，谭杰校勘：《童幼教育今注》，第211—221页。

④ 钟鸣旦等编：《法国国家图书馆明清天主教文献》第一册，第314—321页。

(solertia,今译敏捷)、"问"(docilitas,今译易于受教)四种可在两个西文底本的相应部分找到大致对应。高一志未列举的其他四种方式[ratio(推理)、providentia(预见)、circumspectio(审慎)、cautio(慎防)]则具有更强的理论性特征,对理性思维进行了极为细致的划分和讨论。高一志用以代替四者的四个智德("静""读""试""反")则更具有中国传统思想的特征,强调知识与实践的关联。①

智德亦是儒家十分重视的德性。一方面,孔子曾删定六经,历代儒家都十分重视古代经典,对经典的注疏汗牛充栋。在强调读书的重要性方面,西学和儒学一致。另一方面,智由知而生,宋明理学区分"见闻之知"和"德性之知",张载言"见闻之知,乃物交而知,非德性所知;德性所知,不萌于见闻"②,前者乃经由感官与外界接触而获得的客观知识,后者并不来自前者,与实践德性相关。对于儒家智德来说,与客观世界相关的"见闻之知"并不重要,重要的是与人伦相关的"德性之知"。西学智德本是偏理论的理智德性,高一志在智德的生成途径中加入诸多实践因素,正是为了使西学智德更为接近儒学。

西方德性教育通常如《修身西学》一般围绕"智廉毅义""四枢德"展开,高一志在《童幼教育》和《治平西学》中舍弃了"四枢德"之说,创造性地提出针对儿童教育的"仁孝忍智"四德,以及针对君主教育的"仁义"二德,三书关于德性教育的内容主要以"仁义廉智"为中心展开。以上的分析表明,在这四种德性上,高一志均有意以中释西,融合中西德性教育思想,以使西方德性教育更易于为儒者接受。西学"义廉智"三德均与儒家相关德目有契合之处,应能让儒者生出"东海西海,心同理同"之叹,儒者唯一较难以接受的,恐怕只有独具特色的超越性西学仁德了。

---

① 参见钟鸣旦等编:《法国国家图书馆明清天主教文献》第一册,第138—143页;*Commentarii Collegii Conimbricensis Societatis Iesu; in libros Ethicorum Aristotelis ad Nichomachum*, Coimbra, 1593, p.81; Lessius, *De iustitia et iure caeterisque virtutibus cardinalibus*, p.8a。

② 参见张载:《张载集》,第4页。

二、德性教育的形式——以“证道故事”为主

中世纪时期，阿奎那将亚里士多德的伦理学体系与天主教神学思想相结合，创造了经院伦理学体系。自博洛尼亚、巴黎、牛津等地在中世纪后期建立起大学之后，经院伦理学一直在欧洲大学的伦理学教育中占有重要地位，晚至 17 世纪末都有着持续的影响力。然而经院哲学过分专业和琐碎、远离大众的论证方式引起了一些学者的不满，随着一大批古希腊、罗马哲学文本重见天日，有“人文主义之父”之称的彼特拉克(Francesco Petrarca，1304—1374)首倡文辞优美、以民众道德教化为目标的人文主义伦理学，在其后数百年间，一大批人文主义学者群起响应，古典修辞学教育的重要性一再被确认，西塞罗、塞涅卡等古罗马哲学家的伦理学思想由此得到宣扬。经院伦理学和人文主义伦理学构成文艺复兴时期两个主要的伦理学传统，二者在所依赖的文本和写作方式上有着显著区别：前者以亚氏和阿奎那的经院式理论论述为基础，以严密和条分缕缕的论证为特征，主要限于大学之内；后者则是对前者的反叛，以古罗马哲学家言辞优美的散文式著作为典范，强调哲学写作的修辞性和德性教育的重要性，并以民众的道德教化为目标。①

高一志所属的天主教耶稣会自 1540 年成立时起便以教育闻名，他在欧洲耶稣会学校求学期间接受了完整的道德教育。受人文

① 参见 David Lines，“Humanistic and Scholastic Ethics”，in James Hankins (ed.)，*The Cambridge Companion to Renaissance Philosophy*，Cambridge：Cambridge University Press，2007，pp. 304 - 318；David Lines，“Aristotle's Ethics in the Renaissance”，in Jon Miller (ed.)，*The Reception of Aristotle's “Ethics”*，Cambridge：Cambridge University Press，2012，pp. 171 - 193。亦可参见梅谦立：《理论哲学和修辞哲学的两种不同对话模式》，梅谦立：《从邂逅到相识：孔子与亚里士多德相遇在明清》，北京大学出版社，2019 年，第 67—105 页。

主义传统影响，在中小学时期，教师会在修辞学课程上教授西塞罗、塞涅卡等古罗马作家文辞优美的道德哲学著作；在历时三年的大学哲学课程的最后一年，伦理学教师教授伦理哲学（philosophia moralis），即以《尼各马可伦理学》为基础的经院伦理学。①艾儒略（582—1649）的《西学凡》和高一志《童幼教育》下卷第五章《西学》均对耶稣会教育系统有完整介绍。②由于耶稣会的道德教育理念结合了经院主义和人文主义两大伦理学传统，高一志的德性教育著作同样覆盖了这两大传统。

在高一志的六部德性教育著作中，《修身西学》是较为典型的经院伦理学著作，有两个西文底本，其中一个便是耶稣会在葡萄牙柯因布拉（Coimbra）所建大学的伦理学教材。此书在内容和写作风格上皆继承自《神学大全》，以条分缕缕的风格介绍了"好美"（bonum，今译善）、"为"（finis，今译目的）、"福"（felicitas）等经院伦理学核心概念以及"四枢德"。除《修身西学》之外，余下五部著作均采用了"证道故事"（exemplum）的写作方式③，以古希腊、罗马和中世纪时期短小精练的格言和故事来阐明道德教训，而这正继承自高一志所受的人文主义德性教育。《励学古言》和《达道纪言》均属于"证道故事"之一的"克雷亚"（chreia）体裁，以记言为主，记事为辅，通过人物在特殊情境的言语来阐明道德教训。《励学古言》共一卷，系应"太乙陈子"（即陈所性）要求以"嘉言懿训"来补充"教育诸书"④，为《童幼教育》的辅助性读物。此书收录古希腊、罗马大贤 202 条简短精

---

① 参见 Claude Pavur trans., *Ratio Studiorum: The Official Plan for Jesuit Education*, Saint Louis: Institute of Jesuit Sources, 2005, pp.101－104。

② 艾儒略：《西学凡》，艾儒略著，叶农点校：《艾儒略汉文著述全集》，澳门文化艺术学会，2011 年，第 45—52 页；高一志著，梅谦立编注，谭杰校勘：《童幼教育今注》，第 216—221 页。

③ 参见李奭学：《中国晚明与欧洲文学——明末耶稣会古典型证道故事考诠》（修订版），上海三联书店，2010 年。

④ 参见李奭学等编：《晚明天主教翻译文学笺注》第三卷，台湾"中研院"文哲所，2014 年，第 5 页。

练的劝学格言，主旨与《荀子·劝学》有相通之处。《达道纪言》共两卷，辑录355条格言，依次分列于君臣、父子、兄弟、夫妇、朋友五伦之下，阐述与儒家五伦相关的道德教训。《励学古言》和《达道纪言》仅辑录格言和故事，《童幼教育》《齐家西学》和《治平西学》的写作方式则稍异，可称为一种改良版的"证道故事"文体：通常在一章之首明言某一道德道理，然后引述大量格言和故事作证明。

以上所论表明，高一志相当偏爱修辞式德性教育，除《修身西学》之外，剩余五部著作均以"证道故事"进行德性教育。这一方面反映了高一志所受人文主义伦理学传统影响之深，另一方面也与中国经典的说理方式有关。正如陈少明认为，《论语》《庄子》等先秦经典以格言和故事的方式来进行教化，乃中国哲学史的一种重要论说形态。①利玛窦在1597年致欧洲友人的一封信中写道：

> 中国人中也有德高望重之士著书立说，但多为伦理方面的，并非科学的著述，而是根据"四书"中的名言（sententie buone）去发挥申述。②

因此，利玛窦、高一志等耶稣会士在中国延续欧洲的人文主义修辞传统，并非历史的巧合，而是他们敏锐地观察到这一传统与先秦经典以格言和叙事进行教化之方式有契合之处而有意为之。兹引高一志著作中的格言和故事各一则，以及与《论语》和《庄子》中的格言和故事各一则：

> 格言一：丰所王出无护卫，或谏为险，答曰："民爱敬，乃吾

① 参见陈少明：《做中国哲学——一些方法论的思考》，上海三联书店，2015年。

② 参见 Matteo Ricci, *Lettere*（*1580－1609*）, Maceratta: Quodlibet, 2001, p.349；罗渔译：《利玛窦书信集》（上），台北光启出版社，1986年，第244页。

之甲兵。”①

格言二：子贡欲去告朔之饩羊，子曰：“赐也，尔爱其羊，我爱其礼。”（《论语·为政》）

故事一：风与太阳争力强弱，试解人衣。风先暴起，击人之体，似欲强夺其衣裳者，而人愈谨持其衣。太阳不然，旁射其光，熏入肌骨，使人不觉袒裼。风遂让太阳为胜。②

故事二：有鸟焉，其名为鹏，背若泰山，翼若垂天之云；抟扶摇羊角而上者九万里，绝云气，负青天，然后图南，且适南冥也。斥鴳笑之曰：“彼且奚适也！我腾跃而上，不过数仞而下，翱翔蓬蒿之间，此亦飞之至也，而彼且奚适也！”（《庄子·逍遥游》）

前两则均为格言，有类似的形式：首先简要陈述格言的情境，然后陈述主要人物的精练格言。道德教训蕴含在格言中，格言则起于具体的情境，但可以提炼为一般道理，应用于其他情境。在第一则西方格言中，丰所王因出行无护卫而被谏言时所述的“民爱敬，乃吾之甲兵”，可被提炼为“民之爱戴乃为政之本”的道德教训；在第二则中国格言中，孔子根据子贡欲去祭祀之羊所述的“尔爱其羊，我爱其礼”，同样可以脱离与羊有关的具体情境，提炼为“尊礼”的道德教训。后两则均为寓言，以自然界的故事为喻来呈现道德教训。第一则故事“风与太阳”出自著名的《伊索寓言》，被高一志引来论证童幼之教育不宜过严。第二则故事国人皆知，意在提醒人应跳脱一己之视野看待自身和世界。

概言之，基于欧洲文艺复兴时期伦理学思想的经院伦理学和人文主义伦理学两大传统，高一志的德性教育亦采取了理论和修辞两种形式，其中修辞形式占主流，则因高一志意识到“证道故事”以格

① Sher-shiue Li and Thierry Meynard, *Jesuit Chreia in Late Ming China: Two Studies with an Annotated Translation of Alfonso Vagnone's* Illustrations of the Grand Dao, Bern: Peter Lang, p.199.

② 高一志著，梅谦立编注，谭杰校勘：《童幼教育今注》，第178页。

言和故事来说理的形式与先秦经典的说理方式相契合，而有意使得西方德性教育之形式更接近中国传统。

结　语

比利时著名汉学家钟鸣旦认为，在16—18世纪的中西文化交流研究方面，学者不应仅仅关注单向的西方文化的输入或中国文化的反应，而应关注双方参与者共同创造的一种“之间”(in-between)的文化。[①]本文的论证表明，在中西德性教育思想最初相遇，高一志的德性教育思想确是中西教育思想“之间”的产物。从内容上看，高一志的德性教育主要围绕“仁义廉智”四德展开，高一志在论述这四个德性时均有意以中释西，创造出“之间”的德性。从形式上看，高一志的德性教育采取了理论和修辞相结合的形式，这源自欧洲文艺复兴时期经院伦理学和人文主义伦理学两大传统，而其中“证道故事”占主流，则因其与先秦经典以格言和叙事来说理的形式相契合。高一志的德性教育是融合了西学和儒家教育理念的德性教育。

在高一志逝世后不久，其主要合作者之一韩霖(1598?—1649)于1641年刊刻了《铎书》。此书乃面向普通民众宣讲明太祖“圣谕六言”的道德教化之作。在《铎书》中，韩霖创造性地融合耶儒，大量征引《达道纪言》《修身西学》《童幼教育》等书中多处段落。他在“教训子孙”一节几乎简述了《童幼教育》全文主旨，在“毋作非为”一节则引《修身西学》关于德的论述来教导乡民修德。[②]除《铎书》之外，目前并未在其他明清士人著作中窥见高一志道德教育著作影响的痕迹。山西绛州在晚明并非中国文化的中心地，在明清易代之际又遭

---

① 参见 Nicolas Standaert, *Methodology in View of Contact between Cultures*, Hongkong: The Chinese University Press, 2002。

② 参见韩霖著，孙尚扬等校注：《〈铎书〉校注》，华夏出版社，2008年，第102—110、159—161页。

受了一系列天灾人祸,这或许是其并未在明清时期产生显见影响的历史原因。

明清鼎革两百余年后,民国年间,经由教内人士和学人共同推动,《修身西学》和《童幼教育》获重刊,其中《童幼教育》的重印更有著名教育家马相伯(1840—1939)和史学家陈垣(1880—1971)合力参与。[①]高一志著于晚明的道德教育著作,在尘封两百余年后经历了一次"复兴",然而此时阅读这些译著的国人,与晚明的士人已显著不同。

如今的时代距离民国时期《修身西学》和《童幼教育》的重刊又有近百年,随着当下西学东渐研究的持续推进,我们能够更好地理解高一志德性教育思想的原委。现代教育过于强调知识学习的重要性,较少涉及个体人格的塑造和实践德性的修习,高一志融合中西的古典式德性教育理念,能够为现代教育提供诸多启发。

① 高一志著,梅谦立编注,谭杰校勘:《童幼教育今注》,第141页。

“厄第加之全书”:论高一志的《童幼教育》

陕西师范大学宗教研究中心　齐飞智

随着传教士中文著述及海外中国学文献的发现与整理,明清中西文化交流史渐成显学,梅谦立教授和谭杰博士合作的高一志《童幼教育今注》是继利玛窦《天主实义今注》之后的又一部整理和校注耶稣会来华传教士作品的力作。对利玛窦之后的传教士著作的选注,标志着相关研究领域的深化和扩展。

高一志(1566—1640),初名王丰肃,字则圣,意大利人;1603 年从里斯本出发赴中国传教;1616 年因“南京教案”被驱逐出境,在澳门蛰伏七年;1624 年再度进入内地,奉命往山西开教;1640 年卒于山西,葬于绛州(今运城市新绛县)。他的著述大部分刊刻于绛州,其中最特别的一部分是对西方伦理道德思想的介绍,按照“修齐治平”的体系编纂成《修身西学》《齐家西学》《治平西学》,称为“义礼西学”。①1632 年刊刻出版的《童幼教育》②属于“义礼西学”的系列著述

① 高一志在《修身西学》开篇交代“义礼西学”大旨:“学分二派,一曰性理之学、一曰义礼之学,性理者指物之内蕴而穷其妙者也,义礼者指身之极诣而征其妙者也,性理言知,义礼兼言行。”见徐宗泽:《明清间耶稣会士译著提要》,上海书店出版社,2006 年,第 167 页。

② 费赖之认为《童幼教育》出版于 1620 年,有不少学者依从。然而这个年份的断定缺少依据。金文兵以该书应先于《励学古言》为据推断该书出版于 1631 年。参见谭杰:《关于〈童幼教育〉不同版本的考证及〈童幼教育今注〉的说明》,梅谦立编注,谭杰校勘:《童幼教育今注》,第 142 页;金文兵:《明末地方教化“引耶入儒”的现实考量——耶稣会士高一志晚年译著(1630—1640)背景初探》,《世界宗教研究》2012 年第 3 期;梅谦立:《理论哲学和修辞哲学的两个不同对话模式》,景海峰编:《拾薪集:中国哲学建构的当代反思与未来前瞻》,北京大学出版社,2007 年,第 82 页。再者,韩霖的序中有“西儒高则圣先生居东雍八年”一句,高一志是 1624 年到山西的,韩霖序应作于 1632 年,因此本文采用梅谦立和金文兵的看法。

之一，其上卷被收录于《齐家西学》，为西方儿童教育思想在中国的首次传布。对《童幼教育》的研究并不多，除了对版本来源的文献学考察之外，多数学者着力于阐述《童幼教育》所传播的西方教育思想。[①]《童幼教育今注》(2017)在正文之前收录了六篇不同学者撰写的相关研究文章。[②]其中薛灵美将《童幼教育》与朱熹《小学》进行了比较，认为二者的教育宗旨在于恢复人原初所有的本性，然而在达成途径上有别，《小学》侧重“敬身”，而《童幼教育》侧重“敬天”。

明末绛州奉教士绅韩霖在为《童幼教育》所作的序言中，在评论了朱熹搜集前人言行编撰《小学》的意义之后，认为高一志的《童幼教育》与朱熹的《小学》有相合之处，然而“敬天”一层超越了以朱熹为代表的儒家道德教育思想：

> 赵宋濂洛诸儒毅然复古，朱晦翁蒐辑经传，为小学补亡，三代以来，空谷足音也。今人父师之教，止于为文取第，八股鲜

---

① 对版本来源的考察，包括金文兵：《高一志译著考略》，《江南大学学报(人文社会科学版)》2011年第2期；邹振环：《晚明汉文西学经典：编译、诠释、流传与影响》，复旦大学出版社，2011年，第223—254页；梅谦立：《晚明中国的文艺复兴教育——关于耶稣会士高一志〈童幼教育〉的初步研究》，《广东社会科学》2014年第6期。对教育思想的阐述，包括李弘祺：《高一志与他的〈童幼教育〉：明末耶稣会士有关伦理教育之中文著述研究之一》，《中外关系史国际学术研讨会论文集：思想与文物交流》，台湾淡江大学历史学系，1989年，第109—122页；肖朗：《〈童幼教育〉与明清之际西方儿童教育思想的导入》，《浙江大学学报(人文社会科学版)》2005年第5期；黄文树：《第一本传入中国的教育专著——〈童幼教育〉述论》，《树德科技大学学报》2009年第1期；G. Falato, “Alfonso Vagnone S. J.'s '*Tongyou Jiaoyu*' and Its Contribution to the Introduction of Western Learning into Late Ming China”, *Ming Qing Studies*, 2015, pp.137-158；张胜前：《从高一志〈童幼教育·西学〉看西方教育体系的传入——兼论“哲学”和“逻辑”概念的引进》，《华北水电水利大学学报(社会科学版)》2016年第1期；G. Falato, “The Concept of Friendship in Alfonso Vagnone S. J.'s Work '*Tongyou Jiaoyu*'”, *International Communication of Chinese Culture*, 2016. 3(1), pp.95-106。

② 包括段春生对高一志的生平和教育背景的介绍、梅谦立对版本来源和文艺复兴教育思想的研究、薛灵美对《童幼教育》与朱熹《小学》的比较研究，以及谭杰的校勘底本说明(《童幼教育今注》，第1—146页)。

> 华，一生温饱，小学之书，皓首未见，况肯从西极之人，为空同之问哉？
>
> 先生之言，于晦翁之书亦多符合，但其摛好辞于重舌，探藏理于终古，匪独后生之模范，盖亦前觉之功臣矣。而敬畏天主，尤西来第一宗旨，晦翁《敬身》之篇，尚隔一层。①

根据序言前文对朱熹的引述，“晦翁之书”指朱熹的《小学》一书，韩霖认为高一志的《童幼教育》铺陈西方的事例，但与儒家的儿童教育思想并没有太大不同，只是“敬畏天主”一层超越了儒家的道德教育思想。“敬天”与“敬身”的区别并不仅仅是实现教育目标的途径不同，二者之间存在层级次序之别。本文将以韩霖的评价为线索，阐述高一志《童幼教育》的两层鲜明特征：首先是对儒家道德教育的高度认可；其次是确立“敬畏天主”为儒家道德教育的根据，也就是韩霖所谓的“尚隔一层”。而“敬畏天主”对于道德教育的奠基性本于天主对于伦理道德生活的奠基性，在这个意义上，《童幼教育》已然超出了教育领域，在道德教育的根据这一教育哲学领域会通中西教育思想。

一、“于晦翁之书亦多符合”

（一）《童幼教育》与小学三纲

韩霖在序言中提到朱熹搜集经传所集注的《小学》一书，涉及与“大学”相对的“小学”阶段的教育内容。清儒以八岁入“小学”，十五岁入“大学”，朱熹所辑录的《小学》是为“大学”之前的基础教育。②传

---

① 《童幼教育今注》，第 150—151 页。

② 参见朱熹著，朱杰人等主编：《朱子全书》第 13 册，第 379—380 页。

世的有四卷本、六卷本、十卷本、十一卷本等多种不同的版本,然而内容及结构都是一样的,只是分卷的不同,以六卷本传世最广,结构最明晰。①

《小学》分内外两篇,内篇四卷,分别为《立教》《明伦》《敬身》《稽古》,外篇两卷则是《嘉言》《善行》。内篇为先秦圣贤言行,前三卷辑言,《稽古》记行,外篇则记录汉以来贤人言行。内篇前三卷为小学之纲,《立教》述教育的基础与方法;《明伦》述伦理道德教育;《敬身》述礼仪教育。题材取自儒家经传,内容上可以区分内外、言行、纲目三重结构:以秦朝为时间节点,先秦圣贤归为内篇,汉以后贤人归在外篇;将言论和行为事迹区分开来;内篇前三卷是整部《小学》的纲要,《稽古》辑录先秦圣贤事迹,用来印证前三卷的圣贤言行;而外篇《嘉言》是对内篇前三卷的扩充,《善行》是对《稽古》的扩充。可见前三卷为纲,后三卷中每一卷又可以区分出"立教""明伦""敬身"三个部分。

《童幼教育》分上下两卷,每卷十章。上卷阐明教育的基础和要素:教育的本原在于父母的性情,因此要在合适的年龄婚配,谨慎选择配偶,以生育为目的控制性行为;母亲应亲自哺乳;父亲应该承担起教育的主要责任,并且要聘请贤师辅助;父师对子女的教育要注意身教,善用赏罚;为学以体认天主为本,其次在于孝亲、洁身、知耻。下卷则阐述为学的次第方法和生活习惯的培养:始入学者当守缄默,凡言必信;而后进于文学,依经典正书而修;日常饮食、衣裳、寝寐、闲戏注意适度,谨慎交友;下卷第五章《西学》介绍耶稣会的教育制度。

《童幼教育》的篇章安排中并不区分先秦与汉以后的材料,也没有把言论和行为事例分开辑录。上下两卷的结构似乎暗合朱熹《立教》一篇的宗旨:"俾为师者知所以教,而弟子知所以学。"②对此,肖

① 关于不同分卷版本的说明,参朱熹著,朱杰人等主编:《朱子全书》第13册,第386—387页。

② 朱熹:《小学集注·立教第一》,朱熹著,朱杰人等主编:《朱子全书》第13册,第395页。

朗一语中的:上卷对教育者提出要求,而下卷则对被教育者提出要求。[①]此外,《童幼教育》的篇章结构与朱熹《小学》完全不同。

不过,根据梅谦立的考证,《童幼教育》的文献至少来源于四部文艺复兴时期的教育著作:玻尼法爵(Giovanni Bonifacio, 1538—1606)的《基督教育》(*Christiani pueri institutio*, 1586)构成了《童幼教育》的主体部分(卷上三至卷下二),其中卷上十和卷下前两章的主题(知耻、缄默、言信)对应于《基督教育》卷四,讨论儿童美德;卷下六章之后涉及"饮食""衣裳""寝寐""交友""闲戏"的主题则与伊拉斯谟(Erasmus, 1466—1536)《儿童礼仪》(*Civilitas morum puerilium*, 1530)存在对应关系;维基欧(Maffeo Vegio, 1406—1458)的《教育六卷》(*De Educatione Liberorum et Eorum Claris Moribus Libri Sex*, 1491)和托雷斯(Juan Torres, 1562—1633)的《王子伦理学》(*Philosophia moral de principes*, 1596)的材料也构成了《童幼教育》各章节的素材来源,其中维基欧的材料补充了婚配生育和母乳喂养的内容(卷上一、二),托雷斯的材料补充了经典和文学教育的内容(卷下三、四);卷下五《西学》章则是高一志独立创作的。[②]

从文献来源的分析的确可以看出《童幼教育》具有一个不同于上下两卷的复杂结构[③],也正是这种复杂的文献来源表明了编撰者高一志的主动意志,他并不是简单地介绍或翻译西方的儿童教育思想,而是按照自己的意图重新编排手头的材料。

梅谦立的考证说明,《童幼教育》与朱熹《小学》一样,可以存在不同的内容划分方法。除了《童幼教育》原书的"两分法"之外,薛灵

---

① 肖朗:《〈童幼教育〉与明清之际西方儿童教育思想的导入》,《浙江大学学报(人文社会科学版)》2005年第5期。

② 梅谦立:《对〈童幼教育〉来源文献及其结构的考证》,《童幼教育今注》,第85—98页。

③ 梅谦立:《对〈童幼教育〉来源文献及其结构的考证》,《童幼教育今注》,第98页。梅谦立将《童幼教育》分为五个部分,分别涉及教育的主导者、教育方法、儿童美德、教育体系及课程、礼仪的具体规章。

美还提出了"三分法"：卷上前六章论述儿童自然禀赋及教育方法；卷上第七章至卷下第五章论述为学过程；卷下最后五章论述良好习惯的培养。①与《小学》"立教""明伦""敬身"三纲可大致对应。参见下表：

表1 《小学》与《童幼教育》篇章结构比较

《小学》篇章结构		《童幼教育》篇章结构	
三纲	主要内容	"三分法"	主要内容
立教	胎教 保养 政府责任 师生责任	教育之原 育之功 教之主 教之助 教之法 教之翼	择偶 胎教 母乳喂养 教育主导者 教育方法
明伦	父子有亲 君臣有义 夫妇有别 长幼有序 朋友有信	学之始 学之次 洁身 知耻 缄默 言信 文学 正书 西学	进学次第： 根于仁、进以孝、 坚以忍、成以智
敬身	心术 威仪 衣服 饮食	饮食 衣裳 寝寐 交友 闲戏	培养良好的习惯

可见《童幼教育》的篇章结构中存在一个对应于《小学》三纲的"三分法"结构，有为《小学》补阙之意。《小学》"明伦"部分直接表达教育的内容，《童幼教育》的第二部分在内容上认可了儒家明伦教育，在表达上突出进学次第。

（二）《童幼教育》的进学次第

朱熹在《小学》开篇题辞中揭示了儿童教育的天性基础：

---

① 薛灵美：《〈童幼教育〉与朱熹〈小学〉》，《童幼教育今注》，第121—122页。

元亨利贞，天道之常，仁义礼智，人性之纲。凡此厥初，无有不善。蔼然四端，随感而见。爱亲敬兄忠君弟长，是曰秉彝，有顺无疆。惟圣性者浩浩其天下不加毫末，万善足焉。众人蚩蚩，物欲交蔽，乃颓其纲，安此暴弃。惟圣斯恻建学立师，以培其根，以达其枝。①

《童幼教育》卷下第三章《文学》中，高一志用一句话总结了为学次第：“幼者之学，根于仁，进以孝，坚以忍，成以智。”②“仁孝忍智”四个次第环节大致可与朱熹的“人性之纲”相合。朱熹认为仁义礼智四端天性俱足，然而因为“物欲交蔽”，众人败坏了天性之善，要靠圣人立教培养善根。高一志也强调教育对天性的养护，劝仁言：“人性原系于天主，则人始学，返其本根，终归天主者，义也。”而孝亲“乃天理人情之至切者也”。劝忍的根据也在于“所禀美质淳朴”，“存人之元贵”。劝学则言“人性从始生恒向学”③。

高一志在论及为学次第一开始就强调本末，正确的次第在于由本及末，这与《大学》八目次第的精神相合，《大学》谓“知所先后，则近道矣”。高一志受《大学》影响颇深，他的“义礼西学”系列著述昭示以西学补充《大学》修治次第的宗旨，“义礼西学”的前提就在于对儒家修治次第的认同。④

高一志以修治之本为“仁”，而为学也当从“体仁”开始，可以说抓住了儒家伦理道德思想的核心。“仁”字在《论语》中出现了一百余次，是儒学所推崇的最高道德理想，所谓“君子无终食之间违仁，造次必于是，颠沛必于是”（《论语·里仁》）。同时，也是礼乐教化的基础：“人而不仁，如礼何？人而不仁，如乐何？”（《论语·八佾》）仁

① 薛灵美：《〈童幼教育〉与朱熹〈小学〉》，《童幼教育今注》，第125页。

② 《童幼教育今注》，第207页。

③ 《童幼教育今注》，第179—207页。

④ 也有学者直接将高一志的“义礼西学”部分称为“修治说”，如薛灵美：《高一志“修治说”研究》，东北师范大学硕士学位论文，2014年。

论占据了朱熹道德哲学的核心与根基[①]，朱熹引程子注“孝弟也者，其为仁之本与”（《论语·学而》）一句：

> 孝弟顺德也，故不好犯上，岂复有逆理乱常之事？德有本，本立则其道充大。孝弟行于家而后仁爱及于物，所谓亲亲而仁民也。故为仁以孝弟为本，论性则以仁为孝弟之本。[②]

程子认为，从行上说，孝悌是为仁之本；而从性上说，仁是孝悌之本。高一志在为学次第上强调本末，认为要从体仁开始，是符合儒家伦理道德思想的，尤其是宋明理学。

这样，就从“根于仁”自然过渡到“进以孝”，对应于第八章《学之次》。孝亲是儒家伦理道德的出发点，有子以孝悌为为仁之本。朱熹《小学》“明伦”一卷也从“父子之亲”开始。

“坚以忍”对应于卷上第九章至卷下第二章的内容，说明童幼教育中保养天性，去除恶习的环节。《洁身》强调重洁戒欲，以存养先天美质。该篇末尾强调，洁身戒欲除了远离淫邪杜绝淫念之外，还要谨于口耳；[③]朱熹《小学·敬身》也辑有《论语》“非礼勿视，非礼勿听，非礼勿言，非礼勿动”[④]一句。《知耻》强调天赋羞恶之心为进德修业的保障，要注意存养保护，与儒家“四端”之说相合。[⑤]《缄默》和《言信》两章则是针对童幼容易沾染的恶习而作的。[⑥]《小学·立教》

---

① 参见江求流：《天道根源与价值意义——论朱子〈仁说〉的核心问题》，《朱子学刊》2014年第1期。

② 朱熹：《四书章句集注》，第48页。

③ 《童幼教育今注》，第192页。

④ 朱熹著，朱杰人等主编：《朱子全书》第13册，第416页。

⑤ 儒家“四端”之说为性善论的表达，见于《孟子·告子上》：“恻隐之心，人皆有之；羞恶之心，人皆有之；恭敬之心，人皆有之；是非之心，人皆有之。恻隐之心，仁也；羞恶之心，义也；恭敬之心，礼也；是非之心，智也。仁义礼智，非由外铄我也，我固有之也，弗思耳矣。”

⑥ 朱熹著，朱杰人等主编：《朱子全书》第13册，第201页：“童幼之性，或烦于言、偏于伪。”

也收入《论语》中涉及谨信之学的表达,一则是"谨而信",一则是"与朋友交言而有信"。[①]《小学·敬身》论及"心术之要"的部分也强调慎言。[②]无论朱熹还是高一志,都强调为学过程中的口舌之谨。

"成以智"对应于卷下第三至五章:《文学》《正书》及《西学》。经典教育是"幼者之学"的最后一个环节,也是完成环节。儒家所提倡的经典教育也与之类似,虽说修读经典是必不可少的,却是教育的最后环节。《论语》有"行有余力,则以学文",程子认为如果没有尽为人弟子的职责就匆忙修习经典,算不得"为己之学"。[③]朱熹将此句连同程子的注收入《小学》。

综上,高一志的《童幼教育》在篇章结构上可以比附《小学》三纲,在进学次第上也可与儒家道德教育相互认同。虽然《童幼教育》所用的材料和事例都来自欧洲文化,但在道德教育上却可以与儒家相合。《小学》以圣贤事例来证实"立教""明伦""敬身"三纲,而《童幼教育》可以视为补充西方圣贤事例,为《小学》的补充。然而其"敬畏天主"的宗教教育和介绍欧洲耶稣会教育体系的《西学》一章难以融入朱熹的《小学》。

二、西来第一宗旨

(一)宗教教育或儒家道德教育的根据

梅谦立通过分析高一志《童幼教育》的文艺复兴教育著作来源,总结出高一志所体现的文艺复兴教育思想,主要有四个特点:教育的基础在于自然;需要通过学校教育补充自然;宗教教育的重要性;

① 朱熹著,朱杰人等主编:《朱子全书》第13册,第397页。
② 朱熹著,朱杰人等主编:《朱子全书》第13册,第416页。
③ 朱熹:《四书章句集注》,第49页。

教育的制度化。[①]从前文我们可以看到，教育根于自然，补充自然之不足是中西教育家的共同认识。[②]教育的制度化主要体现于卷下《西学》章对耶稣会教育制度的介绍，然而中国传统教育制度的规范化和次第顺序比之《西学》并无不及。例如韩霖序曰："古之教者，家有塾，党有庠，术有序，国有学。"[③]真正使高一志的《童幼教育》补阙《小学》，并且超越于《小学》的地方在于其引入的宗教教育，以"敬天"补充"敬身"。[④]

利玛窦从儒家道德理想推演独一天主，其《天主实义引》开篇第一句即进入中国伦理道德语境：

> 平治庸理，惟竟于一，故贤圣劝臣以忠。忠也者，无二之谓也。五伦甲乎君，君臣为三纲之首。夫正义之士，此明此行。[⑤]

以三纲五伦的儒家传统伦理开始，进而引导士大夫认识到天地之主："邦国有主，天地独无主乎？"[⑥]从劝忠过渡到劝信仰天主。与利玛窦一样，高一志也是从肯定儒家伦理纲常出发演绎其宗教教育思想的：

> 凡学贵以序而进焉，则先立乎其本，而后及其末。本者仁也，修齐之根，而诸善之母也，则始学体仁者，径道也。乃仁之学，又本于天主，即以敬畏天主为首功，盖吾之所当爱及所当敬者，莫大莫尊故也。[⑦]

---

① 梅谦立：《〈童幼教育〉与文艺复兴教育》，《童幼教育今注》，第99—119页。

② 薛灵美比较高一志《童幼教育》与朱熹的《小学》，总结了中西教育思想的三个相同点，分别是源于人性、重视气质禀赋、强调训练。见薛灵美：《〈童幼教育〉与朱熹〈小学〉》，《童幼教育今注》，第125—130页。

③ 《童幼教育今注》，第149页。语出《礼记》，朱熹收入《小学》。

④ 薛灵美：《〈童幼教育〉与朱熹〈小学〉》，《童幼教育今注》，第134—136页。

⑤⑥ 利玛窦著，梅谦立注，谭杰校勘：《天主实义今注》，第75页。

⑦ 《学之始第七》，《童幼教育今注》，第179页。

孔子对仁的定义在于“爱人”或“克己复礼”[①]，朱熹将“仁”解释为“爱之理”“心之德”[②]。高一志则超出中国传统，认为仁学本于天主，“以敬畏天主为首功”。既然仁为“修齐之根”，那么敬畏天主就是儒家道德伦理的前提和根基。

> 盖未知畏天主，必于君臣之义、父子之亲、夫妇之别、长幼之序、朋友之信，无所存也。[③]

“君臣之义”等表述出自《孟子》，朱熹将其编入《小学》，并作为“明伦”的总纲。高一志此处强调敬畏天主对于五伦关系的重要性，可见朱熹与高一志的分歧并不在伦理道德教育的实践上，而是在伦理道德的最终根据上。

高一志在卷上《教之助》的最后，简单介绍了耶稣会在欧洲的学校教育，揭示其儿童教育的宗旨在于“必使其知天上有主宰治人物而当敬，国中有皇敷命大众而当忠，室内有亲教养百凡而当孝”[④]。在忠孝之前的“敬畏天主”成为儒家伦理道德的基础，因此“敬畏天主”也自然成为道德教育的出发点。

在《学之始》一章中，高一志将“体仁”解释为认识天主，并且以之为学习次第的首要环节，并以雅典、波斯、克里特和犹大的教育事例为证，说明智慧的民族和君王都以敬畏天主为学之首，从而政通人和。[⑤]反之，则举伊壁鸠鲁学派的例子说明若忽视敬天，无论学问做得多么细致，最终还是“乱俗流毒，不可胜言”[⑥]。最励志的例子是

① 见《论语·颜渊》“颜渊问仁，子曰克己复礼为仁”，以及“樊迟问仁，子曰爱人”。

② 参见朱熹：《四书章句集注》，第 86、100、133 页等处，及《小学集注·立教第一》（中国基本古籍库）。

③ 《童幼教育今注》，第 187 页。

④ 《童幼教育今注》，第 170 页。

⑤ 《童幼教育今注》，第 179—180 页。

⑥ 《童幼教育今注》，第 181 页。

关于大阿尔伯特(Albertus Magnus)的：

> 曩者西士亚儿伯多氏幼时，一心向格穷之学，而短于才，不能如意，旦夕祈天主洪佑，实践仁道，而不敢惰。未几，气质清明，非众友比，无书不通，无理不究，而竟为世名师。[①]

引文中所谓的“仁道”，就是敬畏天主。大阿尔伯特幼年志于学，却天资愚钝，难以进学，仅仅通过向天主祈祷就成为大学问家，“为世名师”。这一事例生动地诠释了“知之始畏主”[②]。

以敬畏天主为进学之始，宗教教育贯穿于道德教育的所有环节。例如，在《学之次》一章中，高一志诉诸十诫论述孝亲：“造化主置十条目以治下民，而孝敬父母系于奉敬天主之后，冠于和睦世人之首焉。”[③]在《知耻》章中举隐修士的故事说明知羞者也为天主所喜。《言信》章以天主“真仁二德”劝诫。《文学》章以人性为原罪染累来说明学习的必要性，并且举了所罗门王向天主祈求明智的例子。《正书》章也以依纳爵和奥古斯丁这样的宗教圣贤为榜样。[④]《西学》章则达到高一志所述宗教教育的高峰。

（二）《西学》与道德教育的范围

《西学》一章在高一志的《童幼教育》中尤为独特。这一篇独立创作于南京期间，成文时间较早，宗旨在于“陈西学之节”[⑤]，其内容已经超出了书名《童幼教育》所涵盖的范围，所述从开蒙之后直至博士的学习次第。章前有一行小引：

> 此稿脱于十七年前，未及灾木。同志见而不迂，业已约略

---

① 《童幼教育今注》，第181—182页。

② 《圣经》箴1:7;诗111:10。见《童幼教育今注》，第179页。

③ 《童幼教育今注》，第183页。

④ 《童幼教育今注》，第201—214页。

⑤ 《童幼教育今注》，第216页。

加减刻行矣。兹全册既出,不得独遗此篇,遂照原稿并刻之。[①]

梅谦立在注释里提到这里的"同志"指艾儒略,他于1623年出版了《西学凡》,与高一志《西学》篇内容和字句大同小异,二者之间的关系已成一桩学术公案。[②]按照此处高一志的说法,《西学凡》是在《西学》基础上略加增删即出版的。换言之,艾儒略抄袭了高一志的《西学》。[③]不过,既然艾儒略《西学凡》出版在先,影响深远,又有为"西书七千部"提纲之意[④],而高一志在绛州的著述本身也属于西书中传计划的一部分[⑤],那么,在《童幼教育》中插入与之关联不大的《西学》篇,意义何在?难道仅仅是高一志不忿于自己的作品被剽窃,因此借《童幼教育》出版的机会宣示版权?

引文中"兹全册既出,不得独遗此篇"一句颇耐人寻味。一方面,高一志认为《西学》为《童幼教育》不可分割的一部分,若无此篇,《童幼教育》并不完整;而另一方面,《西学》又是在《童幼教育》编订成稿前匆忙加入的。有一处细节值得注意,韩霖在序中称哲学为"斐禄所费亚","厄第加"译言"修齐治平";[⑥]而《西学》称哲学为"费罗所非亚","厄第加"译言"察义礼之学"。[⑦]二者在文字上略微有出入,韩霖的序显然参照了艾儒略《西学凡》的翻译。或许因为艾儒略《西学凡》在士大夫中间影响很大,韩霖已经习惯了艾儒略的译名,在作序时并未详查译名出入;又或许韩霖作序之时还没有见到《西学》篇;也有可能高一志与韩霖都已经接受了艾儒略的译名,只是

① 《童幼教育今注》,第216页。

② 参见梅谦立:《理论哲学和修辞哲学的两个不同对话模式》,景海峰主编:《拾薪集:中国哲学建构的当代反思与未来前瞻》,第81—105页;邹振环:《晚明汉文西学经典:编译、诠释、流传与影响》,第223—254页。

③ 《童幼教育今注》,第216页,注释2。

④ 邹振环:《晚明汉文西学经典:编译、诠释、流传与影响》,第226页。

⑤ 段春生:《高一志教育思想的背景》,《童幼教育今注》,第76页。

⑥ 《童幼教育今注》,第149页。

⑦ 《童幼教育今注》,第219—220页。

《西学》在最后才加入稿样，未及订正，译名的细微差别也并未引起注意。[1]看来，高一志有迫切的理由要将表面上看起来超出“童幼教育”范围的《西学》加入进来。为此，有必要从内容上考察《西学》与《童幼教育》的关系。

《西学》阐述耶稣会学校教育的进学次第：开蒙之后先学习文法和修辞学，然后可进于法律、医学和哲学三科之一，哲学修习毕业后进修神学，神学生中又有一部分“高志之士”进入修会，“以扶天主正传”[2]。这部分内容被编排于卷下《饮食》之前，《正书》之后。在薛灵美的划分中属于第二部分“仁孝忍智”的最后一章。如果按照“三分法”，进学次第从卷上《学之始》至卷下《西学》共九章，四个环节，《西学》处于最后一个环节“成以智”的末尾。《西学》本身又有三个环节，最后一环是神学，即高一志所说的“天学”，至此“吾西大学之修，从认己始，而至于知万有之至尊，正所谓复其初、反其本也”[3]。

高一志将大学分为“人学”和“天学”两阶，人学认己，天学知天。知天而“复其初”并非是复大学之初，而是复“学之始”。学习次第的最开始在于敬畏天主，而最终环节在于认识天主。这样一来，《学之始》至《西学》九章构成了一条闭合的进学道路，修齐治平根于天主。在高一志的心目中，教育的环节是封闭的，道德教育以宗教教育为根据和范围，敬天是一切道德教育的开始，也是一切道德教育的最终目的。因此，“仁孝忍智”至《正书》并没有完结，必须补上《西学》一篇，才能显现“童幼教育”的意义所在。“童幼教育”并没有独属于“童幼”阶段的宗旨和目的，而是全人教育的开始。

综上，高一志的《童幼教育》认可并补充了以朱熹《小学》为代表的儒家道德教育：教育的目标在于成就道德上的圣贤。然而在儒家道德教育之外，高一志还提出了宗教教育的思想，也即“敬畏天主”的教育。

---

① 按照耶稣会译著经典的规矩，成稿须经三人看样，才允付梓。若非如此，笔者甚至怀疑《西学》是在临要刻板之前加入的。

②③ 《童幼教育今注》，第221页。

这是以朱熹为代表的儒家道德教育所没有的内容,却是高一志所阐发的道德教育中不可缺少的一部分。首先,宗教教育构成道德教育的一部分,不单单组成道德教育环节中的"学之始"及"人学"之上的"天学部分",也贯穿于道德教育的所有环节;其次,宗教教育是道德教育之所以可能的基础和宗旨。在高一志的《童幼教育》之中,儒家道德教育的有效性是由"敬畏天主"的宗教教育来保证的。如果采用 18 世纪以来的哲学术语,那么可以说,宗教教育为道德教育奠基。对于高一志来说,"敬畏天主"具有奠基性,即能够提供道德教育之所以可能的保障;对于宋代以来的儒家学者来说,这种奠基性在于"仁"或"仁之四端"。《童幼教育》直接将"仁"解释为"敬畏天主",这两个概念之间并不存在一个逻辑证明的过程。对于高一志来说,天主是万物的最终根据,故"知之始畏主";而对程朱而言,仁是孝悌的根本与宗旨。以"体仁"为"敬畏天主",可以说是一种跨文化诠释,并非推论,而是翻译。

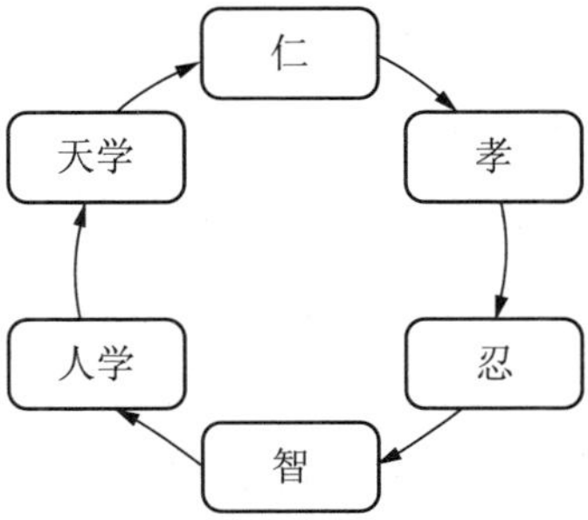

图 1 《童幼教育》中的教育环节

这是高一志的《童幼教育》最为独特的地方,所谓"西来第一宗旨"。宗教教育对于道德教育的奠基性则是儒家道德教育中所缺少的部分。在道德教育当中引入一个位格性的绝对他者,并以此作为道德教育的保障,这在中国教育思想史上是空前的。

余　论

韩霖高度赞扬《童幼教育》,称如果在全国贯彻高一志的教育思想，三十年就可以天下太平。在这个意义上，可称《童幼教育》为“厄第加之全书”。这是以“修齐治平”理解“厄第加”，《童幼教育》从修身开始，并最终能够达成治平的目的。可惜历史留给高一志与韩霖的时间并不多。1640 年，高一志去世，第二年，韩霖受命撰《铎书》，用于乡约教育，其中收录了除《西学》以外的《童幼教育》全文。然而《铎书》发行未及三年，明朝就灭亡了，韩霖归降李自成，兵败后避祸于稷县，1649 年为土寇所害。《铎书》自此湮没无闻，至民国方才重刊。

然而，在前述道德实践根据的意义上，《童幼教育》的确超出了儿童教育的范畴，而为“厄第加之全书”。韩霖自己在《铎书》的结尾处也指出包括《童幼教育》在内的乡约教育内容为“第二义”，“敬畏天主”才是“第一义”。[①]宗教教育对于道德教育的奠基性意义源于天主对于伦理道德的奠基性。对道德根据的追问，是西方道德哲学的核心。基督宗教信仰在思想史上对这一问题提出了自己的回答，并成为中世纪道德哲学的圭臬。

耶稣会士甫一接触儒家的伦理道德思想，很快就能洞察其在普遍性根据上的缺失。儒家的伦理道德思想常诉诸处境化的表达，而少探寻道德命令的根据，因时因地、因人制宜地给出实践指导。[②]正是在道德生活与道德教育之如何可能的最终根据上，韩霖感觉朱熹的《小学》“尚隔一层”。

《童幼教育》在教育学上确立“敬畏天主”为道德教育的基础和归宿，在伦理学上揭示道德之所以可能的根据。这是与儒家伦理道德思想完全异质的内容。儒家原来讲“仁者爱人”，高一志则说“仁

---

① 韩霖说：“余尚有《敬天解》一篇，详言天学，愿就正海内魁梧长者，已前所言，犹第二义也。”见韩霖著，孙尚扬、肖清和等校注：《〈铎书〉校注》，第 168 页。

② 一个经典的例子，出自《论语·先进》：“子路问：‘闻斯行诸？’子曰：‘有父兄在，如之何其闻斯行之？’冉有问：‘闻斯行诸？’子曰：‘闻斯行之。’公西华曰：‘由也问闻斯行诸，子曰有父兄在；求也问闻斯行诸，子曰闻斯行之。赤也惑，敢问。’子曰：‘求也退，故进之。由也兼人，故退之。’”见朱熹：《四书章句集注》，第 129 页。

者敬天”，若无“敬天”，儒家“爱人”之旨在理论上缺少根据，在实践上没有归宿，自明末至于近代，中国天主教徒深切体会到天主信仰对于建立儒家道德理想的重要性，韩霖说儒家“尚隔一层”，徐宗泽谓之“不得光明”①。

然而，有趣的是，儒家伦理道德思想极大地鼓舞了18世纪的欧洲启蒙思想家，他们并不认为儒家伦理道德在本体论上存在缺陷，相反，中国建立在普遍理性之上的无神论实践哲学造就了一个道德高尚、政治清明的强大帝国。这一事实刚好成为人类理性仅依靠自身完善道德实践的例证。古希腊—罗马的古典文化与中国道德哲学一道成为启蒙志士反对宗教教育的有力武器。②可见中西文化交流的历史并不仅仅是基督宗教在中国的传播，而且是不同文化相互学习、相互启发，携手面对人类的共同命运和普遍问题的历史。

① 徐宗泽：《明清间耶稣会士译著提要》，第166页。

② 朱谦之：《中国哲学对欧洲的影响》，上海人民出版社，2005年，第187—252页。

"谁谓奉圣教者,不奉祖先哉?"

——黎玉范《圣教孝亲解》诸手稿的文本研究

南京大学学衡研究院　宋黎明

黎玉范(Juan Bautista Morales, 1597—1664)是所谓"礼仪之争"中的一位重要人物,而《圣教孝亲解》则是他投身这场争论的一部重要作品。梵蒂冈图书馆收藏的黎玉范《圣教孝亲解》早为学界所知,杨惠玲曾转录全文,给学界提供了极大的便利。[①]鲜为人知的是,罗马国家档案馆(Archivio di Stato di Roma)也收藏了三种有关黎玉范《圣教孝亲解》的手稿,本文首次将它们公之于世,并试图分析上述四种手稿之间的差异,探讨它们的来源并判断其写作年代。

一、《圣教孝亲解》诸手稿简介

藏于梵蒂冈图书馆黎玉范《圣教孝亲解》手稿(以下简称"梵蒂冈本"),卷宗号为 Borgia.cin. 503,页码为 ff. 177—184,高 16.4 厘米,宽 12.5 厘米,宣纸纸本,中国墨水,毛笔抄录,著述者写为"传教会士黎玉范述"。[②]具体而言,这一卷宗包括多种文献,在《圣教孝亲

---

① 杨慧玲:《梵蒂冈图书馆藏明清中西文化交流史重要文献——对梵蒂冈图书馆藏稿抄本 *Borg.cin.503* 的初步研究》,《史学史研究》2016 年第 2 期。

② 与欧洲档案馆所藏多数中文文献一样,这份手稿的装订者当为不懂汉字的欧洲人,故没有按照古代中文文献顺序从右往左,而是按照西方文献的顺序从左往右编排页码。就这份《圣教孝亲解》手稿而言,f. 177 实际上是最后一页,而 f. 184 则为开头一页。收藏在罗马国家档案馆的其余两种《圣教孝亲解》手稿的页码也是如此,读者须逆而读之。

解》之前有一部汉西双语词典（*Vocabulario Chino-Espanol Alphabetico*），共 326 页（词典正文前又有七页汉字注音和西班牙语对照的天主教经文），其后则有 33 页的《拜客问答》，再后有摘自《礼记》二十二卷关于神位与祭祀段落的纸条，最后是一页红纸刻板“吸毒石用法”。①

黎玉范《圣教孝亲解》全文实际上由两个部分组成，主体部分为黎玉范对“圣教孝亲”的解释，从开首“天主圣教，孝敬父母，第一要也”，至结尾“盖钦崇一天主而外，孝敬父母，第一要也”。第二部分则讲述黎玉范前往罗马及此行的重大收获，即 1645 年罗马教廷通谕的内容概述（全文见本文附录一）。该手稿的主体部分讨论天主教孝亲问题，首尾呼应，自成一体；而后一部分则是 1645 年教廷通谕的内容，也可独立成篇。显而易见，梵蒂冈本将并无直接关系的两个东西生硬地拼凑在一起，多少显得别扭。另外值得一提的是，第一页到第二页的“不敢睨，不敢侮，不敢詈，不敢憾，不狠应对，不敢愿其速逝”，有西班牙语译文，或许为黎玉范亲译。就文本而言，梵蒂冈本存在一些明显的缺陷。“万亘稍有获戾，致其怏怏，难言矣”句中，“难言”后面漏掉一个“孝”字。“灵魂不属父母所生，试乃天主攸成”句中，“试”为“诚”之误。“凡教中男女，该遵守主日，并大瞻礼日与夫大小斋也”句中，“夫”为衍字。另外，由于年代久远，个别字已经脱落不见，“或有□□□主，祈拯其灵，亦属虚想，何者？”根据罗马国家档案馆的手稿可知，这三个脱字为“祭于天”。

罗马国家档案馆藏有另外一种黎玉范《圣教孝亲解》（以下简称“罗马短本”），卷宗号为 ms. Cinese, ff. 119—128，高 18.6 厘米，宽 12 厘米，宣纸纸本，中国墨水，毛笔抄录，署“传教会士黎玉范述”。罗马短本有一封面，封面左侧上方写有“圣教孝亲解”五个汉字，字迹与正文一致，而在下方则有一段拉丁文标注，内容模糊难认，且未署名，但通过比较和对照，可知这是耶稣会士庞嘉宾（Kaspar

---

① 参见 Paul Pelliot：*Inventaire sommaire des manuscrits et imprimés chinois de la Bibliothèque Vaticane. A posthumous work*, *révisé et édité par Takata Tokio*, Kyoto 1995, p.54；杨慧玲，前揭文，第 93—94 页。

Castner，1655—1709）的笔迹。[1]罗马短本类似于梵蒂冈本，即包括《圣教孝亲解》的主体部分及1645年教廷通谕概述（全文见本文附录二），故也是一个杂烩本。

罗马短本与梵蒂冈本具有一些共同的缺陷，如前述梵蒂冈本"万亘稍有获戾，致其怏怏，难言矣"句中，在"难言"后面漏掉一个"孝"字，罗马短本亦然。但是，另一方面，罗马短本也修正了梵蒂冈本的一些错误，如"灵魂不属父母所生，试乃天主攸成"句中，"试"改为"诚"；"凡教中男女，该遵守主日，并大瞻礼日与夫大小斋也"句中，没有"夫"的衍字。罗马短本与梵蒂冈本之间存在其他较大的差别，主要有三处：一、梵蒂冈短本载："天主教诫，命人孝敬父母，何为世人，未察其详，伪传天主圣教，导人不孝父母也，亦谬甚矣。"罗马短本则为："天主教诫，命人孝敬父母，何为世人，未察其详，伪传导人不孝，归罪天主圣教也。噫，亦谬甚矣。"二、梵蒂冈本载："况世人淑慝不等，有积善者，有怙恶者，然善人少，而恶人多，厥胤不论其生平，死后一概祭之，不其无等虚诞之甚乎？"罗马短本则为："况世人淑慝不等，厥胤不论其生平，死后一概祭之，不其无等虚诞之甚乎？"三、梵蒂冈本载："故跪乳返哺，鸟兽且然，况于人乎？"罗马短本则为："故鸟老莫飞，厥子觅食哺之；鸟病未痊，厥子觅草疗之，羽族且然，况于人乎？"就文字而言，罗马短本似不及梵蒂冈本。

罗马国家档案馆藏有另外一份有关手稿（以下简称"罗马长本"），卷宗号为ms.Cinese，ff. 129—142，高23.4厘米，宽12.3厘米，宣纸纸本，中国墨水，毛笔抄录。封面上没有正文标题，而有两段拉丁文标注。第一段标注为题签，其中可以辨认的是"*... De Obsequio filiali... Dom. P. Fra. Juan Bautista Morales*"，意指这是多明我会士黎玉范所撰关于孝亲的一部著作；题签下面两行字，第一行难以辨认，第二行则写为"Philipucius"，即耶稣会士方济各

---

[1] 庞嘉宾的手迹，可见ARSI，*Jap. Sin.*，160，f. 89；ARSI，*Fondo Gesuitico* 724. 2；ARSI，*Jap.Sin*，166，ff. 438-438v；440-441v。

(Francesco Saverio Filippucci, 1632—1692),他是意大利耶稣会士,曾在广州和澳门传教二十五年,其间收藏了大量的中文书籍与资料。第二段拉丁文标注似出自庞嘉宾之手,因字迹潦草、模糊,难以看懂其内容,但其中可见"P. Philipucius"(方济各神父)的字样,由此可见该手稿与方济各之间的联系。

这份手稿实际上由四篇文章组成。第一篇即《圣教孝亲解》,署"传教会士黎玉范述"。这篇文章的内容与梵蒂冈本和罗马短本的主体部分基本相同,而无有关1645年教廷通谕的内容,故为名副其实的《圣教孝亲解》。就文本而言,它更接近梵蒂冈本,但没有上述梵蒂冈本的缺陷,唯一明显的笔误是将"木铎"写为"本铎"。毫无疑问,在三种《圣教孝亲解》中,这是最好的一个版本,而且书法也似最佳。第二篇题为"天主教刻板,书名《拯民略说》,内载'祀先当循正道'",未署名。所谓"天主教刻板",指业已出版的天主教著作,《拯民略说》,当为《拯世略说》之误,其作者为浙江天主教徒朱宗元,《拯世略说》第十九节题为"祀先当循正道"。黎玉范在此摘录了其中的部分内容。第三篇题为"天主教刻板,书名《代疑篇》",未署名。与第二篇一样,这也是"天主教刻板",内容摘自杨廷筠(1557—1627)《代疑篇》"孝亲与娶妾辨"一节。第四篇《中华礼》,未署名,作者或为黎玉范本人。此篇未标明"天主教刻板",故非抄录自某个出版物,而是根据《舜典》《礼记》及其他中国经典,梳理了中国古代祭祀之礼,暗示中国传统礼仪具有与天主教不相容的迷信成分(全文见本文附录三)。

除了上述两种手稿,罗马国家档案馆还藏有一页单页,卷宗号为ms.Cinese, f. 130,高18厘米,宽13厘米,红纸黑字,毛笔抄录。这页手稿仅抄录有关1645年教廷通谕的内容,即梵蒂冈本和罗马国家档案馆短本的最后部分(全文见本文附录四),未署名。由于包括1645年教廷通谕的梵蒂冈本和罗马短本均为"传教会士黎玉范述",所以这一单页的作者非黎玉范莫属。比较罗马短本的相关部分,这一单页的差别仅有一点,即"教皇昊依巴诺"中的"昊"写为

"吾"。另外，它有五个脱字："凡妇女□□□洗时，铎德该代搽圣油，并□□圣盐。"根据罗马短本和梵蒂冈本，可知脱字分别为"初领圣""与尝"。

二、《圣教孝亲解》诸手稿的来源

无论梵蒂冈图书馆，还是罗马国家档案馆，均没有说明上述手稿的来源。梵蒂冈图书馆收藏了大量的中国传教文献，黎玉范《圣教孝亲解》手稿厕身其中，理所当然。但是，其余三份有关手稿却来自罗马国家档案馆，而该馆通常情况下并不收藏教会档案。这一情况与罗马耶稣会档案馆的一段曲折历史有关。

众所周知，耶稣会在1773年遭到解散，所有财产或者被教皇没收，或者落入他人之手。在罗马所有耶稣会的档案文献均被查封，一些文件被运送到梵蒂冈，其他一些文件运送到罗马国家图书馆等机构或者被私人收藏。时至1814年，耶稣会得以恢复，其总部重建于罗马。意大利统一之后，意大利政府于1872年占据了耶稣会总部及其他房产，耶稣会总会长也被迫离开罗马。耶稣会设法保护其档案文献，但有关耶稣会与教皇关系的资料被没收，并从罗马学院转交到罗马国家档案馆，卷宗名为"*Fondo Gesuitico*"(《耶稣会资料》)。直到1924年汾屠立(Pietro Tacchi Venturi)神父与意大利政府达成协议，使得这些文献重返耶稣会档案馆，条件是它们必须对学者开放。[①]显而易见，这一归还工作做得并不彻底，一些文献依然留在罗马国家档案馆及罗马国家图书馆。因为这个原因，黎玉范《圣教孝亲解》的相关手稿及其他一些文献，如著名的罗明坚中国地图集等，现在收藏在罗马国家档案馆。

---

① 参见陈纶绪：《罗马耶稣会档案处汉和图书文献目录提要》(Albert Chan S.J., *Chinese Books and Documents in the Jesuit Archives in Rome, a Descriptive Catalogue: Japonica-Sinica I - IV*, N.Y.: Sharpe, 2002), Preface, pp.xiii - xv。

罗马国家档案馆与耶稣会档案馆之间所藏有关中国传教文献的直接联系，可见1700年春福州天主教徒与颜当(Charles Maigrot, 1652—1730)主教一案。在冲突事件发生之后，卷入此案的福州天主教徒向耶稣会及其他修会的领袖告状，目前可见的这些领袖的复函有二：一为北京主教伊大任(Bernardino della Chiesa, 1644—1721)、江西宗座代牧白万乐(Alvaro de Benavente, 1647—1707)和陕西宗座代牧叶尊孝(Basilio Brollo de Glemona, 1648—1704)联名复函，现藏罗马耶稣会档案馆；[1]二为四川宗座代牧梁弘任(Artus de Lionne, 1655—1713)的复函，现藏罗马国家档案馆。[2]梁弘任复函附有拉丁文译文，题为“*Responsum Domini Episcopi Rosaliensis ad Christianos aliquot urbis Focheu fu*”(罗萨列主教致福州府天主教徒函)。与这篇译文一道，还有其他三位主教和宗座代牧复函的拉丁文译文:*Responsum Domini Episcopi Pekinensis*, *Domini Episcopi Ascalonsensis et Revermi P. Basily de Glemona Vicary Apostolici Xensitana Provincia ad eosdem Christianos*(北京主教、阿斯科拉主教和陕西宗座代牧叶尊孝复相同教徒函)。[3]这充分说明这两份中文复函原为不可分割的一体，后因上述原因而分散两地。由此可见，罗马国家档案馆收藏的黎玉范《圣教孝亲解》的三份手稿来自罗马耶稣会档案馆。

然而，罗马耶稣会档案馆主要收藏耶稣会方面的资料，为何出现多明我会士黎玉范的三种中文作品？追根溯源，罗马耶稣会档案馆所藏中文图书和中文资料，多来自1700年之后。1700年春福州天主教徒与颜当主教冲突之后，教廷方面准备就中国传教过程存在的“Deus”的中文译名及祭孔和祀祖问题做出裁决，而另一方面，北

---

① ARSI, *Jap. Sin.* 165, ff. 200 - 200v.

② ASR, *Cina*, ms. 118.

③ ASR, *Cina*, ms. 116 - 117。参见宋黎明:《“译名暨礼仪之争”的重要一页——1700年春福州教徒与颜珰主教冲突之新探》，澳门《文化杂志》2017年第100期。

京耶稣会士上奏康熙，促使中国皇帝在这些问题上支持耶稣会的立场。无论如何，论战的主战场不在北京宫廷，而在罗马教廷。为此，耶稣会总会长贡扎莱兹（Tyrso González，1687—1705）在1700年底指示在华传教士大量收集有关争论的材料，以便影响教皇的决策。中国副省会长安多（Antoine Thomas，1644—1709）忠实地执行了这一指示，他先是派遣耶稣会士卫方济（1651—1729）和庞嘉宾作为代表前往欧洲，随身携带了大量的中文资料，包括方济各丰富的私人收藏。卫方济和庞嘉宾于1702年1月14日从广州出发，并于当年12月底到达罗马。与此同时，安多继续积极收集中文证词，计有60函书信及来自中国各地大约430个署名。这些文献先送到澳门，然后再通过不同的途径送到罗马。卫方济和庞嘉宾在罗马编撰出版了两个重要文件汇编：其一为《新的真实证词摘要》（*Summarium Nouorum Autenticorum Testimoniorum*），1703年3月27日觐见教皇时呈交，1703年8月出版；其二为《最新中国证词摘要》（*Summarium Novissimorum Testimoniorum Sinensium*），收集了新近到达的中国文献的拉丁文摘要。①

在卫方济和庞嘉宾编辑的上述两本资料集中，没有出现黎玉范的《圣教孝亲解》，故从中无法判别罗马国家档案馆收藏的黎玉范的手稿是否在此间到达罗马。然而，如前所述，罗马长本的封面上的拉丁文标注，两次出现方济各的名字，暗示该手稿原本为方济各收集的资料，而庞嘉宾的笔迹则表明该手稿由庞嘉宾带到罗马。罗马短本上一段拉丁文标注，也有庞嘉宾拉丁文标注，其来源当同罗马长本。事实上，庞嘉宾在一封信函中提及，在他编辑的文献中，有黎玉范的一本小册子，钟鸣旦认为或指《圣教孝亲解》。②需要补充的是，庞嘉宾亲自标注的黎玉范有关圣教孝亲的小册子，不止一种，而

---

① Nicolas Standaert, *Chinese Voices in the Rites Controversy: Travelling Books, Community Networks, Intercultural Arguments*, Roma: Institutum Historicum Societatis Iesu, 2012, pp.13-46.

② Nicolas Standaert, *op.cit.*, p.74, n. 100.

是两种。此外，罗马单页没有任何线索可寻，但可假设为情况相同，即由方济各在中国收集并由庞嘉宾携至罗马。因此，罗马国家档案馆三份有关黎玉范《圣教孝亲解》的手稿，当于1702年底到达罗马。它们先藏于罗马耶稣会档案馆，后流落至罗马国家档案馆。

从耶稣会解散后的历史可知，罗马耶稣会档案馆部分档案也曾流落到梵蒂冈，那么梵蒂冈图书馆所藏黎玉范《圣教孝亲解》是否也来自罗马耶稣会档案馆？笔者认为，这种可能性微乎其微。首先，与罗马短本和罗马长本不同，梵蒂冈本上没有任何标注，不见方济各的名字和庞嘉宾的笔迹，故可判断它与罗马短本和罗马长本有不同的来源。其次，梵蒂冈本前面两页有西班牙文译文，疑似黎玉范笔迹，或为黎玉范的自存本，故难以落入耶稣会士之手。最后，与黎玉范《圣教孝亲解》一起的汉西双语词典和摘自《礼记》的段落纸条，前者可能出自黎玉范之手①，后者可能是黎玉范为准备罗马长本第四部分《中华礼》所作札记。这组文献多与黎玉范有关②，很可能是这位多明我会士去世后被送至罗马的。进而言之，在汉西双语词典上有一段西班牙文标注：“1693年9月23日，余天民(Giovanni Francesco de Nicolai de Leonesa, 1656—1737)神父在扬州教堂为一位专业医师施洗，他出生在南京，本姓许，我给他取礼教名保罗。”③如果黎玉范《圣教孝亲解》与这些手稿一同进入罗马，时间则是在1693年之后。

---

① 关于这部词典的作者，《明代名人传》明确为黎玉范；L. Carrington Goodrich and Chaoying Fang ed., *Dictionary of Ming Biography, 1368-1644*, vol.1, N.Y and London: Columbia University Press, 1976, p.1076。杨慧玲对此有所保留：“不能完全排除这部词典是黎玉范所撰。”见杨慧玲：《梵蒂冈图书馆藏明清中西文化交流史重要文献——对梵蒂冈图书馆藏稿抄本 *Borg.cin.503* 的初步研究》，第97页。

② 需要说明的是，关于同一组文献中的《拜客问答》，夏伯嘉和郑海娟认为可能是利玛窦的作品(杨慧玲：《梵蒂冈图书馆藏明清中西文化交流史重要文献——对梵蒂冈图书馆藏稿抄本 *Borg.cin.503* 的初步研究》，第98页)，笔者认为这种可能性微乎其微。

③ 译文转引自杨慧玲：《梵蒂冈图书馆藏明清中西文化交流史重要文献——对梵蒂冈图书馆藏稿抄本 *Borg.cin.503* 的初步研究》，第97页。

三、《圣教孝亲解》诸手稿的写作年代

关于梵蒂冈图书馆所藏《圣教孝亲解》的写作年代,目前主要有两种说法,即1649年说与1661年说。一方面,柯兰霓(Claudia von Collani)称《圣教孝亲解》的写作时间"大约在1649年"(ca. 1649)①,杨慧玲也指出"(《圣教孝亲解》)结尾提到黎玉范到罗马陈情,教宗召集教内众人议定中国礼仪以及中国礼仪的禁令,据此可以判断《圣教孝亲解》应是黎玉范重返中国之际所著"②。钟鸣旦则将《圣教孝亲解》的写作时间定为1649年或随后的50年代。③另一方面,Antonio Sisto Rosso写道,1661年兰溪会议期间,"为了(在中国礼仪问题上)启蒙皈依者,黎玉范撰写了一本解释天主教孝亲方式的小册子。数周之后,他们以这篇论文为基础,提出了《报告与请愿》(Relatio et libellus supplex)以及将提交给罗马的二十二个问题"④。张先清也写道,在兰溪会议期间,"黎玉范本人继续深入研究中国礼仪问题,撰写了一系列著作,如他的一本中文小册子《圣教孝亲解》可能就是撰写于这个时期"⑤。

上述两种观点均建立在梵蒂冈本《圣教孝亲解》之上,因此它们是相互排斥的,即如果梵蒂冈本写于1649年,1661年之说则为谬

① Claudia von Collani, *Biography of Juan Bautista Morales OP, China missionary*.(http://encyclopedia.stochastikon.com)

② 杨慧玲:《梵蒂冈图书馆藏明清中西文化交流史重要文献——对梵蒂冈图书馆藏稿抄本 *Borg.cin.503* 的初步研究》,第97页。

③ Nicolas Standaert, *op.cit.*, p.74, n. 100.

④ L. Carrington Goodrich and Chaoying Fang ed., *op.cit.*, p.1076。该书中译本的译文欠准确,如将这本小册子明确为《圣教孝亲解》,而且将《报告与请愿》误译为《关系与请愿》。富路特、房兆楹等:《明代名人传》第四册,北京时代华文书局,2015年,第1460页。

⑤ 张先清:《多明我会士黎玉范与中国礼仪之争》,《世界宗教研究》2008年第3期。

误;反之亦然。但是,罗马国家档案馆有关手稿的发现,给《圣教孝亲解》的写作年代问题提供了一个新的视觉和多种可能性。

首先来评判一下梵蒂冈本《圣教孝亲解》的写作年代。毫无疑问,因为该手稿载有 1645 年教廷通谕的内容,所以写作年代必在 1645 年之后。从手稿的文字和书写看,它出于一个中国人之手,一个外国传教士写不出如此文章,也写不出这手毛笔字。1640 年 10 月 11 日,黎玉范从澳门出发时,携带了一位中国教徒伯多禄同行,此人当为通常所说的传道员或相公,但伯多禄不久即死于途中①,此后直至返回中国之前,黎玉范没有中国相公伴随。因此,1645 年教廷通谕得以翻译为流畅的中文并由中国人抄写,只能等到黎玉范 1649 年返回中国之际或之后。1661 年兰溪会议举行时,已是黎玉范返回中国近十二年后,难以想象 1645 年教廷通谕迟至此时才用中文问世。因此,就梵蒂冈本《圣教孝亲解》写作年代而言,如果必须在 1649 年和 1661 年两者之间进行选择,笔者毫不犹豫选择前者。

如前所述,罗马短本与梵蒂冈本内容基本相同,故其成书年代大抵相同。虽然两者之间存在着若干差异,在因种种原因(就多明我会而言,更可能的原因是缺钱)不能将文本刻板印刷的情况下,手抄本成为唯一流传的手段,而抄本之间的差异在所难免。因此,罗马短本的发现,足以证明梵蒂冈本不是唯一文本,当时应该存在诸多类似的抄本,其写作时间当均在 1649 年或稍后。至于罗马短本与梵蒂冈本孰先孰后,是否一个是母本而另一个是抄本,或者是否可两者均为其他某一母本的抄本,目前尚难以定夺。

罗马国家档案馆所藏 1645 年教廷通谕单页,实际上是梵蒂冈本与罗马短本的第二部分。但它不是白纸黑字,而是红纸黑字,而且笔迹与上述两个版本不同,故可视为单独的存在。尽管罗马单页

---

① 张先清:《多明我会士黎玉范与中国礼仪之争》,《世界宗教研究》2008 年第 3 期。

现为孤本，但当时应该有很多抄本流传于世。罗马国家档案馆藏有福州教徒翁热路尼摩(Um Jeronimo)写于1700年8月16日的一份证词，便是罗马单页一度广泛流传的证据。这份证词写道："康熙十八年冬月，罪人翁热路尼摩在堂中供事，常与先辈林陡铎削，谈论多明我会神父与我耶稣会神父行教相反之处。忽一日，陡铎削拍案而言，曰：'此事耶稣会费了多少盘缠，会长命卫神父前至罗马，而晤教宗，辨复始安；不然，耶稣会多早不得行教了。'我把沈嘉禄在福安县堂抄有多明我会黎神父，曾至罗马，面启教宗，中国人奉教，嗣后不得祀祖先、拜孔子、城隍等语，末后有注字四五行，云此奉教宗命，中国传教者圣台上要供十字圣苦像，奉教人家中俱要供奉十字圣苦像，不许祀祖先牌位、拜孔子，许其瞻礼告解云云。上文更有二三样不准行者，今忘记了，不敢乱开。只此果然眼见真实。但原稿罪人当日要抄，陡铎削取去，不肯付抄。陡铎削今死将二十年耳。"[①]显而易见，翁热路尼摩在福州三山堂看到的沈嘉禄在福安县堂的抄件，内容与罗马单页相同，即黎玉范从罗马获得的1645年教廷通谕，如"要供十字圣苦像，不许祀祖先牌位、拜孔子，许其瞻礼告解"等，他忘记的所谓"二三样不准行者"，当指不准放利钱与不准祭城隍等。翁热路尼摩本来想将其内容抄录下来，但林陡铎削将之取走，不让转抄。翁热路尼摩只字未提有关天主教孝亲方面的内容，而且其语气暗示这是单页的传单。

笔者认为，罗马单页写作时间当在黎玉范从欧洲返回中国之际。黎玉范罗马之行大功告成，十年后重返中国，首当其要是将1645年教廷通谕传达给教徒。事实上，根据张先清的研究，黎玉范此次返回中国的一个重大使命就是将罗马教廷1645年通谕传达给在华各个天主教修会。因此，当他抵达福建传教区后立刻公布了这一通谕，同时派人将一封装有该通谕的密函交给时任耶稣会副省会

① ASR, *Cina*, ms.143。参见宋黎明：《"译名暨礼仪之争"的重要一页——1700年春福州教徒与颜珰主教冲突之新探》。

长阳玛诺(Manuel Dias, 1574—1659)。在这种情况下,我们有必要重审梵蒂冈本和罗马短本的成书年代。这两份手稿末尾的1645年通谕,仅仅是其中的一小部分,其大部分文字是对于天主教孝亲的阐述或辩解。1645年通谕文字短小精悍,其翻译或写作可以在短时间内完成,而有关天主教孝亲的阐述或辩解的文字则篇幅较大,其写作需要时日。因此,如果这些长篇大论也是在黎玉范返回福建后所为,那么其成书时间当在1649年之后,很可能在1650年。

当然,也存在另外一个可能性,即《圣教孝亲解》正文不是黎玉范返回福建所为,而是它离开中国前所为,即1639年之前的作品。1633年进入福建之前,黎玉范在菲律宾马尼拉传教八年,其间学会闽南语并粗通官话,而1633年至1639年,他的中文水平肯定有长足的进步,故在1639年已经有足够的能力写作《圣教孝亲解》。第一部中文天主教著作《天主实录》出版于1584年,其作者罗明坚(Michele Ruggieri, 1543—1607)从1579年才在澳门学习汉语,其间共有五年时间。因此,黎玉范在1639年之前写作《圣教孝亲解》是完全有可能的,尽管这尚需证实。如果《圣教孝亲解》写在1639年之前,黎玉范返回福建后将它与1645年教廷通谕合为一体,所以梵蒂冈本及罗马短本的写作年代也可能为1649年。

与梵蒂冈本以及罗马短本相比,罗马长本多了《拯民略说》《代疑篇》和《中华礼》三篇文章,而第一篇《圣教孝亲解》缺少1645年教廷通谕的内容。1645年通谕对于黎玉范非常重要,既然这份手稿中不载通谕的内容,它给人的第一感觉是写于1649年之前;而由于在欧洲期间黎玉范身边没有中国文人或相公,所以其写作时间可推至黎玉范离开中国之前,即1639年之前。但是,如果核实罗马长本中四篇文章的写作年代,则可发现这一假设难以立足。《圣教孝亲解》与《中华礼》均出自黎玉范之手,据此无法判断其准确的写作年代。杨廷筠《代疑篇》出版于1621年,大大早于1639年,故也无违1639年的假设。但是,朱宗元《拯世略说》"天地原始"一节有这样一段文字:"自有天地至今顺治之甲申,仅六千八百四十四年,中间复遭洪水之厄。”“顺治甲申”即 1644 年[①]，这说明《拯世略说》成书于 1644 年之后，而当时黎玉范正在罗马积极活动，显然无从阅读此书；而等他能够摘录此书内容时，则无疑在他返回中国之后，即 1649 年之后。因此，罗马长本的写作年代不是 1639 年黎玉范前往欧洲之前，而是 1649 年黎玉范返回中国之后。

一个必须要正面回答的问题是，既然罗马长本的写作时间在 1649 年之后，为何不载 1645 年教廷通谕？笔者认为，问题的答案可能就在 1661 年兰溪会议上。对于多明我会士而言，从 1649 年到 1661 年，虽然仅仅过去 12 年，但在所谓“礼仪问题”上却经历了沧桑巨变。黎玉范带回中国的 1645 年教廷通谕引发耶稣会方面的强烈不满，为此，耶稣会士卫匡国（1614—1661）奉命前往罗马游说，他于 1651 年从福建出发并于 1654 年抵达罗马；他向教廷强调祭孔纯属世俗性和政治性的礼仪，并不具宗教性，而中国人对祀祖也不带有迷信色彩。在经过数月的讨论后，教廷圣职部颁布决定，在不涉及迷信的情况下，中国教徒可以祭孔祀祖。这一决定在 1656 年 3 月 23 日获得教皇亚历山大七世（Alexander VII）的批准。1656 年教廷通谕某种意义上取代了 1645 年教廷通谕，而黎玉范对此不以为然，坚持祭祖祭孔等中国礼仪是异端行为，并多次写信给罗马传信部陈述自己的观点。1661 年春，黎玉范和其他六位同会在浙江兰溪圣若翰教堂举行会议，重点讨论中国礼仪问题，最后于 1661 年 4 月 20 日签署了一份《在华圣多明我修会会士在 1661 年兰溪会议商议之决定》，断言 1656 年教廷通谕误解了中国礼仪问题的性质，并要求教廷澄清 1656 年部通谕是否意味取消 1645 年通谕。[②]

因此，在 1661 年兰溪会议期间，1645 年通谕已经成为一个具有争议性的历史文献，何况在过去的 12 年间，它已经通过多种途径大

---

① 参见龚缨晏：《明清之际的浙东学人与西学》，《浙江大学学报（人文社科版）》2006 年第 2 期。

② 参见张先清：《多明我会士黎玉范与中国礼仪之争》，《世界宗教研究》2008 年第 3 期。

量散发而为人熟知，故没有必要再次抄录。兰溪会议的重点在于质疑1656年通谕，并解除中国教徒的疑惑。为此，除了重抄《圣教孝亲解》，罗马长本新增了《代疑篇》《拯民略说》和《中华礼》三篇文字，前面两篇文字的作者均为耶稣会属下的天主教徒，尤其是李之藻有中国天主教三柱石之一的称号，黎玉范摘录他们有关中国礼仪方面的文字，意在说明他本人所写与这些天主教徒所写并无抵牾之处，而他另外撰写的《中华礼》，则试图证明中国自古以来的祭祀之礼，包括佛教传入中国后的祭祀之礼，均具有迷信或异端的性质。史载黎玉范在1661年撰写了一本关于圣教孝亲的小册子，因为其动机在于"启蒙皈依者"即中国天主教徒，所以这是一本中文小册子，而且与过去的作品有所区别。罗马长本符合这些条件，其写作年代当为1661年兰溪会议期间。也许可以补充的是，黎玉范抄录的两位天主教徒均为浙江人，这也许暗示这项工作是他在浙江所做的，因为兰溪位于浙江，黎玉范在此更容易得到浙江人出版的书籍。

结　　语

综上所述，就目前所见黎玉范《圣教孝亲解》手稿而言，罗马单页只有1645年教廷通谕内容，当为黎玉范1649年返回中国之际所作。梵蒂冈本和罗马短本包括《圣教孝亲解》和1645年教廷通谕两种内容，这两个本子内容大同小异，成书年代差不多同时，其写作时间当在写罗马单页之后，故可能在1649年之后。当然，《圣教孝亲解》正文也可能写在黎玉范前往欧洲之前，亦即1639年之前，黎玉范1649年返回中国后将《圣教孝亲解》与1645年教廷通谕合二为一，这样梵蒂冈本与罗马短本则也可能问世于1649年。至于罗马长本，则当写于1661年兰溪会议期间。就《圣教孝亲解》正文而言，罗马长本中同名文本为至今可见的最佳版本，而罗马长本中黎玉范所作《中华礼》过去无人知晓，是研究黎玉范有关中国礼仪思想的新资料。

黎玉范有关天主教孝亲问题的上述手稿，是所谓“礼仪之争”的见证。17 世纪中叶展开的以多明我会和方济各会为一方、耶稣会为另一方的围绕祀祖与祭孔问题的争论，通常被称为“礼仪之争”。然而，在此之前耶稣会内部就“Deus”等中文译名问题发生过激烈的交锋，尔后福建宗座代牧颜当在 1693 年颁布七条禁令，其中规定“Deus”的唯一译名为“天主”，禁止使用“天”与“上帝”，同时禁止祀孔、祭祖等，将最先的译名问题与其后的礼仪问题联系到一起，并将译名问题放在首要位置。在随后白炽化的争论中，礼仪之争始终伴随着译名之争，而在许多情况下，译名之争是争论的关键。因此，就整个争论而言，更妥当的提法是“译名暨礼仪之争”。

在与耶稣会的争论中，颜当堪称黎玉范的传人，且有青出于蓝而胜于蓝之势。鲜为人知的是，颜当对孝亲问题也曾予以高度关注，保存至今的一份传单可以为证：“人类受天主无数之恩，而教中更有天福可望。若非父母生身，何能得此？父母有死，此恩不匹。圣教诫命，首曰钦爱天主，即曰孝敬父母，苟悖孝敬之道？是犯天主之命也。乃世俗妄臆死者，能降祸福；又臆死者凭依尺寸之木。如此类，皆不明生死之道，圣教辟之。即孔子答宰我，亦曰：‘未见有其来飨之也。’吾侪事生，不惟尽口体之养，务共事大主，以天福相期；事死，附身附棺，必诚必信矣。又悲音容已往，大恩莫报也。题号于木，岁时瞻拜焉。忆谢生成恩，由父母、祖宗，上及大父母，生成之原，终生勿怠勿忘也。谁谓奉圣教者，不奉祖先哉？”①

在某种意义上，颜当的这份传单是黎玉范《圣教孝亲解》的简化或缩写。为什么耶稣会的敌人如此关注孝亲问题？究其原因，在一贯重视孝道的中国，孝亲问题成为耶稣会及其属下的中国天主教徒

---

① ARSI, *Jap.Sin.*174, f. 292。这份传单上有拉丁文标注，说明这是颜当主教在 1700 年所印制的。梵蒂冈图书馆藏有相同的传单，上面无任何标注（*Borgia Cinese* 517）。罗马耶稣会档案馆藏有另一份相同的传单，上方中文标注为“李安德勒在安庆府方济各会余神父堂内所得者，原版是福建省城堂颜主教寄江南省的”（*ARSI*, *Jap.Sin.* 160, f. 77），意味着该传单也流传到福建之外的地区。

攻击黎玉范等人的锐利武器。限于篇幅，本文对于其中的是非曲直不予详述。无论如何，“谁谓奉圣教者，不奉祖先哉？”这是学界必须回答的理论问题，或许也是当今中国天主教徒面临的现实问题。

附录一：梵蒂冈本

《圣教孝亲解》 传教会士黎玉范述

(f. 184v)天主圣教，孝敬父母，第一要也。宇宙孝礼，万难拟天主教中孝礼，何以故？为教中有天主十诫。前三诫，总是爱慕天主，后七诫，第一孝敬父母也。但教中孝敬之礼，不贵虚文，全重真寔①，虽尤外物，尤函内志。双亲在日，为人子者，天主欲其爱敬之，听从其命，衣食其身，代任其劳，顾恤其病，式扶其衰，䜣庆其喜，宽慰(f. 184)其忧，左右前后，不敢睨，不敢侮，不敢詈，不敢憾，不狠应对，不敢愿其速逝，不敢以贵哲骄其愚贱。此真孝敬之寔也。然外礼亦何可少？谨肃下气，怡颜柔声，逆来顺受，旹以巽言善行悦其心，且岁时伏腊，寿诞冠婚，庆之拜之，认其是生我、养我、乳我、哺我、鞠我、怀我、衣我、食我、安我、教我，以有此今日也。是以膝下惟敬，游远惟思，敬思回环，罔旹息矣。故凡为人(f. 183v)子者，内心外力，具宜竭忱祗事。万叵稍有获戾，致其怏怏，难言矣。然非理之命，亦不敢从。顺者罪，逆者功。惟祈锡多寿，谕亲于道，以享真福。此属孝敬于亲，在事也。万一不幸亲死，可奈何？必也尊重丧事，其尸殡敛②，其棺坚洁，其坟高燥，披麻示哀，必诚必信，不使少有后日之悔，兹乃天主命之矣。凡为子者，若主之命，主监尔孝，生死授报。方主之命，忤逆之罪，(f. 183)无所逃于高厚之间。生前身后，天主定严罚之也。天主教诫，命人孝敬父母，何为世人，未察其详，伪传天主圣教导人不孝父母也，亦谬甚矣。

第所禁者，惟是祭献死人虚事。盖祭礼，惟天主得受，为万物悉

---

① “寔”，同“实”。

② “敛”，入殓。

天主所生，以故应此物献之。天神圣母，西国亦不敢致祭，何者？为其非能主宰天地人物也。故《礼经》云："祭有祈焉，有(f. 182v)报焉，有由辟焉。"祈者祈福，报者报功，由辟者，谓其能禳灾也。宙合之人，悉属天主所生；自天主眎之，奚啻蝼蚁？说不得其能为天地万物之主，福繇此祈，灾繇此禳，以报其功也。以故，不应庀物祭献之。且化生原旨，天主生万物以养生，讵生万物以祭死？人死则腐肉残骨，何知饥饱？祭以饮食，胡为也。夫祭死望其能来歆，此梦幻事也。即愚人亦知，其既死，弗(f. 182)克竖起饮食矣。故祖先已死，备牲酒冀其来飨，迹似爱敬，寔迺欺诳。何者？知其不复来饮食也。既知其不能饮食，佯故饮之食之，非欺诳而何？大率世人祭死，推叩其隐，为死者尚少，为生者居多。或亲在厥孝，死祭表己孝心；或家颇殷硕，张祭邀众隆重；或受人奠仪，设祭答谢亲友；或畏人讥议，致祭塞众口寔；或祖有祭田，匪祭不能干其利；或旹[①]欲燕飨，藉(f. 181v)祭将以延嘉宾；诸如此类，中夜一思，清心难昧。故曰，为生者居多也。有等愚俗祭先旹，祝其冥漠之中，祈荫孙子，荣福康安，此益可嗤也。夫吉凶祸福，具繇天地主所定，死人何权之有？且试问，其死者之灵，在天堂乎？在地狱乎？非天堂即地狱，并无轮回之理也。若在天堂，则万福满愿，何需食饮？纯听主命，不能毫末加恩一人；若在地狱，则罹苦无终，莫少宽(f. 181)假，不克救己，焉能救人？故知世福悉天主所定，与死者绝罔干涉也。又人家佥立祖牌，灯烛香供，想其祖先在兹；此诚中邦家礼，事死如事生然也。若溯化生天地天主正教，不宜仍之，何者？人戴一天，心无二向；向天主，则不应兼向死人；若向死人，则寘[②]天主于何所矣？且向死者，以为其灵魂在此乎？前云肉身死后，灵魂匪天堂即地狱，复曷克栖此牌上也？(f. 180v)不若设台，特为天主，并为死者祷祈，弥见钦崇一主万有之上也。况世人淑慝不等，有积善者，有怙恶者，然善人少，而恶

---

① "旹"，"旹"的讹字，同"时"。

② "寘"，同"置"。

人多,厥胤不论其生平,死后一概祭之,不其无等,虚诞之甚乎?矧人生不知认天主,违圣教十诫,死后灵魂,天主即谴之冥狱,长抱永苦,靡有出期。虽祭之祈之,彼亦罔闻,奚裨矣?又试诘其祭先之意,是祭其肉躯乎,抑祭其灵魂乎?祭其(f. 180)肉躯云也,躯既萎坏,复能啖味,此呓语也;祭其灵魂云也,魂迺神体,又用食饮,益狂言矣。是祭一道,肉躯不可,灵魂不可,祭胡为乎?然人子该孝敬父母,原意云何?为其身属父母所生也。匪父母,此身何所怙恃矣。故跪乳返哺,鸟兽且然,况于人乎?但有身必有灵,有灵始有身;肉躯灵魂,合之始成一人。灵魂不属父母所生,试迺天主攸成,故《尚书》云:"维皇降(f. 179v)衷下民,厥有恒性。"性即灵也。《大学》释云:"人之所得乎天,而虚灵不昧。"不昧讵非灵哉?肉身既属父母攸生,故人子该孝敬父母之身,不忘本也。或在堂,或逝世,具应殚情事之。今其身既僵仆,呼之不应,亦付之无可奈何矣。衣衾棺墓,子职任之,其灵魂则应俛听主命,不轻出入,祭何益哉?若有不安于主命,憾天主不长庇其亲,是则天主为不慈,有是理乎?或(f. 179)谓神依人而血食,除饮食何以彰敬?不知孝敬在仿先人遗德,始为真实。若饮食先人不克飨,卒归自用,可谓孝乎?古云:生不孝敬,死祭曷益?况鬼魔亦不用食饮,只欲人尊渠背主,故设多计哄人,智者必有能辨之。然则祭之以礼,孔子之说非欤?曰:六经因性之书,天主超性之教,天将以夫子为木铎,亦为无道已久,故遣其振聋醒聩耳。今天主既降生,亲(f. 178v)定大祭礼规矣,太阳既出,欲爝火为光,不亦难乎?时雨既降,犹桔槔灌溉,不亦劳乎?今子规规而仿之,谓孔氏所未言,便无此理,是犹以蠡测海,以管窥天,适见其不知量也。或有□□□[①]主,祈拯其灵,亦属虚想,何者?为其生平未知天主,违教犯诫,灵魂不能升天也。若其临终,陡知痛悔受洗,为子侄戚友者,亦可代之祷祈矣。

至论天主祭礼,极重巨渊妙,与世俗祭品不仝,祭意殊远。盖古

---

① 三字不见,当为"祭于天"。

礼祭天主用牲,至天主降生,始立弥撒大礼,不用牺牲也。弥撒之礼,即是铎德神父诵经祈主,此外施贫,守大小斋,鞭责克己等,莫非祈主之功。间有教友,具物致祭,祭毕施贫,其意亦是向天主,为死者求免其炼狱之苦,赐其灵魂,早获升天受福也。此等祭礼,具应颛向天主,不应向人也。虽不向(f. 177v)人,原其立意,总祈天主佑厥先灵矣。奈之何有等不见亮者云,圣教中没有孝敬,并无祭礼,讵知教中祭礼,更重且妙。不祭祖先,而祭天主,政祈天主佑厥祖先也。盖钦崇一天主而外,孝敬父母,第一要也。

铎德黎玉范回到罗玛京都,颛求教皇颁定大明教中该行什么礼规,上疏云云。教皇吴依巴诺①,先命诸先生中极高明博学者,聚论黎(f. 177)公疏事,至几阅月始定,嗣而教皇意诺增爵②即位,随颁定云:“大明教中人,不该祭祖先,不该祭孔子,更不该祭城隍;讲道时节,该传吾主耶稣降生救世受难诸情,该立耶稣苦像于主台;教中人家,不该设祖牌,不该放利钱;凡妇女初领圣洗时,铎德该代搽圣油,并与尝圣盐,其临终又该代敷以圣油;凡教中男女,该遵守主日,并大瞻礼日与夫大小斋也。”

附录二:罗马短本

(f. 128)**圣教孝亲解**③　传教会士黎玉范述

天主圣教,孝敬父母,第一要也。宇宙孝礼,万难拟天□□④中孝礼,何以故?为教中有天主十诫。前三诫,统是爱慕天主,后七诫,第一孝敬父母也。但教中孝敬之礼,不贵虚文,全重真实,虽具外物,尤函内志。双亲在日,为人子者,天主欲其爱敬之,听从其命,衣食其身,代任其劳,顾恤其(f. 127)病,式扶其衰;忻庆其喜,宽慰其忧,左右前后,不敢侮,不敢詈,不敢睨,不敢撼,不狠应对,不敢愿其

---

① “教皇吴依巴诺”,指乌尔班八世(Urban VIII)。

② “教皇意诺增爵”,指英诺森十世(Innocent X)。

③ 原抄本无句读,有多处修改痕迹。

④ 二字被抹去,应为“主教”。

早死，不敢以贵哲骄厥愚贱。此真孝敬之实也。然外礼亦何可少？谦肃下气，怡颜柔声，逆来顺受，时以巽言善行悦其志，且岁时伏腊、寿诞冠婚，庆之拜之，认其是生我、哺我、鞠我、乳我、怀我、衣我、食我、顾我、安我、教我，以有此今日也。是以膝下惟敬，游远惟思，敬思回环，罔时息矣。故凡为人子者，内外心力，俱宜竭忱祗事。万叵稍有获戾，致其怏怏，难言矣[①]。然非理之命，亦不可从。顺者罪，逆者功。惟祈锡多寿，悟归于道，以享真福。此属孝敬于亲在事也。万一不幸亲死，可奈何？必也尊重丧事。其尸殡敛[②]，其棺坚洁，其坟高燥，披麻示哀，必诚必信，不使少有后日之悔。兹乃天主命之矣。凡为子者，若主之命。主鉴尔孝，生死授报。方主之命，忤逆之罪，无所逊[③]于天(f. 126)地之间。生前身后，天主定严罚之也。天主教诫，命人孝敬父母，何为世人，未察其详，伪传导人不孝，归罪天主圣教也。噫，亦谬甚矣。

第所禁者，惟是祭献死人虚事。盖祭献，惟天主得行，为万物悉天主所生，以故应此物献之。天神圣母，西国亦不敢致祭，何者？为其非能主宰天地人物也。故《礼经》云：“祭有祈焉，有报焉，有由辟焉。”祈者祈福，报者报功，由辟者，谓其能禳灾也。宙合之人，悉属天主所生；自天主视之，奚啻蝼蚁？说不得其能为天地万物之主，福由此祈，灾由此禳，以报其功也。以故，不应备物祭献之。且化生原意，天主生万物以养生，讵生万物以祭死？人死则腐肉残骨，何知饥饱？祭以饮食，何为也？夫祭死，望其能来歆，此梦幻事也。即愚人亦知其既死，弗克竖起饮食矣。故祖先既死，庀牲酒冀其尚享，迹似爱敬，实乃欺诳。何也？知其(f. 125)不复来饮食也。既知其不能饮食，佯故饮之食之，非欺诳而何？譬有人病贫饥馁，坐视而不之救，迨厥死后备物致祝之，曰：尔饮尔食，不其欺诳之甚耶？大率世人祭死，推叩其隐，为死者尚少，为生者居多。或亲在缺孝，死祭表己孝

① 缺字，应为“难言孝矣”。

② “敛”，入殓。

③ “逊”，同“逃”。

心；或家颇殷硕，张祭邀众敬重；或受人奠仪，设祭答谢亲友；或畏人讥议，致祭塞众口实；或祖有祭田，匪祭不能干其利；或时欲燕享，借祭将以延嘉宾；诸如此类，清夜一思，中心难昧。[①]故曰，为生者居多也。有等愚俗祭先时，祝其冥漠之中，祉荫孙子荣福康安，此益可嗤也。夫吉凶祸福，具由天主所定，死人何权之有？且试问，死者之灵在天堂乎？在地狱乎？非天堂即地狱，并无轮回之理也。若在天堂，则万福满愿，何须饮食？纯听主命，不能毫末加恩于人；若在地狱，则罹苦无终，莫少宽假，不克救己，焉能救人？故知世福悉(f. 124)上主所定，与死者绝罔干涉也。又人家佥立祖牌，灯烛香供，想其祖先在兹；此诚中邦家礼，事死如事生，然也。若溯化生天地，天主正教，不宜仍之，何者？人戴一天，心无二向；向天主，则不应兼向死人；若向死人，则置天主于所何矣？且向死者，以为其灵魂在此乎？前云肉身死后，灵魂匪天堂则地狱，复曷克栖此牌上也？不若设台，特为天主，并为死者祷祈，弥见钦崇一主万有之上也。况世人淑慝不等，厥胤不论其生平，死后一概祭之，不其无等、虚诞之甚乎？矧人生不知认天主，违圣教十诫，死后灵魂，天主即谴之地狱，长号??永苦，靡有出期。虽祭之祈之，彼亦罔闻，何裨矣？又试诘其祭时之意，是祭其肉躯乎？抑祭其灵魂乎？祭其肉躯云也，躯既萎坏，复能啖味，此呓语也；祭其灵魂云也，魂乃神体，又用食饮，益狂言矣。是祭一道，灵魂不可，肉躯不可，祭胡(f. 123)为乎？然人子该孝敬父母，原意云何？为其身属父母所生也。匪父母，此身何所怙恃矣。故鸟老莫飞，厥子觅食哺之；鸟病未痊，厥子觅草疗之，羽族且然，况于人乎？但有身必有灵，有灵始有身；肉躯灵魂，合之始成一人。灵魂不属父母所生，诚乃天主攸成，故《尚书》云："维皇降衷下民，厥有恒性。"性即灵也。《大学》释云："人之所得乎天，而虚灵不昧。"不昧讵非灵哉？肉躯既属父母所生，所以人子该孝敬父母之身，不忘本也。或在堂，或逝世，具应殚情事之。今其身既僵

① 此句讹误，当为"中夜一思，清心难寐"。

仆，呼之不应，亦付之无可奈何矣。衣衾棺墓，子职任之，其灵魂则应俛听主命，不轻出入，祭何益哉？若有不安于主命，憾天主不长庇其亲，是天主为不应有是理乎？或谓神依人而血食，除饮食何以彰敬？不知孝敬在仿先人遗德，始为真实。若饮食先人不克享，卒归自用，可谓孝乎？古云，生不(f. 122)孝敬，死祭曷益？况鬼魔亦不用食饮，只欲人尊渠背主，故设多计诓人，智者必有能辩之。曰：然则祭之以礼，孔子之说非欤？曰：六经因性之书，天主超性之教，天将以夫子为木铎，亦为无道已人，故遣之振聋醒聩，若为天主前驱三耳。今天主既已降生，亲定大祭礼规矣，太阳既出，欲爝火为光，不亦难乎？时雨既降，犹桔槔从事，不亦劳乎？今子规规而仿之，谓孔氏所未言，便无此理，是犹管窥蠡测，必谓圣人无所不知，适见其不知量也。或有祭于天主，祈拯其灵，亦属虚想，何者？为其生平未奉天主，背教犯诫，灵魂不克升天也。若其临终，陡知悔罪受洗，为子侄戚友者，亦可代之祷求矣。

至论天主祭礼，极重巨渊妙，与世俗祭品不同，祭意殊远。盖古礼祭天主用牲，至天主降生，始定弥撒大礼，不用牺牲也。弥撒之礼，即是铎德(f. 121)神父诵经祈主，此外施贫，守大小斋，鞭责克己等，莫非祈主之功。间有教友，具物致祭，祭毕施贫，其意亦是向天主，为死者求免其炼狱之苦，赐其灵魂即获升天受福也。此等祭礼，具应颛向天主，不应向人也。虽不向人，原其立意，总祈天主佑厥先灵矣。奈之何有等不见亮者云，圣教中没有孝敬，并无祭礼，岂知教中祭礼，更重且妙。不祭祖先，而祭天主，政祈天主佑厥祖先也。盖钦崇一天主而外，孝敬父母，第一要也。

铎德黎玉范回到罗马京都，颛求教皇颁定大明教中该行什么礼规，上疏云云。教皇吴依巴诺，先命诸先生中极高明博学者，聚论黎公疏事，至几阅月始定，嗣而教皇意诺增爵即位，随颁定云："大明教中人，不该祭祖先，不该祭孔子，更不该祭城隍；讲道时节，传吾主耶稣降生救世受难诸情，该立耶稣苦像于主台；教中人家，不(f. 120)该设祖牌，不该放利钱；凡妇女初领圣洗时，铎德该代搽圣油，并与尝圣盐，其临终又该代傅圣油；凡教中男女，该遵守主日，并大瞻礼日与大小斋也。”

附录三：罗马长本

《圣教孝亲解》①　传教会士黎玉范述

(f. 142)天主圣教，孝敬父母，第一要也。宇宙孝礼，万难拟天主孝礼，何以故？为教中有天主十诫。前三诫，统是爱慕天主，后七诫，第一孝敬父母也。但教中孝敬之礼，不贵虚文，全重真实，虽尤外物，尤函内志。双亲在日，为人子者，天主欲其爱敬之，听从其命，衣食其身，代任其劳，顾恤其病，式扶其衰，忻庆其喜，宽慰其忧，左右前后，不敢睨，不敢侮，不敢詈，不敢撼，不狠应对，不敢愿其速逝，不敢以贵哲骄其愚贱。此(f. 141)真孝敬之实也。然外礼亦何可少？谨肃下气，怡颜柔声，逆来顺受，时以巽言善行悦其心，且岁时伏腊，寿诞冠婚，庆之拜之，认其是生我、养我、乳我、哺我、鞠我、怀我、衣我、食我、安我、教我，以有此今日也。是以膝下惟敬，游远惟思，敬思回环，罔时息矣。故凡为人子者，内心外力，具宜竭忱祇事。万叵稍有获戾，致其怏怏，难言孝矣。然非理之命，亦不敢从。顺者罪，逆者功。惟祈锡多寿，谕亲于道，以享真福。此属孝敬于亲在事也。万一不幸亲死，可奈何？必也尊重丧事。其尸殡殓，其棺坚洁，其坟高燥，披麻示哀，必诚必信，不使稍有后日之悔，兹迺②天主命之矣。凡为子者，若主之命，主鉴尔孝，生死受报。方主之命，忤逆之罪，无所逃于高厚之间。生前身后，天主定严罚之也。天主教诫，命人孝敬父母，何为世人，未察其详，伪传天主圣教，导人不孝父母也，亦谬甚矣。

第所禁者，惟是祭献死人虚事。盖祭礼，惟天主得受，为万物悉天主所生，以故应此物献之。天神圣母③，西国亦不敢祭，何者？为

① 原抄本有句读。
② “迺”，同“乃”。
③ 天神当为天使，圣母指马利亚，寓意为天神报喜，圣母领报。

(f. 140)其非能主宰天地人物也。故《礼经》云：“祭有祈焉，有报焉，有由辟焉。”[①]祈者祈福，报者报功，由辟者，谓其能禳灾也。宙合之人，悉属天主所生；自天主眎[②]之，奚啻蝼蚁？说不得其能为天地万物之主。福繇此祈[③]，灾繇此禳，以功其功也。以故，不应□物祭献之。且化生原旨，天主生万物以养生，讵生万物以祭死？人死则腐肉残骨，何知饥渴？祭以饮食，何谓也？夫祭死望其来歆，此梦幻事也。即愚人亦知其既死，弗克竖起饮食矣。故祖先已死，备牲酒冀其来飨，迹似爱敬，实乃欺诳。何者？知其不复来饮食也。既知其不能饮食，佯故饮食之，非欺诳而何？大率世人祭祀，推叩其隐，为死者尚少，为生者居多。或亲在阙孝，死祭表己孝心；或家颇殷硕，张祭邀众隆重；或收人奠仪，设祭答谢亲友；或畏人讥议，致祭塞众口实；或祖有祭田，匪祭不能干其利；或时欲燕飨，籍祭将以延宾；诸如此类，中夜一思，清心难昧。故曰，为生者居多也。有等愚俗祭先时，祝其冥漠之中，祇荫子孙荣福康安，此益可嗤也。夫吉凶祸福，具繇天地主所定，死人何权之有？且试问，其死之者，灵在(f. 139)天堂乎？在地狱乎？非天堂即地狱，并无轮回之理。若在天堂，则万福满愿，何需饮食？纯听主命，不能毫末加恩一人；若在地狱，则罹苦无终，莫少宽假，不克救己，焉能救人？故知世福悉天主所定，与死者绝罔干涉也。又人家佥立祖牌，灯烛香供，想其祖先在兹；此诚中邦家礼，事死如事生然也。[④]若溯化生天地，天主正教，不宜仍之，何者？人戴一天，心无二向；向天主，则不应兼向死人；若向死人，则置天主于何所矣？且向死者，以为其灵魂在此乎？前云肉身死后，

① 出自《礼记·郊特牲》：“郑氏（按：郑玄）曰：祈尤求也。谓祈福祥，求永贞也。报，谓若获禾报社。由，用也。辟读为弭，谓弭灾兵，远罪疾也。”（孙希旦：《十三经清人注疏·礼记集解》，中华书局，1989 年，第 723 页）

② “眎”，同“视”。

③ “繇”，同“由”。

④ “事死如事生”，语出《礼记·中庸》：“践其位，行其礼，奏其乐，敬其所尊，爱其所亲，事死如事生，事亡如事存，孝之至也。”（朱熹：《四书章句集注》，第 27 页）

灵魂匪天堂即地狱，复曷克栖此牌上也？不若设台，特为天主，兼为死者祷祈，弥见钦崇一主万有之上也。况世人淑慝不等，有积善者，有怙恶者，然善人少，而恶人多，厥胤不论其生平，死后一概祭之，不其无等，虚诞之甚乎？矧人生不知认天主，违圣教十诫，死后灵魂，天主即谴之冥狱，长挹永苦，靡有出期。虽祭之祈之，彼亦罔闻，奚裨矣？又试诘其祭先之意，是祭其肉躯乎，抑祭其灵魂乎？祭其肉躯云也，躯既萎坏，复能啖味，此呓语也；祭其灵魂云也，魂乃神体，又用食饮，益狂言矣。是祭一道，肉躯不可，灵魂不(f. 138)可，胡为乎？然人子该孝敬父母，原意云何？为其身属父母所生也。匪父母，此身何所怙恃矣。故跪乳返哺，鸟兽且然，况于人乎？但有身必有灵，有灵始有身；肉躯灵魂，合之始成一人。灵魂不属父母所生，诚乃天主攸成，故《尚书》云："维皇降衷下民，厥有恒性。"①性即灵也。《大学》释云："人之所得乎天，而虚灵不昧。"②不昧讵非灵哉？肉身既属父母所生，故人子该孝敬父母之身，不忘本也。或在堂，或逝世，具应殚情事之。今其身既僵仆，呼之不应，亦付之无奈何矣。衣衾棺墓，子职任之，其灵魂则应俛听主命，不轻出入，祭何益哉？若有不安于主命，憾天主不长庇其亲，是则天主为不慈，有是理乎？或谓神依人而血食，除饮食何以彰敬？不知孝敬在仿先人遗德，始为真实。若饮食先人不克飨，卒归自用，可谓孝乎？古云，生不孝敬，死祭曷益？况鬼魔亦不用饮食，只欲人尊渠背主，故设多计哄人，智者必有能辨之。曰：然则祭之以礼，孔子之说非欤？曰：六经因性之书，天主超性之教，天将以夫子为本铎，亦为无道已人，故遣其振聋醒聩耳。今天主既降生，亲定大祭礼规矣，太阳既出，欲爝火

① 语出《尚书·汤诰》："惟皇上帝，降衷于下民。皇，大。上帝，天也。衷，善也。若有恒性，克绥厥犹惟后"（孔安国传，孔颖达疏：《十三经注疏·尚书正义》，北京大学出版社，1999 年，第 199 页）。此处黎玉范隐去"上帝"一词，极有可能是因为 1628 年嘉定会议召开后，各差会就译名问题达成妥协，保留"天主"译名，不再使用儒家经典中的"天"和"上帝"。

② 语出《四书章句集注·大学章句》："明德者，人之所得乎天，而虚灵不昧，以具众理而应万事者也。"（朱熹：《四书章句集注》，第 3 页）

为光，(f. 137)不亦难乎？时雨既降，犹桔槔灌溉，不亦劳乎？今子规规而仿之，谓孔氏所未言，便无此理，是犹以蠡测海，以管窥天，适见其不知量哉也。或有祭于天主，祈拯其灵，亦属虚望，何者？为其生平未知天主，违教犯诫，灵魂不能升天也。若其临终，陡知痛悔受洗，为子侄戚友者，亦可代之祷祈矣。

至论天主祭礼，极其重巨渊妙，与世俗祭品不同，祭意殊远。盖古礼祭(用)天主用牲，至天主降生，始立弥撒大礼，不用牺牲也。弥撒之礼，即是铎德神父诵经祈主，此外施贫，守大小斋，鞭责克己等，莫非祈主之功。间有教友，具物致祭，祭毕施贫，其意亦是向天主，为死者求免其炼狱之苦，赐其灵魂早获升天受福也。此等祭祀，具应颛向天主，不应向人也。虽不向人，原其意，总祈天主佑厥先灵矣。奈之何有等不见亮者云，圣教中没有孝敬，并无祭礼，讵知教中祭礼，更重且妙。不祭祖先而祭天主，政祈天主佑厥祖先也。盖钦崇一天主而外，孝敬父母，第一要也。

(f. 136)天主教刻板，书名《拯民略说》，内载“祀先当循正道”①

第四诫曰：孝敬父母。所谓孝敬者，生则敬而养之，死则葬而追思之谓也。饮食者，生人之事，形体之需，死则弃形存神，既免饥渴，何需嘉旨？试观苾苾芬芬，一奠之后，总入生人口腹，奚曾沾及先人？特以子孙事死如生，事亡如存，舍此笾豆大房，亦无以为展敬致孝之地，而又不容朝夕差衎②，竟埒于生人之事，则礿祀蒸尝，互举于四时之祭焉。然世远则情绝，故亲尽则祧非，始祖与有功之宗，亦不复祭，此(f. 135)犹就有位者言也。若庶人原不立庙，祭墓而已。今

---

① 民、世一字之差，当为《拯世略说》，明清之际浙江信徒朱宗元所作。朱氏少年奉教，见道超拔，此刻板摘录“祀先当循正道”一节，批驳当时的祭祖邪说（朱宗元：《拯世略说》，张西平等主编：《梵蒂冈图书馆藏明清中西文化交流史文献丛刊》第一辑第十四册，大象出版社，2014 年）。

② 《诗经・小雅・宾之初筵》：“籥舞笙鼓、乐既和奏。烝衎烈祖、以洽百礼。”“差衎”意为祭祀之听差取悦。

之礼法，或非古典，而礼因义起，亦可遵用。古者四民祭不追祖，今则凡我所忆者，皆合祀之，此一本递承之意，虽非古典，亦可守者也。古者有庙祭，而无墓祭，故寒食野祭，欧阳氏深非之。[①]然瞻彼松柏，能无春露秋霜之感？则今之扫墓而献，虽非古(礼)典，而亦可守者也。古者有四时之祭，而无生辰讳日之祭。然生之辰，则吾父祖得有此身之日，死之日，乃后人抱痛终天之日。敬展如在，乌能已矣。此虽非古典，而亦可守者也。古者冠婚、告庙而已，不设祭也。今则加尔元服，燕尔新婚，自始祖以下，具祭焉。此虽非古典，而亦可守者也。若古者祭祀，用子弟为尸，今则易之以像设，此又今制之更妥于古者。总之，祀先者，报也，非祈也。盖为人后者，孝思也，非供已死之需求也。自后世饿鬼之说兴，始有祖宗不食则饥之惑矣。自后世妖卜之说兴，始有先人索祭祀之疑矣。自后世阎王之说兴，始有冥司需贿赂之讹矣。而且亲死则祈救逆天之佛，超度则资功于不德之僧，念阿弥，谓黄阡白串，皆可作地府金银，焚关牒，信片楮双封，便可作冥途(f. 134)凭据。此等妖妄不根，吾儒所宜禁绝。昔之伊洛关闽[②]，原笼斥而不用，即今缙绅大夫之家，亦有屡世相承，终不信行佛法者。世俗不以致敬致恪、仰答先王祀典为是，反以不追荐焚楮为非，此不过是异端之语，诚无足怪，独儒其冠服者，亦从而附之会，此岂名教中所宜然乎？

天主教刻板，书名《代疑篇》[③]

问曰：人有五伦，缺一不可。西儒既先穷理，宜于此理极明，胡为不婚不宦，去父母，远兄弟，以事交游，将四伦可全废乎？圣王制礼，生则养，死则祭，故祀典极重。闻西教不奉祖先，此出讹传犹可，

---

① 北宋欧阳修私修《五代史记》(后称《新五代史》)周本纪第十二称“寒食野祭而焚纸钱，居丧改元而用乐，杀马延及任圜，则礼乐刑政几何其不坏矣”，感叹后周世宗柴荣于乱世立(欧阳修：《新五代史》，中华书局，1974年，第125页)。

② 宋代理学流派，分指二程、张载与朱熹。

③ 《代疑篇》是明清之际杨廷筠所撰天主教护教文献。本刻板节录“孝亲与娶妾辩”一节(杨廷筠：《代疑篇》，张西平等主编：《梵蒂冈图书馆藏明清中西文化交流史文献丛刊》第一辑第二十三册，大象出版社，2014年)。

设果有之，忘亲背本，不足齿矣。杨弥格子[①]答曰：此关系人道最大，极宜辩明，而不奉祖先，犹为大逆，不可不先剖者。西教十诫，是为人彀率。前三诫，归天主；后七诫，归于人。而七诫之首，曰敬孝父母，□生则养，尽志尽物；死(f. 133)则祭，如生如存，乃孝敬也。岂西国异人异心，独于父母死不孝敬乎？不孝敬，何为列诸首诫乎？观此中缙绅奉教最坚者，其家中庙宇，必崇饰品物，必丰备礼节，必准古，此足明征。若所奉一教，所行又一教，是为二心，何云奉教最坚也？惟是教中祀礼，与此不同，人颇疑之。纸钱银锭，冥器明衣，是今人所重，彼皆谓无益，通不用之，惟献过品物，已不用食，并散以送贫戚，为亡者广仁，资其冥福，是或一礼。今庶人之家，所供神佛，谓之家堂香火，大都与祖先牌位共在一处。西教不信三官圣帝为何神，五圣五通为何祀，教人废此，弗为非鬼之祭。世遂讹传不奉祖先，有不知而误信者，有明知而故入其罪者。故误由人，彼曷与焉？若论人伦，渠在家事父母、娶妻子、和兄弟、尊君长，尽与此同。惟一种特达之贤，愿入耶稣会，称会士者，方守童身，出家学道，而有得者，称撒责尔铎德，千百无一，国中所最贵也。盖其国之人，相习成风，以此种人为第一流，如状元及第，中华所美，人人争羡，父母兄弟所祈望，为欲得为铎德，即不啻荣福，无复他愿，自是他方风尚，非他邦可例也。故父母生子，承祧嗣续，多先有人，而其间贤智绝伦，则侈为家之祥、国之瑞，劝守童贞，送入教会，此父母之治命，兄弟之同心，不谓(f. 132)之不孝不弟，及乎道成，而陶淑一家，并登天路，彼又以此为孝友之至大，或与吾儒显扬之指[②]合乎否也。夫妻止一娶一嫁，再无二色，凡出游必奉君长之命，食君长之禄，致其命，万死有不辞焉，彼其于伦，盖有维其实，不徒徇其名者矣。或曰：娶妻生子，理亦何妨，即无子娶妾，亦属正道，必何禁之严也？曰：娶妻无妨，故不

---

① “杨弥格子”，指杨廷筠。1611 年杨廷筠在杭州受洗，教名为弥格尔(Michel)。

② 原文为“指”，后以红字画去提手旁，仅留“旨”。

禁人，惟会士愿学耶稣，非童贞不克，相肖，此其一；极重弥撒之礼，每晨行祭，非绝色者不可，此其二；远游异域，孑然一身，不得有所携，此其三。夫有志不娶，士林高行，中国有此，从来以为难，未闻议其短也。且生子为宗祀，则同胞有娶，已堪承祀，于祖父无阙，所阙独当身之祀，而得生天堂，享福万年，为祀更远，又非不孝论也。况以伦言，妻不容有二夫，夫岂容有二妻？如转一名谓之妾，遂云无妨，岂妇私一男，亦可转一名谓之无妨乎？西国之言人伦者如此。

(f. 129)《中华礼》

王制，天子七庙，诸侯五庙，大夫三庙，士一庙，庶人无庙，祭于寝，皆所以祀先祖宗也。虞设秩宗之官，《周礼》谓之宗伯，皆主叙次神礼，又有祝宗师，为主祭赞词者。宗派有大宗、小宗，皆所以奉祖宗之神也。然神必有所主，用栗木为之，取其不忘本也。书祖宗之名号，以栖其神，谓之神主。古天子巡狩，以迁庙主行，载于齐车，言必有尊也。武王木主载征，至今称之。又天子崩，诸侯薨，祝臣取群庙之主，藏诸祖庙，卒哭成事，而(f. 130)后神主各及其庙。亦象生者，为亡事而聚集也。君去其国，大宰取群庙之主以从，礼也。与主皆行者，不敢弃其先祖也。又法律，宗子遇有兵燹，必负祖宗神主皆行，故制神主有耳，以备贯负也。失神主者，依律罪之，家礼君子将营室，先立祠堂于正寝之东，朝廷设祠禄之官，太尝[1]之官，皆备祭祀之用，祭名则春曰祠祭，而夏礿、秋尝、冬蒸，四季并重焉。无论大祀小祀，皆不废牺牲也。自《舜典》归格于文祖用特，而后之禘尝，皆用太牢。士大夫之庙，三鼎五鼎，刚鬣柔毛，各循其制，不敢僭之。《舜典》谓柴，望秩于山川，今之用香烛、牲醴、币帛者，皆古之制也。独祼以纸钱、楮锭，乃佛氏之流敝，亦自汉晋之后，始混用之。今天教删去，甚当也。

---

① “常”，误作“尝”，应为太常。

附录四:罗马单页

铎德黎玉范回到罗玛京都,专求教皇颁定大明教中该行什么礼规,上疏云云。教皇吾依巴诺①,先命诸先生中极高明博学者,聚论黎公疏事,至几阅月始定,嗣而教皇意诺增爵②即位,随颁定云:“大明教中人,不该祭祖先,不该祭孔子,更不该祭城隍;讲道时节,该传吾主耶稣降生救世受难诸情,该立耶稣苦像于主台;教中人家,不该设祖牌,不该放利钱;凡妇女□□□③洗时,铎德该代搽圣油,并□□④圣盐,其临终,又该代敷以圣油;凡教中男女,该遵守主日,并大瞻礼日与大小斋也。”

(闵心蕙女士帮助本文作者整理原始档案并提供研究材料,特此致谢)

---

① “教皇吾依巴诺”,指乌尔班八世。

② “教皇意诺增爵”,指英诺森十世。

③ 据梵蒂冈本与罗马短本,这三个脱字当为“初领圣”。

④ 据梵蒂冈本与罗马短本,这两个脱字当为“与尝”。

经世学与西学的交会

——论黄宗羲的经世学*

中央民族大学哲学与宗教学学院　孙宝山

明代末期，经世学在内忧外患中迅速兴起，并取代心性学成为时代风尚；与此同时，西方传教士带来的西学影响也在逐渐扩大。黄宗羲（字太冲，号梨洲，又号南雷，明万历三十八年至清康熙三十四年/1610—1695）正是在这样一个激荡的时代中成长起来的，可以说是明末清初经世学与西学交会中最具有代表性的人物。以下笔者将从心性学到经世学的转换中对黄宗羲经世学的形成、西学对其经世学的影响以及二者在思想方面的近代融合等问题进行探讨，以此揭示中国传统学术在西学传入后所展现的新变化轨迹。

一、从心性学到经世学

明代前期，学术的基本形态是以程朱为代表的理学。永乐十二年(1414)十一月，明成祖朱棣下令翰林院学士胡广，侍讲杨荣、金幼孜等纂修“五经”“四书”的集注及周、程、张、朱关于“性理之言”的汇编。胡广等奉命在东华门外开馆，日夜兼修，光禄寺朝夕供给饮食。①永乐十三年(1415)九月，《五经大全》《四书大全》《性理大全》完成，明成祖阅后亲自题写《御制序》，下令刊刻，颁布天下，对于其将发挥

---

* 本文为国家社科基金重大项目“多卷本《宋明理学史新编》”(项目批准号：17ZDA013)的部分成果。

① 《明太宗实录》卷一百五十八，台湾“中研院”史语所，1984年。

的政教功用给予了很高的期待。①三部大全的纂修完成正式确立了程朱理学在明代的正统地位,《四书大全》更是科举考试的主要依据,明代士子自蒙童就开始学习,程朱理学由此而成为明代前期的基本学术形态。明代前期学者大多谨守程朱理学宗旨,不敢有大的改动,正所谓“此亦一述朱,彼亦一述朱”②。明代中后期,以陈白沙和王阳明为代表的心学勃然兴起,在民间形成了很大的声势,给明代学术带来了一股新风。尤其是心学在王艮、王畿等阳明弟子的推动下一时风行天下,甚至取代了程朱理学在民间的支配地位,成为主流的学术形态。到了明代末期,社会弊端不断积累,内忧外患日益加深,整个国家面临生死存亡的巨大危机。面对此种危局,无论程朱理学,还是阳明心学,都难以提出切实有效的解决办法,黄宗羲说:

奈何今之言心学者,则无事乎读书穷理;言理学者,其所读之书不过经生之章句,其所穷之理不过字义之从违。薄文苑为词章,惜儒林于皓首,封己守残,摘索不出一卷之内。其规为措注,与纤儿细士不见长短。天崩地解,落然无与吾事,犹且说同道异,自附于所谓道学者,岂非逃之者之愈巧乎?③

儒者之学,经纬天地。而后世乃以语录为究竟,仅附答问一二条于伊洛门下,便厕儒者之列,假其名以欺世。治财赋者则目为聚敛,开阃扞边者则目为粗材,读书作文者则目为玩物丧志,留心政事者则目为俗吏,徒以“生民立极,天地立心,万世开太平”之阔论钤束天下。一旦有大夫之忧,当报国之日,则蒙然张口,如坐云雾。世道以是潦倒泥腐,遂使尚论者以为立功

① 《明太宗实录》卷一百六十八。

② 黄宗羲:《明儒学案》卷十《姚江学案》,沈善洪主编:《黄宗羲全集》第七册,浙江古籍出版社,2004年,第197页。

③ 黄宗羲:《留别海昌同学序》,沈善洪主编:《黄宗羲全集》第十册,第645—646页。

建业别是法门，而非儒者之所与也。①

儒学具有治理国家、安定天下的经世指向，程朱理学和阳明心学自然也不例外。但它们关注的重点毕竟是在心性修养层面，与社会现实会产生一定的距离；它们的学术视野也往往局限在语录章句方面，缺乏广博的知识和实际的能力，面对危机四伏的现状，不是采取逃避的态度，就是如坐云雾、束手无策。于是人们谈论心性的热情大为降低，一些有志之士转而致力于政治、民生、军事等与国家治理直接相关问题的研究，他们迫切希望通过对这些问题的研究找到挽救国家危亡的切实可行的办法，从而使经世之学（简称经世学，当时也称经济之学、佐王之学或王佐之学）成为时代风尚；经世学可以说是在对程朱理学和阳明心学的反思与批判中形成的。明末经世学风形成的标志是明崇祯十一年（1638）完成的《皇明经世文编》，该文编由陈子龙、宋征璧、徐孚远等人编辑，内容遍及政治、经济、法律、军事、民生、教育、历法等各个方面，堪称明代的经世百科全书。黄宗羲与陈子龙都具有经世情怀，彼此交情深厚，黄宗羲曾为余姚县出现的疑案向时任绍兴推官陈子龙代为申诉，使两人被免于死罪。②黄宗羲的经世学可以说是陈子龙在明末倡导的经世学风在清初的延续和发展。

就黄宗羲的个人经历而言，他出身于官宦家庭，父亲黄尊素是"东林"的重要成员，对现实政治有着强烈的关怀。他自幼便继承了"开物成务"的家学传统③，留心经世致用的"佐王之学"。黄尊素等"东林"人士因与以魏忠贤为首的"阉党"进行抗争而被害死在狱中，黄宗羲年纪轻轻便卷入了残酷的党争。他决意拼上一死也要为父

① 黄宗羲：《赠编修弁玉吴君墓志铭》，沈善洪主编：《黄宗羲全集》第十册，第433页。

② 见《思旧录·陈子龙》，沈善洪主编：《黄宗羲全集》第一册，第365页。

③ 见《明儒学案》卷六十一《东林学案四·忠端黄白安先生尊素》，沈善洪主编：《黄宗羲全集》第八册，第864页。

亲鸣冤复仇。崇祯帝即位后,“阉党”失势,他联合“东林”其他子弟上书朝廷对“阉党”要员进行了快意复仇。此后,他又广结名士,频繁地参加各种会社活动,并加入了当时最大的会社复社,参与了驱逐“阉党”依附者阮大铖的《留都防乱揭》事件。他虽然十七岁就遵父命拜心学大家刘宗周为师①,但其心思并未放在理学和心学这样的心性学上,“聊备蕺山门人之一数耳”②。他先是日思夜想如何鸣冤复仇,后又忙于科举、交游,所往来的大多是像周镳、沈寿民、陈贞慧、吴应箕这样致力于“佐王之学”的豪杰之士③和像陆符、万泰这样的胸怀阔达、对世间俗物不屑一顾的奇特之士④,希望直接通过政治实践来改变政治状况,以挽救当时内忧外患的危局。清军入关渡江南下后,他招募家乡子弟数百人组成“世忠营”,加入了浙东拥戴鲁王的抗清队伍。他十四岁随父进京开始接触政治,十九岁进京申冤开始从事政治实践活动,后来又参加抗清活动,断断续续坚持了十余年,几度面临生死危险,一直到四十七岁才结束动荡。这种曲折复杂的经历在历代儒家学者当中都是非常罕见的,为他后来提出具有创造性的经世思想提供了实践基础。

浙东抗清斗争失败后,黄宗羲满腔壮志抑郁难伸,于癸巳九月(南明监国鲁八年,清顺治十年,1653)完成《留书》八篇。⑤他希望后人能够实行他的主张,不使他的著述流于空言。《留书》集中体现了他反抗夷狄入侵、保卫华夏文化、重建华夏国家的民族思想,这正是“其书不可不留”⑥的原因。清康熙元年壬寅(1662),永历帝在云南

---

① 见黄炳垕:《黄梨洲先生年谱》卷上“六年丙寅”条,沈善洪主编:《黄宗羲全集》第十二册,第 20 页。

② 黄宗羲:《恽仲升文集序》,沈善洪主编:《黄宗羲全集》第十册,第 4 页。

③ 见黄宗羲:《思旧录·周镳》,沈善洪主编:《黄宗羲全集》第一册,第 355 页;黄宗羲:《征君沈耕岩先生墓志铭》《陈定生先生墓志铭》,沈善洪主编:《黄宗羲全集》第十册,第 382、396 页。

④ 见黄宗羲:《万悔庵先生墓志铭》,沈善洪主编:《黄宗羲全集》第十册,第 297 页。

⑤⑥ 见黄宗羲:《留书·自序》,沈善洪主编:《黄宗羲全集》第十一册,第 1 页。

遇难[1]，黄宗羲闻讯"始有潮息烟沉之叹"[2]，对明朝复兴的希望彻底破灭了。为了规划未来，他开始撰写《明夷待访录》，于康熙二年癸卯(1663)完成。[3]他根据秦晓山传给胡翰的"十二运论"对历史的演化加以推算，以为不久会有"圣王"兴起，一改自周敬王甲子以来的漫长"乱运"，将历史带入全新的"大壮治运"；他著书的目的是期望二十年后应运而生的"圣王"在驱逐清朝之后能按照他所设计的蓝图重建华夏、恢复三代。[4]正是基于这种考虑，他在书中对中国政治传统进行了深刻的反思与批判，提出了一套完整的政治变革理念，并以此为依据对政治制度的重建进行了创造性的构想。

黄宗羲在学问上虽然师承刘宗周，但二人的风格还是存在较大差异。刘宗周继承了心性学的学风，一贯主张从身心修养、道德教化入手去改善政治状况，屡屡被崇祯帝斥为"迂阔"[5]；但黄宗羲早年对讲求心性修养的理学和心学并不专注，也不太喜好甚至有些轻视，而对正在兴起的经世学表现出很大热情，热衷于参加各种会社活动，希望直接通过政治实践来改变政治状况。《留书》和《明夷待访录》正是他对政治实践进行系统总结和深刻反思的成果。直到后来他因参加抗清被清朝缉捕而逃亡深山，找出旧时藏书研读，才逐步走上心学之路[6]，并撰写了《明儒学案》《孟子师说》《宋元学案》，而且他倡导的心学淡化本体、强化工夫，也具有强烈的经世学色彩。

---

① 黄宗羲：《永历纪年》，《行朝录》卷五，沈善洪主编：《黄宗羲全集》第二册，第167页。

② 全祖望：《书〈明夷待访录〉后》，全祖望撰，朱铸禹汇校集注：《全祖望集汇校集注》中，上海古籍出版社，2000年，第1391页。

③ 见黄宗羲：《明夷待访录·题辞》，沈善洪主编：《黄宗羲全集》第一册，第1页。

④ 详见拙作：《〈明夷待访录〉的写作意图辨证》，《中国哲学史》2007年第2期。

⑤ 见黄宗羲：《子刘子行状》卷上，沈善洪主编：《黄宗羲全集》第一册，第216、221、231页。

⑥ 见黄宗羲：《恽仲升文集序》，沈善洪主编：《黄宗羲全集》第十册，第415页。

二、西学对经世学的影响

《留书》和《明夷待访录》是黄宗羲经世学在理论方面的代表著作。从这两部著作可以看出他的经世学包括范围非常广，涵盖政治、经济、法律、军事、民生、教育、官制、取士等各个方面。在取士方面，他对明代以时文取士导致人才凋落的弊端予以批判，对明末科举制度改革失败的教训加以总结，认为明代取士制度的根本弊端在于"严取宽用"，只通过科举一种方式选拔士人，使其无法通过其他途径脱颖而出，而一旦通过了科举的最终考试，就马上授予官职，致使许多官员难以胜任。为了克服上述弊端，他根据"取士也宽""用士也严"的原则，提出了以多途取士代替单一科举的制度构想，其中特别值得注意的是"绝学"一项："绝学者，如历算、乐律、测望、占候、火器、水利之类是也。郡县上之于朝，政府考其果有发明，使之待诏。"①在科举取士盛行的时代，历算、乐律、测望、占候、火器、水利等这些各具功用的学科受到冷落而不断衰落，甚至难以找到通晓的人才，黄宗羲曾数次感叹自己费尽心力掌握"绝学"后不但无处可用，而且连个可交流的人都没有："自某好象数之学，其始学之也无从叩问，心火上炎，头目为肿；及学成，而无所用，屠龙之技，不待问而与之言，亦无有能听者矣。"②"余昔屏穷壑，双瀑当窗，夜半猿啼伥啸，布算簌簌，自叹真为痴绝。及至学成，屠龙之伎，不但无所用，且无可与语者，漫不加理。"③正是基于此种现状，他才提出在取士制度中加入"绝学"一项，从而为从事历算、乐律、测望、占候、火器、水利等冷僻学科研究的士人提供出仕的途径。他不但大力提倡"绝学"，而且下了很大功夫去研究"绝学"，并且取得了很多出色的成果。在历

① 《明夷待访录·取士下》，沈善洪主编：《黄宗羲全集》第一册，第 19 页。

② 黄宗羲：《王仲撝墓表》，沈善洪主编：《黄宗羲全集》第十册，第 266 页。

③ 黄宗羲：《叙陈言扬句股述》，沈善洪主编：《黄宗羲全集》第十册，第 38 页。

法方面，共撰有十一部著作：《授时历故》《授时历法假如》《西洋历法假如》《新推交食法》《回回历法假如》《春秋日食历》《时宪历法解》《大统历法辨》《大统历推法》《监国鲁元年丙戌大统历》《监国鲁五年庚寅大统历》；在算学方面，撰有六部著作：《气运算法》《勾股图说》《开方命算》《测圆要义》《圆解》《割圆八线解》；在乐律方面，撰有《律吕新义》。①

黄宗羲提倡"绝学"当然是明末清初经世学风的一个具体体现，但与西学的影响也密不可分。上面所列他撰写的"绝学"著作中的《西洋历法假如》《时宪历法解》，就是研究西方历法的。他在《赠百岁翁陈赓卿》一诗中写道："西人汤若望，历算称开辟。为吾发其凡，由此识阡陌。"②从这里可以看出，他对于历法的研究受到了西方传教士汤若望的启发。他把火器列入"绝学"也是由于意识到西方火器技术精良、威力巨大。他说：

> 欧罗巴国欲行其教于日本，其教务排释氏，中国之所谓西学也。日本佞佛，乃杀欧罗巴之行教者。欧罗巴精火器，所发能摧数十里，举国雠日本，驾大舶，置火器，向其城击之。日本谢罪，大舶始退。③

基督教传入日本，给日本遵奉的佛教带来很大冲击，日本于是对基督教徒进行迫害，招致了欧洲国家的报复，欧洲国家凭借火器的巨大威力迫使日本"谢罪"。黄宗羲为抗清曾与冯京第等赴日本乞师，并作有《日本乞师》和《避地赋》④，对日本有很多真切细致的描述。

---

① 详见吴光：《黄宗羲著作存佚总表》，沈善洪主编：《黄宗羲全集》第十二册，第270—272页；杨小明：《黄宗羲的科学成就及其影响》，吴光等主编：《黄梨洲三百年祭》，当代中国出版社，1997年，177—187页。

② 黄宗羲：《南雷诗历》卷三，沈善洪主编：《黄宗羲全集》第十一册，第285页。

③ 黄宗羲：《海外恸哭记》，沈善洪主编：《黄宗羲全集》第二册，第219页。

④ 《行朝录》卷八，沈善洪主编：《黄宗羲全集》第二册，第180—183页；《避地赋》，沈善洪主编：《黄宗羲全集》第十册，第629页。

欧洲国家凭借火器使日本“谢罪”这一事件，无疑给他的内心带来很大的震撼，从而使他充分认识到火器的重要性，所以将火器也列入“绝学”。很有意思的是，在火器问题上，黄宗羲与其师刘宗周的态度形成了鲜明的对比，御史杨若侨曾向崇祯帝推荐汤若望监造火器，刘宗周对此断然予以反对：

> 迩来边臣于安攘御侮之策，战守屯戍之法，概置不讲，恃火器为司命。今破城陷邑，岂无火器而然哉？……不恃人而恃器，国威所以愈顿也。汤若望唱邪说以乱大道，已不容于尧舜之世，今又作为奇巧以惑君心，其罪愈无可逭，乞皇上放还本国，永绝异教。……火器终无益于成败之数。国家大计，当以法纪为主。①

他对边关将领不讲求消除祸患、抵御外敌的策略和攻守驻扎的战法，而依靠火器维系命运安危予以了强烈的批判，认为正是不依靠人的力量而依靠武器的威力才导致城邑失陷、国威受挫，火器对于成败结果并没有帮助，国家大事要以法律制度为基本依据。明末的危局是历代弊政长期积累而导致法律废弛、制度涣散、民心背离等造成的，并不是简单依靠火器御敌就能轻易解决的。刘宗周所言并非没有道理，但他把火器这一有远大发展前途的热兵器仅当作“奇巧”来看待，无疑表现出了很大的轻视态度。而黄宗羲则将其视为“绝学”，表现出很强的前瞻性。两者形成了鲜明的对比。黄宗羲对刘宗周关于火器的态度非常清楚，上面这段话就出自他的记录，他与刘宗周在对待火器的态度出现这么大的差异，一方面与他重视经世学有关，另一方面则是由于他通过日本乞师，深刻认识到西方火器技术精良、威力巨大所致。在对待汤若望的态度方面，黄宗羲和

① 黄宗羲：《子刘子行状》卷上，沈善洪主编：《黄宗羲全集》第一册，第235页。

刘宗周作为儒者都对他传播的基督教持批判态度。但刘宗周由此而对其完全予以否定，并且强烈要求将他驱逐回国，而黄宗羲则对他传播西方历法的贡献给予了充分肯定，并且承认自身历法的研究受到了他的启发。从这里可以看出黄宗羲对西学的态度比较公允。黄宗羲作为儒者对算学表现出异乎寻常的兴趣，也与西方数学传入而受到激发有关。他在《叙陈言扬句股述》中说：

> 句股之学，其精为容圆、测圆、割圆，皆周公、商高之遗术，六艺之一也。自后学者不讲，方伎家遂私之。……珠失深渊，罔象得之。于是西洋改容圆为矩度，测圆为八线，割圆为三角，吾中土人让之为独绝，辟之为违天，皆不知二五之为十者也。……此特六艺中一事，先王之道，其久而不归者，复何限哉？①

在他看来，句股之学是周公、商高遗留下来的学问，属于儒家六艺之一，后来儒家学者不再讲求，于是方术研究者将其独占秘不外传，而使其长期埋没，西方人却把它承接过来，并改变名目带入中国。中国人要么推崇为绝无仅有，要么驳斥为违反天道，根本不知道这原本就是中国固有的学问。正是受此激发，他才费尽心力去研究算学，希望将中断了的儒家“绝学”续接起来。在他的带动和启发下，他的儿子黄百家和弟子陈訏都对算学产生了浓厚兴趣，并且悉心钻研，取得了丰富的成果。这篇序文就是他为陈訏的算学著作《句股述》而作的。

上面这段话也被视为黄宗羲倡导“西学中源说”的证明，而“西学中源说”往往又被视为妄自尊大、盲目排外，黄宗羲也因此受到一些人的非议。但应该看到，在中国与西方相遇之前，在中国人的观念中，中华是天下的中心，是唯一的文明世界，中华即代表天下，中

---

① 沈善洪主编：《黄宗羲全集》第十册，第 37—38 页。

华之外是蛮荒的四夷。事实上,中华文明也的确长期处于世界文明前列,并且不断向周边辐射。所以当黄宗羲等明末清初学者看到这些从西方传入的学问时,自然不会相信这是西方独立创造出来的成果,而他们回头审视中国固有的学问时又恰恰发现了类似的东西,于是就不免产生了美好的误会——"西学中源说"。其实,"西学中源说"也并非完全子虚乌有,像众所周知的火器、罗盘、造纸、印刷、制瓷、制丝等重大人类文明成果,就是由中国发明而传入西方,又回流中国并普及世界的。"西学中源说"尽管并不完全符合事实,但在西方文明传入的初期,对于中国人积极吸收西方文明和大力发展中华文明起了很大促进作用。黄宗羲正是在"西学中源说"的激励下,才在历法、算学、乐律等方面投入巨大热情进行研究,并主张将这些学科列入"绝学"加以发展,以使其能够得到复兴。直到清末,许多学者在吸收西方文明方面依据的还是"西学中源说","改革思潮"代表人物陈炽就以此为据对以"西学之器"弘扬"先王之道"的合理性和必要性加以了阐述:

> 形而上者谓之道。修道之谓教,自黄帝、孔子而来,至于今未尝废也。……形而下者谓之器。是道之粗迹,先王遗意之所存,经秦政之酷烈熏烁而迁流于西域者。天将以器还中国,而以道行泰西,表里精粗,交易而退。人情之所便,天意之所开,虽圣人复生,其能拂人情、违天意,而冥行独往、傲然其不顾哉?故知彼物之本属乎我,则无庸显立异同;知西法之本出乎中,则无俟概行拒绝。①

他主张通过对中国器物制度的改革和对西方器物制度的引入恢复"三代",他所说的"形而上之道"指的是"三代"的礼仪道德,"形而

① 陈炽:《庸书》内篇卷上《自强》,赵树贵、曾丽雅编:《陈炽集》,中华书局,1997年,第8页。

下之器”指的是“三代”的器物制度。“形而上之道”自黄帝、孔子以来一直传承下来,“形而下之器”则由于秦始皇的焚书坑儒而失传,但辗转流传到西方得以发展起来,现在中西交会,为道器复合、恢复“三代”提供了绝好的机会,盲目地拒绝西学绝对是不明智的举动。

“西学中源说”与东汉时期佛教传入中国之后出现的“老子化胡说”非常相似。根据此说,老子骑着青牛西出函谷关,经西域至天竺,化身为佛,创立佛教,教化胡人,佛教后来又从天竺经西域反过来回传到中国。“老子化胡说”当然并非事实,但在佛教传入的初期为其传播和普及带来了很大的便利,因为由此说法自然可以得出一个结论:既然佛教是中国人创立的,现在又回到了故里,那么中国人还有什么理由拒绝呢?“老子化胡说”最早可能是佛教徒出于传教的目的而创造的,这虽然给佛教的传播和普及带来了便利,但另一方面也降低了佛教的地位,抬高了道家或道教的地位。当佛教在中国逐渐发展壮大形成气候之后,佛道两家就不可避免为此而发生争执。与“老子化胡说”相比,“西学中源说”对于西学的传播和普及所起的作用更加广泛而持久,负面作用也更小,绝不能简单地将其视为自我麻醉、精神胜利而予以否定。同时还须指出的是,“老子化胡说”是把佛教说成原本是由中国人创立的,而“西学中源说”只是说科学技术原本是由中国人创立的,而不是说基督教原本是由中国人创立的,这是两者的显著不同之处。正因为如此,黄宗羲并不把历法、算学、火器等科学技术看成西学,而是把它们当作中国固有的“绝学”。从他上面所说的“欧罗巴国欲行其教于日本,其教务排释氏,中国之所谓西学也”这一段话可以看出,他所说的“西学”实际上指的是基督教。对于基督教,他基于儒家的立场而采取批判的态度,并且对像徐光启之类的儒者支持基督教的传播颇有微词:“为天主之教者,抑佛崇天是已,乃立天主之像记其事,实则以人鬼当之,并上帝而抹杀之矣。此等邪说,虽止于君子,然其所由来者,未尝非儒者开其端也。”[①]所以严格地说，黄宗羲倡导的并不是“西学中源说”，而是“科学中源说”。他认为科学技术是中国固有的学问，并将其列入经世的“绝学”。当然，从历史事实来看，他的这一举动很大程度上是受西方传教士带入的西方科学技术影响所致。

三、经世思想与西方思想的近代融合

经世思想是黄宗羲经世学的政治理论部分，其代表作是《留书》和《明夷待访录》，《明夷待访录》是他在《留书》的基础上继续思考的结果。为了规避清朝的文网，他只将《留书》的制度建设部分选入了《明夷待访录》，而将《留书》的民族思想部分搁置起来。[②]《留书》剩余五篇因被藏在“复壁”等隐秘处保存而失传[③]，直到 20 世纪 80 年代中期，《留书》抄本才被发现[④]，因而未能产生他所预期的实际影响。《明夷待访录》共 21 篇，内容丰富，思想深刻，代表了明末清初经世学风的最高成就。黄宗羲在此书中建立了“自私自利”的政治社会起源论、君主职能说、君国相分说、治法优先说等一套完整的政治变革理念，并以此为依据提出了以“宰相制”制约君主权力、以“学校制”制约行政权力、以“方镇制”制约中央权力等以制度制约权力的创造性构想，希望在君主与官员之间、君主与民众之间建立制度性制约和联系。

---

① 黄宗羲：《破邪论·上帝》，沈善洪主编：《黄宗羲全集》第一册，第 195 页。

② 《留书》的《田赋》《制科》《将》后来被黄宗羲编入《明夷待访录》，更名为《田制一》《取士上》《兵制二》。详见孙宝山：《〈留书〉的〈田赋〉〈制科〉〈将〉篇考证》，《古典文献研究》第十辑，2007 年。

③ 全祖望曾在复壁中看到过《留书》，在《重定黄氏〈留书〉》一诗中写道："证人一瓣遗香在，复壁残书幸出时。"（全祖望：《鲒埼亭诗集》卷七，《全祖望集汇校集注》下，第 2230 页）

④ 参见骆兆平：《黄梨洲先生留书——天一阁藏郑性父子订校本》，《文献》1985 年第 4 期；吴光：《黄宗羲遗著考》（一）《补考》，沈善洪主编：《黄宗羲全集》第一册《附录》，第 448—451 页。

他在撰写《明夷待访录》时本以为二十年后将会发生重建华夏国家、开启“大壮治运”的“圣王革命”，届时，他将像箕子为周武王献上《洪范》一样为新兴的“圣王”献上《明夷待访录》。[①]但是他等了三十多年最终也未能如愿。随着清朝统治的日趋稳固和社会秩序的逐步恢复，以黄宗羲、顾炎武等为代表的对传统进行反思与批判的“经世学风”也逐渐沉寂，代之而起的“考证学风”渐趋兴盛。在清朝乾隆年间，《明夷待访录》虽有二老阁刻本[②]，但由于时代思潮的变化，另兼此书又被列为禁书[③]，所以未能广泛流传。到了清末，清朝因内部的衰败和西方外部势力的入侵而陷入了内外交困的危局，“经世思潮”“改革思潮”“维新变法”“共和革命”等一系列变革相继兴起。清末“经世思潮”最具代表性的成果是魏源代贺长龄编辑的《皇朝经世文编》。该文编于道光六年(1826)完成[④]，刊行后风行一时，对清末的变革起了重要的推动作用。魏源在编辑《皇朝经世文编》时自觉地继承了清初以顾炎武、黄宗羲等为代表的经世精神，提出了“道存乎实用”“志在措正施行”[⑤]的选文宗旨，选录了大量与具体制度相关的切合实际的文章。他以发扬顾炎武、黄宗羲等为代表的经世传统为己任，对清朝“考证学风”的“无用”提出了批判[⑥]，后又完成了经世巨作《海国图志》，对西方国家的地理、历史、政治等做了系统的介绍，对后来的变革产生了重要影响。黄宗羲等明末清初的经世学者所倡导的变革精神，对清末以王韬、郑观应、文廷式等为代表的“改革思潮”起了一种激励和启示作用，为这些面对西方的挑战而寻求变革的人士提供了内在的

① 《明夷待访录·题辞》，沈善洪主编：《黄宗羲全集》第一册，第1页。

② 见《黄宗羲遗著考(一)》，沈善洪主编：《黄宗羲全集》第一册《附录》，第426—428页。

③ 见梁启超：《中国近三百年学术史》，东方出版社，1996年，第57页注一。

④ 见魏源：《皇朝经世文编叙代贺方伯》，《魏源集》上册，中华书局，1976年，第157页。

⑤ 魏源：《皇朝经世文编五例》，《魏源集》上册，第158页。

⑥ 魏源：《武进李申耆先生传》，《魏源集》上册，第358—359页。

精神动力。[①]他们继承了黄宗羲等在君主与官员之间、君主与民众之间建立制度性制约和联系的有关探讨，同时也借鉴西方的经验，提出了引进“君民共主制”、设立议院等构想。[②]黄宗羲的“有治法而后有治人”的“治法优先说”强调基本制度对于国家治理的首要性，这为清末的“改革派”效法西方进行制度变革提供了重要的理论依据；[③]同时，他们又在西方思想的影响下，把黄宗羲的“有治法而后有治人”的“治法优先说”发展为“君主立宪”的“法治”思想，并将建立“君主立宪制”视为实现自强的关键所在。[④]康有为、梁启超、谭嗣同等“维新变法”人士都深受黄宗羲经世思想的影响，把它作为融合中西思想的传统理论资源之一。康有为用黄宗羲的“君主职能说”和西方的“选举”思想对孟子的“民贵君轻说”重新进行了诠释，强调君主是由民众选聘而来、为民众的公共事务服务的，从而将中国的君主理论又向前推进了一步。[⑤]谭嗣同、梁启超继承了黄宗羲的批判精神，对秦以后的君主制及其辩护理论进行了猛烈批判，他们在西方思想的启发下提出了“国民一体说”，把黄宗羲对“君国一体说”的批判发展为对“国民二分说”的批判，认为“国民二分说”是君主横暴和“君为臣纲”的根源，梁启超并由此引出了“爱国”“民权”“民治”等主张。[⑥]梁启超还与谭嗣同等将《明夷待访录》节抄印刷数万本，加以案语，秘密散布，传播革命思想，对晚清思想的转变起了重要作用。[⑦]梁

① 王韬：《弢园文新编·答包荇洲明经》，生活·读书·新知三联书店，1998年，第254页。

② 王韬：《弢园文新编·重民下》，第25—27页；郑观应：《盛世危言·议院下》（十四卷本），王贻梁评注：《盛世危言》，中州古籍出版社，1998年，第100、102页。

③ 文廷式：《自强论》，汪叔子编：《文廷式集》上册，中华书局，1993年，第134—135页。

④ 郑观应：《盛世危言·自强论》（八卷本），第111页。

⑤ 康有为著，楼宇烈整理：《孟子微》卷一，中华书局，1987年，第20—21页。

⑥ 谭嗣同：《仁学·仁学一》《仁学·仁学二》，蔡尚思、方行编：《谭嗣同全集》，中华书局，1998年，第337—341页；梁启超：《论中国积弱由于防弊》、《中国积弱溯源论》第一节、《爱国论》、《论近世国民竞争之大势及中国前途》第一节，《梁启超全集》第一册，北京出版社，1999年，第63、414、273、309页。

⑦ 见梁启超：《清代学术概论》，东方出版社，1996年，第77页。

启超还把黄宗羲推崇为“中国之卢梭”①，直到民国时期还说《明夷待访录》“的确含有民主主义的精神”，“受这部书的影响最早而最深”②。“共和革命”人士也受到了黄宗羲经世思想的很大影响。孙中山曾把《明夷待访录》的《原君》《原臣》篇制成小册子，作为兴中会的革命宣传书随身携带散发③，并赠给日本友人南方熊楠④。刘师培自述“幼年喜诵《明夷录》”⑤，并说：“这书上说的话，句句是说自由平等的。”“《明夷待访录》一部书，可不是中国从前没有的好书么？”⑥他还与林獬合著《中国民约精义》，用卢梭“民约论”的原理来阐发黄宗羲《明夷待访录》的思想。⑦陈天华在《狮子吼》中把黄宗羲比作“中国之卢梭”加以宣扬，《狮子吼》后来也成为广为传诵的革命宣传书之一。他还继承了黄宗羲的“君国相分说”，对“君国一体说”和“国民二分说”进一步展开批判⑧，在黄宗羲的“以天下为主”的基础上提出了“以国为主，统君、臣、民都在内”⑨的“国民一体”⑩的主张。

---

① 忧患余生生：《扪虱谈虎录·黄梨洲》引饮冰室主人近著《中国近世三大思想家·黄宗羲》之《绪论》，《新民丛报》第十四号，1902 年 7 月 15 日，第 53—54 页；冯紫珊编辑：《新民丛报》第三册，台北艺文印书馆 1966 年影印版。按，“饮冰室主人”即梁启超，“忧患余生生”即韩文举。

② 梁启超：《中国近三百年学术史》，第 56 页。

③ 见陈锡祺主编：《孙中山年谱长编》上册，中华书局，1991 年，第 109 页。

④ 见小野和子：《孙文が南方熊楠に赠った〈原君原臣〉について》，《孙文研究》第 14 号，1992 年 10 月。

⑤ 光汉（刘师培）：《甲辰年自述诗》，《警钟日报》甲辰八月初一日、西历 1904 年九月十号第四版，1983 年影印版第四册，第 1874 页。

⑥ 光汉（刘师培）：《黄梨洲先生的学说》，《中国白话报》第六期，中历甲辰（1904）新正月十五日，全国图书馆文献缩微复制中心 1989 年制缩微品，第 33、34 页。

⑦ 见《中国民约精义》卷三《近世·黄宗羲》，《刘师培全集》第一册，中共中央党校出版社，1997 年，第 588 页。

⑧ 陈天华：《警世钟》，郅志选注：《猛回头：陈天华　邹容集》，辽宁人民出版社，1994 年，第 67 页。

⑨ 陈天华：《狮子吼》第三回，《猛回头：陈天华　邹容集》，第 120 页。

⑩ 本文以上仅从中西交会的角度对黄宗羲的经世思想与西方思想的近代融合做了简要概述。关于黄宗羲与近代政治思潮详见孙宝山：《反古开新——黄宗羲的政治思想》，人民出版社，2008 年，第 284—371 页。

黄宗羲是明末清初经世学与西学交会中最具有代表性的人物，他的经世学是陈子龙在明末倡导的经世学风在清初的延续和发展。由于受西方传教士带入的西方科学技术影响，他在历法、算学、乐律等方面投入巨大热情进行研究，并主张将这些学科列入“绝学”加以发展，以使其能够得到复兴。他的经世思想对中国的政治传统进行了前所未有的深刻反思与批判，具有一套完整的政治变革理念和以制度制约权力的创造性构想，在近代与西方思想融合，为清末的变革提供了原动力，形成了蔚为壮观的中国近代思潮。

《中国哲学家孔子》(1687)中的和平和国家理由

中山大学哲学系　柯修文(Daniel Canaris)　撰；
张扩栋　译

引　　言

中国是以和平为特征的国家，这一观点反复出现在耶稣会关于明末清初的著作中。尽管耶稣会士可能是为了唤起欧洲人对他们传教活动的兴趣和支持而宣传这一理念，但值得注意的是，他们并不总是把这一声誉授予他们正在传教的其他东亚国家与民族。例如，方济各·沙勿略(1506—1552)和范礼安(1539—1606)尽管尊重日本人的文明，却认为日本人是好战的民族。①

但随着耶稣会士对中国认识的加深和传教政策的发展，他们认为中国和平可能性离当时的中国政治现实越来越远，并且逐渐演变为一种理想建构，这种建构源自他们在先秦儒家思想中确立的道德和政治原则。这种转变的高潮可以在《中国哲学家孔子》

① R. Kowner, *From White to Yellow: The Japanese in European Racial Thought, 1300 - 1735*, Montreal: McGill-Queen's University Press, 2014, p.108; W. Demel, "The Images of the Japanese and the Chinese in Early Modern Europe: Physical Characteristics, Customs and Skills. A Comparison of Different Approaches to the Cultures of the Far East", *Itinerario* 25(3 - 4), 2001, pp.34 - 53.

(*Confucius Sinarum philosophus*,下文简称《孔子》)一书中找到。这一对儒家经典不朽的翻译和评注,于1687年在佛兰芒耶稣会士柏应理(1623—1693)的监督下出版。尽管此书保留了和平是儒学的最终目标,但是《孔子》提出当时的中国正处于极大的混乱中,这是由于"异端"的增多,比如佛教、道教,以及大多数士大夫阶级所坚持"无神论的"宋代理学。从某种程度上说,对当时中国的贬低是耶稣会传教士政策的必然结果,这种政策寻求在基督教和先秦儒学的理想化重构之间进行调和,为此几乎完全排斥当时中国各个学派。

然而,本文想表明,《孔子》之所以提出中国与和平关系的问题,不仅仅是因为想使耶稣会调和的儒家远离偶像崇拜,而且也是想借鉴中国智慧历史,以此作为一个非欧洲的论据反对"国家理由",这是一种政治实用主义朦胧的理论,耶稣会士和其他神学正统思想家把它归于马基雅维利及其遗产。《孔子》的耶稣会作者特别在意的是这一观点:在促进国家和社会稳定的功能上,不同宗教的教义可以被认为是相通的。在《孔子》对先秦儒学的重构中,源自儒家训诫的内在与政治和平的合法性,是以合理的形而上学基础和理性有序的追问为依据的。虽然中国其他教派也把和平作为首要的道德和政治目标,但它们缺乏神圣的超越性,它们混乱的原则使和平成为一种虚幻的追求。如本文所表明的,《孔子》将利用早期耶稣会士批判国家理由发展而来的词汇和概念分析中国宗教,以此证明脱离宗教正统的政治实用主义是无效的。

一、在《中国哲学家孔子》中解构儒家和平

早在耶稣会传教士来到中国之前,中国与和平的关系就在欧洲人的想象中得到了巩固。最早可以追溯到古希腊罗马传统关于"丝绸之民"(Seres)的记载,耶稣会的史学强调应该将其与中国(Sina)

和中世纪的华夏(Cataium)视为相同的国家。[①]罗马历史学家马塞林(Ammianus Marcellinus，330—391/400)在《成就之事》(*Res gestae*)中描绘的中国人(Seres)"有安静、平和的性情，他们最高兴的事是过宁静的生活"，并且"相较于其他人，他们习惯于节俭，通过回避与其他人交往，学习把自己的生命导向和平之境"。[②]

自16世纪下半叶关于中国(the Middle Kingdom)的更准确的信息出现后，这种居住在远东热爱和平的民族的古典和中世纪的形象深刻影响了欧洲关于明朝的报道。在耶稣会文献开始主宰欧洲对中国的论述之前，奥古斯丁修会高级教士门多萨(Juan González de Mendoza，1545—1618)的《中华大帝国史》(*Historia de las cosas más notables, ritosy costumbres del gran reyno de la China*，1586)中就已经提出，中国人的和平性情与中国政治体系的特征息息相关：贤明君主的统治避免参与不必要的战争。[③]在《论最伟大的城市》(*Delle cause della grandezza e magnificenza delle città*，1588)中，前耶稣会士博塔罗(Giovanni Botero，1544—1617)主要引用了保罗(Polo)和门多萨的作品，也介绍了从耶稣会联系人而来的初步报告[④]，从禁止发动战争的命令推断出中国"享有永久和平的状态，没有什么比和平更加可贵了"[⑤]。

---

① N. Trigault and M. Ricci, *De Christiana expeditione apud Sinas suscepta ab Societate Iesu*, Augsburg: Apud Christophorum Mangium, 1615, pp.3-4; L. J. Gallagher, *China in the Sixteenth Century*, New York: Random House, 1953, pp.6-7.

② Henry Yule, *Cathay and the Way Thither: Being a Collection of Medieval Notices of China*, vol.1. London: Hakluyt Society, 1866, pp.clviii-clviv.

③ J. G. Mendoza, *The History of the Great and Mighty Kingdom of China and the Situation Thereof*, trans. R. Parke, 2 vols., London: Hakluyt Society, 1853-1854, p.13.

④ D. F. Lach, *Asia in the Making of Europe: A Century of Wonder*, vol.2.2., Chicago: The University of Chicago Press, 1977, pp.235-252.

⑤ G. Botero, *On the Causes of the Greatness and Magnificence of Cities*, translated by Geoffrey Symcox, Toronto: University of Toronto Press, 2012, p.63; Botero, *Delle cause della grandezza delle città libri Ⅲ*, Rome: Appresso Giovanni Martinelli, 1588, p.63.

因此，耶稣会士把中国和平与中国政治体系的结构性特征联系起来时，他们不过是抓住一种已经在欧洲人想象中巩固的话语。但传教伊始，他们就试图把对中国和平可能性的讨论从气候和体质对中国人性情的影响，转移到对政治哲学在促进中国和平与稳定中所扮演的角色进行思考。对中国政治制度进行广泛讨论的第一本耶稣会出版物是《丛书选编》(*Bibliotheca selecta*，1593)，作者是百科全书作家安东尼奥·波西维诺(Antonio Possevino，1533—1611)。《丛书选编》在第九本书的最后一章对中国进行描述。传教士罗明坚(1543—1607)在华九年后回到罗马，为波西维诺提供了第一手权威材料。波西维诺将中国民众描述为“在最高和谐状态下”臣服于一位国王。①正是因为这个统一的政府在一个国王的统治下，中国才能够享受“永久和平”(perpetua pax)，与好战的日本人相比，中国人更容易皈依。②虽然波西维诺像门多萨和博塔罗一样，将中国乌托邦式的幻象与丰富的自然资源，和中国人治国才能的特征联系起来，但他还是将儒家经典《大学》的部分翻译纳入书中——《大学》通过八条目的有序排列，以期从个人修养中得出好的统治。因为耶稣会士的传教策略是在利玛窦(1552—1610)的指导下发展起来的，所以将“公共和平”(pax publica)和“共和国的宁静”(Reipublicae quies)视为儒家训诫的终极目的，同时这也是协调基督教、儒家和自然法三者目标的关键之一。③

关于儒家和平思想最成熟的论述是1687年在巴黎出版的《中

---

① “*uni Regi turba hominum omnis per summam concordiam obtemperat*”, A. Possevino, *Bibliotheca selecta qua agitur de ratione studiorum in historia*, *in disciplinis*, *in salute omnium procuranda*, Rome: Ex Typographia Apostolica Vaticana, 1593, p.582.

② A. Possevino, *Bibliotheca selecta qua agitur de ratione studiorum in historia*, *in disciplinis*, *in salute omnium procuranda*, p.584.

③ J. Gallagher, *China in the Sixteenth Century*, p.97; N. Trigault and M. Ricci, *De Christiana expeditione apud Sinas suscepta ab Societate Iesu*, p.109.

国哲学家孔子》。[1]这一开创性的工作是一个世纪以来，耶稣会试图翻译和解释儒家经典的顶峰。[2]这一集体著作的主体部分是在西西里耶稣会士殷铎泽（1626—1696）的领导下在广州创作的——有24位耶稣会传教士、4位多明我会修士和1位方济各会修士因中国天文学家杨光先（1597—1669）和汤若望（Adam Schall von Bell，1591—1666）之间的激烈冲突被流放到广州。[3]最终的作品由柏应理进行了大量编辑而完成，他把它交给了路易十四时期的图书馆馆长德维诺（Melchisédech Thévenot，1620—1692），在王室图书馆（Bibliothèque royale）出版。[4]这本书第一次提供给欧洲读者一个儒

---

① 《导言》《孔夫子生平》和《大学》的英文译本参见 T. Meynard, *Confucius Sinarum Philosophus（1687）：The First Translation of the Confucian Classics*, Rome：Institutum Historicum Societatis Iesu，2011。《论语》的英译本和修订后的《孔夫子生平》，参见 T. Meynard，*The Jesuit Reading of Confucius：The First Complete Translation of the Lunyu（1687）published in the West*，Leiden：Brill，2015。论文原文中《中国哲学家孔子》的英译参照梅谦立的译文，论文作者基于对部分拉丁文的不同理解，对英译文进行了修改。

本文中的中译文译自论文中使用的英译文。——译者注

② 已知最早的大量儒家经典翻译是一些未发表的西班牙手稿，这些手稿是1590年罗明坚为献给西班牙国王菲利普二世（Philip II，1527—1598）所作的。这些手稿现今收录在 *Real Biblioteca del Monasterio de San Lorenzo el Escorial*（ms. III C 27，1590）。参见 M. Ruggieri，*Confucio：La Morale della Cina*，trans. I. Turull，Rome：De Luca Editori d'Arte，2016；T. Meynard & R. Villasante，*La filosofía moral de Confucio por Michele Ruggieri，SJ：La primera traducción de las obras de Confucio al español en 1590*，Bilbao：Mensajero，2018。在1591年11月至1592年8月之间，罗明坚也准备了《大学》《中庸》《论语》的拉丁语译文，《论语》现在收录在 *Biblioteca Nazionale V. Emanuale II*（Fondo Gesuitico 1185）中。在1662年，郭纳爵（Inácio Da Costa，1603—1666）和殷铎泽在建昌发表了拉中版本的《大学》和半部《论语》，命名为《中国智慧》（*Sapientia sinica*）。参见 ARSI，*Jap. Sin.* III，3a。在1668年至1669年之间，殷铎泽将《中庸》翻译成拉丁语，命名为《中国政治伦理知识》（*Sinarum scientia politico-moralis*）。参见 ARSI，*Jap. Sin.* III，3b。亦可参见 T. Meynard，La première traduction des *Entretiens* de Confucius en Europe：entre le *li* néoconfucéen et la *ratio* classique，*Études chinoises* 30，2011，pp.173－192。

③ L. Paternicò，"Translating the Master：The Contribution of Prospero Intorcetta to the Confucius Sinarum Philosophus"，*Monumenta Serica* 65（1），2017，pp.87－121.

④ N. Dew，*Orientalism in Louis XIV's France*，Oxford：Oxford University Press，2010，pp.205－233.

家经典广泛且易读的拉丁文译本，其中包括《大学》《论语》《中庸》及孔子的传记梗概，还有一篇很长的导言（*Proëmalis declaratio*，下称《导言》），此导言以前所未有的深度阐明了耶稣会新经院哲学对儒家经典的独特解读。

《孔子》坚持早期耶稣会作家对中国的观点，认为和平与尊重习俗和法律是中国古代政治哲学的首要目标。根据《孔子》的说法，宇宙秩序的恒常性和等级制度灌输给古代中国人对至高之神的崇敬，以及用一个中央集权的君主政府来复制这种神圣权威的需要。因为古代中国人意识到异端邪说对公共和平的威胁，所以他们拒绝探究上帝的本质，以免导致神学错误：

> 他们仅仅祈求持久的和平、法律及习俗的公平法则。由于追求这些，他们将自己首先献身给宗教，之后才是政府。他们崇拜至高之神，将其命名为上帝或者“昊天上帝”，还有其他的神灵保护地球上事物。他们并没有因为好奇而探索上帝的神秘本质，上帝如此崇高，是与肉眼相分离的。他们甚至明确禁止这样做，以保护真理和公共和平免受异端的影响。这些异端容易产生在那些有才华，但不稳定且非常渴望新奇的人中。这种政治上的谨慎和安排是如此完美，以至于那些下达命令的人相信他们正在命令自己的儿子，那些服从的人相信他们正在服从自己的父亲。①

---

① 拉丁语原文：[Una pax scilicet & constans，aequabilisque tam morum quàm legum ratio in votis erat：Hoc autem ut assequerentur，Religioni primùm，deinde politicae gubernationi dabant operam：Illâ Supremum aliquod Numen，quod Xam ti Supremum coeli Imperatorem nuncupabant；nec non alios spiritus，sublunarium rerum praesides，ritè venerabantur；arcana verò naturae illius，quae tum sublimis est & ab humanis oculis tam remota，adeò non scrutabantur curiosiùs，ut disertis quoque verbis id vetarent，ne veritati scilicet pacique publicae officerent haereses in gente ingeniosa quidem，sed instabili & novitatum cupidissima faciles oriri：Politicae verò prudentiae industriaeque summa haec erat，ut qui imperabant，filiis imperare se crederent；qui parebant，patribus se parere.] P. Couplet，P. Intorcetta，F. de Rougemont，and C. Herdtrich，*Confucius Sinarum philosophus*，*sive*，*Scientia sinensis latine exposita*，Paris：Apud Danielem Horthemels，1687，pp. xxxiv－xxxv；T. Meynard，*Confucius Sinarum Philosophus*(*1687*)，p.128。

政治和平的卓越性建立在宗教正统之上的观点遍及耶稣会对儒家经典的翻译之中，甚至当文本没有正面阐述时，他们也引入这一理念。例如，在《论语》11 篇 26 章中，孔子表达了对曾皙的赞赏，因为曾皙愿意以自己的岁月和自然和谐相处。耶稣会对这段话进行了详细的阐述，声称曾皙的回应说明了“博爱”(communis charitas)的原则，他们认为这是儒家哲学的“首要目标”(praecipuus scopus)。对儒家美德“仁”的基督教化解读，是根据长者追求“和平”(pax)与“宁静”(tranquillitas)、同事和朋友之间追求“信任”(fides)和“和谐”(concordia)，以及年轻人追求“关爱”(cura)和“同情”(commiseratio)这些基督教美德来定义“仁”的。①与耶稣会士对先秦儒学的有神论解读相一致，译者在对《论语》16 篇 8 章的评注中强调宗教虔诚是儒家德性观念的核心。按照明代政治家张居正评注，翻译者们认为，孔子所说的君子之“畏天命，畏大人，畏圣人之言”(三畏)，可以归结为“敬天而已”，这与基督教教义是一致的：②

> 这位伟大的阁老在结束他的长篇评注时，用了一个完全基督教的说法，教导说上述所有恐惧都可以归结为一种恐惧，即我们以此敬天而别无他畏，或用中文：敬天而已。他以古代人为例予以证明：这些古代人在天以及天所给予的任何事物之前都表现出虔诚的战栗和焦虑的警惕。③

---

① P. Couplet, *Confucius Sinarum philosophus*, p. 77; T. Meynard, *Confucius Sinarum Philosophus(1687)*, pp.358－359.

② T. Meynard, *Confucius Sinarum Philosophus(1687)*, p.36.

③ 拉丁语原文：[Colaus sententiâ vere Christianâ longam explanationem concludens docet, timores modò memoratos ad unum maximè timorem reduci omnes; eum scilicet, quo revereamur caelum & non amplius: Kim tien lh y. Confirmat hoc autem exemplis Priscorum, qui omni cum reverentiâ & tremore, curâ item vigilantiâque prorsus singulari gerebant sese adversùs caelum & quidquid eis à caelo conferebatur.] P. Couplet, *Confucius Sinarum Philosophus*, p.120; T. Meynard, *Confucius Sinarum Philosophus(1687)*, p.493。

耶稣会士在对《大学》的论述中，也探讨了类似主题，不过是在这样一个前提下进行的，即追求"和平"必须以理性主义的方法论为基础，而不是本末倒置或效用上的等价。这里，《大学》被描述为通过自身和邻人的训练与规则走向"止于至善"的三重阶梯。①而耶稣会士对《大学》作为政治文本的解读遵循了明代政治家张居正的注释②，他们把"至善"翻译成"supreme good"(summum bonum)，这意味着《大学》的道德教化和阿奎那的思想是一致的，阿奎那将所有人类活动的至善与认识上帝等同。③规则并不仅仅是对欲望的抑制，而且是一种认知过程，包含着对终极目标的理解，以及实现方式。把这种内在的"止"(quies)转变为政治上的"和"(pax)，取决于统治者通过将他的道德行为作为榜样来影响他的家庭，进而正确管理这个帝国：

> 与作者[孔子]逐渐下降的方式相同，现在，他反过来从最底层开始，并且，他以同样的程度提升他们："当一切都深入渗透或耗尽时，接下来的智慧的力量将被实现并变得完美。当智慧的力量被实现并达到完美时，接下来的意图和意志就会受到检验。"这意味着他们不会因为渴望做恶或逃避善良而犯错。"一旦对意图进行了检查，那么接下来的思想就会被纠正"，没有邪恶的欲望导致其偏离正义。"当思想得到纠正后，身体就会变得非常宁静"，不做任何不合礼仪或不诚实的事。"当人或身体非

---

① "大学之道在明明德，在亲民，在止于至善。"(《大学》第一章)P. Couplet, *Confucius Sinarum Philosophus*, p. 1; T. Meynard, *Confucius Sinarum Philosophus(1687)*, p.331。

② T. Meynard, *Confucius Sinarum Philosophus(1687)*, pp.61－64; D. Mungello, *Curious Land: Jesuit Accommodation and the Origins of Sinology*, Honolulu: University of Hawaii Press, 1989, pp.268－271.

③ T. Aquinas, *Summa contra gentiles*, translated by Anton C. Pegis, James Anderson, Vernon Bourke and Charles J. O'Neil, 5 vols., New York: Hanover House, 1955－1957, III. 31; *Summa Theologiae*, translated by Thomas Gornall, 60 vols., London: Blackfriars, 1964, 1a q.6.

常宁静时,通过榜样,家庭将受到良好的教育。当家庭受到正确教育后,一个人的私人王国将得到正确管理。王国得到良好管理后,整个帝国将受到最佳教育,并将充分享受和平。"①

但是,随着《孔子》强化和平(pax)与儒家文人目标之间的联系,它也从根本上质疑了中国现状与持久和平之间的关系。《孔子》的作者们经历了血腥的明清过渡时期,在撰写《孔子》第一稿时,个人曾遭受迫害和监禁。欧洲文学界现在能够获得关于中国历史动荡的资料,主要是由于卫匡国(1614—1661)的努力,他出版了一部关于清朝入侵的记述和一部直到公元1世纪的中国历史概述。②《孔子》和其后的附录年表(Tabula chronologica)充满了对中国内乱的生动描述。③此外,多明我会和方济各会对耶稣会在中国传教政策的

① 拉丁语原文:[Nunc Author, quò altiùs inculcet doctrinam suam ab infima omnium radice exorsus, uti modò gradatim quodammodo descenderat, ita vicissim per suos rursum gradus hîc ascendens, rebus(inquit) omnibus intimè penetratis, seu exhaustis, tum deinde vis intellectiva consummata erit & perfecta: vi intellectivâ consummatâ & perfectâ, tum deinde intentio ac voluntas verificabitur, id est, non errabit vel appetendo quod malum sit, vel fugiendo quod bonum: intentione verificatâ, tùm deinde animus rectificabitur, nullo pravo affectu à suâ rectitudine descicens; animo rectificato, tùm deinde etiam corpus bene-compositum erit, nihilque aget à decoro & morum probitate alienum. Propriâ personâ seu corpore bene composito, tum deinde familia-domestica illius exemplo bene instituta erit: familiâ domesticâ rectè institutâ, tum deinde privatum regnum rectè administrabitur: privato regno sic bene instituto, tum deinde totum etiam Imperium optimè institutum pace perfruetur.] P. Couplet, *Confucius Sinarum Philosophus*, pp.4 - 5; T. Meynard, *Confucius Sinarum Philosophus(1687)*, p.340。

② M. Martini, *Bellum tartarcium*, *or the Conquest of The Great and Most Renowned Empire of China*, London: Printed for John Crook, 1655; *Sinicae historiae decas prima*: *res a gentis origine ad Christum natum in extrema Asia*, *sive magno Sinarum imperio gestas complexa*, Munich: Typis Lucae Straubii, 1658.

③ T. Meynard, *Confucius Sinarum Philosophus(1687)*, p.131; P. Couplet, *Confucius Sinarum Philosophus*, p.xxxvi.

反对也愈演愈烈。1676年,西班牙多明我会士闵明我(1610—1689)在马德里出版了《中国的传统历史、政治与宗教》(*Tratados históricos, políticos, éticos y religiosos de la monarquia de China*)。让耶稣会士感到尴尬的是,闵明我在这本书中提到了西西里耶稣会士龙华民(1559—1654)的《关于上帝、天神和灵魂之争论的简单回答》(*Respuesta*)。龙华民虽然是利玛窦的继任者,是耶稣会中国传教会会长,但他认为儒家思想本质上是无神论的。①正如皮埃尔·贝勒(Pierre Bayle, 1647—1706)的著作《关于彗星的若干想法》(*Pensées diverses sur la comète*, 1682)所表明的,大多数欧洲思想家都无法接受一个由品德高尚的无神论者所组成的社会,更何况一个维持永久和平状态的无神论社会。②的确,柏应理似乎理所当然地认为,中国古代君主政体的稳定和秩序进一步证明了他们对上帝的信仰。③

可以理解的是,欧洲人日趋一致地认为当时的中国是无神论的,为此需要对中国与和平之间的关系进行重大修正。虽然《孔子》保留了利玛窦的信念,即和平是儒家传统的主要政治目的,但它声称,这种政治理想的实现受到当代中国异端扩散的阻碍,即道教、佛

① 龙华民的《回答》大约在1623年完成,可能之后被封禁,后来走私运回欧洲,1701年在礼仪之争的高潮被翻译成法文,与一篇题为"Franciscan friar Antonio Caballero de Santa Maria"论文一起发表。论文的作者安托万·德·圣-马利(Antoine de Sainte-Marie, 1602—1669)反对耶稣会对儒家的调和。参见D. Mungello, *Curious Land: Jesuit Accommodation and the Origins of Sinology*, pp. 298, n. 171; N. Longobardo, *Traité sur quelques points de la réligion des Chinois*, Paris: Guérin, 1701。

② J. Israel, *Radical Enlightenment: Philosophy and the Making of Modernity, 1650 - 1750*, Oxford: Oxford University Press, 2001, pp. 331 - 341; "Admiration of China and Classical Chinese Thought in the Radical Enlightenment(1685 - 1740)", *Taiwan Journal of East Asian Studies* 4(1), 2007, pp. 1 - 25; T. Weststeijn, "Spinoza sinicus: An Asian Paragraph in the History of the Radical Enlightenment", *Journal of the History of Ideas* 68(4), 2007, pp. 537 - 561.

③ T. Meynard, *Confucius Sinarum Philosophus(1687)*, pp. 169 - 170; P. Couplet, *Confucius Sinarum Philosophus*, p. lxiii.

教和一部分宋朝理学家（周敦颐、程氏兄弟和朱熹）对儒家经典的误读。因此，对于《孔子》的作者来说，利玛窦发现的中国并不是和谐的典范，而是由于宗教混乱而陷入"极度混乱"（chaos profundum）的糟透了的社会。①

二、中国和"国家理由"

《孔子》消除了中国乌托邦式的神话，这不仅缘于需要用更真实的中国肖像来捍卫耶稣会的传教政策，也因为它试图利用中国历史经验和儒家传统戒律对马基雅维利（1469—1527）开创的政治哲学传统的国家理由做出一个复杂的回应。当然，"国家理由"这个术语从未出现在马基雅维利的作品中，但自 1589 年前耶稣会士博塔罗（1544—1617）出版《国家理由》（*Della ragion di Stato*）以来，它就成了一种政治哲学的代名词，该政治哲学将国家维护和扩张置于道德规范之上。②虽然博塔罗离开了耶稣会，但他在耶稣会中影响很大，因为他反对将政治与基督教道德相分离。波西维诺在《丛书选编》（*Bibliotheca selecta*，1593：126）中特别引用了博塔罗的观点："他的意大利文著作中就国家理由问题对马基雅维利进行了出色的攻击。"（Ioannes item Boterus Italice libro de Ratione status hoc ipsum egregie persecutus）

但是像博塔罗一样，许多耶稣会士更多地依靠了马基雅维利的思想，而不像他们惯常承认的那样，特别是在强调国家行政管理的谨慎、国君在其臣民中享有良好声誉的重要性，以及宗教出于政治凝聚力的需要而在道德灌输中所扮演的至关重要的角色中。③一般

---

① P. Couplet, *Confucius Sinarum Philosophus*, p. lx; T. Meynard, *Confucius Sinarum Philosophus*(*1687*), p.165.

② G. Botero, *The Reason of State*, translated by Robert Bireley, Cambridge: Cambridge University Press, 2017.

③ H. Höpfl, *Jesuit Political Thought*: *The Society of Jesus and the State*, *c. 1540－1640*, Cambridge: Cambridge University Press, 2004, pp.84－185.

而言，耶稣会士与马基雅维利不同的是，他们坚持认为国君的举止、美德和声誉不能仅建立在善的表象之上，因为公民迟早会撕下君主虚伪的面具。同样，大多数耶稣会士反对他们所认为的马基雅维利对宗教真理与公民宗教的分离而宣称天主教正统作为卓越的民间宗教最适合国家运转，尽管这一解释在最近有关马基雅维利的一些学术研究中受到质疑①，但在17世纪的欧洲被广泛接受。尽管耶稣会士常常让他们对宗教宽容的观点服从于务实的考虑，例如压制异端的可行性与政治成本，但他们普遍认为，异端对社会结构是危险的，因此有理由被压制或消除。

虽然《孔子》并未提及“国家理由”这个术语，但它充满了暗示的引用。柏应理将《孔子》一书的纲要献给了路易十四，并将其塑造成统治者手册，着重强调了儒家思想的政治层面。作者声称依据“四书五经”重建的先秦儒家思想，被呈现为一种中国的反马基雅维利思想，阐明了治理国家需要以合理的形而上学为基础的道德原则。其翻译和评论反复强调实践“真正的美德”(vera virtus)所带来的好处，以此来反对宋儒和其他满足于“美德表象”(species virtutum)的同时代中国人。②与耶稣会批判国家理由相呼应，对“真正的美德”的追求失败在中国的历史中处处导致国家衰落甚至毁灭。③而且，缺乏“真正的美德”会削弱政治家的说服力，因为臣民和外国人会识破他们的口是心非。④在许多方面，《孔子》似乎用来自中国的证据证明耶稣会批评国家理由的常见论点：不道德的行为从长远来看是不利于国家安全和繁荣的。最重要的是，当时的士大夫阶级和对其政治形式产生重要影响的宋明理学家被明确地斥为“无神论政治家”

① M. Viroli, *Machiavelli's God*, trans. A. Shugaar, Princeton, NJ: Princeton University Press, 2010.

② T. Meynard, *Confucius Sinarum Philosophus (1687)*, p.167; P. Couplet, *Confucius Sinarum Philosophus*, p.lxii.

③④ T. Meynard, *The Jesuit Reading of Confucius*, p.488; P. Couplet, *Confucius Sinarum Philosophus*, p.118.

(atheopolitici)，这是一个不寻常的称谓，在 17 世纪的耶稣会政治著作中作为一个代名词(即国家理由的追随者)有所流通。

虽然马基雅维利从未在任何著作中明确拒绝神，但在他 1527 年去世后不久，“马基雅维利主义”很快就成为“无神论”的同义词。尽管西塞罗(Cicero，公元前 106—前 43)在《论神的本质》(*De natura deorum*)中曾用希腊词“ἄθεος”来形容狄雅戈拉斯(Diagoras)，但名词化形式(atheismus)到了 16 世纪才进入拉丁语词典。[①]“政治家”(politicus)，这个词在经院政治理论的背景下具有中性的含义，然而在反宗教改革和新教文学中越来越与马基雅维利及其“国家理由”的信徒所倡导的不道德政治联系起来，例如在《马基雅维利被掐死了》(*Machiavellismus iugulatus*，1628—1637)中，西班牙耶稣会士克莱门特(Claudio Clemente，1594—1642)为政治哲学的发展却贬低了这个曾经高贵而诚实的词感到遗憾。[②]自 16 世纪中叶开始，马基雅维利、无神论(atheus)、政治家(politicus)的结合，可以在无数反对马基雅维利的论文中找到，但是经过一段时间之后，才出现了这个不同寻常的复合名词——“无神论政治家”(atheo-politicus)。[③]在 16 世纪 20 年代，“无神论政治家”偶尔会出现在一些非耶稣会的作品中，其中提到所谓的异教徒，他们否认了罗马教皇(Roman Pontiff)在世俗中有至高无上的权威，例如帕多瓦的马西留斯(Marsilius of Padua，1275—1342)和加尔文主义者，天主教的辩论家通常会宣称他们自身受到马基雅维利原则的启发。[④]

---

① M. Viroli，*Machiavelli's God*，p. 211；V. Frajese，“Ateismo”，in A. Prosperi，V. Lavenia and J. Tedeschi (eds.)，*Dizionario storico dell' Inquisizione*，Pisa：Scuola Normale Superiore Pisa，2010，p.114.

② C. Clemente，*Machiavellismus iugulatus à Christiana Sapientia Hispanica et Austriaca*，Alcalá：Apud Antonium Vazquez，1637，p.2.

③ V. Frajese，“Ateismo”，in A. Prosperi，V. Lavenia and J. Tedeschi (eds.)，*Dizionario storico dell' Inquisizione*，p.116.

④ D. Gravina，*Catholicae praescriptiones adversus omnes haereticos*，7 vols.，Naples：Ex Typographia Secundini Roncalioli，1619 - 1639，1：p.685；B. Nardius，*Expunctiones*，Paris：Apud Hieronymum Drovart，1619，p.322.

但是,正是在耶稣会出版物中,“无神论政治家”才被明确地作为“马基雅维利派”政客的代名词。最明显的就是在1628年,克莱门特在《被割喉的马基雅维利》(*El Machiavelismo degollado*)中使用“无神论政治家”来猛烈抨击那些没有宗教顾虑却负责统治的政治家。[①]以下事实证实了这个词在耶稣会中持久的流行:1637年克莱门特作品再版,几年后,西班牙耶稣会士尼伦伯格(Juan Eusebio Niremberg y Otin, 1595—1658)用这个词玩了一个文字游戏,出版了一部题为《有神论政治家》(*Theopoliticus*)的反马基雅维利的著作。[②]“无神论政治家”甚至出现在一部小册子的标题中,这部小册子是为常年上演的耶稣会道德戏剧在1661年的演出而作的,主人公是李安迪(Leontius),他是一位虚构的佛罗伦萨公爵,被其导师马基雅维利引入了地狱(*Veritas fidei ab Atheo-Politicorum rationibus vindicata*, 1661)。[③]

《孔子》并不是第一个在中国传教作品中使用“无神论政治家”来指代士大夫的。与柏应理合著《孔子》的鲁日满(Franciscus de Rougemont, 1624—1676)在《鞑靼中国新史》(*Historia Tartaro-Sinica Nova*)[④]中就使用了该术语。1686年柏应理作的年表

---

① C. Clemente, *El Machiavelismo degollado por la Christiana Sabiduria de España y de Austria*, Alcalá: Antonio Vazquez, 1637, p.6; *Machiavellismus iugulatus à Christiana Sapientia Hispanica et Austriaca*, p.5。克莱门特的《被割喉的马基雅维利》(*Machiavellismus iugulatus*)拉丁文版首次出现在1628年,在1637年再次出版,第二版中添加了西班牙文译文。克莱门特的生卒年代见D. S. Hendrickson, *Jesuit Polymath of Madrid: The Literary Enterprise of Juan Eusebio Niremberg (1595 - 1658)*, Leiden: Brill, 2015, p.168。

② J. E. Niremberg y Otin, *Theopoliticus sive brevis illucidatio et rationale divinorum operum atque providentia humanorum*, Antwerp: Ex officina Plantiniana Balthasaris Moreti, 1641.

③ 关于李安迪的戏剧在德国南部非常受欢迎。李安迪的初次表演是在1615年的英戈尔施塔特(Ingolstadt)。E. M. Szarota, *Das Jesuitendrama im Deutschen Sprachgebiet*, vol.1., Munich: W. Fink, 1979, pp.70 - 71。

④ F. de Rougemont, *Historia Tartaro-Sinica Nova*, Leuven: Typis Martini Hullegaerde, 1673, pp.202, 269.

(*Tabula chronologica*，未与《孔子》一起出版）用“无神论政治家”来指王安石（1021—1086），因为王安石劝告神宗皇帝（1048—1085）不必惧怕天，灾害的发生只是偶然，而不是天意。神宗回答说，如果他不畏天，他的举止就不会受到道德上的约束。①正如梅谦立所指出的，“无神论政治家”既没有出现在由殷铎泽起草的《导言》的第一部分中，也没有在殷铎泽早期《孔夫子生平》(*Confucii vita*)的版本中出现。因此，在《孔子》的最终文本中，这个词的出现最有可能是柏应理在编辑过程中进行了干预。②值得注意的是，柏应理的《孔夫子生平》中出现这些用语的段落本身是对殷铎泽文本的补充，并带有对路易十四的呼应，以此提醒读者柏应理出版《孔子》时所处的直接政治环境。③然而，很明显柏应理的用法反映了这个词作为耶稣会批判马基雅维利，以及脱离了道德的政治学说的一部分，长期流行于耶稣会中。就像在其他耶稣会的政治著作中一样，《孔子》与国家理由之间的关系不能被简化为一种直接的反驳。《孔子》赋予宗教在国家安全和维护中的基础作用并将异端视为对国家安全的毁灭性威胁，在某种程度上，这也是对国家理由的呼应。《孔子》甚至赞扬古代中国人对神学正统的关注，以此作为他们政治审慎(prudentia)的表现。④自从经院政治理论将审慎定义为合理政府的必要美德以来，耶稣会的政治著作经常将其作为一种手段，以采纳“良好”国家理由所倡导的实用主义的灵活精神，而不至于背上信奉马基雅维利无神论的罪名。⑤

虽然《孔子》中描述异端的有害影响反映了耶稣会政治理论家

① P. Couplet, *Confucius Sinarum Philosophus*, p.71.

② T. Meynard, *The Jesuit Reading of Confucius*, p.39, n. 124.

③ P. Couplet, *Confucius Sinarum Philosophus*, p.cxii; T. Meynard, *The Jesuit Reading of Confucius*, p.611.

④ P. Couplet, *Confucius Sinarum Philosophus*, p.xxxv; T. Meynard, *Confucius Sinarum Philosophus(1687)*, p.129.

⑤ H. Höpfl, *Jesuit Political Thought: The Society of Jesus and the State, c. 1540-1640*, pp.164-185.

的观点,但它与政治环境密切相关。路易十四的图书馆馆长德维诺将《孔子》作为王室图书馆馆藏的一部分出版。他出版了许多与中国有关的文本,其中包括对殷铎泽的《中国政治伦理知识》(*Sinarum Scientia politico-moralis*)[①]的再版,由此可见他对中国具有持久的兴趣。然而,当时路易十四通过将耶稣会传教士派往中国及取消《南特敕令》(Edict of Nantes),将自己塑造成法国天主教的拥护者。[②]《孔子》开篇就是柏应理献给路易十四的奉承信,柏应理试图在撤销《南特赦令》与儒家蔑视异教徒之间建立联系。[③]这位法国国王坚定不移地相信宇宙的神圣权威,其对持不同政见者的激进的不宽容态度,被视为完全实现了孔子所设想的完美统治者。[④]柏应理坚持认为,孔子坚定的一神论思想是他治国理念的核心,这要求追随他的统治者"以正义和仁爱统治他们的臣民,促进诸艺,并最终通过正义的政令与法律统治中国——这个如今在和平(domi)和战争(militiae)中繁荣了多年的国家"[⑤]。在柏应理的思想中,孔子对异端的不宽容被概括为《论语》2 篇 16 章的"攻乎异端",柏应理有倾向性地将这句话翻译成"Oppugna Heretica dogmata"(Attack heretical dogmas)。[⑥]虽然"攻击"(to attack)确实有"攻"的含义,但柏应理非常清楚朱熹将此处的"攻"解释为"学习"(to study)。[⑦]实际上,正如梅谦立所指出的,在翻译《论语》2 篇 16 章时,柏应理的翻译更恰当,

---

① M. Thévenot (ed.), *Relations de divers voyages curieux*, vol.4, Paris: Chez André Cramoisy, 1672.

② N. Dew, *Orientalism in Louis XIV's France*, pp.205 – 233.

③ P. Couplet, *Confucius Sinarum Philosophus*, pp.v – vi; T. Meynard, *Confucius Sinarum Philosophus(1687)*, pp.85 – 86.

④ P. Couplet, *Confucius Sinarum Philosophus*, p. v; T. Meynard, *Confucius Sinarum Philosophus(1687)*, p.84.

⑤ P. Couplet, *Confucius Sinarum Philosophus*, p. ii; T. Meynard, *Confucius Sinarum Philosophus(1687)*, p.83.

⑥ P. Couplet, *Confucius Sinarum Philosophus*, p. vi; T. Meynard, *Confucius Sinarum Philosophus(1687)*, p.85.

⑦ T. Meynard, *Confucius Sinarum Philosophus(1687)*, p.85, n. 14.

但具有类似辩论意图，例如：

> 谁会听取那些与圣徒教义不同的教条，并轻率地将教条教给他人，谁就会成为对自己和共和国一样危险的革新者。①

然而，即使在这里，柏应理也强调了政治上的后果（perniciosus... Reipublicae），这在中文里（“斯害也已”）并没有明确体现。

柏应理对在法国镇压宗教异端的支持是自相矛盾的，因为耶稣会士在中国的宣教活动依赖康熙皇帝对基督教相对宽松的态度，这在康熙 1692 年宽容法令中得到体现。在《导言》中，柏应理承认在中国实行宗教统一是不切实际的，因为异教拥有强大的力量，这缘于他们在中国有悠久的历史和受帝国的支持。柏应理强调，如果试图压制，那么宗派之间的内战可能会随之而来，这必将使基督教陷入困境，因为中国人怀疑任何对“公共和平”（tranquillitas）有害的外来事物。②但是，柏应理对宗教宽容立场的不一致映射出耶稣会著作里的政治观点，这些著作主张根据特殊情况对异端采取适度且务实的回应。例如，英国耶稣会士罗伯特（Robert Persons，1546—1610）在《来自西班牙和荷兰的新闻》（*News from Spayne and Holland*，1593）中建议，伊丽莎白女王应出于国家利益的考虑，在新教英格兰范围内授予“所有人良心的自由”。③

尽管柏应理显然看不到路易十四的政策在中国兼容的宗教环境中得以复制，但近世早期中国的佛教、道教和新儒家的经历对异

---

① ［Quisquis operam dat peregrinis ac diversis à doctrina Sanctorum dogmatibus eisque temerè instituit alios; hujusmodi novator citò perniciosus erit tam sibi quàm Reipublicae.］ P. Couplet, *Confucius Sinarum Philosophus*, pp.15－16; T. Meynard, *The Jesuit Reading of Confucius*, p.132.

② P. Couplet, *Confucius Sinarum Philosophus*, pp. lxi－lxii; T. Meynard, *Confucius Sinarum Philosophus (1687)*, p.168.

③ H. Höpfl, “Orthodoxy and Reason of State”, *History of Political Thought* 23(2), 2002, p.235.

端派生的政治浩劫具有启发性,并证实了路易十四的政策的必要。在整个《导言》中,甚至偶尔在翻译正文中,《孔子》都提醒读者,中国政府每次对异端做出让步时都会被削弱。异端削弱政权最戏剧化的例子是:宋徽宗灾难性地决定将道家张仪奉为神明、尊称为"玉皇大帝"(Munificent Augustus and Supreme Emperor)之后,北宋就被金人所灭。①由于宋徽宗对"异端"的宽容,中国现在是一个偶像崇拜和无神论泛滥的国家,尽管在遥远的上古时期,中国曾统一于一个正统的政治和道德哲学体系。欧洲人应该注意:

> 可以肯定,这个民族已经堕落了。我一点也不否认,他们的习俗已经败坏了。尽管我说他们已经堕落了,但曾经有一种真诚和正直。这是关键。曾经有一段时间,中国不像我们现在看到的那样。最近,我们自己的欧洲也发生了同样的事情:在观念和道德遭到明显的歪曲之后,在经受了许多异端的考验之后,无神论就像每天出现的九头蛇一样,确实已经使少数人败坏了。中国也发生了同样的事情。的确,无神论比肆意横行的可恶瘟疫更残酷,因为可采用的补救措施更少,而且它总是需要更多的食物。②

如下所述,柏应理的介绍引人注目的方面是:这些异端宗派及

---

① P. Couplet, *Confucius Sinarum Philosophus*, pp.xxvi – xvii; T. Meynard, *Confucius Sinarum Philosophus(1687)*, p.115.

② [Depravata gens est, sit sanè. Corruptissimi mores, non inficior; sed vel hinc liquêre dico, synceri quid integrique habuisse aliquando. Omnino sic res habet; non ea fuit olim China, quam nunc videmus esse, sed quod extremis hisce temporibus usuvenit Europae nostrae, ut post insignem corruptelam opinionum simul ac morum, post tot haeresum quotidie hydrarum instar pullulantium examina, Atheismus quoque nonnullos infecerit, hoc usuvênit & Chinae, lue tam execrabili grassante hîc tantò saevius, quanto minus adest remedii, & plus suppetit semper alimenti.] P. Couplet, *Confucius Sinarum Philosophus*, p.lxiiii; T. Meynard, *Confucius Sinarum Philosophus(1687)*, p.170.

新儒家对孔子思想的扭曲全都保持着某种相似的真理，这真理至少在外部层面上具有正统的值得赞扬的政治和道德追求。与儒家一样，困扰当时中国的这三个教派都坚持把和平作为个人修养或治国之道的主要目标。然而，柏应理对这些教派的解构及其对中国政体的影响表明：如果不以正统原则为基础，追求和平与社会和谐就会损害国家的福祉。中华民族在异端出现之前的和平归因于儒家传统形而上学的完整性，这种传统以超然神性的概念为前提，并进行理性的探究。因此，与后来的启蒙思想家关于中国的著作不同，《孔子》的作者并没有将当时的中国视为欧洲政治和平的典范，而是把它作为实证，证明需要确立宗教正统以利于公共和平。

三、道教、佛教和新儒家无序的和平

《导言》的第一部分中，第二、三章分别论述了道教和佛教。自耶稣会在利玛窦的领导下形成在华传教政策后，耶稣会士就做出了一个深思熟虑的决定，即将对中国智慧传统的调和集中在儒家，以排斥道教和佛教。结果，不同于他们对儒家文献的相对细致的处理，耶稣会对道教和佛教的概述通常只是肤浅的概括，以及对教徒的人身攻击。在这方面，《孔子》也不例外，它没有为缺乏了解中国思想传统的欧洲读者提供区分佛、道的方法。例如，在佛教一章中，《孔子》将“无为教”（“无为教”是明朝的教派，它融合了佛教、道教和新儒学的苦行原则）视为佛教的同义词，并且还把它与希腊罗马古代的“天衣教派”（gymnosophists）做对比。①

与《基督教中国远征记》（*De Christiana expeditione in Sinas*）一样，《孔子》不想将当代道教实践的偶像崇拜状态归因于老子本

① P. Couplet, *Confucius Sinarum Philosophus*, p. xxxii; T. Meynard, *Confucius Sinarum Philosophus(1687)*, p.125.

人，而是归因于老子信徒的腐败。两种文本都认为，老子具有至高无上的神性(numen)概念，尽管是内在的神(numen)，但在当代道教实践中，这种神与其他神一起被崇拜。不过，《孔子》与声称老子没有留下任何著作的利玛窦和金尼阁(Trigault)的主张相反，对老子的个人美德和哲学原理进行了较为积极的评价，承认老子“关于美德、拒绝荣誉、蔑视财富和人情世故，使灵魂立于世事纷纭之上、享受孤独”的观点“不愧出自一位哲学家”。[①]书中有关道教章节的其余部分主要涉及当代教徒腐败的偶像崇拜和迷信习俗，很难找到柏应理对老子的独创哲学学说的见解。

尽管《孔子》似乎承认道家哲学核心的某些方面与基督教的教义相吻合，但从一开始佛教就被坚决地视为可怕的魔鬼似的瘟疫(teterrima pestis)，自从公元 65 年传入中国以来，它给中国社会的各个领域带来了灾难。[②]书中认为，佛教中存在“外部”和“内部”教义之间的根本冲突。表面上，“外部教义”支持道德和教义戒律，这让人联想起基督教：善恶的行为在死后会得到奖赏和报应；佛陀是一位神(numen)，出于对那些从救赎之路误入歧途者的怜悯而降生在这个世界上；他以自己的行动为恶行(crimina)赎罪；为了从死亡获得救赎、在另一个世界重生(in altero Mundo feliciùs rinasci)，他提出五条戒律：一不杀生，二不偷盗，三不邪淫，四不妄语，五不饮酒。[③]但是，这些看似无害的戒律却伴随着许多迷信和错误的教义，例如灵魂轮回。[④]

比“外部教义”的迷信更糟糕的是潜伏着的无神论“内部教义”。《孔子》提到，佛陀毕生将心中的“隐秘之意”(arcanum sensum)掩盖

① P. Couplet, *Confucius Sinarum Philosophus*, p. xxiv; T. Meynard, *Confucius Sinarum Philosophus(1687)*, pp.111 - 112.

② P. Couplet, *Confucius Sinarum Philosophus*, p. xxvii; T. Meynard, *Confucius Sinarum Philosophus(1687)*, p.117.

③④ P. Couplet, *Confucius Sinarum Philosophus*, pp.xxx - xxxi; T. Meynard, *Confucius Sinarum Philosophus(1687)*, p.122.

在隐喻的外衣下，在生命即将结束之际才透露出来。他教导的残酷事实是，万物的唯一原理和终点就是空虚。[①]针对斯宾诺莎（Spinoza）的实质一元论，《孔子》之后宣称，根据这种内部教义，虚无是万物的共同实在（substantia），将所有经验性的现象都简化为“形”（figurae）和“质”（qualitates），就像水的不同状态或由神和铜制造不同的物体。[②]这个最崇高和完美的原则没有“心、美德、思想或力量”，但其完美之处在于缺乏运动、理解和渴望。[③]从此原则的发现中产生了一种伦理规范，即模仿一切现实的空虚，以一种无情亦无思的宁静形式生活，从而体验到“那种神圣的宁静（divinâ illâ quiete），没有什么比这更有福了”：

> 因此，如果有人希望过上幸福快乐的生活，他就应该不断地冥想来征服自己，使他变得与原初非常相似，能够控制所有人类的情感，甚至消除它们。他既不被任何事物困扰，也不受任何干扰，而是完全被作为最高的沉思狂喜所吸引，不进行任何智力的运用或努力，他享有神圣的宁静与完美的幸福。[④]

表面上看，将脱离世俗依恋后的“神圣宁静”（divina quies）尊崇为人类存在的目的值得赞赏，因为正如《孔子》所描述的，它反映了儒家伦理规范的核心，即宁静（quies）与和平（pax），甚至反映了基督教的精

---

① P. Couplet, *Confucius Sinarum Philosophus*, p. xxix; T. Meynard, *Confucius Sinarum Philosophus (1687)*, p.120.

② P. Couplet, *Confucius Sinarum Philosophus*, p. xxxi; T. Meynard, *Confucius Sinarum Philosophus (1687)*, p.124.

③ P. Couplet, *Confucius Sinarum Philosophus*, p. xxxii; T. Meynard, *Confucius Sinarum Philosophus (1687)*, p.124.

④ [Quocirca quisquis benè beatèque vivendi sit cupidus, huc assiduâ meditatione, suique victoriâ eniti oportere, ut principio suo quam simillimus affectiones omnes humanas domet ac prorsus extinguat; neque jam turbetur, vel angatur re ullâ, sed extatici prorsus instar absorptus altissimâ contemplatione, sine ullo prorsus usu vel ratiocinio intellectûs, divinâ illâ quiete, qua nihil sit beatius, perfruatur.] (*ibid.*)

神实践。[①]阿奎纳本人曾提倡类似的沉思概念作为那些已经通过冥想的准备、有更高灵性的人祷告的更高形式。[②]更具体地说,罗耀拉(St. Ignatius of Loyola)的精神实践规定了一种精神冷漠的培养,凭此实践者悬置所有判断和依恋,从而使"神圣意志"(Divine Will)自我呈现。[③]

因此,《孔子》的作者并没有对佛教冥想实践的目标进行批判,而是关注其潜在的形而上学前提的无神论影响,并嘲笑一些极端的冥想实践的荒谬之处:"几乎每个人都想变成石头或树干",菩提达摩为了冥想虚无的虚空而面壁九年。[④]正如皮埃尔·贝勒稍后在其《词典》(*Dictionnaire*)中所指出的那样,《孔子》隐含着一个比较,即"神圣宁静"与西班牙神秘主义者米格尔·德·莫利诺斯(Miguel de Molinos, 1628—1696)的寂静主义运动(Quietist movement)之间的比较。在《孔子》出版的那一年,他的著作遭到了教会权威的谴责。[⑤]尽管这些回应加深了异端徘徊在佛教之上的阴影,但出于策略考虑没有被强调。耶稣会本身不认可莫利诺斯的精神实践,因为后者与罗耀拉所倡导的"平常心"(indifference)处于竞争关系。[⑥]尽管法国的耶稣会士在1687年罗马教廷谴责莫利诺斯著作中发挥了重要作用,但在17世纪90年代,他们与领导法国寂静主义之一的弗朗索瓦·费内隆(François Fénelon, 1651—1715)合作,反对他们的共同

---

① G. R. Evans, "Sancta Indifferentia and Adiaphora: 'Holy Indifference' and 'Things Indifferent'", *Common Knowledge* 15(1), 2009, pp.30 - 31.

② T. Aquinas, *Summa Theologiae*, translated by Thomas Gornall, 60 vols., 2.2, q.180.

③ D. Marno, "Attention and Indifference in Ignatius's Spiritual Exercises", in R. A. Maryks (ed.), *A Companion to Ignatius of Loyola: Life, Writings, Spirituality, Influence*, Leiden: Brill, 2014, pp.232 - 247.

④ P. Couplet, *Confucius Sinarum Philosophus*, pp.xxxii - xxxiii; T. Meynard, *Confucius Sinarum Philosophus (1687)*, p.125.

⑤ T. Weststeijn, "Spinoza sinicus: An Asian Paragraph in the History of the Radical Enlightenment", *Journal of the History of Ideas* 68(4), 2007: 539; T. Meynard, *Confucius Sinarum Philosophus (1687)*, 124 - 125, n. 44.

⑥ G. R. Evans, "Sancta Indifferentia and Adiaphora: 'Holy Indifference' and 'Things Indifferent'", *Common Knowledge* 15(1), 2009, pp.30 - 31.

敌人——詹森主义(Jansenism)。①

因此，对佛教的攻击，以及从广义上说，对静默主义的攻击，与其说是冥想实践背后的神学错误，不如说是在推广"外部教义"的理智上的双重性：这种"外部教义"则与保留给灵性精英的"内部教义"相抵触。这一章的中心主张是，那些已经了解"内部教义"的信徒不仅充分了解内部学说与外部学说之间的矛盾，而且还因为担心这种学说在政治上的危险性而故意对大众隐藏。因此，"外部教义"中概述的道德规范和神学主张仅仅是寓言(fabulae)，用于使无知的群众畏惧神圣的惩罚而退缩，就像马基雅维利的《论李维罗马史》(*Discorsi sopra la prima deca di Tito Livio*)中的宗教一样，与宗教的真诚无关：

> 现在让我们进入"内部教义"及其最隐蔽的诡计和陷阱。在摧毁了("外部教义"的)隐喻结构之后，让我们更仔细地观察这个秘密真理似是而非的构造。他们对其优势作相反的宣传，因为他们说构造完全是空的——这是最愚蠢的事情，实际上就是如此。首先，这使未经教育的群众远离了真理。这确实是那些恶人采取的基本预防措施：这些普通又轻信的群众必须通过畏惧魃靼人和地狱的故事来服从。只有贵族和文人还有一些具有特殊才能并超越其他人的僧侣，才能理解真理。②

---

① M. Choudhury, "A Betrayal of Trust: The Jesuits and Quietism in Eighteenth-Century France", *Common Knowledge* 15(2), 2009, pp.164 - 180.

② [Verùm nunc ad interiorem doctrinam, & occultissimas fraudes insidiasque gradum facimus, & dejectâ substructione metaphoricâ speciosum illum veritatis arcanae fornicem, cujus firmitatem (cùm sit inanissimus, ipsaque inanitas) tantopere tamen depraedicant, studiosius contemplemur. Sed arceatur hinc primùm rude vulgus; (haec est nequissimorum hominum prima cautio) simplex enim & credula multitudo tartari metu similibusque fabulis utique debet in officio contineri: Soli nobiles ac literati spectatum veniant; atque ex coenobitis ipsis ac Bonziis illi dumtaxat qui secreti capaces sint ac perspicacitate ingenii caeteris antecellant.] P. Couplet, *Confucius Sinarum Philosophus*, p.xxxi; T. Meynard, *Confucius Sinarum Philosophus(1687)*, p.23.

在此处及这一章其他地方引入的词汇和概念，表现了一种刻意的对佛教与国家理由的比较。对将佛教的“内部教义”描述为一个对大众隐瞒的秘密真理(arcana veritas)，可以理解国家理由的支持者如何被说成为公共利益，应该对大众隐藏国家秘密(arcana imperii，这一简洁的短语，后在国家理由的文学中流行)，并应采取一定程度的欺骗手段以防止他们被发现。在克莱门特的《被割喉的马基雅维利》中，探讨了一种类似的修辞，将国家理由与神秘宗教相比，该神秘宗教的秘密除教内信徒外无人能知道，因为信徒们宣誓不会对被迷信实践(即基督教)控制的无知之人揭示神秘的政治(arcana politica)。耶稣会士当然认识到君主有合理的理由保留信息甚至隐瞒，但是这种原则也导致了一种普遍的不安。在马基雅维利的《君主论》(*The Prince*)第十八章中提倡这一原则：如果信仰不利于政治，则应完全不予理会。例如，英国耶稣会士托马斯·菲茨赫伯特(Thomas Fitzherbert，1552—1610)跟随西塞罗把信仰定义为“言语、诺言和盟约的信念和持续执行”，认为信仰是“正义的基础，这是国家的支柱”。[①]没有耶稣会作者会承认宗教教义问题上的欺骗。

在耶稣会士对“新诠释者”或理学家(正如上文所述，柏应理对他们使用了“无神论政治家”这个恶名昭彰的称呼)的论述中，最为显著的是对国家理由的批判。理学被描述为儒释道三家的综合。虽然许多理学学者谴责佛教的外部仪式，但《孔子》却认为文人们拥护佛教的“内部教义”，即无神论的虚无主义。[②]然而，由于迫切需要将耶稣会所要适应的儒家与“无神论”的理学区分开来，耶稣会的评论者对理学的分析比佛教和道教的分析更详尽和微妙。他们不遗余力地指出，理学不仅与古人之言相抵触，而且在哲学上也无法自

---

① H. Höpfl, *Jesuit Political Thought: The Society of Jesus and the State, c. 1540－1640*, p.147.

② P. Couplet, *Confucius Sinarum Philosophus*, p. xxxiii; T. Meynard, *Confucius Sinarum Philosophus(1687)*, pp.126－127.

圆其说。[1]在《导言》的第二部分，柏应理将佛教的“空”和道教的“虚无”与理学的“太极”区分开来，后者被视为与“理”同义。[2]尽管新儒家的形而上学与道教和佛教的一样，缺乏神的超越性，但不同之处在于，“太极”（至少在柏应理理解的意义上）是一种真正存在的“物质原理”，既先于一切，又与一切事物本质上一致。令人困惑的是，这种“物质原理”还被赋予了神圣的属性，如完美、洞察力、精神和崇高性，以至于“读者可能会认为他们反复提到了真正的、首要的和至高的上帝”[3]。耶稣会士在儒家经典中指出的超越的一神论与理学形而上学之间的矛盾，需要宣称理学“经典中对上帝的提及不过是‘隐喻说法’（metaphoricè loqui）”是一种诠释策略，是反映佛教“外部教义”应用到“内部教义”的过渡物。[4]就像在马基雅维利派对国家理由的应用中一样，宗教教义与正统信仰失去了联系，并沦为政治权宜的修辞策略。

结　　论

最终，表面高尚的政治抱负，即“统一”（uniformitas）和“公共和平”（tranquillitas publica），成了文人与佛教和道教之间调和的催化剂。[5]这种让步是出于政治上的需要。中国的社会进步取决于儒家

---

① P. Couplet, *Confucius Sinarum Philosophus*, p. xxxiv; T. Meynard, *Confucius Sinarum Philosophus(1687)*, p.127.

② P. Couplet, *Confucius Sinarum Philosophus*, p. lv; T. Meynard, *Confucius Sinarum Philosophus(1687)*, pp.158 - 159.

③ P. Couplet, *Confucius Sinarum Philosophus*, p. lvi; T. Meynard, *Confucius Sinarum Philosophus(1687)*, pp.160 - 161.

④ P. Couplet, *Confucius Sinarum Philosophus*, p. lviii; T. Meynard, *Confucius Sinarum Philosophus(1687)*, p.163.

⑤ P. Couplet, *Confucius Sinarum Philosophus*, p. lxi; T. Meynard, *Confucius Sinarum Philosophus(1687)*, p.166.

的考试制度和特定的儒家礼仪的运行情况。然而,佛教徒和道教徒也试图获得士大夫身份地位,却发现很难放弃他们的信仰。如果没有更宽松的国家意识形态,他们将遭受排斥,这可能导致动荡。因此,理学通过将这些不同的学说整合为一个教派而寻求社会的凝聚力,映照了路易十四撤销《南特敕令》的前提。理学家和正统天主教思想家都视和平为政治哲学的最高目标之一,并承认没有统一的教义就不可能实现内在和平。路易十四对异端的镇压,以及新儒家对佛教和道教的调和都是审慎的政策,他们首要关心的是"国家理由"。然而,不同之处在于路易十四拒绝将宗教正统与"公共和平"的追求相分离。尽管"公共和平"可能是政治哲学的至善,但是不能不惜一切代价地追求和平,而必须建立在神圣的超越基础之上。如果阿奎那和苏亚雷斯(Suarez)的形而上学论点不能使你相信这个真理,那就让同时期中国的混乱和政治衰败,以及无神论派的泛滥做这份工作吧。这种论点甚至连实用主义和马基雅维利形而上学的盲目追随者也无法否认。

卫方济《中国哲学》征引中文文献考[*]

中山大学哲学系　梅谦立

为了与中国士大夫更好地对话，晚明清初的耶稣会士不得不阅读宋明理学的著作。但是，从利玛窦开始，耶稣会士决定要接受他们自己所理解的"古儒"，并排斥宋明"新儒"。利玛窦在《天主实义》(1603)中设定了儒家的古今之分，批评朱熹的"太极"及"理"概念。矛盾之处则在于，利玛窦自称要排斥宋明理学家，但他其实无法摆脱理学的影响，比如他对"四书"的理解就主要依靠《四书章句集注》。此后，龙华民在1623年的报告中更加系统地批判了宋明理学，视之为唯物主义及无神论，这使得儒家与天主教之间的关系更为疏远。[①]一些耶稣会士则意识到他们与当时主流思想之间的距离，也意识到他们所推动的"古儒"需要有当时中国思想的依据。因此，在1660—1690年，郭纳爵、殷铎泽、柏应理等耶稣会士使用了张居正的《四书直解》为依据，他们认为张居正的思想没有受到宋明理学的过多影响，还保留了"古儒"的"敬天"思想。[②]不过，让《四书直解》完全脱离宋明理学，这很难说得通。何以证明张居正回到了儒家的

---

* 本文受广州市人文社会科学重点研究基地广州与中外文化交流研究中心资助。感谢中山大学哲学系副研究员王格博士对本文提出了修改意见，并润色文字。

① 葡萄牙文手稿：*Reposta breve sobre as Controversias do Xámtý, Tiënxîn, Lîmhoên, e outros nomes e termos sinicos*；1676年西班牙文译本，1701年法文译本，1704年英文译本。

② 参见梅谦立：《耶稣会士与儒家经典：翻译者，抑或叛逆者？》，刘耘华编：《文贝：比较文学与比较文化》总第13期，复旦大学出版社，2015年。

本义?《四书直解》与其他评注之间是否有耶稣会士所说那么大的区别?历经长达一百多年对宋明理学的排斥,一些耶稣会士开始重新评估宋明理学及其核心概念如"太极""理""气"等。卫方济(1651—1729)的《中国哲学》(*Philosophica Sinica*)对宋明理学的理解是一个很重要的转折点,它肯定宋明理学为有神论思想。德国学者柯兰霓(Claudia von Collani)最近考证了《中国哲学》第一论的拉丁文文字,初步分析了卫方济所使用的中文材料。[①]然而,仅凭拉丁文很难知道卫方济所翻译的原文是什么。幸好我们在耶稣会罗马档案馆看到了该书的原手稿,其中就有中文原文。通过《中国哲学》的手稿,本文试图补充和更深入地分析卫方济使用了哪些宋明理学的材料,怎么做出选择,以及他们怎么去解读这些材料。

一、卫方济的生平及其中国经典研究

关于卫方济的生平事迹,费赖之(Aloysius Pfister)在《明清间耶稣会士列传》中有比较详细的介绍。卫方济 1651 年出生于弗兰德区埃斯特吕(Hestrud,今属于法国),1670 年加入耶稣会法国比利时省(Gallo-Belgica),1684 年离开欧洲,次年八月到达澳门,此后,他长居南昌。1685—1692 年,卫方济有与方济各(1632—1692)多次见面的机会,因为方济各担任了耶稣会中国省的视察员(1688—1689),并且长期住广州。而晚年的方济各搜集了很多中国经典及材料来拥护耶稣会在礼仪之争上的立场。很可能由于方济各的触动,卫方济开始研究"四书",将"四书"重新翻译成拉丁文。到 1700 年,《中庸》《论语》及《孟子》均已有译稿。[②]1701 年底,卫方济受命前往罗马

---

① Claudia von Collani, "François Noël and his Treatise on God in China", in *History of the Catholic Church in China*, Leuven: Ferdinand Verbiest Institute, 2015, pp.23 - 64.

② 布鲁塞尔皇家图书馆收藏 1700 年在南昌完成的《中庸》及《孟子》译稿。圣彼得堡国家图书馆收藏 1700 年在南昌完成的《论语》译稿。

梵蒂冈去解释“中国礼仪”。在准备回欧洲之前，必须途经广州，他在那里待了半个月，其间收到北京寄来有关礼仪之争的重要文献，其中包括康熙皇帝的说明[①]，并搜集了其他材料以支持耶稣会的立场。之后，他在澳门待了两三周时间，把方济各的著作及材料也带走了。[②]1702 年 1 月 14 日，他与庞嘉宾(1665—1709)离开广州；1702 年 12 月，他们抵达罗马。

1703 年 3 月 21 日，他们向教宗克来孟十一世(Clement XI)以一本书说明耶稣会及中国人关于中国礼仪的立场。[③]1703—1704 年，卫方济在罗马修改了“四书”译稿，补充《小学》及《孝经》的翻译，同时写了《中国哲学》。由于梵蒂冈对中国礼仪还没有表态，卫方济从教宗那里获得了特殊许可，这使得他可以出版一些关于中国礼仪的著作。1703 年，他和庞嘉宾出版了《被确认的新证言摘要》(*Summarium Nouorum Autenticorum Testimoniorum*)，列举了欧洲人及中国人关于中国礼仪说明的文件。1704 年，卫方济及庞嘉宾补充了新文件，收入《中国更新的证言摘要》(*Summarium Novissimorum Testimoniorum Sinensium*)。当时，《中国六经》及《中国哲学》的书稿基本上已经完成，但卫方济并没有立即出版。1704 年 11 月 20 日，教宗的一个专门委员会决定要否定中国礼仪，不过，委员会的决议并没有很快被教宗官方地公布。

1707 年，卫方济回到中国，他才知道教宗特使铎罗(Maillard de Tournon，1668—1710)失败了，天主教会在中国面临很大的危机。卫方济重新被派到欧洲，再去向教宗解释中国礼仪。1708 年 1 月，

---

① 参见 *Summarium Authenticorum*：Ex epistola P. Antonii Thomas S.I. Vice-Provincialis Sinarum data Pekini 18，Novembris 1701，P. Francisco Noel S.I.，p.87。

② Nicolas Standaert，*Chinese voices in the Rites Controversy*，Rome：IHSI，2012，p.5.

③ 拉丁文标题为：“Summarum Nouorum-Authenticorum Testimoniorum tam Europaeorum quam Sinensium novissime e China allatorum circa veritatem et subsistentiam facti…”

卫方济与其他两位耶稣会士艾若瑟(Antonio Provana, 1662—1720)和陆若瑟(Ramón Arjó, 1663—1711),以及中国天主教徒范守义(1682—1753)离开了澳门,带去了69件相关的文献。[①]1709年2月,耶稣会士做了最后的努力为中国礼仪辩护,但教宗不仅不接受,反而宣布了1704年的决议:禁止中国礼仪。1710年9月25日,教宗公布了教谕(*Cum Deus Optimus*):禁止中国礼仪,并且禁止再出版相关著作,除非得到教宗的特别许可。[②]

1710年,卫方济离开罗马,前往布拉格。1711年,他出版了《中国六经》(*Sinensis imperii libri classici sex*)。这本书不太敏感,因为它只是一个译本,很接近原文及中国解释者的评注,避免出于卫方济自己的评论及解释。同年,他出版了《中国礼仪的历史介绍》(*Historia notitia rituum et ceremoniarum sinicarum*)及《中国哲学》。虽然《中国哲学》没有与其他反对者进行争论,然而书的内容与礼仪之争有直接关系。该书系统地证明儒家思想及其礼仪都符合天主教,并没有矛盾。虽然早在1704年,《中国哲学》基本上已经完稿,但那时并没有出版。教廷1710年已经公开否定了中国礼仪,但卫方济自己并没有改变立场,仍然认为有必要出版这本书。或许意识到1704年从教宗获得出书的许可还有效,因为教宗并没有形式上收回这个许可,因此卫方济在封面上写了"获得了教宗的特殊许可"(De speciali licentia SS. D. N. D. Clementis Papae XI)。卫方济这样做,显然是不尊重教宗的禁令。明知出书无法改变现状,但卫方济仍要凭自己的良心试图表达反对意见。

19世纪法国汉学家颇节(Jean Pierre Guillaume Pauthier, 1801—1873)曾提到,《中国哲学》的版本极少,很可能因为耶稣会不

---

① 出版本的标题为:"Atti imperiali autentici di Pekino 1705 - 1706。"

② 参见 Claudia von Collani, "François Noël and his Treatise on God in China", in *History of the Catholic Church in China*, p.31。

允许发行，或者发行一段时间之后下令把书收回。①事实上，出版后不久，许多汉学家如傅尔蒙（Étienne Fourmont，1683—1745）、佛雷烈（Nicolas Fréret，1688—1749）、比尔封格（Georg-Bernhard Bilfinger，1693—1750）都抱怨无法得到这本书。②我们可以想见，即便这本书获得了布拉格耶稣会院长的许可（封面上写了"耶稣会上者的许可"/Superiorum permissu），然而在梵蒂冈、主教与其他修会的压力之下，耶稣会被迫收回这本书。1711 年 11 月，总会长坦布里尼（Michelangelo Tamburini，1648—1730；任期为 1706—1730）向教宗说明，耶稣会士要遵守梵蒂冈 1710 年的决定；在罗马聚会的各个省代表（procurator）都签了字。③因此，在坦布里尼担任耶稣会总会长期间（1706—1730），如果任何人要这本书，必须先从坦布里尼那里得到特别许可。继任总会长雷茨（Frantz Retz，任期为 1730—1750）也继续了这个政策。④

出版《中国哲学》及其他著作之后，卫方济离开了布拉格，长期住在里尔（Lille）；1729 年在那里去世。1711 年《中国哲学》面世的时候，读者们可以自己评估卫方济的论证，然而，由于这本书的发行受到限制，它没有发挥很大的影响，但 21 世纪的读者可以重新评估卫方济的论证。

---

① Pfister, *Notices biographiques et bibliographiques sur les Jésuites de l'ancienne mission de Chine, 1552 - 1773*, Shanghai, 1932, vol.1., p.418: "Il paraît, dit Pauthier, dans une note manuscrite, que ce livre fut supprimé à son apparition par ordre supérieur, ou retiré de la circulation par son auteur, peu de temps après sa publication."

② 1704 年 11 月 20 日教宗已经签字，不过没有当时公布，参见 Claudia von Collani, "François Noël and his Treatise on God in China", in *History of the Catholic Church in China*, p.33。

③ 参见 ARSI Jap. Sin. 197II，第 227—230 页；印刷品（包括拉丁原文及法译文）：*Solution de la question soy-disant curieuse*（1719），pp.31 - 40。

④ 黄正谦引用居住于北京法国耶稣会士宋君荣（Antoine Gaubil）1733 年 10 月 10 日寄往欧洲的书信，参见黄正谦：《论耶稣会士卫方济的拉丁文〈孟子〉翻译》，《中国文化研究所学报》2013 年第 7 期。

二、《中国哲学》的手稿及版本

1703—1706 年,卫方济完成了《中国六经》的稿子,同时写了《中国哲学》。[①]正如《中国哲学》序所言,卫方济采用了耶稣会罗马图书馆所收藏的中文著作:“我所提及和引用的几乎所有著作都已从中国带到欧洲,并且它们在罗马被保管。如果需要,任何人可以随时查看原本。”[②]比利时鲁汶大学钟鸣旦(Nicolas Standaert)提出,耶稣会罗马档案馆中“日本中国 I—IV”的大部分中文著作可以追溯到卫方济及庞嘉宾居住于罗马的时期(1703—1705)。[③]

《中国哲学》分三论:第一论“中国人对第一实体即上帝的认识”(De cognitione Primi Entis seu Dei apud Sinas);第二论“中国人的丧礼”(De cultu defunctorum apud Sinas);第三论“中国伦理学”(De ethica sinensi)。卫方济将每个章节分为两个部分:第一部分陈述“简略意义”(succintum sensum)或者“综合”(compendium);第二部分提供大量“著作文本”(textus librorum)。

耶稣会罗马档案馆藏有《中国哲学》第一论的手稿(ARSI Fondo Gesuitico 724.4),一共 128 页。这部稿本非常宝贵,除了卫方济的译文之外,还保留有中国典籍的汉语原文,这样我们可以很方便地知道卫方济所使用的原初资料。手稿序言是在中国写的,因为提及了“在这里中国”(in hac China)。

---

① 《中国哲学》所引用的最近材料是 1705 年 6 月 30 日耶稣会士骆保禄在中国所写的书信,如此,我们推理《中国哲学》定稿完成于 1706 年,在卫方济二度往中国之前。

② *Phil. Sin.*, Praefatio ad lectorem: Omnes pene libri, quorum testimonia aut textus in decursu profero, e China in Europeam allati sunt, & Romae asservantur, ut si quandoque opus foret originalia illorum loca inspicere, in promptu haberi possint.

③ Nicolas Standaert, *Chinese voices in the Rites Controversy*, p.89.

我们也看到了今天法国国家图书馆所收藏的手稿，包括三论(BNF, collection Bréquigny 15—16 号)。[①]我们注意到，巴黎法国国家图书馆手稿本的标题并不是《中国哲学》，而是《由中国著作抽取的中国思想的初探，经过它可以解决几乎所有关于中国的争论》(*Doctrinae sinicae brevis indagatio, ex ipsis Sinarum libris eruta in qua dilucidantur pene omnes controversiae sinenses*)。因为这样的标题很明显涉及礼仪之争，所以正式出版时采用了比较中立的标题——《中国哲学》。这是历史上第一本题为《中国哲学》的书。虽然与现在中国哲学著作有很大不同，但都涉及中国哲学的核心概念，如太极、理、气等。这个手稿第一论的最后一页(第 325 页)写了弗兰德城市的名字：图尔奈(Tournay)、里尔(Lisle)、杜埃(Douay)等。这部手稿应该为卫方济晚年自己保存的。整部手稿里没有汉字。钟鸣旦比较了罗马手稿与法国手稿，认为罗马手稿先于法国手稿。[②]第三部手稿收藏于法国阿拉斯图书馆(ms 1170; 1341—1342)，两卷(第 394、416 页)。[③]

我们比较了耶稣会罗马档案馆所藏手稿本与 1711 年布拉格刊行本，发现虽然内容基本上一模一样，但卫方济稍微补充了一些材料，来自《正字通》《文献通考》等，而且稍微增加了一些分析，比如第二章第一问题的结论(第 61—63 页)。

三、古代著作(《中国哲学》第一论第一章)

接下来，我们分析卫方济如何引用中国著作。我们只处理《中

---

① Tractatus primus, De cognitione primi Entis seu Dei apud Sinas, pp.1－324; Tractatus secundus, De-cultu defunctorum apud Sinas, pp.327－638;加上了附录：De scopo rituum sinensium controversorum, 一共 26 页; Tractatus tertius, De ethica sinensi, pp.1－170。

② Standaert, *Chinese voices in the Rites Controversy*, p.79, n.124.

③ Joseph Dehergne, *Répertoire des jésuites de Chine de 1552 à 1800*, Rome: ARSI, 1973, p.186.

国哲学》第一论（“中国人对第一实体即上帝的认识”），因为它具有更重要的哲学意义，并且罗马手稿为我们提供了中文原文。第一论一共有三章，其中第一章标题为“古代中国人认识了第一实体即上帝，或者他们是否为无神论者?”（An Sinae antiquae habuerint aliquam Dei, seu primi Entis cognitionem, nec fuerint Athei?）为了回答这个问题，卫方济列举了“四书五经”中“天”及“上帝”的含义。从《天主实义》开始，耶稣会士经常使用这种方法。卫方济按照八个属性分析“天”即“上帝”的概念（参见本文附录中的表格1）。

我们不难发现，虽然卫方济翻译了“四书”，但对“五经”的引用比“四书”还要多，因为“五经”关于“上帝”的表述更丰富，其中《尚书》又占最大的比例，远远在《诗经》《易经》及《礼记》等之上。经部典籍以外，他引用了子部的《孔子家语》（*liber sermonorum familiarium seu domesticorum*）一处，史部的《全史》（*liber annalium universalium*）四处。后者即明代王昌会的《全史详要》，耶稣会罗马档案馆藏有一部（Jap. Sin. III, 11—14）。根据陈纶绪的题解，王昌会参考了司马光的《资治通鉴》、朱熹的《通鉴纲目》及刘恕的《通鉴外籍》，并且把历史从神话人物开始，延续到宋朝。[①]其中，卫方济所用的材料涉及伏羲、颛顼、黄帝及武王。虽然《全史详要》是明朝的作品，但卫方济把《全史详要》的四个引用都归属于古代著作，因为要表明古人对“天”及“上帝”的信仰。

四、新解释者的著作（《中国哲学》第一论第二章）

《中国哲学》第一论第二章的篇幅很长，一共有123页；相比之

---

① 参见 Albert Chan, *Chinese Books and Documents in the Jesuit Archives in Rome*, Armonk, NY: M.E. Sharpe, 2002, p.488。

下，第一章只有27页，第三章有29页。这一章重在展示卫方济自己的独特发明，他要说明宋明理学关于“天”及“上帝”的观念并没有改变古儒的意思，按照八个属性还是可以展示宋明理学的“太极”或“理”概念的超越性。参见本文附录表格2。

（一）四书评注书类

1. 朱熹《四书章句集注》

从罗明坚及利玛窦开始，在华的耶稣会士投入了很多精力去翻译“四书五经”。他们主要依赖两部注解：朱熹的《四书章句集注》及张居正的《四书直解》。由于朱熹被视为唯物主义者，耶稣会士的四书译本，如《中国哲学家孔子》(1687)都避免提及他的名字，虽然很多解释还是来源于朱熹；[①]即便书中有若干处稍微提及朱熹，主要仍是负面引用，翻译者们并没有摆脱利玛窦及龙华民对宋明理学的负面评价。卫方济的《中国哲学》是一个转折点，他经常提及朱熹，并且肯定朱熹的许多观念。然而，《中国哲学》频繁地引用《四书章句》[②]，而基本上不直接引用《四书章句集注》，书的第一论仅两处直接引用[③]，如《中庸章句・第十六》一处，也许是因为对鬼神的理解很重要：“以一气言，则至而申者为神，反而归者为鬼，其实一物而已。”耶稣会罗马档案馆藏有一部在南京刻印的《四书集注》(Jap. Sin. I, 10)，而耶稣会士主要依此晚明版本进行翻译工作。[④]

---

① 参见 Thierry Meynard, *Confucius Sinarum Philosophus (1687): The First Translation of the Confucian Classics*, Rome: ISHI, 2011, pp.29 - 32。

② 在第一论有20处。根据黄正谦论文，第三论有90处以上，参见黄正谦：《论耶稣会士卫方济的拉丁文〈孟子〉翻译》，第144页。

③ *Phil. Sin.*，第96页，手稿第83页。其他有第126页注《孟子・尽心下》：“社，土神；稷，谷神。建国则立坛壝以祭之。”同样的引用在第130页。

④ 参见 Chan, *Chinese Books and Documents in the Jesuit Archives in Rome*, pp.9 - 11；也参见 Thierry Meynard, *The Jesuit Reading of Confucius*, Boston: Brill, 2015, p.19。

2. 张居正《四书直解》

与前辈耶稣会士一样，卫方济继续使用《四书直解》，大概有 20 处引用。这本书是张居正(Cham Kiu Chim，1525—1582)为万历皇帝所写的。该书也是《中国哲学家孔子》对《大学》《中庸》及《论语》翻译的主要来源，因为张居正不太强调理学的诠释，他更重视汉代“敬天”及“天人感应”的观念。关于《四书直解》的内容，笔者曾有专门的论说。①耶稣会罗马档案馆藏有该书的一个晚明版本，即《张阁老正字四书直解》二十六卷，二十四册(Jap. Sin. I，14)。黄正谦注意到，耶稣会档案馆版本把《孟子》分成“上孟”“中孟”“下孟”，而卫方济在《中国六经》里把《孟子》分成两大卷。②我们可以推理，卫方济在南昌为了翻译孟子所使用的《四书直解》版本与他在罗马为了写《中国哲学》所用的版本有所不同。

3. 蔡清《四书蒙引》

正如黄正谦所言，卫方济在《中国六经》中的《中庸》译文不仅依据《四书直解》，他还参考了“另一位注释者”(alius interpres)，即蔡清的作品；卫方济把蔡清《四书蒙引》(*Su xu mum yn*，1527)中的许多注释翻译成拉丁文。③同时，罗莹看到了布鲁塞尔皇家图书馆所收藏的 1700 年手稿，发现了其中关于《四书蒙引》的记载，说明卫方济除了大量使用《四书直解》及《四书章句集注》之外，也参考了《四书蒙引》。④同样，《中国哲学》对四书评注的主要来源是《四书蒙引》，大概有 56 处。蔡清(1453—1508)，别号虚斋，西文名字“Tsay Hiu

---

① 参见 Meynard，*The Jesuit Reading of Confucius*，pp.35－40。

② 参见黄正谦：《论耶稣会士卫方济的拉丁文〈孟子〉翻译》，第 148 页。

③ Noël，*Sex libri*，*Immutabile medium*(1711)，p.41；参见 Wong Ching Him Felix，“The Unalterable Mean：Some Observations on the Presentation and Interpretation of *Zhongyong* of François Noël，SJ”，*Journal of Chinese Studies*，The University of Hong Kong，60，January 2015，pp.197－224；这里 199 页。

④ 罗莹：《清朝来华耶稣会士卫方济及其儒学译述研究》，《北京行政学院学报》2005 年第 1 期。

Chay"，被认为是正统的程朱理学家。黄宗羲《明儒学案·诸儒学案上四》（卷四十六）有他的小传及文献选录。蔡清的著述在清初还有很大的影响，雍正二年（1724）他得以入祀孔庙。相比于《四书直解》，《四书蒙引》则更近一步发挥理学对"四书"的解释，如对鬼神的理解等，这对卫方济的理解有很大影响。[①]可以说，在理学诠释的脉络中，《四书直解》并没有很重要的地位；如果耶稣会士要与主流思想（理学）进行沟通，那么，《四书蒙引》是更好的选择。耶稣会罗马档案馆收藏宋兆禴（1628 年进士）的《四书蒙引》重订本，共 15 卷（Jap. Sin. I，15）。《四书蒙引》与清代四库本（1773 年以后）这两个版本文字差异非常大。

卫方济三次提及《四书蒙引·孟子·尽心上》中的这两段文字："太虚即太极之谓；虚者不杂于气之名；形而下者谓之气，则皆是寔物；惟理则虚"；"是太虚以理言，不以形气言也；此说乃合张朱之意。"[②]如此，卫方济认为张载的"太虚"及朱熹的"太极"都是"非物质的实体，类似于天或天的主宰，也就是说等于天主"[③]。

4. 库勒纳《日讲四书解义》

当白晋（Joachim Bouvet，1656—1730）在写《古今敬天鉴》时，他选择了康熙御定、大学士所编的《日讲四书解义》（1677）及《日讲易经解义》（1683），因为白晋认为这些书保留了"古儒"的思想。《古今敬天鉴》一共引用《日讲四书解义》159 次。1701 年 11 月，安多给卫方济写信，把白晋的一本书寄给他，说明这本书涉及"天"，所论依据经典，并且得到了士大夫的赞成。这本书应该指《古今敬天鉴》[④]，

---

① 参见 Wong Ching Him Felix，"The Unalterable Mean"，p.221。

② *Phil. Sin.*，pp.64，67，139.

③ *Phil. Sin.*，p.139：Istud primum vacuum quatenus reale，& immateriale，aut quatenus ratio，dicitur Caelum seu caeli Domini.

④ *Summarium Authenticorum*：Ex epistola P. Antonii Thomas S.I. Vice-Provincialis Sinarum data Pekini 18. Novembris 1701. P. Francisco Noel S.I.，p.87："Mitto insuper insignem Tractatum Sinicum desumptum ex libris Classicis labore，& studio P. Bouvet de Tien. Valde laudant Literati Sinenses."

不过，卫方济所收到的是手稿本。1704 年，教宗特使铎罗禁止白晋正式出版这本书，现在保存于世的有十几部 1701—1707 年写的手稿。罗马耶稣会档案馆不收藏，梵蒂冈图书馆有两份，也许一份是卫方济原来从安多处收到的。①

《中国哲学》引用《日讲四书解义》共 31 处，比《四书直解》多，仅次于《四书蒙引》。我们也发现，《中国哲学》中几乎所有《日讲四书解义》引用都能在《古今敬天鉴》(1707 年手稿)里找到。②因为卫方济的《中国六经》中没有提及《日讲四书解义》，并且白晋的《古今敬天》(又名《天学本义》)1701—1702 年的手稿没有提及《日讲四书解义》，那么，我们可以推测，正是因为 1703 年卫方济读到《古今敬天鉴》，他才开始注意到《日讲四书解义》。换言之，卫方济在江西本来已开始采用《四书蒙引》中的理学诠释去翻译"四书"，随后通过《古今敬天鉴》他才知道在遥远的北京，另一位耶稣会士白晋也在通过类似的路径去理解"四书"。另外，卫方济从《古今敬天鉴》学习了论证的书写方式：白晋按照 42 个副标题排列了他所引用的经典及其评注，同样，卫方济也按照很严谨的论证方式排列了经典评注；不过，他的安排顺序及逻辑与白晋的有很大不同。

与白晋一样，卫方济重视《日讲四书解义》的一个重要原因就是这本书的权威性。在这方面，它超过了明代内阁首辅张居正的《四书直解》，因为康熙亲自作序并颁布。通过《日讲四书解义》，白晋吸

---

① 参见 David Mungello, "Unearthing the Manuscripts of Bouvet's Gujin after nearly Three Centuries", in *China Mission Studies* X, 1988, pp.34 - 61。

② 比如 Paragraphus 1-De Dominio(第 29 页)的 B. 2 中文引用："天之生人，既与之气以成形，即赋之理以成性。故在天则为元亨利贞，而四时五行庶类万化莫不由是而出。在人则为仁义礼智，而四端五典万事万物之理无不统于其间。其禀受赋畀，即如天之命令，所谓性也。"这对应《古今敬天鉴》第五节"造物主初生人，赋以元良之性，至精至纯，最善无恶"中的引用；周振鹤编：《明清之际西方传教士汉籍丛书》第 3 卷，凤凰出版社，2013 年，第 139 页。底本为法国国家图书馆 Courant-7161 号。

收了宋明理学的很多观念，特别是以理气论去解释“四书”。不过，白晋对宋明理学还保留了一些批评，比如他批评朱熹对太极的理解，认为“宋儒有不明真主唯一之旨者，各逞其臆说，而经乃晦矣”①。然而，白晋赞扬康熙皇帝通过《日讲四书解义》恢复了“敬天”的思想。同利玛窦、龙华民、殷铎泽、柏应理等相似，白晋对宋明理学还是有比较负面的评价。当白晋赞扬“古今”儒家，他所理解的“今”主要是康熙发布的《日讲四书解义》。卫方济读《古今敬天鉴》时，他开始注意到《日讲四书解义》，因为在这本书里可以找到有神论的根据，因此，《中国哲学》中对《日讲四书解义》的引用几乎都是从《古今敬天鉴》而来的。不过，与白晋不同，卫方济重视中国道统的连续性，接纳了许多宋、元、明正统儒家解释者，如朱熹、张居正、蔡清等，一直到清朝的康熙时。

耶稣会罗马档案馆没有《古今敬天鉴》，然而收藏有《日讲四书解义》(Jap. Sin. I, 13)。在《中国哲学》之前，《日讲四书解义》被《被确认的新证言摘要》(1703)引用了 2 次(第 73、83 页)。除了《日讲四书解义》之外，卫方济还提及《日讲书经解义》(1680；耶稣会罗马档案馆藏清朝版本，即 Jap. Sin. I, 28)被引了 1 次。②

(二) 五经书类

1. 吴荪右、丁柯亭、吴南驺《周易正解》

除了《四书蒙引》之外，《周易正解》(*Vera libri mutanionum ac productionum explicatio*)是被最频繁提及的著作，一共有 47 处。卫方济交代，该书由三个作者写就，不久之前在南京丹阳出版。③的

---

① 白晋：《古今敬天鉴自序》，周振鹤编：《明清之际西方传教士汉籍丛刊》第 3 卷，第 123 页；也参见肖清和：《清初传教士敬天天学的初探——以〈古今敬天鉴〉为中心》，肖清和主编：《晚明以来的天主教研究》，上海大学出版社，2016 年，第 96 页。

② *Phil. Sin.*, p.170。《被确认的新证言摘要》(第 82—83 页)引用 5 处。

③ *Phil. Sin.*, pp.32 - 33：Compositus, seu in lucem editus paucis ab hinc annis, a tres authoribus literatis ex ubercula Tan yam Provinciae Nankinensis.

确，这本书于1693年出版，作者为吴苏右、丁柯亭、吴南骀三人。根据陈纶绪的解题，这本书是科举的准备教材。①耶稣会罗马档案馆收藏《周易正解》二十二卷(Jap. Sin. I, 19)。这本书以理学解释《易经》。需要特别注意的是，这本书与郝敬(1558—1639)《周易正解》同名而无关。

除了《周易正解》之外，卫方济稍微引用了其他三本关于《易经》的书：(1)《日讲易经解义》(1685; Jap. Sin. I, 18)，除第135—136页有长文的引用(GGG68)外，还有其他2处(R17，第145页；X29，第86页)；《被确认的新证言摘要》(第72—73页)引用这本书2次；(2)蔡清的《易经蒙引》(引用有3处；第38、60页)，但耶稣会罗马档案馆未见此书；(3)《周易大全》(*liber magnus commentarius libri Ye kim*; Jap. Sin. I, 20)，唯见1处引用。②

2. 陈澔《礼记集说》

《礼记集说》是《中国哲学》的重要依据文献之一，共有38处引用，但大部分集中于第二章的第五个问题(共28处)，谈及"郊社"。这个问题涉及祭天与祭地之间的关系，也就是"天"与"地"是否有同等的地位。如果有同等地位，中国礼仪便可疑为多神论。另一个敏感问题就是怎样理解宗庙礼仪。

与其他文献资源不同，《礼记集说》是元代的，作者为陈澔(1261—1341)，西文名字"Chin Hao"。③陈澔评论《礼记·郊特牲第十一》时，主要重述朱熹的观念：

> 朱子曰："父者，我所自生。帝者，生物之祖；故推以为配而祀于明堂。"此意方正。问郊祀后稷以配天。宗祀文王以配上

① 参见 Chan, *Chinese Books and Documents in the Jesuit Archives in Rome*, p.19。又名《周易本义正解》；今藏福建师范大学图书馆。

② *Phil. Sin.*, X28, p.86；《被确认的新证言摘要》(第74页)引用1处。

③ 柯兰霓以为指程颢，参见 Claudia von Collani, "François Noël and his Treatise on God in China", in *History of the Catholic Church in China*, p.39。

帝。帝只是天，天只是帝，却分祭何也。朱子曰："为坛而祭，故谓之天；祭于屋下，而以神祇祭之，故谓之帝。"

关于"郊祀后稷"，卫方济表示中国解释者有不同的理解，不过，他自己站在朱熹的立场。①

方济各在"论文"（*Tractatus*）手稿中使用了《礼记集说》。②耶稣会罗马档案馆藏1633年闵齐伋编的修订版本（十卷）有两份（Jap. Sin. Ⅱ，103—104、111—112）。按照陈纶绪所说，《礼记集说》由于扼要和易懂，被非常广泛地使用。③《被确认的新证言摘要》（第73—74页）引用《礼记集说》2处。

3. 范之恒、万经《诗经说约集解》

卫方济《中国哲学》引用《诗经说约集解》（*Compendiosa explicatio libri Carminum interpretum compilatio*）达36次，并交代这本书不久之前（即1688）出版，作者为范氏、万氏（指范之恒、万经），也包含朱熹的注释。④本书出版后不久，方济各（1692年去世）在"论文"手稿中使用了《诗经说约集解》。⑤耶稣会罗马档案馆藏有《辨志堂订正诗经说约集解》初刻本（Jap. Sin. Ⅱ，92）。《被确认的新证言摘要》（第73页）也有1处引用该书。

---

① *Phil. Sin.*, p. 123: Praeteriti authores inter se dissentiunt... ideo standum eo quod dicit Doctor Chu hi.

② *Tractatus P. is Francisci Xaverij Philippucci de Ritibus Sinicis*, BNC. VE, Ges., 1248/3, folio 169r；参见 Standaert, *Chinese voices in the Rites Controversy*, p.64。

③ 参见 Chan, *Chinese Books and Documents in the Jesuit Archives in Rome*, p.415。

④ *Phil. Sin.*, p. 41: composita vel in lucem edita paucis ab hinc annis, auctoribus Fan & Van... haec autem compositio est annexa cum interpretatione Doctoris *Chu hi*。柯兰霓以为指胡广《诗经大全》；参见 Claudia von Collani, "François Noël and his Treatise on God in China", in *History of the Catholic Church in China*, p.40。

⑤ Tractatus, BNC.VE, Ges., 1248/3, folio 159r；参见 Standaert, *Chinese voices in the Rites Controversy*, p.62。

卫方济选择引用符合他自己立场的语句,即要强调"天"的超越维度,比如引《辨志堂订正诗经说约集解·大雅·瞻卬》:"朱熹曰:'惟天高远,虽若无意于物,然其功用神明不测。'"①

4. 蔡沈《书经集传》

卫方济所用的材料大部分是明清时期著述,然而,除了前面提及元代的《礼记集说》之外,他也引用南宋的《书经集传》,共有 22 处引用,其中第二章第五个问题(关于郊社)有 10 处引用。作者为蔡沈(1167—1230),西文名字"Tsay Xin"。耶稣会罗马档案馆藏有清朝版本(Jap. Sin. I, 1b),然而残缺不全,只有第三至第六卷。②

5.《书经大全》

卫方济只有 1 处引用了《书经大全》(*Xukim taciuen*, *Magnus libri annalium imperalium commentarius*),却很明显地展示出他与前辈耶稣会士的不同立场。在卫方济看来,中国新解释者认为天或上帝赋予生命活动(vita)。他提及的第一个例子就是《尚书·说命上》的"高宗梦傅说",从《书经大全》中抽取了《朱子语类·尚书二·说命》的文字,并翻译成拉丁文。原文为:

> 高宗梦傅说,据此,则是真有个天帝与高宗对曰"赉汝以良弼"。今人但以主宰说帝谓无形容,恐也不得。若世间所谓玉皇大帝,恐亦不可。又曰梦之事,只说到感应处。高宗梦帝赉良弼必是梦中有帝赉之不得;说无此事,只是天理,亦不得。

《中国哲学家孔子》本来提及了朱熹的这番话,并指责朱熹没有确定天帝向高宗显现这一事实,以此说明朱熹是无神论者。③不过,

① *Phil. Sin.*, p.41: Coelum videatur nihil de hisce rebus cogitare; ejus tamen rerum effector Spiritus intelligens qui comprehendi non potest.

② 参见 Chan, *Chinese Books and Documents in the Jesuit Archives in Rome*, p.3。

③ 参见 *Confucius Sinarum Philosophus*, *Liber tertius*, p.109;英译本: Meynard, *The Jesuit Reading of Confucius*, pp.458 - 459。

卫方济完全反对前辈耶稣会士的立场。他引用了上面朱熹这番话之后,评论道:"这里请你们注意有一些人不正确地把朱熹称为无神论的发言者或者说他自己是无神论。"[①]《中国哲学》的罗马手稿本来没有提及《书经大全》及朱熹的这句话,但卫方济后来注意到了《中国哲学家孔子》关于朱熹的攻击,因此,他补充了《书经大全》的这个段落来为朱熹平反。

(三) 性理书类

1. 胡广《性理大全书》

胡广(1370—1418)所编的《性理大全书》是耶稣会士很熟悉的参考书。龙华民在他1628年的报告中主要依靠这本书。在写《中国哲学家孔子》的前言时,虽然殷铎泽及柏应理反对龙华民关于古儒的解释,然而他们与龙华民同样反对《性理大全书》所表示的理学,把新儒家思想作为唯物主义。也许正是因为耶稣会士对这本书保持了否定态度,卫方济本人几乎都不用这本书,即便罗马耶稣会档案馆藏有《性理大全书》的明朝版本,一共70卷(Jap. Sin. Ⅱ, 89)。在《中国哲学》刊行本的全书里,我们只找到了1处引用,而且手稿本没有这处,是卫方济后来加上去的,也许因为他要表明自己与龙华民、殷铎泽、柏应理全然不同的理解,反对他们唯物主义的解读,力推精神性的解读,如引用"气,神也"(aer est ipse Spiritus)。[②]卫方济提醒读者不要感到意外,"气"字有物质及精神两个层面含义,正如拉丁文的"spiritus"也是从呼吸来的。[③]

2.《性理标题捷览》

卫方济基本上不用《性理大全书》这部庞大的著作,但耶稣会罗

---

① *Phil. Sin.* p.53: Hinc nota quàm malè à quibusdam iste Doctor Chu hi vocetur Atheorum coryphaeus, aut Atheus.

② *Phil. Sin.*, p.75;《性理大全》28卷,第37页。

③ *Phil. Sin.*, p.75: Nec fortè tibi mirum videbitur, quòd per vocem *aer* vel *vitalis aura* Sinae exprimant Spiritum, si animadvertas istam vocem *Spiritus* apud Latinos esse etiam tantùm adscititiam, à voce *spiro* derivatam, quae ex se significat *aereum spiramen*.

马档案馆还收藏有两个减缩本：詹淮《性理大全汇要》（二十二卷；Jap. Sin. Ⅱ，88）和黄洪宪（1541—1600）《性理标题捷览》（*Liber dictus naturae & rationis brevis expositio*，六卷；Jap. Sin. Ⅱ，87）。这两部书更方便使用。卫方济则选择引用《性理标题捷览》，一共有18处。

（四）字典及其他

1. 梅膺祚《字汇》

卫方济提及了《字汇》（*Dictionarium Tsu guey*）6次。[①]梅膺祚《字汇》（1615）在晚明清初很流行。耶稣会罗马档案馆收藏有这本书：《字汇》1687年版本（Jap. Sin. Ⅱ，121—122）。其他传教士如利安当使用了这本字典。[②]

2. 张自烈《正字通》

张自烈（1597—1673）《正字通》（*Dictionarium Chim tsu tum*）被引用5次。耶稣会罗马档案馆收藏有"岭南广居堂藏版"《正字通》十二卷（Jap. Sin. Ⅱ，115—120），没有说明出版年份。然而，因为《正字通》的五篇序落款均为1678年，我们可以假定为1678年出版。我们注意到了《中国哲学》手稿没有提及《正字通》，可以判断这些引用是卫方济后来加上去的。这也表明《中国哲学》的成书经历了很长的过程，如前面所说。

3. 虞德升《谐声品字笺》

另一部字典是虞德升的《谐声品字笺》（*Dictionarium Pin tsu cien*，1677）。与前面两本明朝字典不同，这本字典是当时"最近出的"（recens sinicum dictionarium，第82页），只引用1次而已。《被确认的新证言摘要》（第88页）也提及了这本字典。然而，这本字典不在耶稣会罗马档案馆的目录中。

---

① 比如 *Phil. Sin.*，pp.81－82，87。

② Antoine de Sainte-Marie，*Traité sur quelques points de la mission de la Chine*，1701，p.5.

4. 马端临《文献通考》

卫方济也使用了历史工具书——马端临（1254—约 1324）的《文献通考》（*Ven hien tum cao*；Jap. Sin. Ⅱ，128—148），共有 12 处，特别涉及“郊社”的解释（8 处）。[①]如《正字通》一样，《文献通考》也没有在手稿里提及，而是后来加上去的。

5. 班固《白虎通》

《白虎通》被视为东汉白虎观经学会议的资料汇编，因此卫方济把标题翻译为《国家士大夫的共同观念》（*Communis Regiorum Professorum sensus*）。《中国哲学》一共有 3 处引用，都涉及“郊社”问题，用以说明古代“社”的不同含义。[②]耶稣会罗马档案馆没有这本书。

6. 陈仁锡《古周礼》

如陈纶绪所说，《古周礼》与周礼没有关系，主要描述周朝的各个部门（天官、地官等）。从《古周礼》中，卫方济选取了 3 处加以引用。[③]作者为陈仁锡（Chin Gin Sie，1579—1634）。耶稣会罗马档案馆收藏有这本书的两个不同版本（Jap. Sin. Ⅰ，8 及 Jap. Sin. Ⅱ，96）。《被确认的新证言摘要》（第 74—75 页）引用该书 1 次。

7. 范立本《明心宝鉴》

传教士很早接触到了《明心宝鉴》：耶稣会士罗明坚把这本书翻译成拉丁文；多明我会士高毋羡（Juan Cobo，1546—1592）将其翻译成西班牙文。然而，一般耶稣会士很少提及这本书，因为正如卫方济所说（*libellus trivialis dictus Min sin pao kien*）[④]，它属于民间信仰，并且引入道教思想，而耶稣会士激烈地批判道教。卫方济引用这本书只有 1 处“子曰：为善者，天报之以福；为不善者，天报之以祸”，也是为了对应于天主教的天报思想。[⑤]罗马耶稣会档案馆收藏

---

① *Phil. Sin.*，pp.86，124，127，131 - 132.

② 第二章第五问题部分里面：*Phil. Sin.*，pp.126，127，135。

③ *Phil. Sin.*，FFF66，p.135；C3 & D4，p.156.

④ *Phil. Sin.*，p.52.

⑤ *Phil. Sin.*，pp.50 - 51：Bonos，inquiebat，Confucius，felicitate；malos infelicitate Coelum pensat.

有《明心宝鉴》的晚明版本(Jap. Sin. I, 137)。

总之,卫方济征引了很丰富的材料,并符合儒家的正统思想。他摆脱了前辈耶稣会士关于中国思想断绝的说法,展示了中国解释者对"四书五经"理解的道统。虽然他没有直接引用朱熹的著作,但他所用的材料大量引自朱熹。在论证的过程中,卫方济自己赞同朱熹的立场。

五、中国基督徒的著作(《中国哲学》第一论第三章)

在《中国哲学》第一论第三章中,卫方济要证明中国基督徒认为"Deus"应该被称为"天"或"上帝"。自利玛窦去世之后,耶稣会士开始了关于"Deus"的译名争论。龙华民在1628年的报告中说,他访问了中国基督徒,被告知:中国古代的"上帝"与天主教的"天主"是不同的。嘉定会议之后,耶稣会不允许使用"天"及"上帝",只能使用"天主"。然而,耶稣会士及其他传教士继续争论,大部分方济各会士和多明我会士反对使用"天"及"上帝"。为此,《中国哲学》继续辩护,说明中国基督徒完全接受这两个词。显然,卫方济的论说是反驳龙华民的立场。

卫方济所提及的著作及所引用的话,主要来源于1703年出版的《被确认的新证言摘要》。他几乎按照同样的顺序写,但在引用的内容方面不完全一样,说明他写《中国哲学》时还查看了耶稣会罗马档案馆所收藏的中国基督徒的著作。需要注意的是,许多材料原来是方济各在17世纪80年代搜集的。

在《中国哲学》第一论第一、二章中,卫方济提及的材料大都来源于非基督徒,除了两个例外:中国基督徒《醒迷篇》(*celebris liber cujusdam Christiani manuscriptus*, *dictus Sim my pien*; Jap. Sin. I, 150)和秀才丘晟(字振新,?—1663)的《述闻篇》(*Liber manuscriptus cujusdam Christiani licentiate*, *cognomina Kieu nomine sinico Xim chin*；1701 年左右；Jap. Sin. I, 40/4)。①

在第三章开篇，卫方济故意引用方济各会利安当(Antonio Santa-Maria Caballero, 1602—1669)的《天儒印》(1664)："上帝者，即主宰万有，至尊无二之天主也。"②《被确认的新证言摘要》(第 78 页)也引用了利安当的这句话。然而，在广州会议的时候(1667)，利安当激烈地反对"上帝"的使用，认为"他们的上帝并不是我们的天主"③。虽然卫方济清楚利安当思想的转变，但他还是使用利安当早期著作来支持自己的立场。耶稣会罗马档案馆收藏有两本《天儒印》(Jap. Sin. I, 122 及 151)。

从方济各会士石铎禄(Pedro de la Piñuela, 1650—1704)的《初会问答》(1680)中，卫方济抽取了很长的文字，其中说："可见中国圣贤之意，非指敬形天，乃是敬天地之真主也。"④同样的长文已经录入《被确认的新证言摘要》(第 78 页)。石铎禄首先在菲律宾传教，1677 年才到达福建，自己没有经历过广州会议的争论，使他对关于中国传统"天"的理解保持包容性。石铎禄的《初会问答》收藏在耶

---

① *Phil. Sin.*，分别为第 129 页(EE32)及 130 页(FF33)。

② *Phil. Sin.*, p.152："Liber R.P. Antonii a S. Maria Ordinis S. Francisci, dictus *Tien yu yn* impressus Anno 1664：Xam Ti est caeli Dominus(Tien chu) unicus, & summa majestate venerandus, qui in omnes res dominatur, easque regit。"手稿第 117 页。

③ Antoine de Sainte-Marie, *Traité sur quelques points importants de la mission*(1701)："Ce qu'ils conçoivent par le nom de XANGTi n' est pas notre vrai Dieu", p.79；原件："Tratado que se remitio al muy R.P. Luis de Gama de la Compania de Jesus, Visitator de la Provincias de Japon y China de la misma Compania sobre alguns puntos a este mision de la gran China。"(Archive of the Propaganda Fide, Rome, "Scritture, Indie Orientali e Cina 1623 - 1674", Tomo 1)

④ *Sin. Phil.*, p.152："Liber Pietri Pinuela ejusdem Ordinis dictus *Tso hoei Ven ta*... Nunc ergo qui istorum antiquissorum Sapientium, virtute ac scientia inclytorum mens fuerit, ut indicarent colendum esse verum caeli ac terrae Dominum, non verò caelum materiale。"罗马手稿则引用石铎禄《默想神功》(1694)卷上："想己罪，'获罪'之心，是全无畏惧，侈然自纵，不复知有上帝之临汝。"

稣会罗马档案馆(Jap. Sin. I, 119)。

不过,卫方济的重点在于中国基督徒,因为他们最明白怎么用中文来表述基督宗教信仰。因此,他们在"Deus"翻译的问题上最有权威。卫方济列出了九位中国基督徒,引用他们关于"上帝"或"天"的表述。

卫方济首先提及了徐光启(1562—1633)的一本书、一篇奏疏及两篇序言为根据。首先,他举了《辟释氏诸妄》:"无分人鬼,皆上帝为主。"[①]《被确认的新证言摘要》(第 83 页)也摘录同样的话。即便如杜鼎克所言,《辟释氏诸妄》不是徐光启写的[②],但这本书至少很早就已托名徐光启,使得卫方济谈及"他的出名小书"(*in suo parvo celebri libro Pie Vam*; 第 153 页)。这本书在耶稣会罗马档案馆有四个版本(Jap. Sin. I, 132—139—139a—159)。在《辨学章疏》(1616)中,卫方济也找到了"上帝"的说法:"欲使人人为善,以称上天爱人之意,以昭事上帝为宗本。"[③]出人意料的是,耶稣会罗马档案馆竟然没有这个重要的文献,不过梵蒂冈图书馆有四本。卫方济也提到,徐光启为利玛窦的《二十五言》(1604)及艾儒略的《天主降生言行记略》(1635)写了跋(calcis),其中徐光启谈及"上帝"二字。耶

① *Sin. Phil.*, p.153: "Doctor & Imperatoris primus Minister, seu Colaus *Siu* Christianus in suo parvo celebri libro *Pie Vam* sic: Xam Ti, inquit, est hominum vivorum, & mortuorum Dominus."手稿第 117 页。《徐光启全集》中的文字有一点不同:"无论人与鬼,皆上帝为主。"(朱维铮、李天纲编:《徐光启全集》第 9 卷,第 387 页)

② 参见 Ad Dudink, "The image of Xu Guangqi as author of Christian texts," in *Statecraft and Intellectual Renewal in Late Ming China*, ed. Catherine Jami, Peter Engelfriet, Gregory Blue, pp.99 - 223;这里第 115—124 页。

③ *Sin. Phil.*, p. 153: "*Pien hio tseu si*-Idem in libello supplice, quem Imperatore *Van Lie* pro re Christiana obtulit sic: horum (id est Patrum missionarum) mens est efficere, ut omnes virtutem sectentur ad respondendum excelsi Caeli homines amantis intentioni; pro suo primo principio habent palam inservire *Xam Ti*, scilicet caeli Domino."手稿第 117 页。与《徐光启全集》比较,卫方济的手稿看起来漏了"其说"两个字:"欲使人人为善,以称上天爱人之意,其说以昭事上帝为宗本。"(朱维铮、李天纲编:《徐光启全集》第 9 卷,第 250 页)

稣会罗马档案馆收藏有两份同版本的《二十五言》(Jap. Sin. I, 53.1及53.B)，都包含徐光启的跋。该档案馆也收藏两个《天主降生言行记略》的不同版本(Jap. Sin. I, 58及76)，但只有后一个版本收录了徐光启的《大赞诗》。①

这里，卫方济要证明，同利玛窦一样，徐光启也认为古中国有一神教，古人的“天”或“上帝”等于基督宗教的“天主”。最近，移民到美国的刘豫在《和谐的分歧：利玛窦及其中国密友》中试图说明，徐光启认为利玛窦带来了全新的信仰。根据龙华民报告的一句话(据龙华民声称，徐光启向他表达：“上帝”并不是我们的“天主”)②，刘豫推论徐光启“从来没有公开说明他接受(利玛窦)对‘四书五经’的一神教阅读”③。其实，正如卫方济所证明，徐光启使用了“四书五经”中的“上帝”概念来表达天主教信仰，明显说明他完全同意利玛窦的观念。④

卫方济提及的第二位中国人是冯应京，即便我们没有根据说明他受洗了，但冯应京完全接受了利玛窦的上帝观，并为《天主实义》(1603)写序：“主何？上帝也。实云者，不空也。吾国六经四子，圣

---

① *Sin. Phil.*, p.153: Alibi idem saepius vocat Deum nunc *Ti*, nunc *Xam Ti*, v.g. ad calcem librorum *Tien Chu kiam sem yen him ki lio*, *Lh xe u yen*, &c.；手稿第117页。卫方济的手稿没有引用内容。《跋二十五言》：“盖其学无所不窥，而其大者，以归诚上帝，乾乾昭事为宗。”(朱维铮、李天纲编：《徐光启全集》第9卷，第286页)《大赞诗》放在艾儒略《天主降生言行记略》的后面。其中，徐光启提及了“帝”；很遗憾《大赞诗》没有收入《徐光启全集》；关于内容，参见《耶稣会罗马档案馆明清天主教文献》第4册，第335—336页。在卫方济的列举之上，我们也许可以加上徐光启为熊三拔的《泰西水法》写的序，其中说：“其谈道也，以践形尽性，钦若上帝为宗。”(朱维铮、李天纲编：《徐光启全集》第5卷，第290页)

② 龙华民 Longobardo, *Traité sur quelques points de la religion des Chinois*(1701年), p.100: “... le Roy d'en haut ne pouvait pas être notre Dieu.”

③ 参见 Yu Liu, *Harmonious disagreement: Matteo Ricci and his closest Chinese friends*, New York, Peter Lang, 2015, p.142。

④ 参见我对刘豫著作的书评：Thierry Meynard, ARSI LXXXV, Fasc. 169, 2016, pp.245-248。

圣贤贤，曰‘畏上帝’，曰‘助上帝’，曰‘事上帝’，曰‘格上帝’，谁以为空空之说？”①《被确认的新证言摘要》（第 83 页）中也有冯应京同样的话。耶稣会罗马档案馆收藏有燕贻堂《天主实义》（1607）两份（Jap. Sin. I，44 及 45），以及后来的两个不同版本（Jap. Sin. I，46 及 47）。

卫方济顺理成章地引用了杨廷筠的长文，即为庞迪我《七克》（1612 年左右）所撰写的序言：“大指不越两端，曰：钦崇天主万物之上，曰：爱人如己。夫‘钦崇天主’，即吾儒‘昭事上帝也’。”②《被确认的新证言摘要》（第 83 页）有杨廷筠同样的话。耶稣会罗马档案馆收藏有《七克》晚明初刻本（Jap. Sin. I，84）、1614 年（Jap. Sin. I，85）及 1694 年的重刻本（Jap. Sin. I，86）。此外，卫方济提及，杨廷筠在给艾儒略《职方外纪》（Jap. Sin. Ⅱ，19 及 20）所写的序，以及杨氏自己撰写的《代疑篇》（1635；Jap. Sin. I，165b—165c）和《天释明辨》（1645 年；Jap. Sin. I，165a）中，均把天主称为上帝。

卫方济也提及了李之藻（1571—1630）为《天主实义》及《畸人十篇》（1608）写的序，不过没有提供具体内容。③耶稣会罗马档案馆没有《畸人十篇》的晚明版本，只有 1695 年的版本（Jap. Sin. I，52）。

---

① *Sin. Phil.*，p.153：“Doctor celebris *Fum*[*yn kim*] Christianus sic：quid est *Tien chu* seu Deus? Resp. est *Xam Ti*；non inanem，sed veram & realem rem intelligendo；Ecquis sanè est qui existimet rem inanem & vanam dici，dum sex nostri libri classici antiqui，quatuor Doctores Confucius，Memcius，Tsu Su，Tsem Tsu，omnesque cujus viri virtute，scientiâ，sapientiâ clari passim dicunt：timere *Xam Ti*，cooperari *Xam Ti*，inservire *Xam Ti*，accedere ad *Xam Ti*，adhaere *Xam Ti?*”手稿第 117 页。

② *Sin. Phil.*，pp.153 - 154：“Doctor Yam [tim yun] Christianus，primam sui cursus lauream adeptus fuit：Christiana Religio haec duo praecipue complectitur：1. Colere unum Deum，seu *Tien Chu* super Omnia. 2. Amare proximum sicut seipsum. Quoad primum，*colere unum Deum*，est illud quod nostri Doctores vocant，palam inservire *Xam Ti*，seu caeli Domino. Sic idem eodem nomine Deum vocat in epistola praeliminari libri *Che fam vay ki*；in suis libris *Tien xe min pien*，*Tay yi*，&c。”手稿第 117 页。

③ 在《天主实义重刻序》，李之藻认为《易经》展示了“帝”的概念，并说明：“然则天主之义，不自利先生创矣。”（利玛窦著，梅谦立注，谭杰校勘：《天主实义今注》，第 72 页）

另外，卫方济引用了李之藻为孙学诗《圣水纪言》(1612—1616；Jap. Sin. I，53.3 及 I，131)所写的序文："其教专'事天主'，即吾儒'知天事天、事上帝'之说。不曰帝，曰主者，译语质。朱子曰：'帝者，天之主宰'，以其为生天、生地、生万物之主也。故名之主，则更切；而极其义，则吾六合万国人之一大父母也。"①《被确认的新证言摘要》(第 84 页)引用了这段话的前面部分。

随后，卫方济列举了一位不那么出名的中国"基督徒"，即陈仪(1610 年进士)。他为艾儒略《性学觕述》(1623—1640 年写，1646 年再版)写了序，其中明确说《诗经》中的"天""上帝"和"天主"是同一个意思："吾儒举其浑然者，则曰天；西氏标其的然者，则曰天主；要以《皇矣》之'临下有赫'，《大明》之'无贰尔心'，皆综而属之上帝。"②《被确认的新证言摘要》(第 84 页)引用了这段话的前面部分。耶稣会罗马档案馆收藏有两份 1646 年初刻本(Jap. Sin. I，16 及 16a)，还有后来的一个版本(Jap. Sin. I，21，不全)。卫方济也提及陈仪为《七克》写了序(*Eumdem vide in alia epistola libri Cie Ke &c.*；第 154 页)。在手稿中只提及《七克篇

① *Phil. Sin.*, pp. 153 - 154："*Xim xui ki yen*-Doctor Ly[chi tsao] Christianus sic：Illa Religio(scilicet Christiana) unicè spectat servire *Tienchu* seu Deo；& hoc est，quod nostri Doctores dicunt：nosse Caelum，servire Caelo，servire *Xam Ti*. Non dicitur *Ti*，id est caeli *Chu Tsay*，sive Dominus ac Rector. Quia enim Deus est Dominus，qui caelum，terram，omniaque produxit，ideo per illam vocem *Chu*，seu Dominus，magis singillatim exprimitur quid sit. Denique si velimus penitus penetrare quid sit，est omnium in toto orbe degentium noster unicus Pater ac Mater。"手稿第 117 页。

② *Phil. Sin.*, p. 155："Doctor *Chin*[*y*] Christianus in sua epistola praeliminari libri *Sim hio tsu xo* sic：nostri Doctores assumendo quod est obscurum，vocant Caelum sive *Tien*；Europaei assumendo quod est clarum vocant coeli Dominum *Tien Chu*；denique hi & illi explicando quod dicit libri Carminum oda *Hoam y* '*tremendus in haec infima advenit*'；& oda *Ta min*：'*ad te appelit*，*noli vacillare*'；id omne ad *Xam Ti*，nempe Coeli Dominum referent。"手稿第 117 页；也参见《耶稣会罗马档案馆明清天主教文献》第 6 册，第 51—52 页；黄兴涛主编：《明清之际西学文本》第一册，第 243 页。

序》，不过，作者并不是陈仪，而是陈亮采（1595 年进士），其中提及“上帝”一词。①

接着，卫方济提及了山西士大夫韩霖（1601—1644），并大段引用其“名著”《铎书》（1641 年左右）。这个引用并没有出现在罗马手稿里，是卫方济后来加上去的。按照拉丁文译文，可以在《铎书》里找到对应的文字，这就是《铎书》中的《孝顺父母》：“天为大父母，《诗》云‘筱筱皇天，曰父母且’，非苍苍之天也；上面有个主宰，生天，生地，生神，生人，生物；即唐虞三代之时五经相传之上帝。”②这段话的拉丁译文已经收入《被确认的新证言摘要》（第 84—85 页）。耶稣会罗马档案馆收藏有《铎书》（Jap. Sin. I, 144）。

卫方济提及了张赓（约 1570—1646/1647）的《天学证符》（1628—1636）。根据陈纶绪所言，这本书很少见，收藏在耶稣会罗马档案馆（Jap. Sin. I, 141）。③罗马手稿未提及这本书，然而，我们找到了对应的中文原话：“或明或昧宁敢诋以为邪，第天非苍然色象，自有个主宰；人多习而不察；惟西方圣人古来相传称谓天主，是乃确

① 参见黄兴涛：《明清之际西学文本》第一册，第 43 页。

② 法国国家图书馆 Chinois 3326，第 1—2 页；也参见韩霖著，孙尚扬、肖清和等校注：《铎书校注》，华夏出版社，2008 年，第 60—61 页。*Phil. Sin.*, p.154: “Litteratus Han Licentiatus, ut abitror, vel Doctor ex Provincia *Xan si*, libris celeberrimus sic suum librum *To xu*, qui est explicatio brevis doctrinae ab Imperatore singulis mensibus ad populum tradi jussae(hic liber *To xu* revisus ab octodecim Litteratis ex octo diversis Chinae Provinciis, mirumque in modum a Provinciali justitiae Praeside, & alio Doctore Regii Collegii, qui illum Imperatori legendum ostendit, in suis praeliminaribus espitolis collaudatus) sic, inquam, suum librum incipit: dum dicitur *Coelum* esse noster magnus Parens, juxta hunc libri Carminum locum: *vastissimum & altissimum Coelum tu diceris hominum Parens*; id non intelligitur de caelo caeruleo & visibilis, sed sursum est unus Dominus ac Rector, qui caelum, terram, Spiritus, homines, & omnia producit; id est supremus ille Dominus *Xam Ti*, quem quinque libri Classici tempore Imperatorum *Yao* & *Xun* ac trium primorum Imperiorum *Hia*, *Xam*, *Cheu*, successive semper ad posteros transmiserunt。”

③ 参见 Chan, *Chinese Books and Documents in the Jesuit Archives in Rome*, p.186。

当尊称。朱晦翁注《易传》曰'帝者，天之主宰'；实与之符矣。"①我们这里需要注意到，张庚引用朱熹来肯定"天主"。《被确认的新证言摘要》(第 85 页)已引用了张庚的这些话。

接下来，朱宗元(约 1615—1660，1648 年中举)的《拯世略说》(1644)把天主明确地称为上帝："宇宙之内真教惟一。既谓之物，天地亦物之大者耳，而更有造天地者，以其至尊无匹谓之上帝。以其搏抗万有，谓之造物，以其主宰群生，谓之天主。"②朱宗元同样的话也被收入《被确认的新证言摘要》(第 84 页)。耶稣会罗马档案馆藏有三份同版本《拯世略说》(Jap. Sin. I，145、145a 及 166a)。卫方济也提及了朱宗元的《答客问》(1643)，但没有提供引用。

最后被提及的中国基督徒是闽福唐李九功(?—1681)及其《慎思录》(1682)，其中说："儒书上帝之称，固明指天主。"③耶稣会罗马档案馆收藏两份首版本(Jap. Sin. I，34/37 及 136)。《被确认的新

---

① 《耶稣会罗马档案馆明清天主教文献》第 8 册，第 43—44 页。*Sin. Phil.*, p.155："Licentiatus *Cham Kem* Provincia Fo Kien libris etiam celebris, in proemio sui libri *Tien hio chim fu*-Porro Doctor *Chu hoei*, id est *Chu hi*, dum in suo commentario libri *Ye Kim* explicans vocem *Ti*, seu *Xam Ti* sic ait：*Ti*, id est Coeli Dominus et rector, vere cum illis concordat。"

② *Phil. Sin.*, p.155："Licentiatus *Chu*[*Tsum Yuen*] Christianus in suo libro *Chim xi lio xue* sic：caelum & terra inter omnes res est etiam una, & maxima quidem：debet ergo illius, (nempe caeli, ac terrae) esse aliquis Effector, qui quatenus summam Majestatem, nulli alteri prorsus comparabilem habet, dicitur *Xam Ti*, (*Xam*, id est supremus; *Ti*, id est Dominus ac Rector); quatenus omnes res apprehendit, dicitur rerum Effector; quatenus omnibus viventibus dominatur, eaque regit, dicitur *Tien Chu* seu caeli Dominus. Idem in eodem libro, & in altero libro *Ta ka uen* passim ad appellandum Deum utitur vocibus *Xam Ti*。"手稿第 117 页；《耶稣会罗马档案馆明清天主教文献》第 9 册，第 149 页。

③ *Phil. Sin.*, p.156："Bacchalaureus *Ly*[*Kieu Kum*] Christianus in suo libro *Xin su*, in cujus fronte octo Revisorum sinica scientia & litteris praestantium nomina apponuntur, sic habet：istud nomen *Xan Ti*, quod nostrorum Doctorum libri passim habent, procul dubio manifeste significat *Tien Chu*, id est Caeli Dominum seu Deum. Postea in eodem libro ipse saepissime utitur isto nomine *Xam Ti* ad appellandum Deum。"手稿第 117 页。

证言摘要》(第 86 页)引用了李九功的这句话。

最后,卫方济说明,《七克》《圣教四规》《辟妄条驳合》这三本书的序使用"上帝"这两个字。关于《七克》,我们前面已经说明,杨廷筠及陈亮采在序中标示出"上帝"。卫方济也注意到了《七克》初刻本(Jap. Sin. I, 84)所收曹于汴(1558—1634, 1592 年中进士)的序中"上帝"出现 2 处,也注意到 1614 年版本及 1694 年版本(Jap. Sin. I, 85 及 86)增收了崔涓(1601 年进士)的序,其中"上帝"出现 8 处。[①]关于潘国光的《圣教四规》(约 1662),罗马耶稣会档案馆的版本(Jap. Sin. I, 106)包含徐光启的孙子徐尔觉的序,其中也提及"上帝"一词。[②]在所有中国基督徒的著作中,《辟妄条驳合刻》(1689)是当时最近出版的,该书为洪济及张星耀所撰,但卫方济只关注两个作者在他们单独的序中提及了"天主上帝"。[③]

总之,卫方济证明了中国天主教徒,从第一代的"三柱石"到清初的张星耀一直使用"上帝"这个词,即便官方教会在嘉定会议之后试图禁止。卫方济说明,关于"Deus"翻译的最好判官,就是中国基督徒自己;也就是说,罗马必须听他们。

六、非基督徒的根据(《中国哲学》第一论第三章)

关于基督徒对"上帝"的使用,卫方济花了很长的篇幅。但对"天"的使用,他的论证比较简略,并且依赖非基督徒的文献,包括伊斯兰教、犹太教及异教。首先,他提及了中国伊斯兰教的三本书,即

---

① 关于曹于汴的序,参见《明清之际西方传教士汉籍丛刊(第二辑)》,第 11—12 页。关于崔涓的序,参见《绝徼同文纪》卷一,《法国国家图书馆明清天主教文献》第 6 册,第 221—227 页。

② 《罗马耶稣会档案馆天主教文献》第 5 册,第 261—264 页。

③ 《罗马耶稣会档案馆天主教文献》第 9 册,第 435—447 页。

王岱舆（约 1570—1660）的《正教真诠》（*Chim Kiao chin chuen*，1642），詹应鹏著、孙可庵编的《清真教考》（*Cim chin Kiao Kao*，康熙年间刻本）及张中（约 1598—1698）所翻译的《四篇要道补注便蒙浅说》（*Su pien yao tao pien mum cien xue*，1653—1660 年间出版）。[①]卫方济只提及书名，并没有引用。事实上，罗马耶稣会档案馆也没有收藏这三本书。我们可以推测，卫方济注意到它们在其他耶稣会文献里被提及。

关于犹太教的根据，卫方济提到，按照意大利耶稣会士骆保禄（Gianpaolo Gozani，1659—1732）1705 年 6 月 30 日的书信，河南开封会堂中的三个纪念碑有关于"天"及"敬天"的说法，分别为明弘治二年（1487），明正德七年（1511），清康熙二年（1663）（第 169 页）。[②]这位意大利耶稣会士 1698—1724 年断断续续地居住在开封，给耶稣会写了许多书信，描述了开封犹太教的情况。另外，卫方济提到，北京犹太人给耶稣会送了《明教》（*Min Kiao*）一书；不过，我们没有查到这本书。[③]

卫方济也提及了反天主教的著作，即《辟西洋邪教论》。它说明"天主"就是"四书五经"中的"天"与"上帝"，但反对"道成肉身"观念。这本书约 1700 年在松江出版，不过我们没能找到。

另外，卫方济提及了山西绛州知府以"天"及"上帝"指示天主。卫方济没有引用，也许是他在耶稣会的报告里看到这件事。确实，雷翀《绛州正堂雷为尊天祛邪》（1633）写道："照得开辟一天，万古所尊，正道惟一而已。自尧舜禹汤文武周孔以来，相传所谓事天，事上

---

① *Phil. Sin.*, p.168.

② 碑文内容收入《中国的犹太人》，大象出版社，2005 年；明弘治二年《重建清真寺记》，第 222—230 页；清康熙二年《尊崇道经寺记》，第 231—235 页；清康熙二年《重建清真寺》，第 236—243 页。

③ 1704 年 11 月 5 日，骆保禄向北京院长苏霖写了一封关于开封犹太教的信，后来被翻译成许多语言。比如，法文译本收入 *Lettres édifiantes et curieuses*, *1689-1722*, ed. Louis Aimé-Martin（Paris，1843），vol.2，pp.149-155；也参见 Dehergne & Leslie，*Juifs de Chine*，Rome，IHSI，1984。

帝者是也。先儒解曰：'上帝，天之主宰。'今人以所见之苍苍者，言天是犹称帝王，曰朝廷也。即至愚之人，不识不知，未尝不曰'天爷'，曰'天命'，曰'天理'，曰'天报'，曰'天罚'。可见性中带来，非因勉强。"①

卫方济最后引用了最有权威的文献，即康熙自己的说明。1700 年 11 月 19 日，四位耶稣会士（闵明我、徐日昇、安多、张诚）向康熙上奏，祈求康熙确认他们对祭天、祭祀、祭孔的理解。11 月 30 日，康熙以满文回答，中文为："所写甚好，有合大道。敬天及事居亲、敬师长者系天下通义，这就是无可改处。"②1701 年，北京耶稣会士出版了这篇文献，包括满文、中文、拉丁文，并且加上了北京士大夫的肯定，书的标题为《1700 年中国康熙皇帝有关祭天祭孔祭祀的简略回答》（*Brevis relatio*）。北京耶稣会士与士大夫都签字来确证这些文献。卫方济以康熙的说明结束了他的论证，认为康熙的说明有最强的说服力。1709 年，卫方济向梵蒂冈介绍了康熙的说明。对卫方济而言，中国的一神论思想不仅仅体现于孔子及贤王身上，而且体现于康熙皇帝身上。康熙所发布的《日讲四书解义》清楚地展示了康熙对"天"的信仰，并且康熙本人也说明，耶稣会士对儒家的理解是对的，意味着天主教与儒家并不矛盾，都事奉同一个"天"。

结　　论

总之，《中国哲学》是一部很重要的著作，但至今没有受到足够

---

① 郑安德编：《明末清初天主教和佛教辩论资料选》第 24 册。

② 参见 *Phil. Sin.*, pp. 175 - 179：Publica & authentica Imperatoris Tartaro-Sinici Kam hi Testimonia，quibus vocis Tien ac Xam Ti，& quorumdam Rituum circa Defunctos controversorum legitimus sensus declaratur。耶稣会士的奏折及康熙答复的原文保存在手稿里，见第 127—128 页。

的重视。为撰写这本书，卫方济做了很充分的准备。他和其他耶稣会士搜集了很多材料，主要是宋、元、明、清时期的评注。他在江西把“四书”翻译成拉丁文，然后还继续补充材料。在罗马，他很方便地使用了耶稣会图书馆藏中文著作。1703 年出版的《被确认的新证言摘要》已经展示了卫方济对中国材料的把握。这本书也处理了中国基督徒的文件及著作。在写《中国哲学》时，卫方济继续补充和整理材料，发挥他自己的论证。他主要证明儒家思想的连续性，从先秦直到清朝，这一点有很重要的意义。《中国哲学》让儒家获得最高的肯定，在思想方面也有很重要的功劳，修正了前辈耶稣会士对宋明理学所谓“无神论”及“唯物主义”的错误判断。然而，卫方济还是重在处理西方人关注的核心问题，即中国思想中有没有神，而中国思想本身不直接处理这样的问题。不过，在研究中国哲学的过程中，卫方济打开了新的思路，使西方哲学与中国哲学可以对话。卫方济重新评估了“太极”及“理”的概念，认为不仅与天主教没有矛盾，甚至这些哲学概念类似于西方哲学的“上帝”概念。利玛窦的功劳是接纳古儒，卫方济的功劳则是接纳宋明理学。在思想方面，卫方济必须走这条路，然而当时的天主教会由于封闭的神学观无法接受：既然教会不能接受古儒的“上帝”及“天”，怎么能接受新儒学的“太极”及“理”？因此，《中国哲学》在 18 世纪没有发挥很大的影响。1715 年，莱布尼茨读了龙华民的法译报告，写下《论中国人的自然神学》(*Discours sur la théologie naturelle des Chinois*)。从龙华民对宋明理学的负面描述中，莱布尼茨发现了这一思想传统的价值，他似乎并不知道卫方济的《中国哲学》。莱布尼茨的书在他去世之后(1735)出版，但在欧洲并没有能引起人们对宋明理学的兴趣。18 世纪初，卫方济及莱布尼茨开辟出新的思路，等到 20 世纪才有人重新走，而且，今后还有很长的路要走。

附录

表格 1　古代著作的引用(《中国哲学》第一论第一章,第 1—27 页)

主题 著作	主权 (dominium)	能力 (potestas)	知识 (scientia)	意志 (voluntas)	正义 (justitia)	生命 (vita)	无限时空 (immensitas & aeternitas)	单一 (simplicitas)	汇总
《尚书》 (*Liber annalium imperalium*)	12	4		4	13	7		2	42
《诗经》 (*Liber carminum*)	1	5	4	5	3	4	5	2	29
《易经》 (*Liber mutationum ac productionum*)	2	6					1	1	10
《礼记》 (*Liber rituum*)	5	2				1		3	11
《中庸》 (*Liber immutabilis medii*)	2	1							3
《论语》 (*Liber sententiarum*)	1		2	1	1				5
《孟子》 (*Mencius*)	1	1		4					6
《全史》	3							1	4

表格 2　新解释者的主要引用（非基督徒；《中国哲学》第一论第二章，第 27—146 页）

主题 / 著作	罗马耶稣会档案馆馆藏编号	主权(dominium)	能力(potestas)	知识(scientia)	意志(voluntas)	正义(justitia)	生命(vita)	无限时空(immensitas & aeternitas)	单一(simplicitas)	天即帝	天道	鬼神	郊社	太极	汇总
《中国哲学》章节		c.1	c.1	c.1	c.1	c.1	c.1	c.1	c.1	c.2	c.3	c.4	c.5	c.6	
(明)《四书直解》(*Interpretes Zhang Juzheng*)	Jap. Sin. Ⅰ, 14	1	2	2	4	1				1	2	5	2		20
(明)《四书蒙引》(*Commentarius*)	Jap. Sin. Ⅰ, 15	1	3		4	1				9	14	10	11	3	56
(清)《日讲四书解义》(*Quotidania quatuor librorum explicatio*)	Jap. Sin. Ⅰ, 13	4	3	1	5		1	1		2	6	6	2		31
(清)《周易正解》(*Vera libri mutanionum ac productionum explicatio*)	Jap. Sin. Ⅰ, 19	2	10					3	4	2	6	11	1	8	47
(元)《礼记集说》(*Interpres Chin Hao Liber Rituum*)	Jap. Sin. Ⅰ, 103—104 及 111—112									3	1	5	28	1	38
(清)《诗经说约集解》(*Compendiosa explicatio libri Carminum*)	Jap. Sin. Ⅱ, 92		2	3	5	1	3	3	1	7	3	1	7		36
(宋)《书经集传》(*Interpretes Cai Shen liber Annalium Imperalium*)	Jap. Sin. Ⅱ, 89	1	1		1	1			2	4	1	1	10		22
(明)《性理标题捷览》(*Liber naturae ac rationis brevis expositio*)	Jap. Sin. Ⅱ, 87								2	2	4	4		6	18
《全史》													1		1

西欧对孟子的理解

——尤其环绕卫方济的理解而论

日本筑波大学　井川义次

前　　言

孟子以提出了"性善说""民本主义""革命说"等尖锐的主张而闻名于世界哲学史。早期在中国传教的著名传教士利玛窦在其所著《天主实义》中就曾提及《孟子》，但并没有介绍其对于西欧来说过激的言论。其后耶稣会士尝试翻译介绍"四书五经"的内容。"四书"的翻译由柏应理（1623—1693）等耶稣会士尝试完成。①但是他们只翻译了《大学》《中庸》《论语》三书，却不知为何没有翻译《孟子》。②

西欧最早出现的《孟子》全译本是在卫方济（1651—1729）的《中国六经》③中。对此本人自 2001 年以来研究至今。卫方济没有忌讳地介绍了可能会抵触欧洲世界观的孟子学说。不仅如此，他还

---

① Intorcetta, Prospero, Philippe Couplet et al., *Confucius Sinarum Philosophus*, Paris, 1687.

② 早期"四书"的翻译是由罗明坚（1543—1607）进行的，可惜没出版。参见 Michele Ruggieri, Thierry Meynard & Roberto Villasante (ed.), *La fifosofia moral de Confucio*, Mensajero & Sal Terrae & Universidad Pontificia de Comillas, GC Loyola, Madrid, 2018。

③ Francisco Noël, *Sinensis Imperii Libri Classici Sex*, Pragae, 1711.

发表了有关儒家的哲学专著——《中国哲学》。①卫方济并没有单纯地直译或意译，而是广泛依据朱熹、张居正等宋明理学的注释。这种实证性的翻译姿态影响了以后的客观的中国学或者汉学的研究方法。本文以卫方济的翻译方法为中心，纵观《孟子》翻译的历史性开展。

一、在欧美的研究

“中国学”(Sinologie)的实证文献研究，批判地继承了传教士们对中国古典的研究。此后欧美对中国的研究取得了巨大成就，当然此处不能详论。笔者想要在此谈论的是有关儒家古典的若干研究。

第二次世界大战以前的重要研究著作，是法国人毕诺(Virgile Pinot)在1932年发表的《中国对法国哲学思想形成的影响》。②此书论及以柏应理为中心的耶稣会传教士们发表的《中国哲学家孔子》中提及的有关中国哲学的信息和将“四书”翻译成拉丁语的过程。

丹麦的龙伯格(Knud Lundbaek)在1964年以后的著作里，详细考察耶稣会传教士的儒家研究和他们采用张居正注释的实际情况，

① François Noël SJ, *Philosophia Sinica Tribus tractatibus: Primo cognitionem primientis, secundo ceremonias erga defunctos, tertio ethicam, iuxta Sinarum mentem complectens*, Kamenicky, Pragae, 1711。关于该书，参见井川义次：《鬼神とアウラ》(“鬼神与灵气 Aura”)，《中国文化》第69号，2011年；梅谦立：《卫方济〈中国哲学〉征引中文文献考》，“相遇与互鉴：利玛窦与中西文化交流”国际学术研讨会，2016年；梅谦立、王格：《超越二元，迈向统一——耶稣会士卫方济〈中国哲学〉(1711年)及其儒家诠释学的初探》，《哲学与文化》2017年第11期。Thierry Meynard, “François Noël's Contribution to the Western Understanding of Chinese Thought: Taiji sive natura in the Philosophia sinica(1711)”, *Dao*, volume 17, 2018。

② Virgile Pinot, *La Chine et la formation de l'esprit philosophique en France, 1640-1740*, Paris, 1932, Genève: Slatkine Reprints, 1971。以下只写各人的代表著作。

以及在“四书”译文中批评朱子学的记载。①

美国孟德卫(David Mungello)在1969年以后的论文和著作里，对柏应理《中国哲学家孔子》和卫方济《中国六经》中的“四书”等拉丁语译文，从历史学和文献学的角度加以研究。②

中山大学的梅谦立教授在2002年以后的论文写作中③，对古汉

---

① Knud Lundbaek, “Chief Grand Secretary Chang Chü-cheng and the Early China Jesuits”, *China Mission Studies(1550－1800)*, *Bulletin Ⅲ*, 1981; “The first European Translations of Chinese Historical and Philosophical Works”, *China and Europe: Images and Influences in Sixteenth to Eighteenth Centuries*, ed., by Thomas H. C. Lee, Hong Kong: Chinese U. Press, 1991.

② David E. Mungello, *Leibniz and Confucianism: The Search for Accord*, University of Hawaii Press, 1977.; “The Jesuits' Use of Chang Chü-cheng's Commentary in Their Translation of the *Confucian Four Books*(1687)”, *China Mission Studies(1550－1800)*, *Bulletin Ⅲ*, 1981.; “The First Complete Translation of the *Confucian Four Books* in the West”, *International Symposium on Chinese-Western Cultural Interchange in Commemoration of the 400th Anniversary of the Arrival of Matteo Ricci, S. J. in China*, Taipei, 1983.; *Curious Land*, Honolulu: The University of Hawaii Press, 1985.; “The Seventeenth-century Jesuit Translation-project of the *Confucian Four Books*”, *East Meets West: The Jesuits in China, 1582－1773*, ed., by Charles E. Ronan, S.J. Chicago: Loyola University Press, 1988.; David E. Mungello, (ed.), *The Chinese Rites Controversy: Its History and Meaning*, Institut Monumenta Serica, 1994.; *The Great Encounter of China and the West, 1500－1800*, Rowman & Littlefield, 2005.

③ Thierry Meynard, *Following the Footsteps of the Jesuits in Beijing*, St Louis, 2006;《北京教堂及历史导览——北京耶稣会足迹导游册》,北京,2007年; *The Religious Philosophy of Liang Shuming*, New York, 2010.; *Confucius Sinarum Philosophus, The First Translation of the Confucian Classics*, Rome, 2010.; *The Jesuit Chreia in Late Ming*, Peter Lang, 2014.; *The Jesuit Reading of Confucius: the first complete translation of the Lunyu published in the West*, Brill, 2015;《最初西文翻译的儒家经典》,《中山大学学报》2008年第2期;《在全球化时代阅读经典》,《神州交流》2008年第1期;“La première traduction des Entretiens de Confucius en Europe: entre le li néoconfucéen et la ratio classique”, in *Etudes Chinoises XXX*, 2011, pp.173－192;《论语在西方的第一版本(1687年)》,李志刚、冯达文主编:《近代人物与近代思潮》,2012年,第100—128页;梅谦立、齐飞智:《〈中国哲学家孔夫子〉的上帝论》,《国际汉学》2012年第1期;《东方的“哲学之父”——论最早的西文孔子传记的撰写过程》,《北京市行政学院学报》2013年第5期;《从西方灵修学的角度去阅读儒家经典:耶稣会所译的〈中庸〉》(1687年版本),游斌主编:《诠释学与中西互释——比较经学期刊》,宗教文化出版社,2013年,第61—89页。

语原著和张居正等的注释对照进行了实证分析。并且，他还将《中国哲学家孔子》的大半部分翻译成英文。可以说，他是目前中西思想研究的引导者。

二、在中国的研究

朱谦之在1940年发表的《中国思想对于欧洲文化之影响》①中广泛寻找中西研究文献，对东西方交流的实际情况，以及中国哲学对于西洋启蒙主义、法国革命等的影响进行考察，对后世产生甚大影响。

此外，北京外国语大学海外汉学研究中心主任张西平教授自1998年以来，陆续发表了有关这方面的研究著作。②他的研究不但

---

① 朱谦之：《中国思想对于欧洲文化之影响》，商务印书馆，1940年。

② 张西平：《中外哲学交流史》(主编之一)，湖南教育出版社，1998年；《中外宗教交流史》(撰稿人之一)，湖南教育出版社，1998年；《本色之探：20世纪中国基督教文化学术论集》(主编之一)，中国国际广播电视出版社，1999年；《中国和欧洲早期宗教与哲学交流史》，东方出版社，2001年；《西方人早期汉语学习史调查》(主编)，中国大百科全书出版社，2003年；《传教士汉学研究》，大象出版社，2005年；《中国图说》(与人合译)，大象出版社，2001年；《利玛窦全集》(主编之一)，商务印书馆，2001年；《论民初中国基督教改革运动的思想史价值》，《世界宗教研究》1998年第2期；《交融与会通》，《学人(第13辑)》，1998年；《易经在西方早期的传播》，《中国文化研究》1998年第4期；《论明清间天学的"合儒"与"补儒"》，《传统文化与现代化》1998年第5期；《取精用宏，含英咀华》，《国际汉学》1998年第2期；《儒学在西方早期的传播》，《中西初识》，大象出版社，1999年；《利玛窦的〈天主教教义〉初探》，《中国文化研究》2005年第2期；《中国基督宗教研究论文索引：1949—1997》(与人合作)，《基督宗教研究》1999年第1期；《明清间来华耶稣会士对基督教经院哲学的介绍》，《基督文化学刊研究》1999年第1期；《〈天主教要〉考》，《世界宗教研究》1999年第4期；《穷理学：南怀仁最重要的著作》，《国际汉学》1999年第4期；《利玛窦对中国宗教和哲学的介绍》，《国际汉学》1999年第3期；《关于明末清初中国天主教史研究的几点意见》，《基督宗教研究》，社会科学文献出版社，1999年；《罗明坚：西方汉学的奠基人》，《历史研究》2001年第2期；《神奇的东方：基歇尔中国图说》(与人合译)，《汉学研究》2000年第5期；《明清间的"西学东渐"》，《语言文化论集》，外语教学与研究出版社，2001年；《明清间入华传教士对基督教论理学的介绍》，《宗教比较与对话》，2001年；《明清间入华传教士对亚里士多德哲学的介绍》，《江海学刊》2002年第3期；《利玛窦的中文著作》，《文史知识》2003年夏季号；《16—19世纪西方人的中国语言观》，《汉学研究通讯》2003年3月；《西方近代以来的汉语研究》，《文化》2003年4月；《莱布尼茨思想中的中国元素》(主编之一)，大象出版社，2010年。

驰名中国，而且饮誉世界。

此外，北京外国语大学罗莹博士在2010年以后的研究也令人瞩目。[①]她对于《中国哲学家孔子》的成书过程及在17—18世纪欧洲翻译出版"四书"的情况，尤其对于《中庸》译本，运用拉丁语等欧洲文字进行实证文献研究。

三、日本关于儒学古典对西洋哲学影响的研究

日本自明治时期以来，就有比较东西文化的传统。在这种背景之下，比较早的时期就出现了关于儒学思想对欧洲具体影响的实证性研究。

由于语言障碍，世界上很少有人知道日本对中西思想交流的研究。因此，我想在这里简单地介绍一下日本对于儒学古典和传教士关系所进行的研究。

早稻田大学的五来欣造在1927年出版《儒学对德国政治思想波及的影响》[②]，对哲学家莱布尼茨及克里斯蒂安·沃尔夫（Christian Wolff，1697—1754）所著的德语和法语哲学文献进行分析，从而断定他们受到了以《易经》为首的"五经"等儒学文献的影响。他对沃

① 罗莹：《"道"可道，非常道——早期儒学概念西译初探》，《海外汉学》2010年第2期；《〈中国哲学家孔子〉成书过程刍议》，《北京行政学院学报》2012年第1期；《十七、十八世纪"四书"在欧洲的译介与出版》，《中国翻译》2012年第3期；《十七、十八世纪欧洲主要的〈中庸〉译本》，《澳门理工学报（人文社会科学版）》2012年第4期；《超越传统的看法——德国汉学家郎宓榭访谈录》，《国际汉学》2013年第1期；《启蒙时代的孔子》，《道风：基督教文化评论》2014年第1期；《第一位中国籍耶稣会神父澳门人郑维信生平考略》，《全球视野下的澳门学：第三届澳门学国际学术研讨会论文集》，社会科学文献出版社，2014年；《雷慕沙〈中庸〉译文新探》，《国际汉学》2014年第1期。

② 五来欣造：《儒教の独逸政治思想に及ぼせる影響》，日本早稻田大学出版部，1927年。

尔夫的《中国人实践哲学演讲》的法文转译进行了特别的研究，我自己也受到极大的启发。1933 年，东京大学的后藤末雄出版了《中国思想的法国西渐》①，主要依据法语文献调查了传教士在中国的工作情况。他在书中论述了《中国哲学家孔子》中《大学》部分的法语转译与古汉语原著之间的关系。

1982 年，筑波大学的堀池信夫在考察莱布尼茨的《论中国人的自然神学》时指出，莱布尼茨通过《性理大全》《中庸》等文献的译文，确信在自己的哲学思想和儒学之间有相似之处，因而拥护中国哲学。②堀池信夫于 1996 年和 2002 年相继出版了《欧洲哲学家对中国哲学的吸收》上下两册。③

接下来，我想介绍一些自己所做的相关研究。

我从 1992 年以来分析研究的资料和问题有：《中国哲学家孔子》序说④，龙华民《论中国宗教的几个问题》⑤，张居正《中庸直解》、

---

① 后藤末雄：《支那思想のフランス西漸》，日本平凡社，1933 年。

② 堀池信夫：《「中国自然神学论」研究：ライプニッツと中国思想》（“《中国自然神学论》研究：莱布尼茨与中国思想”），《哲学・思想论集》8，1982 年，第 27—65 页。还有如下的有关论文：《「中国自然神学论」研究序说：ライプニッツの中国知识の形成》（“《中国自然神学论》研究叙说：莱布尼茨与中国知识的形成”），《筑波中国文化论丛》1982 年第 2 号，第 55—72 页；《マルブランシュと中国：「キリスト教哲学者と中国の哲学者との对话」执笔まで》（“马勒伯朗士与中国：一个基督教哲学家与一个中国哲学家的对话”），《筑波中国文化论丛》1984 年第 5 号，第 37—53 页；《マルブランシュの晚年の思想：「キリスト教哲学者と中国の哲学者との对话」をめぐって》（“马勒伯朗晚年思想：关于《一个基督教哲学家与一个中国哲学家的对话》”），《筑波中国文化论丛》1985 年第 6 号，第 53—68 页；《ディドロの中国思想解释について》（“关于狄德罗的中国思想解释”），《哲学・思想论集》1990 年第 15 号，第 51—81 页；《「中国自然神学论」の「鬼神」：ライプニッツの朱子解释》（“《中国自然神学论》的‘鬼神’”），《东洋研究》(184)，2012 年，第 1—26 页。

③ 堀池信夫：《中国哲学とヨーロッパの哲学者　上・下》（“《中国哲学与欧洲哲学家　上、下》”），日本明治书院，1996、2002 年。此书有中文的概说，可参看《从神到理性，并超越理性——欧洲哲学家对中国哲学的吸收》，《年度学术（THEORIA）2005》，中国人民大学出版社，2005 年。

④ 井川义次：《イントルチェッタ「中国の哲学者孔子」に关する一考察》（“关于殷铎泽《中国的哲学家孔子》的一个考察”），《中国文化论丛》1992 年第 12 号。

⑤ 井川义次：《ロンゴバルディとイントルチェッタ—中国哲学解释をめぐる二つの道—》（“龙华民与殷铎泽——围绕中国哲学诠释的两途径”），《哲学・思想论丛》1993 年第 11 号。

《中国哲学家孔子》的鬼神论[1],《中国哲学家孔子》对《易经》的理解[2],韩国英(Pierre-Martial Cibot)的“孝”论[3],诺埃尔《中国六经》中《孟子》译文的性善说[4],民本主义和革命论,诺埃尔《大学》译文中提及的朱子《格物补传》[5],卫方济《中庸》译文中的性理说[6],《小学》译文中提及的初等教育论[7],《孝经》译文中提及的宇宙体系下的“孝”观念[8]。

我将以上论文资料加以大幅度修改,并补充说明克里斯蒂安·沃尔夫在《关于中国人道德学的演讲》中称赞中国哲学的事实,于2009年出版了《宋学的西迁——通向近代启蒙之途》一书。[9]

此后,我继续发表:诺埃尔《中国哲学三论》中的“灵气”(Aura)论[10]、

---

① 井川义次:《张居正の「中庸」解释—「鬼神」を中心に—》(“张居正的《中庸》解释——以‘鬼神’为中心”),《筑波哲学》1994年第5号。

② 井川义次:《十七世纪イエズス会士の〈易〉解释—〈中国の哲学者孔子〉の“謙”卦をめぐる有神论性の主张—》(“十七世纪耶稣会士对《易》的解释——《中国哲学家孔夫子》中‘谦’卦的有神论主张”),《日本中国学会报》第48集,1996年。汉语译文收录在曹峰:《日本学者论中国哲学史》,华东师范大学出版社,2010年。

③ 井川义次:《ヨーロッパ人による“孝”の解释》(“欧洲人对‘孝’的解释”),《汉意とは何か—大久保隆郎教授退官纪念论集》,日本东方书店,2001年。

④ 井川义次:《ヨーロッパ人による〈孟子〉の初译について—ノエル〈中华帝国の六古典〉における儒教解释—》(“关于欧洲人初译《孟子》——Noël所著《中华帝国六经》中的儒教诠释”),《人间科学》2002年第10号。

⑤ 井川义次:《ノエル译〈大学〉における性理学の解释—“大学章句序”と“补伝”を中心に—》(“Noël所译《大学》对性理学的解释——以‘大学章句序’和‘补传’为中心”),《人间科学》2003年第11号。

⑥ 井川义次:《理性と天命—ノエル译〈中庸〉と朱子〈中庸章句〉—》(“性理与天命——Noël所译《中庸》与朱子《中庸章句》”),《人间科学》2003年第12号。

⑦ 井川义次:《ヨーロッパ人による初めての中国初等教育に关する情报の绍介—朱子编〈小学〉とノエルの翻译—》(“关于欧洲人初涉中国初等教育的情况介绍——朱子编《小学》与Noël的翻译”),《人间科学》2004年第13号。

⑧ 井川义次:《十八世纪ヨーロッパ人による「孝」の理解—ノエル译「孝经」を巡って—》(“关于十八世纪欧洲人之‘孝’的理解——关于Noël所译《孝经》”),《琉大アジア研究》2007年第6号。

⑨ 井川义次:《宋学の西迁—近代启蒙への道—》,日本人文书院,2009年第1版、2010年改订版、2017年第3版。

⑩ 井川义次:《鬼神とアウラ》(“鬼神与灵气Aura”),《中国文化》2011年第69号,第53—65页。

斯皮则（Gottlied Spizel）《中国文史评析》与青年莱布尼茨在他研究初期得到的中国哲学信息①、有关殷铎泽《中庸》译文的信息与莱布尼茨②、比尔封格（Bilfinger）的中国哲学观与青年康德（Immanuel Kant）等研究论文③。

四、最早期西欧对于《孟子》的介绍

通过东方传教使徒沙勿略在日本传教，耶稣会士对于儒家在东亚的重要性有了共识。在中国传教的始祖利玛窦彻底地学习了儒家思想，并在教理书《天主实义》下卷第八篇批判性地论及了《孟子》。④

其后中国传教会的代表人物耶稣会士卫匡国（1614—1661）在其《中国史》（1658）中引用了《孟子》的"性善说"部分。⑤

> 自然〔本性〕（natura），就像水往下流一样促进善，这是它本来的性质。另一方面，促进恶则是违背自然〔本性〕的，而且恶不会从自然〔本性〕——像原因那样——生出来。除了不得已的情况，就像水因受到力量的打击而反其特性弹跳上来那样。

---

① 井川义次：《若きライプニッツと朱子の邂逅：シュピツェル〈中国文芸论〉をめぐって》（"青年莱布尼茨与朱子的邂逅：围绕斯皮则的《中国文史评析》"），堀池信夫编：《知のユーラシア》，日本明治书院，2011年。

② 井川义次：《プロスペロ・イントルチェッタ「中国の政治・道德学」—「中庸」における朱子性理说情报のライプニッツへの流入—》，《ホモコントリビューエンス研究》，日本筑波大学大学院人文社会科学研究科，2011年。

③ 井川义次：《青年康德与中国哲学——以比尔芬格尔（Bilfinger）的中国哲学观为背景》，第四届出版史国际学术研讨会论文集《西学东渐与东亚近代知识的形成与交流》下册，2011年，第607—614页。

④ 参见利玛窦著，梅谦立注，谭杰校勘：《天主实义今注》。

⑤ Martino Martini, *Sinicae historiae decas prima: res a gentis origine ad Christum natum in extrema Asia, sive magno Sinarum imperio gestas complexa*, p.180.

这一段当然是引用《告子上》篇的内容。另外还有详细的译文,是依据下文括号内的朱熹《孟子集注》的注解而作的。

> 水信无分于东西,无分于上下乎? 人性之善也,犹水之就下也。人无有不善,水无有不下。(言水诚不分东西矣,然岂不分上下乎? 性即天理,未有不善者也。)今夫水,搏而跃之,可使过颡;激而行之,可使在山。是岂水之性哉? 其势则然也。人之可使为不善,其性亦犹是也。(夫,音扶。搏,补各反。搏,击也。跃,跳也。颡,额也。水之过额在山,皆不就下也。然其本性未尝不就下,但为搏激所使而逆其性耳。此章言性本善,故顺之而无不善;本无恶,故反之而后为恶,非本无定体,而可以无所不为也。)(《孟子·告子上》)

特别是"就像水因受到力量的打击而反其特性弹跳上来那样"的译文,很明显是依据朱熹的"然其本性未尝不就下,但为搏激所使而逆其性耳"这个注解。除了荀子以外,人类的善性是汉朝以来儒家的基本原则,所谓"性善说"在历代的中国哲学中被认为是正统思想,通过一千多年来的科举而形成了强固的统治及教育的基本理念。但在基督教教义中,并非直接地认为人类本性是"善"的,考虑到人类的祖先亚当和夏娃的原罪,人类也需要关心和注目"恶"的倾向。与之相比,可以看到中国人更注重个人和人类本性的积极的、肯定的一面。就这一点,卫匡国对西洋有识之士明确地展示出异国正统哲学的本质有抵触基督教教义的地方,却是有客观妥当的根据的。随后这篇文被斯皮则收录到归总耶稣会士有关中国哲学信息的《中国文史评析》(1660)之中。[①]顺便说一下,二十岁左右阅读这本书的莱布尼茨,也与斯皮则和卫匡国两者通信,渴望研究中国哲学。[②]

---

① Theophil Spizel, *De re literaria sinensium commentarius*, Lugd. Bat., Ex officina Petri Hackii, 1660.

② 井川义次:《若きライプニッツと朱子の邂逅:シュピツェル〈中国文芸论〉をめぐって》("青年莱布尼茨与朱子的邂逅:围绕斯皮则的《中国文史评析》"),堀池信夫编:《知のユーラシア》,日本明治书院,2011年。

五、性善和革命

由耶稣会士对儒学古典所做的比较完备的翻译，是上述柏应理等人的《中国哲学家孔子》(1687)，但却只有“四书”中的《大学》《中庸》《论语》的译文，《孟子》没有翻译。对此本人深感疑惑，于是从2002年开始探讨《孟子》的初译①，结果明确了卫方济的《中国六经》(1711)的拉丁语译文才是《孟子》的第一次完整译文。

在此，我想特别以人类本性、性善说、革命等问题为中心进行讨论。首先揭示《孟子》的原文，其次是卫方济的译文。对于卫方济的译文，()内是他的解说，[]内是原文没有而卫方济所做的补充，〔〕内是笔者的补充。特别是在[]内，虽然是卫方济本人的见解，但是因为在《孟子》译文中出现，使欧洲人不得不认为那也是《孟子》的内容。在这个意义上，可以说蕴藏着甚大的问题。

(一) 四端

我们先从因确立人类生来具有道德本性的内在说而脍炙人口的《公孙丑上》篇的译文开始考察。

> 孟子曰：人皆有不忍人之心。先王有不忍人之心，斯有不忍人之政矣。以不忍人之心，行不忍人之政，治天下可运之掌上。所以谓人皆有不忍人之心者，今人乍见孺子将入于井，皆有怵惕恻隐之心。非所以内交于孺子之父母也，非所以要誉于乡党朋友也，非恶其声而然也。由是观之，无恻隐之心，非人也；无羞恶之心，非人也；无辞让之心，非人也；无是非之心，非

---

① 井川义次：《ヨーロッパ人による〈孟子〉の初译について—ノエル〈中华帝国の六古典〉における儒教解释—》(“关于欧洲人初译《孟子》——Noël所著《中华帝国六经》中的儒教诠释”)，《人间科学》2002年第10号。

人也。恻隐之心,仁之端也;羞恶之心,义之端也;辞让之心,礼之端也;是非之心,智之端也。人之有是四端也,犹其有四体也。……凡有四端于我者,知皆扩而充之矣,若火之始然,泉之始达。(《孟子·公孙丑上》)

对此,卫方济的译文如下:

孟子说:所有的人确实都有依从本性而发出对他人的悲惨感觉痛苦的一种心的怜悯反应〔性向〕Omnes quidem, piam quamdam cordis affectionem, qua de aliena miseria dolent, a natura comparatam habent。[可是大多数人由于自己坏的欲望,而丧失了天生的心魂的柔软性。但那些过去时代的极具理智的君主们,并没有丧失心魂的柔软性,在自己心中保存了下来。遵循这种天性的心魂柔软的慈爱,同情别人的悲惨而实施着统治。]

实际上,君主遵循带来怜悯的与生俱来的倾向慈悲之心 juxta nativam sui cordis propensionem, qua in commiserationem fertur,同情他者的悲惨,而实施统治。以此,如同捏在手心里一样,就能非常容易地实施统治。(《中国六经·孟子·公孙丑上》)

[]之中的一段,为《孟子》原文没有。实际上,这段文字为依据明朝万历时期的大政治家张居正的"但众人每为物欲所蔽,故不能察识此心,而推之政事之间耳。惟古先圣王,私欲净尽,天理流行,满腔子都是不忍人之心,所以随感而发,行出来的,无非不忍人之政"(《孟子直解·公孙丑上》)之注解。其后卫方济将孟子论证这种本性倾向不是后天习得的展示如下:

那么,现在为什么所有人都有怜悯,保留内心的感情呢,我

们在哪里可以学到呢？关于这一点，可以通过一次体验来推断。(《中国六经·孟子·公孙丑上》)

然后介绍了最著名的孟子展示性善的故事如下：

有人突然发现有个孩子快要掉进到井里。不管那个人是什么样的人，一瞬间他会从心底感到怜悯。可是这个冲动，并不是因为想到跟孩子的父母表明友情，也不是想要受到国人、邻人、同事、友人们的称赞，更不是因为厌恶〔没有救出孩子〕而被别人诋毁、污辱为不知耻顽固。[不是那样的，而是一种本性的〈自然的〉冲动，瞬间那样驱使他 naturalis quidam animi impetus sic illum subito excitat。](《中国六经·孟子·公孙丑上》)

可以看到卫方济在[]里为了明确孟子的主张，明确因为本性的冲动而驱使我们拯救他人的行动。这也是依据着张居正所言"乃卒然感遇，良心自形，发之骤而无暇思维，动以天而不待勉强，一无所为而为之者也"(《孟子直解·公孙丑上》)。卫方济为补强这个论证，甚至引用了一句注释者的话。

[紧急情况——注释者插言——当没有思考余地的时候，只有本性 natura 才会这样做。在其他情况下，还有人为和思考的余地。](《中国六经·孟子·公孙丑上》)

这种不通过思考、反省而冲动的行为解释，依据明代儒家正统的见解《四书大全》的胡云峰之言：

盖惟仓卒忽然而见之时，此心便随所见而发，正是本心发见处，若既见之后，稍涉安排商量，便非本心。(《四书大全·公孙丑上》)

而且，卫方济对于出现于结论部分的著名“四端”说翻译如下：

> 据上述可以做出结论：要是有人欠缺这种怜悯之灵魂的共感之情 commiserans pii animi affectio 的话，他就不应该被看作人类。即他应该被认为是欠缺人类本性的条件 naturalis humanae conditio。继之，希望以同样的方式理解以下三者。要是对自己的败德〔羞恶〕malitiam eruvescere 不知羞耻，又不能远离他人恶习的内在心魂的人，他不应该被看作人类。要是不能自己除去不谦让〔非社会性〕，不能对别人显示谦让的内在心魂的人，就不应该被看作人类。要是不能分辨应当忌避的恶和应当爱的善〔是非〕Malum et Bonum discernere 的内在心魂的人，就不应该被看作人类。
>
> 因为在人类的心中有本性的内在 insitus（即作为始源、发端〔端〕inchoata 存在着）慈爱〔仁〕pietas、公正〔义〕aequitas、礼仪〔礼〕honestas、理智〔智〕intelligentia。因此当这些德性的对象出现在那人的面前，就立即迸发出感情。所以可以确证，当一瞬间迸发出于对别人不幸的怜悯〔恻隐〕的同时，一种慈爱〔仁〕发出闪光 scintillans。确证当知道自己的耻辱 verecundia，对于别人的恶事的嫌恶感瞬间迸发的同时，一种公正〔义〕发出闪光 scintillans。确证忌避不谦让，表现谦让〔辞让〕的瞬间迸发之时，一种礼仪〔礼〕发出闪光 scintillans。确证憎恶，爱善〔是非〕之瞬间迸发的同时，一种理智〔智〕发出闪光 scintillans。这些不断发出闪光的四个德性观念〔四端〕Hae assidue scintillantes virtutum notae，如同四肢一样，是万人本性的自然的〔本有的·生具的〕connaturalis。（《中国六经·孟子·公孙丑上》）

通过卫方济的翻译，我们可以领会到孟子对人类道德本性崇高的强调。不难想象初次接触这篇译文的欧洲人，会从中了解到中国人是明确知道本来的理性存在，并将之阐明、称颂的民族。这是相当具有感染力的翻译。作为文章的总结，卫方济主张作为人类所必需的是要具体地"扩充"四端。

如上所述，卫方济在写《中国六经》的同时，发表了有关儒家的哲学专著《中国哲学》。他在"关于德性一般"章①，引用这部分并解释中国德性的原因如下：

> 德性作为始源从自然本性得到，通过锻炼而达成。……因为所有人都有一种与生俱来的感觉。〔比如〕收容悲惨的人之怜悯心，避讳可耻事态的羞耻心，尊重长辈的崇敬心，把真实与虚伪、荣誉与粗鲁区分开来的这些知识，是因为本身具有（内在）天生的感觉。顺便说一句，这个天生的怜悯感觉是始源的慈爱，即慈爱的种子。这种羞耻的感觉是始源的公正。崇敬是始源的荣誉。知识是始源的智慧。这些诸德通过勤勉的锻炼可以完全地获得。

以上是卫方济对于"四端"的翻译和理解。

（二）革命

《孟子》认为只为满足自己的个人欲望，不考虑人民的幸福，压迫人民的当政者没有资格统治。那么，那些缺乏资格的政治家会得到什么样的报应呢？

看看孟子最著名的一句话："他们最终会被革命。"

> 齐宣王问曰，汤放桀，武王伐纣，有诸？孟子对曰：于传有之。曰：臣弑其君，可乎？曰：贼仁者谓之贼，贼义者谓之残。残贼之人，谓之一夫。闻诛一夫纣矣，未闻弑君也。（《孟子·

① François Noël SJ, *Philosophia Sinica Tribus tractatibus*, pp.47 - 48.

梁惠王下》）

卫方济怎么说呢？译文如下：

〔齐〕宣王[有时]突然质问[比起王国的和平统治，更希望战争吗！]宣王说："有人说，君主汤，将打败了的主君桀放逐去[南方的配地，巢〔南巢〕]，[〔桀〕在那里三年后悲惨地死去]。又有人说武王攻打主君纣，[在牧野之战]打败了他。这是真的吗？孟子对宣王说：这些都记载在各种书籍中，而且还确实记录在帝王们的编年史〔《书经》〕。

宣王说：不过桀和纣是真实的主君，而汤和武王，确是国家的臣下。这样的话，是能够允许国家的臣下威胁或杀害自己的主君吗？（《中国六经·孟子·梁惠王上》）

这是对忠实于君王不可逆反的儒家思想弱点的猛烈批判。对此，孟子是怎样解释的呢？卫方济接着翻译：

孟子对宣王说：因为君主或王者，是具有慈爱〔仁〕和公正〔义〕才会被委任管理帝国或者王国的。所以要是君主无慈悲，抛弃所有慈爱的感觉，那么他就是给君主的脸上抹黑，或被称之为掠夺者 Imperii labes et praedo〔贼〕。如果因贪婪而要推翻所有公正〔义〕的话，那么他被称之为君主的腐败，或者破坏者 Imperii exitium et eversor〔残〕。就是说要是给君主的脸抹黑，或者掠夺者、腐败，或者破坏者〔残贼之人〕的话，这个人就不再被视为君主，而被视为一个私人〔一夫〕vir privatus。因此我早就听说过有一个私人纣，命中注定是被武王处刑〔诛〕的，却完全没听说过作为主君的纣被王国的臣下杀〔弑〕了的。（《中国六经·孟子·梁惠王上》）

就这样，在法国革命勃发的78年前，卫方济的译文直接将必须剥夺欠缺德行的君主资格，甚至不得免除天诛的孟子的主张介绍给了欧洲人。

六、中国学的成立

法国革命以后，重视学术客观性的“中国学”(Sinologie)繁荣起来了。1814年，法国学院(Collège de France)开设了汉语和满语的讲座。作为中国学的代表人物雷慕莎(Jean-Pierre Abel-Rémusat，1788—1832)和儒连(Aignan-Stanislas Julien，1797—1873)师徒，以先行方济各等耶稣会士的翻译为参考，更超于他们之上地下功夫保证学术的客观性。[1]为了理解儒学，还参照了包括张居正的及那时带到欧洲的诸多汉文注释书。

不仅如此，他们还利用了当时清朝统治者的母语满语的儒家古典译文。这样以三维立体的方式向欧洲介绍了中国哲学的实情。我想就儒连的《孟子》译文[2]加于检讨。以下为便于参考，使用上述《孟子》关于革命说的拉丁语译文，和本人所翻译的满语。

〔拉丁语译文〕齐国的宣王质问：我听说，〔儒家圣人〕汤王发配了[其君主]帝王桀，而[同是儒家的圣人]武王攻打了〔其君主〕帝王纣。果然有这样的事吗？孟子回答说：历史上〔传〕historia确实存在。王说：难道能够允许臣下杀死自己的主君occidere〔弑其君〕吗？孟子说：侵害人性〔仁〕humanitas(即损害人性)者被叫作掠夺者〔贼〕praedo，对公正〔义〕aequitas行非道

---

① cf. Tokio Takata, *Inventaire sommaire des manuscrits et imprimés chinois de la Bibliothèque vaticane: a posthumous work by Paul Pelliot*, Kyoto: Istituto italiano di cultura, Scuola di studi sull'Asia orientale, 1995.

② Stanislas Julien, ed., tr., *Meng Tseu vel Mencium*, Paris, 1824.

者被叫作极恶人〔残〕vir-nefarius。还有既是掠夺者又是极恶人〔残贼之人〕，被称为单独 solus(即私的 privatus)人 homo〔一夫〕。我确实听说过汤王杀死了 occidisse〔诛〕名叫纣的一个私人 unus-homo-privatus，却没有听说作为臣下的汤〔王〕杀害了 peremisse〔弑〕自己的主君〔未闻弑君也〕。(《孟子·梁惠王下》)

〔满语译文〕齐国的宣王问〔说〕：汤将桀王 giyei han 发送到〔配地〕jailabuha，武王征伐了纣王 joo han。真有这种事吗？孟子回答〔说〕：史传 ulabun 里有。〔宣王〕说，作为臣下，难道可以弑杀主君吗 beleci ombio？〔孟子〕说：损害仁爱 gosin 者，叫作悖德者〔贼〕ebderekū，损害节义者叫作凶恶人〔残〕kokirakū。凶恶而悖德的人〔残贼之人〕，叫作一介的男人〔一夫〕emhun haha。〔我〕听说过〔武王〕将一介的男人纣杀死了 waha。没有听说弑了主人。(《孟子·梁惠王下》)

这段译文，明确地向欧洲展示了：对于破坏人性的君主，不仅应该剥夺其资格，更不能免除对其极限讨伐的《孟子》主张。不用说《孟子》原文，即便根据各种注释和满语译文对此都没有隐瞒。儒连勉力这样翻译了《孟子》。

结　　语

传教士对《孟子》的翻译介绍，都是从尽力发挥自己的甚至他人的自然本性、理性能力、德性、统治者的资格等来进行理解的。而儒连的这些翻译，则是依据于先行传教士们的各种译文，以及明代理学注释的长期积累，更有清代统治者的母语——满语文献。就这样，称颂人类本性的无限的可能性、崇高性的中国哲学内容，通过各种介绍流入欧洲。

改革开放以来的利玛窦研究(1978—2018)

华南师范大学历史文化学院　代国庆；
福建师范大学闽台区域研究中心　林金水

2018年恰逢中国改革开放四十周年，这场深刻的社会变革重塑了中国与世界的关系。值此，我们亦重新反思历史上的中外关系，尤其是中国与欧美基督教世界的关系，利玛窦不可避免地再次浮现在我们眼前。作为近世首位成功进入中国、驻居北京的欧洲人，利玛窦颇具传奇色彩的人生经历不仅值得称道，其身后遗产更值得认真对待及研究。在某种程度上，中国社会对利玛窦的态度亦折射出国人对世界的看法。1978年10月，在召开十一届三中全会之前，中国批准重修利玛窦墓。[①]四十年后的今天，我们回顾此事，或许能体会出别样的历史韵律。尔后四十年，中国学术界对利玛窦展开了全方位的研究，正是得益于中国学者的孜孜勤敏，其研究的广度和深度都已超过西方学术界，在很大程度上改变了西方学者主导的局面，成为利玛窦研究的中坚力量。本文简要回溯四十年间的利玛窦研究概况，以纪念利玛窦这位沟通中西的伟人，弘扬改革开放。

---

① 有关利玛窦墓修复内情，余三乐做了翔实披露。参见余三乐：《利玛窦墓地修复的前前后后》，《新视野》1994年第3期；另见余三乐：《1949—1994年的栅栏墓地》，高智瑜、马爱德主编：《栅栏：北京最古老的天主教墓地》，澳门特别行政区政府文化局，2001年，第93—100页。

引言:利玛窦的回归与评价

鉴于利玛窦的独特身份,他曾被视为外来殖民势力的帮凶和文化侵略的前锋,有关学术研究更是布满雷区、禁区。直至改革开放吹拂思想解放清风后,有关利玛窦的研究才得以解冻,利玛窦得以“平反”,其形象亦愈发积极、正面且多样。

改革开放最初几年,有关利玛窦的研究开始破冰,且较为集中地围绕着利玛窦的历史评价问题展开,一改先前的旧说陈见。《历史研究》1983 年第 1 期刊发了《历史研究》评论员文章《努力开创历史研究的新局面》,总结了五年来史学研究取得的新成就,呈现出当时学术研究生动活泼的局面,有助于我们了解改革开放之初利玛窦研究所处的整体学术氛围。该文说道:“自党的十一届三中全会以来,史学研究出现了初步繁荣的景象”,“学术讨论出现了空前活跃的局面,因十年内乱而中断了的一些重要史学问题的讨论得到恢复,并且有了新的进展,同时又提出了不少新的问题”。还特别提及了“双百”方针,并引用毛泽东同志的“双百”言论:“为了判断正确的东西和错误的东西,常常需要有考验的时间”,“正确的东西,好的东西,人们一开始常常不承认它们是香花,反而把它们看作毒草”,“不是由于有意压抑,只是由于鉴别不清,也会妨碍新生事物的成长。因此,对于科学上、艺术上的是非,应当保持慎重的态度,提倡自由讨论,不要轻率地作结论”。①

为了表达评论员文章的思想,该期《历史研究》组稿时,有意挑选那些以往中断、改革开放后重新加以讨论并取得新进展的论文,如对西学东传、来华传教士等的专门探讨,作为刊发的重点文章。

---

① 《历史研究》评论员:《努力开创历史研究的新局面》,《历史研究》1983 年第 1 期。

首篇为叶晓青的《西学输入和中国传统文化》，以宽宏的视野梳理三百年来中西文化交流与碰撞的历史进程，不可避免地提及利玛窦、徐光启等人；末尾"学术动态"栏目《上海将影印出版〈徐光启遗著〉》学术信息与之相呼应，特别指出顾廷龙、朱维铮等人将影印出版八种较罕见的徐光启著作，其中两种庋藏于巴黎和牛津，并明言法国国家图书馆收藏的明刻本《徐氏庖言》"系明末传教士离华时带去的"。上述两文讨论的主题虽均非利玛窦，但对传教士或利玛窦并没有忽略。第二篇文章林金水的《利玛窦在中国的活动与影响》，对利玛窦做专题研究，试图"弄清利玛窦在华活动的基本史实，正确评价他在中国历史上的作用"，认为"不要把利玛窦等耶稣会士与鸦片战争后来华的传教士相提并论"，"他们与西葡殖民主义的海外扩张有联系，但还谈不上是文化侵略"，并进一步认为"宗教来往和传播是古代中西文化交流的重要手段"，"对中西文化交流作出重大贡献的人当中，有不少就是宗教人物"。[①]此文后译为英文，在海外学术界亦产生了一定影响。林金水在此文中的观点主要受前辈著名学者、专家的影响，吕同六、冯天瑜，尤其是林金水的导师马雍对利玛窦做出了全新且中肯的评价。[②]这些文章从思想观念上为后来学人扫清了障碍，为改革开放初期利玛窦研究定下了基调。此后，学术界虽对利玛窦的历史评价有所争论[③]，但利玛窦"中西文化交流使者"的身份成了基本共识，为接下来的学术研究打下了较为坚实的基础。

---

① 林金水：《利玛窦在中国的活动与影响》，《历史研究》1983年第1期。此文节取自笔者的硕士学位论文。1978—1981年，笔者就学于中国社会科学院研究生院，并选择以利玛窦为硕士学位论文的研究对象。

② 吕同六：《沟通中西文化的先驱者——利玛窦》，《人民日报》1979年11月4日第6版；冯天瑜：《利玛窦等耶稣会士的在华学术活动》，《江汉论坛》1979年4期；马雍：《近代欧洲汉学家的先驱马尔蒂尼》，《历史研究》1980年6期。对上述文章的学术综述，可参见林金水、代国庆：《利玛窦研究三十年》，《世界宗教研究》2010年第6期。

③ 如何桂春：《关于明清耶稣会士在华活动评价的几个问题》，《学术月刊》1992年第11期；对此文的商榷文章，参见康志杰：《也谈"关于明清耶稣会士在华活动评价的几个问题"》，《学术月刊》1993年第10期。

随着利玛窦研究的深入,其历史形象亦不断地丰满与多样。21世纪伊始,学术界不再简单地视其为文化交流的使者,还赋予其西方汉学奠基者之一的光环。张西平《传教士汉学研究》一书就认为利玛窦及罗明坚是“西方汉学之父”,他们最早开始了对汉语、儒家经典、中国历史、宗教、政治等多方面的引介和研究工作,可谓现代西方汉学的开创人。①尤其对于《葡华辞典》《汉葡词典》这两部与罗明坚、利玛窦密切关联的文献,张西平、杨慧玲等人做了精细研究,取得较大突破。②不可否认的是,利玛窦身后遗产在教会内外均引发诸多争议,尤其对“礼仪之争”影响深远。在利玛窦身前故后,对他的褒贬之评早已纷扬而起,这也难免对以后的利玛窦形象及研究产生深刻影响。

针对利玛窦等传教士引介的西学,何兆武给中华书局版《利玛窦中国札记》所写的长篇序言中,虽承认“利玛窦作为介绍西法的创始人是功不可没”,但亦认为“利玛窦及其所代表的思潮是与之(近代科学与近代思想)背道而驰的”;③何兆武《略论徐光启在中国思想史上的地位》一文更是明确批评“当时来华的传教士们传播中世纪的宗教神学体系,使中国学者完全被封锁在已经大步登上历史舞台的近代科学和近代思想的大门之外”,“近代科学在中国当时未能正式出现,那阻力并不来自中国科学家这方面,而来自西方神学家那方面”。④何氏其他诸文亦持相类的观点。即便如此,他也承认传教士中“也有不少的学者和技术家、艺术家,曾给中国带来了新的知识

---

① 张西平:《传教士汉学研究》,大象出版社,2005 年。

② 可参见张西平:《〈葡华辞典〉中的散叶文献研究》,《北京行政学院学报》2016 年第 1 期;杨慧玲:《中国国家图书馆藏汉葡词典手稿及其史料价值》,《史学史研究》2012 年第 4 期。

③ 何兆武、何高济:《中译者序言》。《利玛窦中国札记》虽于 1983 年出版,但此序文则写于 1982 年初,两位何先生标明了序文的落款时间为 1982 年 3 月 24 日。

④ 何兆武:《略论徐光启在中国思想史上的地位》,《哲学研究》1983 年第 7 期。

和技术。利玛窦本人就是一个最出色的代表”[①]。值得一提的是，何兆武对利玛窦等传教士的批评完全是在学术的框架内进行的，与此前的政治定性与批判迥乎不同。正因如此，随着相关研究的推进，诸如在徐光启科技思想来源、徐光启天主教信仰、传教士的西学引介与传播等问题上，学术界做了更为微观且扎实的研究，从而在一定程度上修订乃至否定了何兆武的上述立论及观点。[②]有趣的是，宋黎明的《神父的新装》一书同样批评利玛窦，但与何兆武的立场却大相径庭，该书“充分肯定利玛窦在文化科学方面的杰出贡献，同时指出他在宗教方面存在的问题和缺陷。借用‘儒僧’之说，利玛窦堪称‘大儒’‘小僧’”，认为利玛窦是“一个伟大的文化人，也是一个平庸的传教士”。[③]这在某种程度上呼应了历史上“礼仪之争”中对利玛窦的斥责。

学术视野下的利玛窦形象不免严肃，而当利玛窦从学术殿堂走进千家万户时，其形象则变得更亲切近人。2005 年，中央电视台、故宫博物院联合录制纪录片《故宫》，再现了利玛窦入京及其带来的诸多西洋器物；2016 年播出的百集专题纪录片《中国通史》中，利玛窦及其同侪占有一席之地（第 84 集《耶稣会士来华》）；2017 年度热门综艺节目《国家宝藏》中，艺术再现了利玛窦、李之藻合作绘制《坤舆万国全图》的故事，生动有趣。上述影视作品借助多媒体的立体传播效果以及新兴媒介的互动平台，引发了大量网友参与。他们以朴素的语言来表达心中的利玛窦形象，诸如“功德无量”“真了不起”“一个平凡的伟人”等不时刷屏，利玛窦一度成为大众社交中的热门话题。

---

① 何兆武：《明末清初西学之再评价》，《学术月刊》1999 年第 1 期。

② 何兆武后来的观点或许也发生了一些变化，新近的一篇文章《中国为什么没有产生近代科学》（《人民日报》2015 年 3 月 16 日第 16 版），完全没有提及利玛窦等传教士的阻碍作用。

③ 宋黎明：《神父的新装——利玛窦在中国（1582—1610）》，南京大学出版社，2011 年，自序第 4 页、正文第 294 页。关于此书，详见下文的评述。

从20世纪70年代末80年代初利玛窦的回归与“平反”，到当下所展现出来的利玛窦多元形象，见证了四十年的利玛窦研究进程，有关的研究可谓汗牛充栋，要把所有的研究成果渐次展示几乎不可能，亦是不必要的。下文仅就四十年间利玛窦研究具有原创性、代表性、系统性的专著及个别具有较大影响的论文，分门别类，从六个方面梳理利玛窦研究的历史进程，力图呈现一条较为清晰但也相对简单的研究脉络。挂一漏万和言之不妥之处，在所难免，敬请方家指正。

一、有关利玛窦西文史料的翻译

利玛窦作为中欧交流史中的重要人物，有关他的史料具有中文与西文、教内与教外的双重分野。自1982年林金水翻译的部分利玛窦西文文献发表以来①，学术界对利玛窦史料用功颇勤，收获亦丰。

利玛窦留下的最重要西文文献，是他历年的书信报告及晚年在北京写的回忆录。西方学者汾屠立、德礼贤对这些利玛窦西文底本文献的搜集、整理做出了巨大贡献，他们所做的考释研究工作亦具有显著的学术价值。不过在更长的一段时间内，金尼阁修订的拉丁文本更为流行。中文学术界对利玛窦西文文献的引介便基于上述两个系统，以时间为序，主要的中文译本如下。

首个完整的利玛窦回忆录中译本是由何高济、王遵仲、李申合作翻译，何兆武审校完成的，并纳入颇负盛名的中华书局“中外关系史名著译丛”系列，于1983年以《利玛窦中国札记》为名出版。此中译本依据的是加莱格尔(Louis Joseph Gallagher)的英译本，而加莱格尔的译本又是基于金尼阁的拉丁译本。就底本而言，中华书局版

① 林金水译:《利玛窦日记选录》,《明史资料丛刊》1982年第2期。

的《利玛窦中国札记》源出于金尼阁的修订本，这与利玛窦意文手稿尚有显著差异。既然选择加莱格尔的英译本，那么也就忽略了德礼贤已经完成了的详细考证成果。不过作为首个中译本，《利玛窦中国札记》仍具有巨大的影响力，从它频繁重印出版就可以估量出学术界乃至一般读者对它的迫切需求。事实也是如此，在长达 30 余年的时间内，此书是大陆学术界利玛窦研究最倚重的主要文献之一。①

同样在 1983 年，台湾教会学者开始着手利玛窦西文全集文献的汉译工作。此工作由罗光主持，刘俊余、王玉川负责翻译利玛窦的回忆录，底本是德礼贤整理的 *Fonti Ricciane*；罗渔负责翻译利玛窦的书信，底本是汾屠立的汇编本。上述两部分合为一集四册，以《利玛窦全集》为名于 1986 年出版。②台湾版的《利玛窦全集》以意大利文本为底本，且囊括了利玛窦及与其密切相关的传教士的书信，这都是中华书局版所欠缺的。但由于两岸的隔阂状态，此全集在很长一段时间内无法在大陆地区流传。20 世纪 90 年代后期，它虽被大陆学者所征引，但也局限在一个较小的学术范围内，无法取代、撼动中华书局版的地位。台湾版全集存在的另一问题是，翻译者于学术规范有所疏忽，导致存在漏译、错译等硬伤。

可见，汉语学术界在 20 世纪 80 年代前期便形成了两个底本、内容均有差别的利玛窦西文文献汉译版本。它们对利玛窦研究的推动作用是毋庸置疑的，但其存在的显著缺陷亦无可讳言。鉴于此，有必要对利玛窦西文文献重新汉译整理。令人欣慰的是，文铮重译了利玛窦西文文献，先后在商务印书馆出版了《耶稣会与天主教进

---

① 利玛窦、金尼阁著，何高济等译，何兆武校：《利玛窦中国札记》，中华书局，1983 年。此书至今仍不断重印，如中华书局于 2010 年又予以重新出版。

② 刘俊余、王玉川译《利玛窦〈中国传教史〉》，罗渔译《利玛窦书信集》，共同构成《利玛窦全集》4 册，台湾光启出版社、辅仁大学出版社联合出版，1986 年。

入中国史》《利玛窦书信集》。[①]此商务印书馆版在底本选择、内容涵盖方面比中华书局版更精当、全面，在翻译信、达方面比台湾版更为精确、严谨。从译的角度来说，随着文铮商务印书馆译本的面世，汾屠利、德礼贤汇编整理的利玛窦西文文献的基本面貌算是得到较为完整且准确的汉译本呈现，文铮商务印书馆译本是现今可资利用的最好本子；从注的层面而言，此译本则有所欠缺，不仅没有系统翻译汾屠利、德礼贤的译注，亦没有跟进现有的学术成果。另一个问题是，现有的汉译本没有突破汾屠利、德礼贤的框架，在拓宽、钩沉新的利玛窦西文文献方面乏善可陈。相比之下，利玛窦汉文文献的搜集、整理工作更为显著，成就亦更为可观。

二、有关利玛窦中文史料的钩沉

在利玛窦研究重启之初，我国学术界自觉地把他纳入中国历史的脉络予以考察，追寻利玛窦的交游网络，汇编他的中文著述，搜集明清典籍中有关的片言只语。在这一过程中，诸多学者参与其中，添砖加瓦，为利玛窦研究夯实了更为坚实的汉语文献基础，其中具有代表性的中文文献整理文本有如下三种：

首先，朱维铮主编的《利玛窦中文著译集》为学术界贡献了一部整全的利玛窦中文文献集。[②]此前，利玛窦的中文文献多分散在诸多丛书中，且影印本居多。学术界对《天主实义》等个别文献虽索读无碍，但于利氏中文译著却难以窥其全貌。鉴于此，朱维铮主持了利玛窦中文著述的辑录、编校工作，结集而成《利玛窦中文著译集》。

---

① 利玛窦著，文铮译，梅欧金校：《耶稣会与天主教进入中国史》，商务印书馆，2014年；利玛窦著，文铮译，梅欧金校：《利玛窦书信集》，商务印书馆，2018年。

② 朱维铮主编：《利玛窦中文著译集》，复旦大学出版社，2001年。

此书共收录利玛窦中文译著文献17种，其中15种全文收录，2种存目①，另汇辑了相关的序跋题词，且对每种文献逐一做简介、提要，句读、校勘，由此而成"一部编校较完整的结集本"。得益于此书收集之广、底本之善、点校之精、校勘之细，一部可信、易读、较完整的利玛窦中文文献集由此面世。学术界亦持续搜集利玛窦撰述的其他散落文献。对此，张西平做了较多工作，他考订《天主约要》"应属利玛窦的著作"，"归属于利玛窦名下是符合历史事实的"；同时亦否认国家图书馆藏《中国天主教教义》出自利玛窦之手。②

相比之下，把散落在明清浩瀚典籍中的有关利玛窦的吉光片羽尽数全搜似乎不可能。随着汤开建汇辑的《利玛窦：明清中文文献资料汇释》③一书的出版，此一不可能具有了可能性的坚实基础。此书按照所录文献的性质，分为"碑传"（58条）、"序跋"（134条）、"公牍"（46条）、"述论"（69条）、"诗柬"（90条）及"杂纂"（232条）共六卷，征引了500多种文献、著述，汇辑字数达80余万。此数量及种类几乎出乎所有人的意料和估计，极大拓展了利玛窦中文文献的范围。此书的出版并不意味着相关文献搜集的完毕，2017年11月7日，是书在上海图书馆徐家汇藏书楼新书首发式上，汤开建补充了一批新搜集但未及纳入出版的资料，其后又在《国际汉学》上发表《〈利玛窦明清中文文献资料汇释〉补遗》一文，计7万余字。④上述90余万字的释校文本，既是汤开建长期从事明清中西交流史、澳门史

---

① 朱维铮认为现存的归在利玛窦名下的中文文献有19种，17种可以确定。其中，全文收录的15种分别是：《天主实义》《交友论》《二十五言》《西国记法》《坤舆万国全图》《上大明皇帝贡献土物奏》《西琴曲意》《西字奇迹》《浑盖通宪图说》《畸人十篇》《乾坤体义》《圜容较义》《测量法义》《复虞淳熙》《理法器撮要》；2种存目：《几何原本》《同文算指》。

② 参见张西平：《天主教要考》，《世界宗教研究》1999年第4期；《国图藏利玛窦〈中国天主教教义〉辨析》，《文献》2017年第6期。

③ 汤开建：《利玛窦明清中文文献资料汇释》，上海古籍出版社，2017年。

④ 关于此次新书发布会，可参见媒体的相关报道，以及宋黎明：《利玛窦研究资料汇释梳理》，《文汇报·文汇学人》2017年12月29日；汤开建：《〈利玛窦明清中文文献资料汇释〉补遗》，《国际汉学》2018年第4期。

的结晶,亦是众多学人勤勉搜寻的共同结果。

学术界除了在一个较广的维度上对利玛窦中文文献予以汇辑外,亦不乏对其单篇文献做深入笺注。鉴于利玛窦中文著述具有显著的跨文化思想史文本特征,蕴涵着中西神学、经学的相遇与碰撞,中西自然科学的互识与交流等话题,尤其是他的经典之作《天主实义》,可谓中西两大传统的首次深入对话。对此对话细节及深层次哲理的梳理,见于梅谦立、谭杰对《天主实义》所做的全面且不乏新意的解读。在他们校注的《天主实义今注》一书中,利玛窦被定位于耶稣会东方传教的坐标中,肯定了范礼安、罗明坚的著述对《天主实义》的直接影响。此外,校注者还回溯了《天主实义》各章节在华成书的具体时空场景和文化背景,呈现了一幅生动且深刻的中西文化交流的图景。①

综上所述,利玛窦相关中文文献的整理,无论在广度还是在深度层面均有突破性进展,并远超当前所见的利玛窦西文文献整理本。我们可以自信地说,利玛窦不仅来过中国,他也深深地嵌入中国历史和文化。要想了解利玛窦,必须去看这些颇具规模的中文史料。这为中国学者在利玛窦研究领域中的话语权奠定了坚实基础。

三、有关利玛窦传记的著述

中国学者对利玛窦生平的了解与研究,是从翻译外国学者的利玛窦传记开始的。裴化行、史景迁、邓恩等学者的利玛窦传记及相关作品的汉译本相继出版发行,不仅推动了我国学术界的利玛窦研究,而且还在中国社会中普及了明清之际入华耶稣会的历史知识。改革开放后,最早开始以利玛窦为研究对象的,是林金水的硕士学位论文(1981),时隔15年后,此一文稿稍加整理以《利玛窦与中国》

---

① 利玛窦著,梅谦立注,谭杰校勘:《天主实义今注》,商务印书馆,2014年。对此书的书评,可参见代国庆:《〈天主实义〉的今注与新评》,《国际汉学》2017年第3期。

为名出版。[①]进入21世纪后，有关利玛窦传记的品种繁多，且写作风格不一，其中具有显著学术价值的有如下几部。

首先提及的，是2011年南京大学出版社出版的宋黎明《神父的新装——利玛窦在中国(1582—1610)》一书。[②]诚如其名，此书关注的是利玛窦在华期间的故事，聚焦的是“利玛窦时代”。此书用五个章节依次展开利玛窦在华足迹和事迹，分别对应利玛窦在华留居五个城市的经历。最后两个章节则谈了利玛窦的两个层面，即文化与宗教的历史遗产，并做了一改常言的历史评价。宋黎明此专著，以其对中西文献的熟稔、专业的考据、富有新意的视角，以及所塑造的一位“新装”的利玛窦，达到了他著述此书的目的，即“你未必完全同意本书的观点，但一读之下，你心中利玛窦的形象将难以原封不动”。此专著连同宋黎明所写诸篇有关利玛窦的考据文章，不仅在细节方面斧正了诸多利玛窦生平或交往方面的史实或人物本源，并基于扎实的史料，对利玛窦做了“大儒”“小僧”批评性的评价，突破了对利玛窦的固有认知，终将成为利玛窦研究的难得之作。

在宋著出版前后，另有两部利玛窦的传记作品汉译出版。一是夏伯嘉的《利玛窦：紫禁城里的耶稣会士》，此书先于2010年出版英文版，2012年汉译本面世。[③]这是一部标准的利玛窦传记，涵盖了利玛窦从出生到去世，从欧洲到东方，从澳门到北京及其历史遗产等方方面面的事项。另一部传记是来自利玛窦故乡马切拉塔大学的菲利浦·米尼尼教授撰写的《利玛窦：凤凰阁》，同样在2012年汉译出版。[④]此书提供了一些鲜为人知的细节，尤其对利玛窦早年生活的

---

① 林金水：《利玛窦与中国》，中国社会科学出版社，1996年。

② 宋黎明：《神父的新装——利玛窦在中国(1582—1610)》，南京大学出版社，2011年。

③ R. Po-chia Hsia, *A Jesuit in the Forbidden City: Matteo Ricci 1552-1610*, Oxford: Oxford University Press, 2010。夏伯嘉著，向红艳、李春园译，董少新校：《利玛窦：紫禁城里的耶稣会士》，上海古籍出版社，2012年。

④ 菲利浦·米尼尼著，王苏娜译：《利玛窦：凤凰阁》，大象出版社，2012年。张西平为此书所写的中文版序言，评述了此书的特点及学术贡献，当为中肯之言。

细致研究,诸如利玛窦家族情况、早年学习情况,等等。

除此之外,市面上尚有不少冠名利玛窦的作品,诸如《我先祖的故事——利玛窦、徐光启和熊三拔》①、《利玛窦行旅中国记》②等书。其中既有严肃的学术性讨论,又有通俗性的叙事,亦不乏后人的追思及生动的图像展示,呈现出多元化的色彩。这体现了不同的作者对于利玛窦的书写有着不同的诉求,同时也暗示着它们要满足不同层面的读者的需要。

四、有关利玛窦中西文化交流的研究

利玛窦是以中外文化交流使者的身份回归汉语学界、中国社会的。这是四十年来利玛窦最为显著的一个标签,同时也是学术界利玛窦研究用力最勤、成果最多之处。既然是中西文化交流,就包含西学东传、中学西被这一双向的交流。而交流的内容除了器物,更主要的是思想与观念。在相当长的一段时间内,西学东传与器物传播是学术界研究的主要话题。近二十年来,中学西被与思想传播则受到学者的更多关注。此种学术转向亦与中国社会及中外关系的走向相合。

学术界对利玛窦西学东传的研究可谓方方面面,涉及音乐、美术、教育、语言、医学、法律、建筑等,而历算、舆地、神哲之学的研究颇具心得。代表性的著述有黄时鉴、龚缨宴领衔编著完成的《利玛窦世界地图研究》。③此书分三部分,上编对利玛窦世界地图的绘制与刊行做了翔实的历史梳理;中篇则追溯了利玛窦世界地图的资料

---

① 倪波路、利奇、徐承熙:《我先祖的故事——利玛窦、徐光启和熊三拔》,浙江大学出版社,2010年。

② 上海博物馆主编:《利玛窦行旅中国记》,北京大学出版社,2010年。

③ 黄时鉴、龚缨宴编著:《利玛窦世界地图研究》,上海古籍出版社,2004年。

来源及在整个东方世界产生的深远影响；下编则对地图上的录文做了整理。此书搜寻广泛、视野广阔，以世界整体史观考察利氏地图的来源、传播及影响，把科技传播史纳入思想史的脉络，从而丰富且深化了器物传播研究的层次性。此书研究文本与文献文本并存、图文并茂，大大增加了学术性、可读性与收藏性，由此也获得不少学者的推崇和认可，被视为“资料之详实，论述之精到，堪称国内外一流水准”①。

同样，利玛窦还是中学西被最早的倡引者。经由利玛窦，中国历史、政治、宗教等现状常识首次在西欧获得最为直接且忠实可靠的传输，尤其是利玛窦对中国儒家文本与思想的引介，更是受到学术界的重视。除了上述具体领域与名目外，利玛窦对西方学术亦产生了一定影响，即由利玛窦时代所开创的汉学传统。对上述问题，张西平多有涉及，并主要反映在他的两本专著中，即《中国与欧洲早期宗教和哲学交流史》《儒学西传欧洲研究导论》。②前书的上编较为系统梳理了由利玛窦所开启的亚里士多德哲学、托马斯神学的入华轨迹，下编则专门探讨了中国哲学、宗教的西传话题；后书更为深入探讨了中学西被问题，尤其是耶稣会士对儒家经典的译介。此外，梅谦立的系列文章及他所执行主持的中山大学西学东渐文献馆亦较多涉及儒学西传问题，且不乏对其间利玛窦角色的专门研究。③

---

① 卞继之：《〈利玛窦世界地图研究〉出版》，《世界汉学》2005 年第 1 期。

② 张西平：《中国与欧洲早期宗教和哲学交流史》，东方出版社，2001 年；张西平：《儒学西传欧洲研究导论》，北京大学出版社，2016 年。

③ 梅谦立：《孔夫子：最初西文翻译的儒家经典》，《中山大学学报》2008 年第 2 期；梅谦立：《论语在西方的第一个译本（1687 年）》，《中国哲学史》2011 年第 4 期；梅谦立：《耶稣会士与儒家经典：翻译者，抑或叛逆者》，《现代哲学》2014 年第 6 期；梅谦立、汪聂才：《〈中国哲学家孔夫子〉中所谈利玛窦宣教策略译评》，《国际汉学》2014 年第 1 期；中山大学西学东渐文献馆编：《西学东渐研究第六辑》，商务印书馆，2016 年。

五、有关利玛窦传教策略的研究

利玛窦在华的成功,在很大程度上与他所采用的灵活的传教策略有关。而此一传教策略又与利玛窦对中国社会、中国文化的细致体察与推崇褒扬相联。康熙皇帝简言其为"利玛窦规矩",学术界多称之为"适应策略"。此一策略极大影响了明清之际中西交流,故受到学术界重视。其中有两本专著专门讨论了利玛窦的传教策略及其成因、影响等问题。

一是沈定平的《明清之际中西文化交流史——明代:调适与会通》①,在广阔的社会历史背景下探讨了明清之际入华传教士及其所引发的中西文化交流。该书以"适应性传教策略"为核心议题,认为耶稣会士中国传教路线,经过沙勿略的初步酝酿,范礼安的具体谋划,罗明坚的最早实践,直到利玛窦集其大成,一环紧扣一环,一层深似一层地传承下来并基本形成。同时还对此一策略做了理论总结,并与军事征服路线做了比较分析。诚如作者所言:"书中特辟出较多篇幅,详细阐述了利玛窦在建立适应性传教策略的整体构架中不可磨灭的贡献,以及该构架所包含的基本内容。"

二是张国刚的《从中西初识到礼仪之争——明清传教士与中西文化交流》②,较多讨论了"适应策略"所隐含的文化冲突,而此一冲突肇源于"耶稣会士对华传教中的结交士大夫并适应士大夫文化的政策"。该书用两章的篇幅探讨了"适应政策与文化冲突"在教会内部及中国士大夫中的具体呈现,并最终以"礼仪之争"的形式呈现出来。

---

① 沈定平:《明清之际中西文化交流史——明代:调适与会通》,商务印书馆,2001 年。增订本出版于 2007 年。

② 张国刚:《从中西初识到礼仪之争——明清传教士与中西文化交流》,人民出版社,2003 年。

沈书与张书共同勾勒出适应策略的前因与后果,适应策略的完整图景由此获得翔实且富有思辨性的呈现。两书虽都对适应策略着墨颇多,但也就其他相关问题做了较大篇幅的交代。这表明适应策略牵涉广泛,其实利玛窦适应策略的形成与实践关涉传教团体的权力结构,利玛窦及罗明坚早期的不同尝试、后来之多明我会士与方济各会士的质疑与否定,中国儒士以及儒学派别的差异等复杂历史情形,其中所呈现出来的保教权问题、传教士的民族身份及修会所属问题、中国地域文化问题、易服问题、术语问题、合儒易佛问题等均受到学术界的关注和检讨,与此相关的学术论文颇为可观,围绕易服等问题所展开的学术争鸣亦较为活跃。相关的学术研究,随着对罗明坚、"礼仪之争"等话题的演进,相信会有进一步的推进。

六、有关利玛窦耶儒比较的研究

利玛窦最独特的历史贡献或许是联通了天主教与儒学,后世学者亦充分认识到耶儒互动的重要性。朱维铮独具慧眼,较早察觉到"西学"与"汉学"的关联性。其《十八世纪中国的汉学与西学》一文,以犀利的笔锋宏观地梳理了外来西学与中国本土学术变迁的内在理路,首倡利玛窦与王学的关联性。[①]在《利玛窦中文著译集·导言》一文中,朱维铮又做了系统阐释,敏锐地观察到利玛窦北上的历程"恰好踩着前一百年王学由前驱到教主自南至北拓殖的路线",并在关键时刻"得到王门有关人士的同情和奥援"。[②]《晚明王学与利玛窦入华》一文则进一步解释了利玛窦赢得王门士人好

① 朱维铮:《十八世纪中国的汉学与西学》,《复旦学报(社会科学版)》1987年第3期。

② 朱维铮:《利玛窦中文著译集·导言》,第18页。

感的原因。[①]上述观点可谓真知灼见,摆脱了对利玛窦耶儒关系的泛泛而谈。朱维铮对此学术公案的关注,着眼于晚明经学与西学“二者发生遭遇以后激起的一连串学术畸变”,并认为它实为促使中国“走出中世纪”不可忽视的因素。除此之外,中国学术界对利玛窦所开启的耶儒互动的比较研究亦多有力著。

孙尚扬的《基督教与明末儒学》是较早一部系统阐释利玛窦耶儒观的专著,此书较为深入分析了利玛窦对儒学的资取与批判,同时亦注意到明末士大夫对天学的理解和反应,并对耶儒互动的要害处进行了重点讨论阐发,揭示了利玛窦和徐光启、李之藻、杨廷筠等人各自思想核心中的优长及差异,从而阐明他们彼此尊重、吸取、互释与融通的原因和机制,同时指出了各自出发点上的重大分别。[②]陈卫平的《第一页与胚胎:明清之际的中西文化比较》亦是较早一部对明清之际中西文化进行比较的专著,论及了耶儒间的调试与冲突。[③]其后,何俊的《西学与晚明思想的裂变》一书在更为广泛的文本与历史场景下,较为深入考察了处于“裂变”状态下的晚明思想与外来天主教的互动过程。[④]此书敏锐地察觉到“关于道德与伦理的思想,成为利玛窦讲道与交往中所谈论的核心内容”,并着重从耶儒伦理道德层面去分析利玛窦的传教事业与得失。林中泽继续此一话题,其《晚明中西性伦理的相遇:以利玛窦〈天主实义〉和庞迪我〈七克〉为中心》一书着重于利玛窦、庞迪我所引介的性伦理及其具体的生活规范,并重点阐释了它在晚明中国本土伦理语境下呈现出来的错综

① 作者分析道:“东西南北四海皆可出圣人”的观点为天主教东传提供了理论契机;天学的修身之道为王门人士提供了借鉴;利玛窦迎合王学对“师友之道”的重视而撰写《交友论》。参见朱维铮:《晚明王学与利玛窦入华》,《中国文化》2004年第1期。

② 孙尚扬:《基督教与明末儒学》,东方出版社,1994年。此书的修订本《明末天主教与儒学互动:一种思想史的视角》,于2013年由宗教文化出版社出版。

③ 陈卫平:《第一页与胚胎:明清之际的中西文化比较》,上海人民出版社,1992年。

④ 何俊:《西学与晚明思想的裂变》,上海人民出版社,1998年。

复杂的境遇。此书不仅论证了传教士内部对相关敏感话题的不同立场，亦凸显出表面相似、实则本质迥异的中西不同传统的伦理规范与道德体系，颇引人深思。[①]此外，张晓林的《天主实义与中国学统》[②]，以及刘耘华的《诠释的圆环》[③]均借助诠释学的视野，较为深入剖析了利玛窦对儒学的理解，以及由此而成的具有显著混合特征的"天学"对本土儒学的影响和意义。

结语：超越历史的利玛窦及其"互鉴"精神

2016 年 11 月 23 日《光明日报》发表了《学界为何纪念利玛窦》[④]一文，认为利玛窦之所以被视为"明清之际中西文化交流的奠基人"，要归功于他所秉持的"文化互鉴"精神，并进一步阐释互鉴的内涵，即适应本土文化、平等对话、相互学习。可见，利玛窦化身为某种符号和象征，已经超越了利玛窦本身的作为，而是某一历史时代的缩影与历史情结的表达。而这一历史符号，具有穿越层层历史时空与人为阻隔的独特魅力，成为中国与世界各国友好关系的见证与桥梁。作为全球化造就的第一代人，利玛窦所秉持的此一"互鉴"精神正是四百年来开放包容、平等对话、互利合作等支撑全球化持续演进的精神内核的生动体现。

利玛窦不仅是西方文化和平的使者，还是中国文化的代言人。2016 年杭州召开二十国集团领导人峰会，习近平主席致开幕辞，热

---

① 林中泽：《晚明中西性伦理的相遇——以利玛窦〈天主实义〉和庞迪我〈七克〉为中心》，广东教育出版社，2003 年。

② 张晓林：《天主实义与中国学统——文化互动与诠释》，学林出版社，2005 年。

③ 刘耘华：《诠释的圆环》，北京大学出版社，2005 年。

④ 彭景晖：《学界为何纪念利玛窦》，《光明日报》2016 年 11 月 23 日第5 版。

情欢迎各国政要，指出“上有天堂，下有苏杭，相信杭州峰会将给大家呈现一种历史和现实交汇的独特韵味”；在晚宴致辞中，又亲切地说道：“1583 年，意大利人利玛窦来到中国，他于 1599 年记述了‘上有天堂、下有苏杭’这一说法，据说这是首个记录、传播这句话的西方人。”[①]利玛窦作为历史上中外“友谊之桥”“合作之桥”的见证者与当事人，被习近平主席提及，可见利玛窦不仅存在于历史中，还活在当下，并继续参与创造未来，同样是“未来之桥”的参与者。

① 2016 年 9 月 5 日的《人民日报》对习近平主席出席二十国集团领导人杭州峰会做了全面报道；中央电视台新闻频道亦做了直播报道。

童文献与德理文之争

——19 世纪法国汉学面貌一瞥*

中山大学中文系　郭丽娜

19 世纪是国际关系制度化和规范化的重要时期，是全球史研究不可绕过的重要时期，也是西方汉学研究专业化的重要时期。中法关系中，法国汉学（la sinologie）在这一时期从 17—18 世纪的传教士汉学阶段逐步走向专业化汉学阶段，汉学家（les sinologues）或东方学家（les orientalistes）的队伍日益壮大，从事各具体领域的研究，并于 20 世纪上半叶在西方独领风骚。不过由于历史、社会条件不同，法国的汉学专业化过程有其内在的逻辑和具体特征，这一点尚未引起学界的充分注意。本文试图根据史料，讨论 19 世纪法国汉学界的一段纷争，即传教士汉学家童文献（Paul-Hubert Perny，1818—1907）和经院汉学家德理文（le marquis d'Hervey Saint-Denis，1822—1892）的诉讼案，以小见大，来窥见法国汉学研究的某些面貌、基本特征和内在逻辑。

一、童文献和诉讼案回溯

法国汉学史上这桩独一无二的诉讼案的肇事者，是巴黎外方传教会传教士童文献。童文献出生于法国杜省（Doubs）邦达尔烈市

* 本文获法国人文之家基金（FMSH）、中国国家社科基金“近代法国汉学主义研究”（15BWW016）和中山大学青年教师重点培育项目（17wkzd16）的资助。

(Pontarlier),毕业于贝藏松大神学院,1846 年 11 月 11 日加入巴黎外方传教会;1847 年 7 月 5 日赴贵州传教,主要在兴义府、遵义、绥阳、湄潭和石阡等地活动;1853—1860 年曾以教务长身份对贵州教区行使实际管理权。①1868 年童文献返回巴黎,编辑出版《西汉同文法》等一系列汉学书籍。1871 年巴黎公社起义爆发,他被误作耶稣会士遭到拘捕,监禁两个月。次年,他出版《巴黎公社期间入狱两月》(*Deux mois de prison sous la Commune*)一书,谴责国民军的暴行,并指责巴黎教区代理主教拉卡尔德(Lagarde)必须为大主教达尔伯伊(Darboy)遭国民军枪杀的事件负责,从而开罪巴黎教区,受到巴黎外方传教会的处分,被驱逐出会。

1873 年 2 月 14 日,法兰西公学院汉文讲席教师儒连(Stanislas Julien,1797—1873)去世,童文献向法兰西公学院自荐,竞争讲席教师一职。后公学院表决,童文献仅得一票,儒连的学生德理文当选。1874 年 7 月中旬,童文献化名"莱昂·贝尔当"(Léon Bertin),印刷和派发《揭穿文学骗局,或几位巴黎外语教师的真面目》(Le charlatanisme littéraire dévoilé ou la vérité sur quelques professeurs de langues étrangères à Paris,后文简称《揭穿骗局》)一文,抨击法兰西公学院安南语教师阿贝尔·德·米歇尔(Abel des Michels)不学无术,剽窃他人成果,德理文无资格担任汉语教师。此举震惊整个学界,德理文作为法国汉学界领军人物,迅速做出反应。巴黎警察厅展开调查,以印刷品为线索,调查印刷商,顺藤摸瓜,追查到童文献。1874 年 9 月 30 日,凡尔赛教化法庭开始第一次聆讯,德理文以法兰西公学院教师的身份出席庭审。法庭根据德理文提供的证据、巴黎外方传教会负责人佩尔诺神父(l'abbé Pernot)和相关人士李少白(Li Chao-pe)的证词,判定童文献的文章存在若干失实之处,损害了法兰西公学院和德理文侯爵的名誉,诽谤罪名成立;根据 1819 年 5 月 17 日法令第 1、13、14、18 条款和《刑法》第 59、60 条款,处以罚金

---

① *Paul-Hubert Perny*, archives de la MEPASIE, N. 532.

并入狱，印刷商博格郎（Antoine-Gustave Beaugrand）和达克斯（Victor-François Dax）也受到牵连，被处以罚金。[①]1874 年 12 月 6 日和 1875 年 1 月 29 日巴黎法院（la cour de Paris）先后两次审核，案件定性。1875 年 3 月 14 日，法国各主要报纸《时报》（*Le Temps*）、《费加罗报》（*Le Figaro*）、《政治和文学辩论报》（*Journal des débats politiques et littéraires*）、《宇宙报》（*L'Univers*）等均报道了法庭审理笔录。与此同时，案件另一当事人德理文出版《澄清事实，揭穿莱昂·贝尔当之谎言》（Examen des faits mensongers contenu dans un libelle publié sous le faux nom de Léon Bertin，后文简称《澄清事实》）一文，回顾事件，并回应童文献的部分质疑，捍卫法国汉学界的声誉。

案件从发生到结束，前后不到半年，虽经报纸、杂志报道，但结案后很快风平浪静。对于童文献本人而言，他从此声名狼藉，遭到西方汉学界的孤立，沦为“民间”汉学家，避走外省，多部汉学专著自筹资金出版。[②]西方汉学界对此人此事多避而不谈。1907 年童文献去世，大汉学家考迪（H. Cordier）在《通报》上发布讣告，一笔带过，但也客观地提及这场官司：“佩尔尼神父声名不佳，曾化名莱昂·贝尔当散发一本诽谤性小册子，针对阿贝尔·德·米歇尔先生和德理文侯爵，1874 年 9 月 30 日被凡尔赛教化法庭处以 500 法郎罚金，入狱 6 个月，上诉后减为 2 个月。”[③]2005 年，《东方和西方》杂志有相关文章，指出童文献是“一位被遗忘的东方学家”[④]。

---

① 参见 *Journal officiel de la République française*，le 16 mars 1875，N. 74，p.2014。

② 关于童文献的其他情况，参见郭丽娜、郑莹：《晚清贵州教区教务长童文献考》，《澳门研究》2017 年第 2 期；郭丽娜：《晚清教务教务长童文献的中国观》，《基督宗教研究》2016 年第 21 辑；J. Charbonnier，《Le parcours et les contributions de Paul Hubert Perny（1818 - 1907）》，in Alexandre Chen Tsung-ming，*Le Christianisme en Chine aux XIXe et XXe siècles*，Leuven：Ferdinand Verbiest Institut，2015。

③ H. Cordier，E. Chavannes，*T'oung-bao*，1907，Série Ⅱ，vol.Ⅷ，p.125.

④ L. Lanciotti，“A Forgotten Orientalist”，*East and West*，2005，vol.55，pp.467 - 471.

二、童文献的指控和德理文的回应

童文献寄给巴黎公共教育部长的文章不长,仅 23 页,一开篇先声明自己与法兰西公学院和巴黎文学界没有任何过节:"本文作者并非任何公共教席的候选人,从未与本文涉及的教师有过私人关系。"接着,抨击巴黎文人肆无忌惮地剽窃国外作品:"大量剽窃国外著作,用法语出版此类文学剽窃产品;欺世盗名,骗取名利。非常不幸,某些自称文人,常自诩为绅士之人如此胆大妄为,他们的成功证实了今日还如往时,财富催生胆量。"①童文献声称有充分证据,请求公共教育部展开调查,向公众揭露真相。然后他提出两处指控,首先是法兰西公学院首任安南语教师阿贝尔·德·米歇尔的安南语水平有限,无法胜任安南语教席。他写道:

> 为了拉近我们和交趾支那的关系,更好地了解这个地区,部长先生英明,决定在巴黎设立安南语教席。
>
> 既然决定设立席位,就需要找到安南语教授。当时首都所有的东方学者都不懂得安南语。那么首先要寻找一位愿意学习的学者。这并不难。海军部长不知出于何种动机,看中了某位阿贝尔·德·米歇尔先生,此人拥有伯爵头衔……
>
> 在教授安南语之前,首先得学习这门语言。海军部长先生想到了一位交趾支那前传教士,他熟悉此语言,目前在巴克街外方传教会履职。尽管事务繁忙,佩尔诺先生还是不好拒绝此类邀请。佩尔诺院长乐于为部长服务,做有益于他传播过福音且深爱的地区之事,他承诺引导阿贝尔·德·米歇尔先生入

---

① L. Bertin, *Le charlatanisme littéraire dévoilé ou la vérité sur quelques professeurs de langues étrangères à Paris*, Versailles: imprimerie G. Beaugrand et Dax, 1874, p.4.

门，学习安南语。大家达成协议，约定阿贝尔·德·米歇尔先生每周的上课次数。起码每周两至三次。我敢保证。

私人课程随后开始，双方都感到愉悦。各位应该知道，安南语属于中国语言，只是发音在时间间隔上有所变化。不论口头语还是书面语，安南语的难度都不低于任何中国语言。

四次课之后，阿贝尔·德·米歇尔先生就不再来上课了。尊敬的会长以为他的学生有事不能来，或者是来了没有碰到他而已。……

但后面一周是充满戏剧性的。①

童文献接着写道，佩尔诺收到邀请函，邀请他参加在索邦大学的安南语课程。佩尔诺和同会传教士都感到震惊。童文献认为阿贝尔·德·米歇尔上了四次安南语课程，就公然在索邦大学授课，这是不负责任的行为。另，阿贝尔·德·米歇尔从来没有去过交趾支那，仅通过看地图了解当地情况，而讲座当天他精心准备，给人造成他曾经在交趾支那生活过多年的错觉，这是欺骗行为。随后，童文献指责阿贝尔·德·米歇尔的《交趾支那语言对话》(*Des dialogues en langue cochinchinoise, publiés à l'usage des commerçants et des voyageurs*)和《安南故事八则》(*Huit contes en langue annamite*)两本书抄袭了交趾支那前主教泰伯德(Jean-Louis Taberd)的《南越洋合字汇》(*Dictionarium anamitico-latinum, Dictionarium Latino-Anamiticum*, 1838)。

童文献的第二项指控针对德理文及其老师儒连。他认为德理文不配有贵族称号，并借德理文的老师儒连之口加以指责："某位大概一年前去世的汉学家(指儒连)，德高望重，常在沙龙讲到我们即将提及的人物(指德理文)不配拥有他应得的贵族称号。"②接着童文

① L. Bertin, *Le charlatanisme littéraire dévoilé ou la vérité sur quelques professeurs de langues étrangères à Paris*, pp.5－7.

② L. Bertin, *Le charlatanisme littéraire dévoilé ou la vérité sur quelques professeurs de langues étrangères à Paris*, p.12.

献抨击儒连在法国汉学界专横独断。“儒连先生在法国汉学界垄断了半个世纪。他为你们所做的是学者语言(Une langue savante)的启蒙,其他的他均归类为不规范语言(un jargon)。而且切不可往汉学领域过度推进。导师想一个人统治。在他为数不多的学生中,谁想发表文章,都需夸大其词,大加渲染,说明有杰出汉学家儒连先生的指导和审阅,提出建议,才能克服重重困难,发表出关于汉语的文本。”①童文献对于德理文的质疑,主要涉及两点,一是德理文仅是中文的业余爱好者,难以胜任汉语教席,二是德理文编写的《现代汉语渐进教程》(*Un recueil des textes faciles et gradués en chinois moderne, suivi d'un vocabulaire de tous les mots compris dans les exercices*)侵占了汉语助手李少白的劳动成果,该教材当时供东方语言学院学生使用;另外德理文的《离骚》法译本(*Le Li-Sao, traduit du chinois, accompagné d'un Commentaire perpétuel et publié avec le texte original*)抄袭了奥地利汉学家费之迈(August Pfizmaier, 1808—1887)的德译本。“难道《离骚》不是早在1852年就由费之迈翻译成德语,标题为《离骚与九歌》(*Das Li-Sao und die neun Gesange*)么?”②

面对童文献的挑战,德理文在《澄清事实》中做出回应和总结。德理文首先解释为何由他来应对诽谤事件,然后分两个部分反驳童文献的指控。在第一部分,德理文简单回顾了事件的发展过程,称童文献是参与公共教席选拔失利而攻击法兰西公学院的。他抨击童文献在巴黎公社入狱期间表现懦弱,化名诽谤更是一种不道德的懦弱行为。他用尖酸刻薄的口气讽刺童文献在巴黎公社期间苟且自保,把责任推卸给天主教会兄弟。“佩尔尼阁下这次不需要使用米格兰的假名。巴黎公社战士没有进入医务室,凡尔赛的军队冲进去把他从床上安然无恙地救出来。神请莫见怪,我要谴责他藏头缩

---

① L. Bertin, *Le charlatanisme littéraire dévoilé ou la vérité sur quelques professeurs de langues étrangères à Paris*, p.14.

② L. Bertin, *Le charlatanisme littéraire dévoilé ou la vérité sur quelques professeurs de langues étrangères à Paris*, p.18.

脑，把脑袋藏在一顶肮脏的圆帽下，指责他为了美文而自救，而不是像德·邦吉神父那样献出生命。如果我们容许幸存者善保其身，那对于那些该失去生命的，他们失去生命应该也不会不公义。”①

在《澄清事实》第二部分，德理文为自己正名。《澄清事实》一文共48页，这部分占了20页，是整篇文章的重点。德理文回应童文献关于他是否配有贵族头衔的诘难，指自己的“男爵”称号承袭自父母，亦获得官方认可，完全合法合理。接着德理文重点回应自己的汉语能力问题。他指出，童文献把自己的学术成就仅限于1869年出版的一本教材和1870年的《离骚》法译本，这是不公正的，实际上“我第一次做中文翻译工作可以追溯到1850年。1851年，我应杰出学者爱德华·毕欧父亲之邀整理《周礼》。1862年，我翻译了《唐诗》，这是一部完成未出版的中文诗歌集，前言是中国诗艺研究，是在研究了未出版文献之后撰写出来的”②。关于侵占李少白劳动成果的指控，德理文指出教材前言已经提及李少白的学术贡献，并提供了其翻译《离骚》过程中与老师儒连互动，以及儒连写给自己的八封信函（从1868年9月19日至1872年7月20日），说明“我的《离骚》译本按照出书惯例，在1869年印刷，1879年出版，合作者李少白在这一时期出现，只是负责誊抄法译本上的汉文本，他自己也写下‘德理文辑著，李少白抄书’［Te-lo-olten（d'Hervey）tsi tchu, Lichao-pe tchao chou, c'est-à-dire: d'Hervey a éclairci le sens (a fait la traduction), Li-chao-pea transcrit(le texte original)］”③。此

① D'Hervey Saint-Denis, *Examen des faits mensongers contenu dans un libelle publié sous le faux nom de Léon Bertin*, Paris: imprimerie Eugène Huette et Cie, 1875, p.18.

② D'Hervey Saint-Denis, *Examen des faits mensongers contenu dans un libelle publié sous le faux nom de Léon Bertin*, p.20.

③ D'Hervey Saint-Denis, *Examen des faits mensongers contenu dans un libelle publié sous le faux nom de Léon Bertin*, p.30。也可参见 Kiu-Youen, *Li-Sao: poème du IIIe siècle avant notre ère*, traduit du chinois, accompagné d'un commentaire perpétuel et publié avec le texte original, par le marquis d'Hervey de Saint-Denys, 1870 的中文附录。

外，德理文还提供了李少白本人的证词，说明侵占成果一说不成立。关于费之迈的德译本和德理文的法译本，德理文的理解是德译本属于直译，自己的译本侧重意译，更能抓住《离骚》的神韵，深得其意。他把两个译本的第1、4、16、22、23、62—64、68、50、52、53节等做了比较，指出自己的译本一般是“在对汉语注解进行理解的基础上，而非晦涩难懂的词对词直译”，注意到汉语多使用隐喻。①最后，德理文强调自己在法兰西公学院所开的课程是非常严肃的，都涉及汉书经典诠释，而非童文献所说的摆不上台面，“将翻译成各种语言的《千言书》解释成基础汉语”，“目前解释的是一些翻译成英语或法语的小儿科故事”。②

《澄清事实》的第三部分从第40—48页，德理文罗列了自1850年涉足汉学之后其所发表的11部作品，包括《中国人的农业和园艺研究》(*Recherches sur l'agriculture et l'horticulture des Chinois*, 1850)、《中欧面对面》(*La Chine devant l'Europe*, 1859)和《唐诗》(*Poésie de l'époque des Thang*, 1862)等，并引用同时代学者，如毕欧的父亲、雷慕沙、文献学家勒南(Joseph Ernest Renan, 1823—1892)、英国汉学家伟烈亚力(Alexander Wylie, 1815—1887)和理雅各(James Legge, 1815—1897)等人的评价，来证明自己的汉学研究的价值。

三、对案件的思考和分析

稍总结一下，案件的关键点是童文献质疑法兰西公学院教师的语言能力和学术水平，主要针对阿贝尔·德·米歇尔和德理文，以

① D'Hervey Saint-Denis, *Examen des faits mensongers contenu dans un libelle publié sous le faux nom de Léon Bertin*, p.26.

② D'Hervey Saint-Denis, *Examen des faits mensongers contenu dans un libelle publié sous le faux nom de Léon Bertin*, p.39.

及质疑德理文的老师儒连的学品。当时东方学界和新闻界对这场官司没有过多评论，新闻界也仅限于报道事实。当事者除了童文献和德理文直接交锋之外，儒连离世，另一东方学家阿贝尔·德·米歇尔没有一字回应。童文献在官司了结，刑满出狱之后，继续在外省开展文化活动，卓有成就。这或许可以归结于法国社会的多元和宽容，也或许可以将此事视作19世纪比比皆是的文人相轻现象中的一个事例而已。[①]笔者的问题是，如果单纯考察官司本身，德理文无疑在法理上是完全取胜的，可是如果兼顾考虑社会历史事实和学术发展等因素，德理文的胜诉又是否在情理和学理上完全站得住脚呢？

纵观童文献的学术历程，他无疑是位杰出的汉学家，除了著述颇丰，还是第一位将《易经》章节从拉丁语转译成法语的汉学家。德理文作为法兰西公学院汉语讲席教师，因其前任儒连和后继者沙畹都是法国汉学史上了不得的大家，而学术贡献被低估。实际上，德理文的学术成果不少，在法国汉学史上起着承上启下的重要作用。[②]在对华立场上，童文献与德理文也有一定共同点。童文献在著作中多次强调汉语易学，鼓励同胞学习汉语，晚年发表《中国优越于法国》一书，巴黎外方传教会历史学家沙百里(Jean Charbonnier)认为："这可否视作一位对法国失望之后皈依中国的传教士的遗言？"[③]德理文曾经写过《中欧面对面》(1859)，表现出亲华倾向，从而引起普瓦捷辅理主教盖(Charles Louis Gay, 1815—1892)的不满，盖主教在同年出版《欧中面对面》(*L'Europe devant la Chine*)，针锋相对，

---

① 关于法国社会文人相轻现象，参见安娜·博凯尔、蒂安·克恩著，李欣译：《法国文人相轻史》，江苏文艺出版社，2012年。

② 参见孟华：《众说纷纭德理文》，《比较文学与世界文学》2015年第2期。张治：《德理文译唐诗》，http://epaper.oeeee.com/epaper/C/html/2017-05/28/content_32703.htm。

③ J. Charbonnier, *Le parcours et les contributions de Paul Hubert Perny (1818 - 1907)*, in Alexandre Chen Tsung-ming, *Le Christianisme en Chine aux XIXe et XXe siècles*, p.131.

提出质疑。那么作为同时代人，童文献和德理文这两位学术成果丰富的学者为何急于相煎，而非惺惺相惜呢？沙百里认为，主要原因是童文献存在性格缺陷："他的成果值得认同，但性格却难以令人认同。"①

天主教会要求传教士具备谦卑温顺的品德。从这一角度看，童文献确实缺乏这一性格特征，他比较咄咄逼人，有明显的入世倾向，主张发展商贸，而非纯粹的文化传播和精神皈依行为。他积极引入亚洲物种，试图改良欧洲物种，1874 年曾向法国政府建议在汉口成立研究院②，研究中国语言文化和文学典籍，引进和改良中国的物种。1884 年茹费里上台，他再次请求法国政府资助他赴苗区开展研究。③但均无法如愿。他对法兰西公学院的攻击确实存在诽谤成分，这或许是他个人在法国经历坎坷所致，但是个人发展不顺利不能成为造谣诽谤的借口，因此童文献确实有鲁莽和冒失之处。不过笔者认为，单纯从性格做出判断，或许还不够全面。从学术和文化交往的宏观角度进行考察，应该能够看得更加全面，抓住问题的实质。沙百里曾指出，童文献"洞察力强，尽管其诸多计划在那个时代无法实现，但从现在看来也不乏惊人的前瞻性。要充分评估此人物，需了解其社交网络和合作者，还需仔细研究其著述，尤其是其词典的附录，深入各部分，究其细节"④。

---

① J. Charbonnier, *Le parcours et les contributions de Paul Hubert Perny (1818－1907)*, in Alexandre Chen Tsung-ming, *Le Christianisme en Chine aux XIXe et XXe siècles*, p.109.

② 参见郭丽娜、郑莹：《晚清贵州教区教务长童文献考》，《澳门研究》2017 年第 2 期。关于童文献的汉口计划，参见 P. Perny, *Projet d'une Académie européenne au sein de la Chine*, Paris: Jules Boyer, 1874。

③ 参见 J. Charbonnier, *Le parcours et les contributions de Paul Hubert Perny (1818－1907)*, in Alexandre Chen Tsung-ming, *Le Christianisme en Chine aux XIXe et XXe siècles*, pp.129－130。

④ J. Charbonnier, *Le parcours et les contributions de Paul Hubert Perny (1818－1907)*, in Alexandre Chen Tsung-ming, *Le Christianisme en Chine aux XIXe et XXe siècles*, p.131.

笔者认为，从法国汉学发展史上看，童文献诽谤法兰西公学院之所为，将其归咎于人格问题，或不如视之为以极端方式对法国汉学固化的学阀体制和重解释轻实践的学术范式提出挑战，可能更为中肯。首先在《揭露骗局》一文中，童文献抨击儒连垄断汉学研究，质疑阿贝尔·德·米歇尔和德理文的贵族头衔。显然，他质疑的不是法兰西公学院教师遴选程序的不公正，而是法兰西公学院选委会潜意识中对师承机制的接受，以及贵族阶层垄断话语权的现象。从童文献的简历看，他的父亲是外省外科医生（le chirurgien）①，外科作为一种治疗术在中世纪因为与神学相抵触而遭到压制，甚至被视为巫术，到了 18 世纪仍然受上层社会鄙视；②19 世纪外科医生的地位有所提高，但从业者多为小资产阶级，比如福楼拜的小说《包法利夫人》，描述外省生活，包法利先生就是一名外科医生。尽管童文献本人非常勤奋，了解中国特别是西南地区的实际情况，汉学成果突出，但外科医生儿子的出身显然不能为童文献跻身巴黎汉学界提供有利条件。

此外，《揭露骗局》一文的法语全称是"Le charlatanisme littéraire dévoilé ou la vérité sur quelques professeurs de langues étrangères à Paris"，直译是"被揭露的文学招摇撞骗或关于巴黎几位外语教师的真相"，"le charlatanisme littéraire"直译是"文学的招摇撞骗"，或解释为"文学式的招摇撞骗行为"。"littéraire"（文学的）是"la littérature"（文学）的形容词，"指向所有涉及文学的一切"③，而"la littérature"（文学）的"主要意义是一切文本，附加意义为文本所承载的知识。这一定义在法语中长期占统治地位。文学的现代意义指

---

① 参见 J. Charbonnier, *Le parcours et les contributions de Paul Hubert Perny (1818 - 1907)*, in Alexandre Chen Tsung-ming, *Le Christianisme en Chine aux XIXe et XXe siècles*, p.130, note 2。

② 参见 F. Lebrun, *Médecins, saints et sorciers au 17e et 18e siècle*, Paris: Temps Actuels, 1983。

③ P. Aron etc., *Le dictionnaire du littéraire*, Paris: Puf, 2002, p.429.

向一切有审美目的的文本整体，换言之，口头艺术”①。也即，文学长期基于文本，以对文字为基础的文本进行解读和分析为主。因此童文献散布诽谤檄文，主要目的是抨击法兰西公学院教师对中国文化的解读缺乏实践依据，单纯从文本加以理解，导致出现某些理解偏颇。

众所周知，传教士引入东方特别是中国的器物文化和精神文化之后，引发18世纪的西方中国热(la chinoiserie)现象。这一现象除了物质需求的动机之外，在启蒙时期，法国思想界更是将中国的精神文化借用于反对君主集权，以及作为提倡宽容与社会和解的武器。伏尔泰改编马若瑟的《赵氏孤儿》拉丁文本，改编版《中国孤儿》面目全非，与原版《赵氏孤儿》的主旨和思想大相径庭。尽管如此，伏尔泰的改写本却受到欧洲思想界的追捧，“文学和哲学大师们云集日内瓦，坐在一尊半身雕像前”，其中包括启蒙时期的风云人物布封、达郎贝、狄德罗和杜尔果等人。“《中国孤儿》讲述了后来成为中国皇帝的成吉思汗的残暴及其迫害王室的行为。一个小孩——王朝的继承人——幸存下来。爱和理性最终占了上风。成吉思汗放弃复仇，向所有归附他的人宣布：‘我是征服者，你们推选我为王。’这正是启蒙的道德和政治理念。”②毫无疑问，法国的社会改造在某种程度上是在对中国思想文化的讨论中进行的，19世纪的世俗化争论仍然一样。③这种停留在文本理解(或误解，或者是某种意义上的为我所用式的刻意曲解)的做法无疑对法国社会的改造产生过积极作用，但从另一个角度看，不见得有利于中法关系的进一步发展。19世纪后半叶全球化趋势日益明显，过度曲解的负面作用凸显出来，在一定程度上妨碍了法国在远东地区的活动。因此童文献主张到中国进行实地考察，他从中国寄回欧洲的大量物种，多数后来不

① P. Aron etc., *Le dictionnaire du littéraire*, p.433.

② M. Delon etc., *La littérature française*, II, Paris: Gallimard, 2007, pp.1 - 2.

③ 参见郭丽娜：《法国勒·普雷学派的中国研究及其影响》，《世界历史》2016年第5期。

知所踪，他对此大为恼火。他强调过："对科学、宗教和祖国有利，是我的唯一希望。"①笔者认为，这应该是童文献化名诽谤的真正动机。

结　语

综上所述，童文献的个人遭遇在整个西方汉学界恐怕是独一无二的。他作为传教士汉学家，与以德理文为代表的法国经院汉学家的诉讼案曾轰动一时，在凡尔赛教化法庭宣判之后迅速恢复平静。这一法国汉学史上不起眼的小波澜折射出如下事实：传教士汉学是西方汉学的起点，19 世纪之后法国汉学（或欧洲汉学）开始了经院化进程，诠释中国文化的主动权仍然掌握在法国社会精英手中，延续19 世纪之前的文学化倾向，此时传教士汉学作为经院汉学的强有力挑战者和补充部分，对后者提出质疑，共同推动法国汉学走向专业化。1900 年法兰西远东学院在法属印度支那成立，伯希和、沙畹和葛兰言等具有实践经验的大师级人物出现，使法国经院汉学实现了实质性突破，领先于欧洲其他国家。

因此，对于童文献和德理文的官非，笔者认为，主要不是牵涉个人恩怨，而是法国汉学实践家和理论家在全球化浪潮来临之时，对中国文化研究存在不同理解，从而表现出不同的汉学研究理念。双方争论的结果是共同将法国汉学研究推向专业化。

---

① P. Perny, *Projet d'une Académie européenne au sein de la Chine*, Paris: Jules Boyer, 1874, p. 7.

宗教对话、理解与宽容如何成为可能？

——从利玛窦的联儒抗佛说起

华南师范大学历史文化学院　贺璋瑢

明末清初，随着耶稣会传教士来华，基督宗教开始在中国历史上留下较明显的“印记”。当时天主教在京畿、江南与福建地区都有所发展，而且在中国上层社会、士大夫阶层中也得到明显响应，甚至清初的皇帝如康熙对天主教也还抱着友善的态度。耶稣会传教士之所以有如此建树，与其所运用的“利玛窦策略”，即以天主教附会儒理，“合儒”“补儒”进而“超儒”密切相关。利玛窦自觉地把“儒学化”作为天主教适应中国社会的前提，且努力寻找天主教与儒学的可沟通之处。在其《天主实义》中，他提到最多的是中国思想家，如周公、孔子、孟子等，引用最多的是“四书五经”（主要是《尚书》《诗经》《礼记》和《易经》等）。事实证明，以利玛窦为代表的耶稣会传教士所采取的“本土化”传教策略相当成功，世人也常对利玛窦的传教策略大加赞扬。

笔者在这篇文章中并不想加入对利玛窦的传教策略大加赞扬的“合唱”，尽管这种“合唱”笔者认为也是必需的，因为利玛窦的“成功”给了我们许多启示。笔者以为，利玛窦的传教策略和传教实践其实还有值得再审视或者批评的地方，尤其是利玛窦联儒抗佛的既定方针为天主教在华的发展客观上带来了不利与负面影响。作为一名研究宗教的学者，笔者觉得以诚实的态度对利玛窦的传教策略重新加以审视、反省与思考很有必要，因为这种审视、反省与思考或许也能带给我们一些启发，即在这个全球化、强调多元文化的后现代，宗教之间的对话、理解与宽容如何成为可能？

一

可以说，最早进入中国内地的耶稣会士罗明坚、利玛窦等，从一开始就对中国的以儒、道、释为代表的文化传统有一个基本判断。在其看来，这三者中他们最需要联合的是儒家，最不需要放在眼里的是道教，因为道教更接近巫术而不是宗教，而佛教作为有明确教义教理、有一整套仪礼仪轨和规章制度的宗教，则是他们在中国传教的最大对手或障碍。他们对佛教先入为主的这种判断使其采取了“联儒排佛”、拉一打一的传教策略。

不过，我们得想想，明末来华的天主教传教士们究竟对佛教有多少了解？这里或许有必要简要回顾一下佛教在欧洲的流传与影响。西方对佛教的了解，可能始于公元前4世纪后半叶。著名的怀疑主义者皮浪（?—公元前275）曾在希腊马其顿王亚历山大东征中随军进入印度，他或有可能把佛教思想带入希腊世界。佛教的造像直接导源于希腊艺术，即犍陀罗艺术。①这已是公认的事实。在早期汉译佛典中也可以发现希腊哲学的影子。早在20世纪90年代时，杜继文在他的一篇论文中曾提及：“从巴门尼德的‘存在’论，到柏拉图的‘理念’论，都能看到与有部思想的相通之处。这不单是理论的比较，也有史实作根据。有部的活动中心是犍陀罗和迦湿弥罗，这是希腊化的重点地区之一。公元前2世纪初，希腊人曾在这里建立大夏。它的著名统治者弥兰陀王曾用兵恒河流域，是佛教的积极扶植者。现存两个汉译本的《那先比丘经》，就是记述弥兰皈依佛教一

① 犍陀罗地区原为印度次大陆古代十六列国之一，1世纪时成为贵霜帝国中心地区，文化艺术很兴盛，犍陀罗艺术主要就贵霜时期的佛教艺术而言。因其地处印度与中亚、西亚交通的枢纽，又受希腊、大夏等长期统治，受希腊文化的影响较大。它的佛教艺术兼有印度和希腊风格，故又有“希腊式佛教艺术”之称。

事的。此经的结构颇特殊，既非用‘佛说’的形式（经），也非署名的论议（论），而是采取问答的方式阐发哲理；它不崇尚戒律和禅定，而突出智慧的作用和智者的地位，这都反映了希腊的风格。此经有巴利文本，而以汉译本部分最为古老，据考证，原文可能是希腊文。在思想上，《那先比丘经》即属于说一切有部。”①

在古希腊之后，西方与佛教的接触与了解似乎鲜有人论及。直到13世纪，西方才有了关于佛教的论述，这就是13世纪时来过中国的威尼斯商人马可·波罗的游记。马可·波罗在游记中记载了他所见到的藏传佛教、汉传佛教及南传佛教。作为初通文墨的商人，他的记载极其简略和肤浅，他的商人出身令他把几乎全部的注意力都集中在物质财富上（欧洲人喜欢波罗的故事。忽必烈汗拥有广阔的领土和众多的妻子，那里宫殿金碧辉煌，财富数不胜数，因为说什么都以百万计，马可·波罗先生因而有了个“百万先生”的戏称），而不是在宗教上。但在地理大发现之前，他的游记在欧洲却影响很大，如利玛窦在研究中国与“契丹”的关系时，就多次提到马可·波罗及其游记。②

15—16世纪，随着“大航海时代”的到来，大批西方的商人、外交官、传教士等随同商船和兵舰来到东方，他们把自己的所见所闻以日记、游记、书信或报告等形式传达给西方；要说明的是，这类出版物的作者在中国的活动区域主要是广东、福建一带，因此其对中国的介绍主要是对中国南方的介绍，又由于这些作者或资料提供者或不懂中文，或在中国时间短，或道听途说的居多，这些出版物中的信息许多是片面和错误的，而这类含有许多片面和错误信息的出版物就成为当时欧洲人了解中国或包括佛教在内的中国文化的主要来源。如西班牙籍学者、天主教奥斯丁修会修士门多萨的《中华大帝

---

① 见杜继文：《中国佛教的多民族性与诸宗派的个性》，《中国社会科学》1990年第6期。

② 刘俊余、王玉川合译：《利玛窦全集·利玛窦中国传教史（下）》，台北光启出版社，1986年，第481页。

国史》第1卷第2册，内容就涉及中国人的宗教信仰和偶像崇拜、中国人的迷信行为、中国人的生死轮回报应论等。由于信息的不准确，加之天主教的传教士们囿于其护教的立场，对基督宗教以外的宗教一概视为“异教”，利玛窦等对佛教采取轻蔑和排斥的态度就不足为怪了。

或许正因为以上的原因，罗明坚和利玛窦从一开始就对佛教没有好感，但因传教之需要，他们又不得不借助于佛教所提供的方便。刚入广东肇庆时，罗明坚和利玛窦削发剃须，穿上了和尚的袈裟，这明显受到范礼安(1538—1606)在日本传教经验的影响。范氏曾指示传教士穿上僧服，因为他在日本如此行曾得到高度尊重。

1583年，当罗明坚和利玛窦一行来到广东肇庆时，耶稣会士“无家室”之累很容易使中国的官员和百姓将其等同于佛教的和尚。为了打开在中国内地传教的局面，罗明坚和利玛窦也乐于配合当地官员和百姓对其的误解，佛教最初也给他们带来了实际的便利，肇庆知府王泮把他们安排在与佛教寺院天宁寺相通的一处住所里居住。当他们在肇庆建造了教堂和住处后，王泮特地送来两块牌匾，一块刻“仙花寺”，另一块刻“西来净土”。据利玛窦的书信，当神父在肇庆的临时住所对公众开放时，前来访问的人除了官员、学者和普通百姓之外，还有“崇拜偶像的人”①。无疑，这“崇拜偶像的人”中就有不少佛教信徒，于是来访者当中有人在神父的住所里上香，免灾祈福②，也就不是什么奇怪的事了。由此可见，肇庆的官员和百姓都把这些西来“和尚”的宗教与佛教混为一谈了。

后来利玛窦渐渐发现，他们外表上的和尚装束，实际上对其传教工作并没有什么实际的好处，因为这种装束不便于同中国官方和文人学者交往。经过在肇庆几年的观察，利玛窦认为佛教的僧众在中国人尤其是官吏心目中地位低下，当利玛窦对中国儒家传统有一

①② 刘俊余、王玉川合译：《利玛窦全集·利玛窦中国传教史(上)》，第136页。

定的了解之后，他就决定不管在内心还是在外表上都要极力向儒家靠拢，而与佛家划清界限，何时放弃这身"和尚装束"只是时机问题了。

1589年，利玛窦一行被迫从肇庆来到韶州（即今天的韶关），韶州方面的官员将其落脚点安排在著名的佛教圣地——南华寺（南华寺是中国佛教名寺之一，是禅宗六祖慧能弘扬"南宗禅法"的发源地，当时就已有建寺一千多年的历史了）。南华寺最初对其表现出友好的姿态。令人遗憾的是，南华寺僧人的友好接待却遭到了利玛窦的冷遇。如利玛窦记述道，南华寺的僧人"全身披上整齐的法衣，佯装着很高兴他到来，前去迎接他，把这些地方指给他们看。他们彬彬有礼地把整个寺院交给他，向他保证寺里的一切都归他处置……抵达的当天，他就被飨以盛宴，然后又被引导游览寺里的名胜……寺里的僧官还把六祖的尸身指给他们看……对于寺里的居住者来说，最怪的事似乎莫过于神父们并不礼敬他们的偶像"①。从这些字里行间不难看出南华寺的僧人对利玛窦到来的示好。

利玛窦对南华寺僧人的示好并不领情，他坚持另觅地方建造教堂，他对韶州有关官员解释说："寺院似乎根本不适合他们居住。它离城太远，也离知识阶层和官员们太远，而他们习惯于生活在这些人当中，犹如在他们同侪之中一样。他解释说，这些寺里的和尚声名狼藉，跟他们住在一起很不安全，他的教规和有关教规的书籍也和他们的全然不同。然后他补充说：'我们不信奉偶像，我们只信奉天和地的唯一真神。'"②

利玛窦后来在韶州光孝寺旁边买地建屋，光孝寺的和尚在其购地交涉期间也给予了热情的照应，但利玛窦似乎对此也表现出了冷淡与漫不经心。最初，当地的僧人对利玛窦一行的无礼并没有心怀

① 利玛窦、金尼阁著，何高济、王遵仲、李申译，何兆武校：《利玛窦中国札记》，中华书局，2005年，第238页。

② 利玛窦、金尼阁著，何高济、王遵仲、李申译，何兆武校：《利玛窦中国札记》，第239页。

芥蒂，1591 年当神父麦安东在韶州逝世时，前来参加葬礼的人还有不少当地的佛教僧侣，他们都为死者服丧致哀。利玛窦对当地僧人的无礼、不友好与心怀戒心，渐渐引起了僧人的不满。1592 年 6 月，有赌徒突袭了神父的住所，利玛窦后来在致罗马总会长的信函中明确提及，住在临近的光孝寺的和尚至少知道这个阴谋，他们曾叫邻人不要施救。①“后来罪犯的家属们趁巡按御史到访之际，掀起了一场集体告状活动，意图把神父们从韶州赶出去。而他们密谋和聚集的地方竟是一座寺庙的神像前。”②聪明的利玛窦虽没有采取过激的反应，但他心里一定对此有自己的看法和判断。

1595 年，在中国友人瞿太素的建议下，利玛窦决定重新蓄发留须，身着儒装，真正以“西儒”而不是以“西僧”面目来示人。他说：“我们决定彻底放弃迄今为止我们在这个国度中一直使用的僧侣的名字。在他们看来，僧侣就像是修士；但是，地位低下。……僧侣信奉的异教……是没有念过书的穷人中最卑微的……”他还说：“任何有身份的人都不会同僧侣们十分亲近。”③利玛窦以“西儒”面目示人的决定，标志着以耶稣会士为代表的天主教传教士与佛教僧侣的正式决裂，这种决裂使得天主教与佛教的关系实质上进入了相互对抗的阶段。

也就在这一年，利玛窦又去到了南昌，后来又先后去到南京与北京等地，在其所到之处，他与佛教的僧人之间都有过或多或少、断断续续的交道，而这种“交道”对双方来说都是一种不愉快、不友好的经历。如他在南京曾与佛教人士有过两场公开辩论，第一场辩论在他和年过七旬的佛教居士李汝祯（他曾是京城御史之一，以道德和学问兼优闻名）之间展开，利玛窦本想争取李汝祯皈依天主教。

---

① 罗渔译：《利玛窦全集·利玛窦书信集（上）》，台北光启出版社，1986 年，第 127 页。

② 罗渔译：《利玛窦全集·利玛窦书信集（上）》，第 134 页。

③ 利玛窦著，芸娸译：《利玛窦中国书札》，宗教文化出版社，2006 年，第 15 页。

“在他们的第一次辩论中，利玛窦神父逼得他不得不承认，偶像崇拜就像是一个半好半烂的苹果一样，人们可以接受其中好的部分而抛弃其余部分。”[①]这场辩论的结果是不欢而散。

在李汝祯的安排下，利玛窦和当时著名的佛教禅师雪浪大师黄洪恩（即三怀）展开了第二场公开辩论。利玛窦认为三怀“同那些由于懒散无知而声名狼藉的一般寺僧大不相同。他是一位热情的学者、哲学家、演说家和诗人，十分熟悉他所不同意的其他教派的理论”[②]。利玛窦留下了一份十分详尽的关于这场辩论的记述资料，他说当时他和三怀“就宗教问题进行了一场争论……利玛窦和三怀就创造的含义以及人类头脑在这创造过程中所发挥的作用进行论辩，争论愈来愈激烈，大部分时间两个人都是相互大声叫骂，面红耳赤”[③]。据利玛窦的记述，当三怀在辩论中处于下风时，“那位名僧力图掩盖自己的无知，便鼓动另一场大嚷大叫，把他的论点的价值付之于随之而来的喧嚣。最后，东道主担心有人出言不逊会伤害这一方或那一方，就结束了这场辩论……宴会结束以后，只有那位僧人不肯承认失败，尽管所有的人都一致认为他失败了”[④]。当然，利玛窦自认为上述这两场辩论都是自己取得了胜利。

显然，单从利玛窦的记录来看，双方都是从护教的心态出发，竭力贬低对方的教义或理论以此来证明自己信仰的优越，而没有尽量尝试理解对方信仰的思想体系。显然，双方讨论的是什么内容已经不重要，重要的是利玛窦参与这场辩论的动机不是为了了解和学习佛教，而是为了护教。这就使得双方都是自说自话。

---

① 利玛窦、金尼阁著，何高济、王遵仲、李申译，何兆武校：《利玛窦中国札记》，第363页。

② 利玛窦、金尼阁著，何高济、王遵仲、李申译，何兆武校：《利玛窦中国札记》，第365页。

③ 史景迁著，陈恒、梅义征译：《利玛窦的记忆之宫——当西方遇到东方》，上海远东出版社，2005年，第343页。

④ 利玛窦、金尼阁著，何高济、王遵仲、李申译，何兆武校：《利玛窦中国札记》，第367页。

1601年,利玛窦终于如愿来到了北京。他在北京的主要任务除了结交官员和士大夫之外,就是著书立说,用文字来宣传天主教和攻击佛教。也就在同一年,其《天主实义》在北京重刻出版。著名的晚明四大高僧之一紫柏真可(即达观)先他一年即1600年来到北京。1602年,京师掀起一场攻击狂禅的运动,思想性格颇受佛学浸染、晚年遁入佛门的李贽因"敢唱乱道,惑世诬民"而锒铛入狱,并在狱中以自杀殉志。李贽对天主教传教士持相当友好的态度,曾三次面晤利玛窦,并题《赠利西泰》诗一首,对之盛赞有加。作为李贽朋友的利玛窦对此并没有流露出半点哀伤,反而幸灾乐祸之情溢于言表。①

第二年,即1603年,紫柏因遭诬陷涉嫌宫廷罪案入狱并罹难狱中。利玛窦与紫柏同在京师的时间仅两年左右,这二人虽都彼此知道对方的大名,但从未谋面。根据利玛窦的说法,二人之间还有过一段"不愉快"的经历。据利玛窦说,紫柏曾以十分傲慢的态度对待他,他曾派人送信给利玛窦说:"他想会见利玛窦神父,如果神父也能像某些官员那样,先去拜访他并屈膝参见他的话。"②而利玛窦也以牙还牙,当即告诉送信的人:"他不想跟他学任何东西,但是如果他达观想学点什么,那么欢迎他来学。利玛窦的意思是,最好避免和这个人的卑贱阶层有任何接触。这个大骗子的傲慢简直无法容忍。他在撒旦的学校里还能学到别的什么呢?诚实的人是受不了这些的。"③在紫柏于狱中圆寂后,利玛窦用带有几分嘲讽与刻薄的语气写道:"他死后,他的名字成了那些枉自吹嘘不怕肉体受苦的人的代号;但是他忘记了自己的吹嘘,当他挨打时他也像其他凡人一样地呼叫。官员有令,他的尸体不得收葬。他们怀疑他只是装死,他可能施展这样那样的诡计逃脱。他们简直不能相信他一挨鞭子

---

① 刘俊余、王玉川合译:《利玛窦全集·利玛窦中国传教史(下)》,第374页。

②③ 利玛窦、金尼阁著,何高济、王遵仲、李申译,何兆武校:《利玛窦中国札记》,第438页。

就死掉了。”①从利玛窦对紫柏的上述只言片语中，不难看出他对当时佛教领袖人物的鄙视态度。

二

人们不难发现利玛窦著述中对佛教的指斥和批判的文字，这些文字主要集中在他的两部重要著作中，亦即《利玛窦中国札记》和《天主实义》。《利玛窦中国札记》一书共分五卷，在第一卷第十章“中国人的各种宗教派别”中对佛教有专门介绍。《天主实义》则是利玛窦用功最勤、最为费心之作，从初稿到刊刻长达十余年之久。在此期间，他都在不断修改完善这部书稿。由于篇幅所限，笔者在此并不打算就利玛窦这两部著作中对佛教的指斥和批判做全面介绍，仅撷取与本文的“宗教对话、理解与宽容”相关联的几点做阐述。

第一，利玛窦缺乏对佛教的平视与尊重。他认为，天主教比佛教的历史更悠久，也更为优越。佛教中的诸如“天堂”“地狱”等概念显然是从天主教那里剽窃而来的，进而武断地否认佛教作为一种宗教的独立性。他在《天主实义》第三篇中写道：“天主教，古教也。释氏西民，必窃闻其说矣。凡欲传私道者，不以三四正语杂入，其谁信之？释氏借天主天堂地狱之义，以传己私意邪道，吾传正道，岂反置弗讲乎？释氏未生，天主教人已有其说。”②

在《利玛窦中国札记》一书中，利氏确切地指出佛教是耶稣纪元65年(即东汉明帝永平八年)由天竺传入中国的，而这一时期“正和使徒们传播基督的教义是同一个时期。巴多罗买(Bartholomew)在

① 利玛窦、金尼阁著，何高济、王遵仲、李申译，何兆武校：《利玛窦中国札记》，第439页。

② 朱维铮主编：《利玛窦中文著译集》，第26页。

上印度（Upper India，即印度及其邻近国家）传道，同时多默(Thomas)正在下印度把福音传向南方。”据此，利玛窦断定：“中国人听说过基督福音书中所包含的真理，受到感动而发生兴趣，想要接触它并向西方学习它；这并不是超出可能范围以外的事。然而，或是由于他们使臣方面的错误，或是因为他们所到国家的人民对福音的敌意，结果中国人接受了错误的输入品，而不是他们所追求的真理。”①这个“错误的输入品”指的是佛教，而此处的“真理”当然是指基督宗教。这一贬一褒就充分说明了利玛窦的护教和贬斥佛教的立场。

利玛窦还认为佛教教义“有些概念是从我们西方哲学家那里得来的”。他举例说，印度人承认四元素说，而轮回说，则“听起来很像毕达哥拉斯的学说，只是他们加进了很多解说，产生了一些更糊涂、更费解的东西。这种哲学似乎不仅是从西方借来的，而且实际上还从基督教福音书中得到了一线启发”②。

当然，他也注意到了天主教与佛教的相似性。他竟然认为：“在被人们称为佛教与道教的不同教义的基本主题中，都含有对基督教三位一体的拙劣模仿，亦即把三个分离的神混为一体。”③佛教强调善恶报应，以及僧人的独身、朝圣和乞求布施。他还提及佛教的“一些非宗教的礼节在某些方面，和我们教会的仪式很近似，例如说他们唱经和我们格里高利的唱经没有什么差别。他们的庙宇里也有塑像，他们献祭时所穿的袍服也和我们的差不多”④。

利玛窦对佛教僧人的评价很低。他认为在“这种寺院特殊作奴仆的阶层被认为是，而且也的确是，全国最低贱和最被轻视的阶层……他们由做奴仆而成为弟子，以后再接替师父的位置和津贴。人们采用这种继承的办法以便保持职位。但他们里面决没有一个

①②④ 利玛窦、金尼阁著，何高济、王遵仲、李申译，何兆武校：《利玛窦中国札记》，第106页。

③ 史景迁著，陈恒、梅义征译：《利玛窦的记忆之宫——当西方遇到东方》，第159页。

人是心甘情愿为了过圣洁生活而选择了参加这一修士的卑贱阶层的。他们也和师父一样既无知识又无经验，而且又不愿学习知识和良好的风范……所以他们天生向恶的倾向就随着时间的推移而每况愈下……虽然这个阶级不结婚，但是他们放纵情欲，以致只有最严厉的惩罚才能防止他们的淫乱生活……虽然他们的卑鄙无耻是出了名的，但这并不妨碍有很多人请他们帮忙办丧事”①。

第二，利玛窦对佛教的有关教义与观念嗤之以鼻，做出了居高临下的独断式的判定与论断，并将佛教斥责为邪教。如“不管他们的教义中可以有怎样的真理之光，但不幸却都被有害的谎言所混淆了。他们对天和地的观念以及说天地是惩恶奖善的地方等等，都是十分混乱的；他们无论在天上或地上，都从不寻求死者灵魂的永生，这些灵魂被认为过一些年之后就重新诞生在他们所假定的许多世界中的某一个世界里。在那里，如果他们想要弥补罪过的话，就可以为自己过去的罪恶赎罪。这只不过是他们所用以影响这个不幸国家的许多荒谬的学说之一”②。

利玛窦在《天主实义》第二篇里，着力批判了佛教的空的理论，以及从空无当中产生万物万事的说法：“佛氏谓色由空出，以空为务。”利玛窦不解佛教关于万物之间普遍联系、平等起源的缘起思想，因而对佛教缘起性空的理论做出了独断式评价，即：“曰无曰空，与天主理大相刺谬，其不可崇尚，明矣。”③

利玛窦对佛教的灵魂与业报轮回的观念进行了最为详尽的批判。他的《天主实义》第五篇的标题是“辩排轮回六道、戒杀生之谬说，而揭斋素正志”。他列举了六条理由，与佛教的业报轮回观念针锋相对，即：一，如果灵魂可以轮回，迁转来世他身，“或为别人，或为

---

① 利玛窦、金尼阁著，何高济、王遵仲、李申译，何兆武校：《利玛窦中国札记》，第108—109页。

② 利玛窦、金尼阁著，何高济、王遵仲、李申译，何兆武校：《利玛窦中国札记》，第107页。

③ 朱维铮主编：《利玛窦中文著译集》，第15页。

禽兽，必不失其本性之灵，当能记念前身所为，然吾绝无能记焉，并无闻人有能记之者焉，则无前世，明甚”①。二，如果前世罪人转为今世禽兽，使今世禽兽具有人魂，那么，今日禽兽之魂与前世禽兽之魂不同。“然吾未闻有异也，则今之魂与古者等也。”②三，魂有三品，人与禽兽、草木各有不同之魂，唯有人类之魂“视其独能论万物之理，明其独有灵魂休矣。而佛氏云禽兽魂与人魂同灵，伤理甚矣”③。四，人与禽兽体态不同，“则其魂亦异……既知人之体态不同禽兽，又安能与禽兽相同哉！故知释氏所云人之灵魂，或托于别人之身，或入于禽兽之体，而回生于世间，诚诳词矣”④。五，“夫云人魂变兽，初无他据，惟疑其前世淫行曾效某兽；天主当从而罚之，俾后世为此兽耳。然此非刑也，顺其欲，孰为之刑乎”，若将前世罪人变为今世禽兽，并不能起到惩恶之效，反而顺肆其欲，更生恶端，如：“暴虐者常习残杀，岂不欲身着利爪锯牙，为虎为狼，昼夜以血污口乎……故轮回之谎言荡词，于阻恶劝善无益，而凡有损也。”⑤六，轮回之说废农事畜用，乱人伦。“谓人魂能化禽兽，信其说则畜用废。谓人魂能化他人身，信其说将使夫婚姻之礼，与夫使令之役，皆有窒碍难行者焉？”如果我们所杀或所役使之牛马是父母的前身，那我们怎能忍心为之？忍心为之则乱人伦，不忍心为之则废日用农事。又诚依轮回之说，若我们所娶嫁之人或役使之人竟是我们的前世父母，“此又非大乱人伦者乎？”⑥从上述文字中不难看出，他过于简单地理解佛教的轮回观，也无法去思考此种观念背后的道德寓意。因此，他的论断就显得有些武断。

针对佛教的戒杀，利玛窦也提出了异议。“他完全反对佛教徒用灵魂转生论散布动物与人类一样，是同属一体的地球上的生物，从而应当忌食动物产品的教义。利玛窦力图说明，只能把斋戒看作

① 朱维铮主编：《利玛窦中文著译集》，第 49 页。

②③⑤ 朱维铮主编：《利玛窦中文著译集》，第 50 页。

④ 朱维铮主编：《利玛窦中文著译集》，第 51 页。

⑥ 朱维铮主编：《利玛窦中文著译集》，第 52 页。

一种修行补赎的方式，它使人们铭记自己之罪，能在头脑中一直对自己躯体与意志的脆弱保持警戒。"①在1605年发表的《畸人十篇》中，利玛窦坚持认为为赎罪而斋戒是正当的，他再次对佛教徒提倡斋戒的前提进行了驳斥。

第三，利玛窦对佛教的修行方法也进行了批评。利玛窦认为，佛教的"顿悟成佛"、诵念成佛等修行方式太过简便易行，难免会导致善有恶报、恶有善报的不合理结局，使人们对今世积善、来世得福缺乏真诚信念，助长了人类天性中为恶的倾向。他说："呼诵南无阿弥陀佛，不知几声，则免前罪，而死后平吉，了无凶祸。如此其易，即可自地狱而登天堂乎？岂不亦无益于德，而反导世俗以为恶乎？小人闻而信之，孰不遂私欲，污本身，侮上帝，乱五伦，以为临终念佛者若干次，可变为仙佛也。天主刑赏，必无如是之失公失正者。"②在他看来，若真如此，则宗教扬善去恶、救世济人的意义则会顿失。

利玛窦对佛教的上述攻击引起了佛教僧人与信众的不满，一位名叫虞淳熙的佛教居士学者"在经过一定时间的准备之后，通过书信对利玛窦的观点做了回击，他质问利玛窦，为什么不花点心血对佛教经典著作做仔细研究，而就对佛教进行诽谤？为什么他自视有权对接受了佛教影响的几代受人尊敬的儒家学者们进行谴责？他指出，无论如何，从利玛窦在中国发表的著作来看，佛教与基督教在道德的其他领域在相当大的程度上是重合的。虞淳熙还给利玛窦寄去一份中国佛教基础著作的阅读目录表。他认为，这会使利玛窦对事情的本质有一个更加清楚的认识"③。

实事求是地说，虞淳熙的"质问"和他的两个"为什么"是合情合理的，而他主动提供中国佛教基础著作的阅读目录的做法也是善意的，说明他至少希望利玛窦在对中国佛教有基本的了解后再做评判。利玛窦并没有接受虞淳熙的建议，他给虞淳熙复了一封相当长

①③ 史景迁著，陈恒、梅义征译：《利玛窦的记忆之宫——当西方遇到东方》，第341—342页。

② 朱维铮主编：《利玛窦中文著译集》，第5283—5284页。

的信，阐释天主教与佛教之间根本宗旨上的对立，并深信佛教违背了“摩西十诫”的第一诫即拜偶像。虞淳熙则把自己的两封原信和利玛窦的复信一同交给了他的师傅、明末江南著名的佛教禅师云栖袾宏，而云栖袾宏此前或已阅读过《天主实义》与《畸人十篇》等书，他告知虞淳熙，利玛窦的论证过于浅薄，不值得答复与反驳。不过他认为利玛窦的书信文笔远比他发表过的著作高雅得多，他猜想很有可能是一位中国学者替利玛窦代笔的。显然云栖袾宏有小觑利玛窦之意，他也低估了利玛窦的宏愿、勇气与才华。

三

由上可见，利玛窦对佛教并没有进行深入研究，对佛教的理解与认识是贫乏肤浅的，可谓一知半解，且多有误解，甚至可以说他对佛教的理解仅限于一般民间佛教信仰，其批评也多非理性。而他对佛教的批判则是一种直观的、不深入的、简单的以天主教的立场为基点的居高临下的批判，在这种批判中没有聆听，没有对话，更没有贴近的理解和宽容。我们今天站在 21 世纪的高度来看待问题，或许能从利玛窦的“联儒抗佛”中反思到以下几点。

第一，利玛窦“联儒抗佛”的策略未必是最佳的传教策略。“联儒抗佛”从表面上看有合理性，因佛教作为一种宗教和天主教的分歧是明显的，既然是不同的宗教，肯定就有竞争，利玛窦对佛教的责难和批判，当然是出于护教的立场。这就是为什么利玛窦适应中国传统的策略曾遭到天主教其他修会的激烈反对，但在对佛教的认识上及其对此所持的态度却是一致的。利玛窦对中国佛教的“建构”和理解，构成了其他传教士心目中的佛教观的理论基础和基本判断。

以利玛窦为代表的天主教传教士显然没有注意这样一个事实：当他们远涉万里来中国传教时，佛教在中国已有一千多年的历史，并且已经成为一个地地道道的中国宗教了。佛教在这段历史长河中已成为中国文化传统中不可分割的组成部分。它在中国大地上的被接受和“中国化”，使得它成为中国儒释道三教中的一个“道统”，丰富的佛教哲学与伦理思想已经渗透到包括儒学和道教在内的中国文化的骨髓和命脉中。佛教的文化基因已经广泛存在于中国的上至士大夫、下至平民百姓的血液和生命中。利玛窦的“联儒抗佛”策略大有拆散中国三教和合正统的态势，其对佛教的不尊重、不理解与对抗，更容易促使具有反天主教情绪的文人士大夫与佛教居士、僧人结为同盟，从而对天主教在中国的传教事业造成负面和不利的影响。这种负面和不利的影响在利玛窦时期由于其为人处事的圆通和周详还不太明显。当利玛窦去世后，这种负面和不利的影响就越来越明显了。继任耶稣会在华传教的负责人龙华民认为应该扫除一切阻碍天主教真理的因素，为此他采取了直接深入民间，且采取简单和不加掩饰地与包括佛教在内的中国文化传统相对立的传教方法，加之天主教的其他修会也是如此，最后导致了礼仪之争与天主教退出中国，从而也导致了晚明以来的基督教与中国宗教对话的全面失败。

其实，宗教对话产生的前提首先是承认对方宗教的价值及独立性，任何一种宗教都不是真理的“高大全”本身，也不能完全垄断真理。如果把自己的宗教凌驾于对方宗教之上，相信只有自己所信仰的宗教才拥有真理和绝对的权威，那么这样只能招致对话的失败。

第二，佛教作为一种宗教，与天主教的相同之处其实比天主教和儒家的相同之处要多得多，如同前面提到过的晚明佛教居士学者虞淳熙所言：“佛教与基督教在道德的其他领域在相当大的程度上是重合的。”况且佛教中的禅宗是佛教中国化的产物，禅宗和儒家之间的关系和内在联系也是不言自明的，只是外来的传教士们对此看得不明白而已。传教士若是能以对待儒家的态度，即先虚心学习，对佛教做一番深入了解，然后找到切合点，或许能更好地适应中国文化与宗教生态环境。

第三，以利玛窦为代表的天主教传教士在晚明中国的“抗佛”，说明其思维方式及方法论仍局限在西欧中世纪的传统神学框架之内，自然也不可能超出他们所在的时代来进行各宗教间的比较研究。他们认定只有天主教才掌握了全部的真理，乃唯一的普世宗教，并以此为尺度责难其他宗教。他们有他们的时代局限性。当然，宽容精神是一种现代精神，也是现代文明的核心原则之一，我们不能苛求500多年前的人。只是500多年后的时代已经是全球化、后现代的时代了。如今强调的是各民族、各种文化的多样性，强调的是宽容和理解。不同的文化、宗教之间依然有竞争，但这种竞争不一定是你死我活的竞争，也可以是相互了解后的理解、宽容基础上的竞争。而且就宗教而言，各个宗教之间可能最需要的是对话和沟通、理解和宽容。

对话和沟通、理解和宽容应该成为当代人的生活方式和常数。人与人之间是如此，国与国之间是如此，在对话和沟通的基础上达成的是相互之间的理解，在理解的基础上才能和平共处。1962年10月11日，在教宗若望二十三世主持下，梵蒂冈第二届大公会议在罗马圣彼得大教堂正式召开，这次会议历时三年，举行了四期集会，即为"梵二大公会议"。这次会议的召开乃天主教因应"时代的征兆"，在新的历史时期对自身的一次重新认识。就在这次会议上，天主教决定向现代世界开放，提出了"与时代共进"(Aggiornamento)的口号。会议邀请了东正教和新教的代表列席旁听，是这次会议的亮点之一。要知道：自从东西教会大分裂，天主教就与东正教少有来往；同时，自从宗教改革、新教分裂出去之后，新教一直被天主教看作异端邪说。东正教和新教的代表列席旁听，不能不说是一个重大的进步，显示出教廷开放的胸襟和改革的决心。这次会议努力回答的问题之一就是天主教信仰与世界上的其他宗教信仰的关系，如天主教与其他基督宗教的关系、与非基督宗教的关系、与犹太教的关系、与无信仰者的关系，等等。"梵二大公会议"不再把天主教会等同于世界上唯一的真教会，也修改了过去一味强调的"教会之外无救恩"(即天主教把握着全部和绝对的真理，不加入天主教会，就不可能获得灵魂的拯救。天主教一直把“教会之外无救恩”当作对待非基督徒、东正教徒和新教徒的定则甚至信条）的教条，并开始承认其他的宗教并不在拯救历史之外，而在拯救历史之内。别的宗教也反映了“真理之光”。“天主公教绝不摈弃这些宗教里真的圣的因素，并且怀着诚恳的敬意，考虑他们做事的生活方式，以及他们的规诫与教理。这一切虽然在许多方面与天主公教所坚持、所教导的有所不同，但往往反映着普照人类的真理之光。”①这就等于宣告了“教会之外亦有救恩”。在“梵二大公会议”通过的三项宣言中，其中一项就是《信仰自由宣言》。

“梵二大公会议”之后，天主教对其他宗教和基督宗教内部的宗派更加包容，开始注重宗教的对话。“梵二大公会议”标志着天主教会从传统的自我中心的独断式思维中走出来，向世界开放，不再居高临下，而是以平等和对话的姿态来处理与其他宗教的关系。这表明了天主教的与时俱进，以及教会在现代性语境中对自我的重塑，更表明天主教的最上层已经承认这个星球的宗教生态的多样性、复杂性，并愿意与不同的宗教对话，求同存异，和而不同，寻求相互的包容与理解而不是冲突。“五十而知天命”，在“梵二大公会议”召开五十多年后的今天，我们梳理它的精神和思想原则，对于在我们这片土地上构建和谐的宗教文化生态环境，应该有不言而喻的作用和意义。

当年利玛窦提出“联儒抗佛”是从传教策略上来考虑的，但实践证明效果并不好。如何更好地与中国其他宗教相处，今天仍是基督宗教要解决的重要课题。当然，也不只是基督宗教，佛教、道教、伊斯兰教等宗教是否也需要同样的反省呢？如此，宗教对话、理解与宽容才成为可能。

---

① “教会对非基督宗教态度宣言”第 2 节，见《天主教梵蒂冈第二届公会议文献》，天主教上海教区光启社，2005 年，第 470 页。

文献资料专题

李方西致耶稣会总会长乔瓦尼·保罗·奥利瓦的意大利文信函(1668年10月6日)*

中山大学　梅谦立前言及注释；
华东师范大学　张锐意译

我们中山大学广州与中外文化交流研究中心目前计划长期研究康熙年间的中西文化交流。为此，我们在搜集中外文献，并对其中部分文献提供简略的介绍及中译文。

1668年，二十几位在广州被扣留的传教士讨论了传教政策。涉及的话题，除了我们比较熟悉的中国礼仪(祭祖祭孔)之争外，他们也就天主教是否欢迎那些持斋者，在弥撒时能否戴冠(祭巾)等展开了激烈讨论。这三个议题不仅造成了三个修会(耶稣会、多明我会、方济各会)之间的分裂，也在各修会内部产生了不同的声音：一些耶稣会士对祭孔祭祖、斋戒、戴冠帽三个问题持有与大多数人不同的立场。此外，耶稣会中华副省必须向一位居住在澳门的耶稣会视察员报告，而后者又改变了三个修会在广州制定的准则，使问题变得更加复杂。同时，在财政方面，耶稣会中华副省的资金在日本省的

---

* 1668年10月6日意大利耶稣会士李方西(Gianfrancesco de Ferrariis, 1609—1671)致耶稣会总会长(Giovanni Paolo Oliva, 1600—1681)的书信；罗马耶稣会档案馆(ARSI)藏 Jap. Sin. 162，第213—214v页。

澳门理家手中管理,为此也发生了冲突。1668年10月6日,耶稣会中华副省的秘书李方西致信罗马耶稣会总会长,阐述了他们与视察员在传教政策及财政两方面发生的冲突。

李方西致耶稣会总会长乔瓦尼·保罗·奥利瓦

在基督内我们尊敬的神父
主内平安。

对于在上封信中跟您提及的那些内容,我认为有必要在这封信中解释得更清楚些。我们的副省会长成际理曾以副省会的名义①,将他与其他神职人员共同商议制定的相关准则②寄给了视察员路易斯·达·伽马神父③,并在对其进行审核及批准后发送给了您。利安当神父④同样曾将自己撰写的大量稿件寄给了视察员,他强烈反对祭孔和祭祖的礼仪⑤,反对上帝、天神、灵魂等中文名称⑥,反对持斋戒者的政策⑦,以及在圣事中戴冠一事⑧等。多明我会团体的长上闵明我神父⑨

---

① 葡萄牙耶稣会士成际理(Feliciano Pacheco, 1622—1687),属于耶稣会中华副省,当时担任副省会长一职。

② 1667—1668年,传教士们在广州召开会议,制定了42条传教政策(Praxis)。

③ 葡萄牙耶稣会士路易斯·达·伽马(Luis da Gama, 1610—1672),属耶稣会日本省,当时为日本与中国的视察员。

④ 西班牙方济各会士利安当(1602—1669)所写的报告有不同抄本:法国国家图书馆 BNF Ms Espagnol 409: 63-81(1688年4月9日);葡萄牙里斯本 Ajuda Ms 49-IV-62. 1532-1539: ff. 28-72(1688年4月18日)。

⑤ 这涉及礼仪之争,反对中国天主教徒祭祖祭孔。

⑥ 这涉及译名之争,反对用中国哲学概念来表达基督信仰。

⑦ 这涉及斋戒之争,反对持斋戒的人受洗,除非首先破斋。

⑧ 这涉及祭巾之争,反对中国天主教徒戴帽参加弥撒。

⑨ 西班牙多明我会闵明我(Domingo Navarrete, 1619—1689),为该修会在华团体的长上(presidente)。

就祭孔问题，又以提问的形式寄出了另一封信函。[①]视察员神父令我们对以上论述做出回应，副省会长便将该项任务交给了潘国光、刘迪我、殷铎泽、毕嘉。为此，他们还购买了那些“好”修士引用过的中文书籍[②]，潘国光神父带病刻苦研习，殷铎泽神父也参与其中，最后他们写出了一份长篇辩解书。我曾将其转抄成两册，这份辩解书很久之前便已交到了视察员的手中。[③]

刘迪我神父则从神学角度撰写了一篇更长的辩解书：由于他的信件难以理解，亦无人转抄，因而无法于今年寄往欧洲。[④]副省会兼团体的理家毕嘉神父，又从其他角度撰写了一篇辩解书（我认为是最好的一篇），并且请求视察员将本会早期传教士在澳门收藏的所有关于以上问题的论述及手写稿发给他：尽管公务繁忙，毕嘉神父仍坚持认真钻研所有书籍（这位神父曾告诉我，大大小小的论述共计六十份），并在此基础上撰写一份长篇辩解书；但迄今为止，亦无人将其转抄。[⑤]

其中，汪儒望和聂仲迁神父[⑥]曾分别写过并寄给视察员神父相

---

① 1668年4月22日撰写；关于西班牙文抄本，参见葡萄牙里斯本 Ajuda 49-IV-62. 1569, ff. 197v－198v；拉丁文抄本，见葡萄牙里斯本 Ajuda 49-IV-62. 1530, ff. 27v－28v。

② 耶稣会士把朱熹《四书章句集注》、张居正《四书直解》、《大明会典》等书的章节翻译成拉丁文。

③ 1668年8月15日写成的 *Disputatio apologetica de officiis et ritibus*；三十年之后出版：Intorcetta, *Testimonium de Cultu Sinensi*, Paris: Pepié, 1700。

④ 最后等到1669年7月，法国耶稣会士刘迪我（Jacques Le Faure, 1613—1675）才完成该任务，并于三十年后将其出版：Le Faure, *De Sinensium ritibus politicis acta*, Paris: Nicolas Pepié, 1700。

⑤ 李方西只看到了毕嘉（Giandomenico Gabiani, 1623—1694）的稿件。毕嘉把副省会的档案从澳门移到了广州，大量引证，1680年才完成他的报告，标题为 *De ritibus ecclesiae sinicae permissis apologetica dissertatio*；参见法国国家图书馆 BNF Espagnol 409: 159—188。部分出版于：*Dissertatio apologetica, scripta anno 1680, de sinensium ritibus politicis*, Liege: G.H. Streel, 1700。

⑥ 汪儒望（Jean Valat, 1614—1696）和聂仲迁（Adrien Grelon, 1618—1696）均为法国耶稣会士。目前，只有1688年聂仲迁的报告，未找到汪儒望的报告。参见 Grelon, *Utrum ieiunantes Sinici volentes ad fidem converti obligandi sint ad solvendum ieiunium eique renuntiandum antequam baptismum suscipiant? nec ne?*, ARSI, Jap. Sin. 158: 51－61v。也参见梅谦立：《佛教受斋能否融入天主教？——以1668年“广州会议”与聂仲迁的报告为例》，《佛光学报》2018年第2期。

关论文,反对大部分人所支持的以下观点:“吃素守斋的中国人,如果还没破斋,不允许受洗,除非特殊情况,即不引起非议、可以证明有正确的理由持斋。”①这两位神父与利安当一样,都认为守斋的人绝对不可以领受圣洗圣事,除非他们破斋。殷铎泽神父则为此撰文捍卫。②过了一段时间,视察员(达·伽马)致信副省会长(成际理)(并令副省会长向所有神父宣读该信函),让我等能够与方济各会和多明我会的神父和解。过了不久,视察员再次致信副省会长,信中认为准则当中的第六、二十及二十二条不够妥当。他要求在第六条准则中添上他提出的案例;其他两条,他认为也有些出入,但他应该指明一条正确的方案。③在收到并向在场所有的神父们宣读了这封信之后,副省会长要求毕嘉神父对斋戒者问题做出回应;而我则需答复是否应该遮住头部那一点。④然而,视察员透露出不愿让其他修士(即方济各会士及多明我会士)知道此事:我们便回应表示,以上准则皆是与其他修士共同商讨制定的,若我等擅自修改,他们将甚为不悦[且他们已将上述准则传达给了位于浙江和福建的同修会神父(即多明我会士)],因此,我们请求他切勿在未收到我们的回复和通知他们(即方济各会士及多明我会士)前,做出任何修改。与此同时,汪儒望和聂仲迁神父(未在该团体内担任过任何职务)竟然偷偷撰写反对在圣事期间遮掩头部的言论。⑤而视察员在未曾向其他修

---

① 即广州会议的第六条议案;参见罗马耶稣会档案馆 ARSI: Jap. Sin. 162, ff.253 - 256。

② 关于 1688 年殷铎泽所撰文稿;参见 Intorcetta, *Quaeritur an jeiunantes in Sinis ante quam baptizentur semper et ex natura sua cogi debeant a missionariis ad fragendum suum jeiunium*; ARSI, Jap. Sin. 150, ff.71 - 77。

③ 第六条关于斋戒问题,第二十及二十三条关于祭巾问题。

④ 关于毕嘉针对斋戒问题的文献,目前尚未找到。

⑤ 关于 1668 年聂仲迁所写的报告,参见 Grelon, *An deceat et expediat Christianos Sinas aperto capite Sacro interesse et Sacerdoti sacris operanti ministrare*, 1668; Jap. Sin. 158: 25 - 28v(1a via) 29 - 32v(2a via) and 33 - 36v (5a via); BVE Fondo Gesuitico 1257/18。在这份报告中,汪儒望的名字似乎并未出现,不过,按照李方西的说法,是他们两人合作所写的。

士做出回应，且尚未收到我等回复的情况下，又一次致信副省会长，令其从当下开始切勿继续强求我们的人在弥撒圣祭之后的祈祷、颂念五谢礼等祷文中遮盖头部。在收到该命令的当晚，我们所有那些不愿遮盖头部的人，其中包括汪儒望、聂仲迁、陆安德及张玛诺神父便纷纷在颂念祷文时露出头部；[①]在中国，露出头部是大不敬的，这不亚于咱们的戴冠。其他选择露出头部的神父包括利安当神父（他从未戴过帽子）及费里伯神父；我们一直认为费里伯神父[较其他两位（多明我会士）]没有那么博学。[②]

当时，副省会长致信给视察员，请他在代表殷铎泽神父回来前不忙着就这几点回复，因为后者正准备去澳门。我作为副省会长的秘书，按他的要求，曾三次写信给视察员，请他在看到我们准备的回复前，暂且不要决定任何事宜。毕嘉神父忙于处理澳门运来的大堆手稿；我负责抄录，并且肩负着副省会长的秘书及副省会的顾问二职，此外，我还要负责团体的理家；因此，我没法像希望的那样雷厉风行。我原本在等待时机寄出自己的手稿，毕嘉神父也在此期间提出了几点重要意见让寄出去。当视察员的信函到来时，从语气上看他非常生气，他说我们没有进行必要的修改，他坚决要求准则中的第六点加上他决定的两件事例，那些参与弥撒的人也必须露出头部。

我们大家都对如此坚定的决议感到吃惊，怕得罪了大领导而被定罪，虽然我们也不知道错在哪儿。两位领导[即副省会长（成际理）和团体的院长[③]]为了不在下属面前丢脸（就在几个月前，他们要求弥撒期间要戴冠，因为有的人戴，有的人不戴），找到一个折中的办法来不服从持坚决反对意见的视察员，他们先顺着后者，当必要的时候，让他再自然而然地改变想法；两位领导还要求在弥撒中穿

---

① 陆安德（Andrea Lubelli，1628—1685）为意大利籍耶稣会士，张玛诺（Manuel Jorge，Portuguese，1621—1677）为葡萄牙籍耶稣会士。

② 费里伯（Filippo Leonardo，1628—1677），意大利籍多明我会士。

③ 何大华（António de Gouvea，1592—1677），葡萄牙籍耶稣会士。

上白罩衣,即使在穿此衣期间,已经惯于不戴冠(或乱用)。神父们看到了变化,也深知其缘由,他们不得已铤而走险(因为视察员神父在信中要求了,如果要改变,我们必须向他申请)。重要的还有(多明我会的)长上(闵明我)前两天写了一封解释中国传统优点的简讯,寄给了视察员神父;[①]萨佩里修士也写了一封信给代表殷铎泽神父(托他带给澳门的视察员和身在罗马的您),信中他告诉视察员,他对自己的认知坚信不疑,并站在大部分神父那边,但如果视察员不认同大多数人的观点,而只信那一小部分人,这会让他感到一辈子担忧。[②]这就是该事件的全部。

在得到副省会长及其他神父的同意后,我将两封自己的手稿寄往澳门(它们中的一封可能已经抵达了):一封给视察员神父,另一封则给代表神父(殷铎泽),望后者能把它送给在罗马的您。[③]那封信中还有已经修改过准则的第二十、二十二条,下面签字的神父,都是持同样意见的人。他们中的一些人建议我让洪度贞神父签字。由于他总是摇摆不定,一会这样觉得,一会又那样觉得,所以关于他的签名,我并不认为很合适。[④]我也没来得及让方玛诺神父(他和我们持有相同意见)签字,他当时人在澳门。[⑤](多明我会)长上(闵明我)神父也将自己的阐述寄给了视察员,这儿我们自己人也抄写了一

---

① 关于祭巾问题,闵明我、利安当和大部分耶稣会士的看法一致。关于闵明我致达·伽马的信函(1668年10月9日),参见:Dudase si en China es conveniente que assistan los Christianos a la missa cubierta la cabeça; Jap. Sin. 150: 20-27;抄本 Jap. Sin. 150: 28-33。

② 多明我会士萨佩里(Domenico Sarpetri, 1623—1683)在祭孔祭祖问题上不听从闵明我,而跟随大部分耶稣会士。此人是耶稣会士潘国光的侄子。关于1668年11月2日他寄给殷铎泽的信,参见 Jap.Sin.158: 8-9v; Jap. Sin. 150: 34-35。输入 *Acta cantoniensia* (1700), pp.55-58(西班牙文原文及拉丁文译文)。

③ 关于李方西对祭巾问题的报告,参见 Ferrariis, *Apud Sinas in signum reverentiae tegendum esse caput*; ARSI Jap. Sin. 150: 38-41(1a via) 42-45v (3a via) 46-49; Jap. Sin. 158: 10-17v(2a via) 18-24v(5a via);意大利罗马国家图书馆 BVE 1257/18。

④ 法国耶稣会士洪度贞(Humbert Augery, 1618—1673)。

⑤ 法国耶稣会士方玛诺(Germain Macret, 1620—1676)。

份。如果有时间，我也希望寄一份给您，因为值得一读，不少人认为他很有道理；因为我们怀疑，视察员神父可能不会将原稿寄给您。[①]

关于“好人视察员神父”[②]（向您说句实话），我们在这两年半的避难中没有见到过他对中华副省有过一丝丝最起码的怜悯之情，异议却有不少。他谈到的资金，（我斗胆说）这个贫穷的副省会的资金被日本[省]的理家控制并挥霍。首先那3 000钱币，是您寄到里斯本给我们的，以便（在澳门）用来支付给马西莫·达·席尔瓦[③]的继承人，（由于这笔资金在日本理家那儿）我们没捞到任何好处，即使在得知这笔钱被里斯本当局放行了之后。为了购置一处新的住所，总会长通过巴尔塔·达·维加[④]使节给了4 000块，结果他（日本省的理家神父）不顾刘迪我神父的反对意见（当时的副省会长）而拿走了；由于钱被用完了，他们也不愿意再给我任何“利润”（他们这么称呼）了。由于钱被花完了，我这么说，副省会长代表副省会（虽然省会不情愿如此），可以将钱交给一个专门的理家，我们曾多次向视察员吁求这件事；过了两年半的时间后，他给我们安排了一位理家，但他对我们的大多数上书感到愤怒；通过使节（巴尔塔·达·维加），我们最终收到了一些灯和其他一些教会使用过的银器；有明显迹象表明我们的资金，起码一部分不处于正常状态（正如我曾致信视察员所述）。视察员的理由是，由于日本（省）的理家非常需要这些收入，另一方面是因为澳门没有任何合适投资这些资金的人。我坚信若有专门的理家，很容易找到投资的对象；因为我们都知道，澳门的一些葡萄牙人拿钱来广东放贷，每个月有三个点的可靠收益；比在澳门每年拿二十个点的收益要好得多。他没回复。他没啥好回复

---

① 这里指之前提及的闵明我致达·伽马的信函。就该问题，李方西认为闵明我是正确的。

② 此处为讽刺之语。

③ 关于马西莫·达·席尔瓦（Massimo da Silva，Maximo da Silva?），有待研究。

④ 关于巴尔塔·达·维加（Baltassar da Vega），有待研究。

的,因为他身上既没有使节团带来的钱,也没有您施济给我们的钱。最后,终于在 9 月底的一封信中,由于殷铎泽神父的到来,给我们带来了一位专门的理家。殷铎泽神父写信说他将竭尽所能,重新找回使节团带来的 4 000 块和您施济的 3 000 块。虽然我怀疑他能否办成此事,因为交趾支那的船并没有来,那艘船上有日本运来的白银,而其他船只都载一些货物,没有钱币。要向您解释清楚这件事,还需要一整张纸;但我们的代表殷铎泽神父会向您面述(愿天主凭着他的怜悯能够保护他),所以我在这儿就不多言了。我只想说,我们与视察员之间没有矛盾,但不要再以副省会的名义来做生意了,要是这样子真的能赚钱倒好,然而经验告诉我们,如此一来只会赔的比赚的多。我们的省会在中国曾有超过 4 000 块钱,这是最多的时候。我们的这些钱全被浪费了,之后我从澳门去山西时,除了一堆债务,没得到任何资助。这样我们的坏名声也会在商人中传开来,对修会很不利。由于这封信已经很长了,我请求您的原谅,抱歉我的长篇大论给您带来的烦扰。我再次请求您的祝福,请您在祷告和圣事中记得我。

1668 年 10 月 6 日于广东

天主的微仆

李方西

意大利耶稣会士陆安德《1670年广州住院与传教团简报》

中山大学　梅谦立前言及注释；
复旦大学　董少新译校

前　　言

这里所提供的《1670年广州住院与传教团简报》，叙述了1669年10月至1670年10月在广州所发生的事件。由此可以推测，这份报告为1670年底所写，此后通过澳门耶稣会寄到罗马耶稣会总部。在罗马耶稣会档案馆里，我们没有找到原件。当时广东归属于耶稣会日本省，因此日本省应在澳门保留了附件，但到19世纪，档案被毁了。幸运的是18世纪初，澳门耶稣会士把日本省的档案抄了一份，寄到葡萄牙省，现保存在里斯本阿儒达（Ajuda）图书馆。这份报告未署名，不过，可以确定是当时的广州院长陆安德（Andrea Lubelli，1611—1685）所写的。他本人归属于日本省，从1659年起，长期住在广州。从1666年3月25日至1671年9月8日，二十几位传教士因故被扣留，住在广州的耶稣会大原堂（位于西门外第六铺教堂）。这份报告显示，1670年传教士在广州的活动已经有了相当大的自由。

报告的前半部分叙述日本省两位耶稣会士的死亡：在1670年6月的八天内，意大利耶稣会士石嘉乐（Carlo Della Rocca，1612—1670）及澳门人修士蔡按铎（António Fernandez，约1620—1670）去世了。陆安德简略叙述了他们的一生，特别展示他们的信德。报告后半部分叙述1669年10月至1670年10月在广州发生的事件。传教士保持谨慎态度，决定控制在礼拜日和重要节日参加弥撒的人数。即便传教活动受限制，然而在“教案”期间还有550人受洗，其中1670年有158人受洗，特别是因为陆安德三次去了城外传教。他讲述有哪些人受洗：1.高官尚可喜的妻及妾；2.见天主的一位妇女；3.一位算命先生的夫人；4.一个外地人和他的夫人及孩子；5.一位二十岁的少女；6.一个婴儿。如此，我们可以看到，妇女占很大的比例，大部分属于底层社会，但也有上层社会的（高官的遗孀）。另外，需要注意“黑人”在城外有自己的教堂或神堂：当时康熙禁止与澳门的贸易，使许多原居住澳门的印度人离开了澳门去广州谋生。我们很难判断这个“黑人”团体有多大的规模，也许有几十位成员。

总之，这份报告展现出1670年天主教会在广州的边缘化。传教士已经被扣留三年多，几乎成了城市中的囚犯。即便他们逐步可以在城内活动，甚至陆安德可以在城外活动，然而他们的边缘化导致他们接触到社会的边缘人，即妇女、病人、“黑人”。不过，从另一个角度看，这些边缘人是最需要信仰的希望及依托的。由此可以看到，1670年广州天主教会开始了初步复兴。

《1670年广州住院与传教团简报》[1]

今年本住院有5位日本教省神父[2]和17位中国副省神

---

① 该报告选自《1688—1670年耶稣会日本教省年信》（*Ânuas da Provincia do Japão de 1668 a 1670*），见葡萄牙里斯本阿儒达图书馆（Biblioteca da Ajuda）藏《耶稣会士在亚洲》（*Jesuítas na Ásia*）档案文献之“日本教省系列”（Série da Província do Japão），编号40-IV-62，第748v—752v页。

② 5位耶稣会日本省耶稣会士：何大化（António de Gouvea）、蔡按铎（António Fernandez）、陆安德（Andrea-Giovanni Lubelli）、石嘉乐（Carlo Della Rocca）、瞿笃德（Stanislas Torrente）。

父①，以及3位多明我会神父，其中有1位已逃往澳门②。有关中国副省神父的情况，将在中国副省年信中汇报。③日本教省的5位神父中，有2位去世了。石嘉乐神父从柬埔寨乘船至海南岛附近海岸，再与一些遭遇海难的人一起到达这里。他被囚禁于牢狱之中，并身染重病，就是这病导致他去世的。我担当他的担保人，保证他不会逃走，我们才得以把他从牢房中带出来。但是主想使他此生都免受牢狱之苦。他死时诸圣礼均举行了，使用的丧葬诸器具亦齐备，尽管由于这里物资贫乏，缺少欧洲式样的物品，使我们仅能为他提供普通礼器，但我们倾尽全部的仁善来为他做这场祭礼。而蔡按铎修士更是竭尽全力照料石嘉乐神父，并在石嘉乐神父去世前积劳成疾，几天后也去世了。在他去世的这一天，我们便把他的遗体运来准备安葬。④石嘉乐神父在会内表现、学识和品德等所有方面都是一个好人。他在交趾支那传教多日（我认为是数年），之后又在东京传教，在那里与多名神父一道遭到驱逐；他也曾数次前往柬埔寨，并曾两度遭遇船难。⑤有一次是在交趾支那登船时，不幸跌到海里，沉入海底，生命危急；他在柬埔寨不断遭到法国教士的迫害，不得不藏匿

① 17位耶稣会中国副省耶稣会士：洪度贞（Humbert Augery）、潘国光（Francesco Brancati）、聂伯多（Petro Canevari）、柏应理（Philippe Couplet）、李方西（Francesco de Ferrariis）、毕嘉（Giandomenico Gabiani）、聂仲迁（Adrien Grelon）、恩理格（Christian Herdtrich）、张玛诺（Manuel Jorge）、刘迪我（Jacques Le Faure）、穆格我（Claude Motet）、穆迪我（Jacques Motet）、成际理（Feliciano Pacheco）、鲁日满（François de Rougemont）、金弥格（Michel Trigaut）、汪儒望（Jean Valat）、方玛诺（Germain Macret）。

② 3位多明我会士：闵明我（Domingo Navarrete）、费里伯（Felipe Leonardo Valentino）、萨佩里（Domenico Sarpetri）；1669年12月9日，闵明我偷偷地离开广州，去了澳门。

③ 参见聂仲迁（Grelon），*Litterae annuae*，*V. Prov. Sinensis 1670－1671*，1670年10月20日；原稿（3a via）ARSI Jap. Sin. 122：326－363；在罗马所抄的副本：ARSI Jap. Sin. 120：1－201。这份报告主要涉及北京所发生的事件，也提到了国内天主教的情况，不过没有提及广州的事件。

④ 1670年6月10日，耶稣会神父石嘉乐去世了，6月18日，澳门耶稣会修士蔡按铎去世了，两人于同一天埋葬。

⑤ 1658、1668年。

了六个月。[①]那些挑起事端的人想杀害他，他们操起武器以实施他们的邪恶阴谋；此事起因是石神父向他们的长上谴责这些人的罪恶行径，包括公开姘居及其他生活上的丑行，要求他们的长上不接纳这些人的忏悔。他们对石神父的迫害日甚一日，最后我们的长上们决定把石神父调离这一危险的处境，以此来阻止他们的阴谋。在海南(Ainão)沿海，石神父所乘的船遭遇海难。而由于正值中国海禁，乘该船航行的人都被当作盗匪抓了起来。他们一路上遭受了中国官府的虐待，缺衣少食，直到抵达广州。对那些没有中国经验的人而言，他们的这些遭遇是难以想象乃至难以置信的。石神父抵达后，我们按照耶稣会所教导的以全部的仁爱之心为他提供所需要的，而且也竭尽全力为其他同船人员提供帮助。我们这么做并非没有危险。我也立即设法把石神父从监狱中保释出来。[②]因为我们有安顿这些人的地方，所以不可能把其他遭遇船难的人丢在牢中不管，而是应该把他们从拥挤不堪、空气污浊的监狱都接到我们的住院中休养，但是他们不准保释所有其他遭遇船难的人。我们费了很大力气才把石神父担保出来。他是躺在担架上被抬到住院的，来时已奄奄一息，几乎没有知觉了。说到给他做圣礼，尽管持续数日，有很多事情要在他还很清醒的时候做，让他领取圣礼，假设他多次领了圣餐。在临终之日，他处于清醒之中，持续地做那些动作，这是他以他的高尚美德所能期待的，直到最后。

蔡按铎修士是在澳门出生的中国人。他前往中国内地协助诸神父。他经历了严酷的考验，在服务诸神父的过程中遭遇了很多磨难，甚至一个残暴的叛乱者命人割了他两百刀。安文思和利类思两位神父在狱中和在患病期间，他对两位神父的关爱极为重要。他是两位神父的救命恩人。两位神父设法对他的恩情给予百倍报答。

---

① 1665—1670年，巴黎外方传教会路易斯·切夫雷伊(Louis Chevreuil, 1627—1697)在柬埔寨活动。

② 很明显是陆安德写了这份报告，因为只有他长期住在广州，能够等到石嘉乐的释放。

于是，他被接纳入了耶稣会。他在会中始终严守德行，深获赞扬。[①]他为人单纯朴素，对拯救灵魂之事积极热情。他从不游手好闲，而是爱神父们，周全地服侍神父们，并以更大的热忱专注于灵魂拯救之事。他爱教友，并以更大的慈爱照料他们。他在操劳这些善事及日夜服侍石嘉乐神父的过程中生病去世了。他的临终圣事都做了，所用器具都是很好的。在患病的略早前，他已经做了灵魂告慰(exortações espirituais)，满怀虔敬，立下诸多新的决心。

两人的葬礼是在同一天举行的，早前去世的石嘉乐的遗体安放在棺椁之中。葬礼庄严隆重，按照中国习俗，这样的葬礼是可行的。葬礼成为一场教友大集会，也是对异教徒的一场宣传会。通过这场葬礼，异教徒们便不再像以前那样误认为我们不善待死者了。[②]

本传教团本年度(始于去年 10 月末我寄呈传教纪要之时)在此形势下所经历诸事：[③]

禁止圣教的命令传来后被贴在我们的门上。一同传来的还有一份声明，声称圣教是好的，而我们是无辜的，被安在我们头上的那些罪名不成立，这些罪名就包括我们试图起义建立王国。声明中还说，控告我们的人已死，其死有应得。只是在声明的最后才提到官府担心再有人接受基督律法，以及再建教堂，这些都是被严厉禁止的。[④]对于这一禁教令和声明，教徒们还算能够接受，异教徒更容易接受。然而，在本住院的神父们极为谨慎，不得不勉强接受，我本人

---

① 澳门人蔡按铎(António Fernandez，约 1620—1670)在四川为安文思(Gabriel de Magalhães，1610—1677)及利类思(Lodovico Buglio，1606—1682)效力，1642—1647 年受到了张献忠的迫害。1651 年，加入了耶稣会，成为终身修士。

② 由于石嘉乐是神父，丧礼使用棺材。即便传教士被扣留，他们也可以安排从大原堂到越秀坟墓送葬的行列。陆安德强调他们以中国方式进行丧礼。

③ 报告涉及 1669 年 10 月初至 1670 年 10 月初的事件。

④ 康熙八年七月二十日(1669 年 8 月 16 日)和硕康亲王杰书等提称表示天主教“无为恶乱行之处”，并把杨光先判处死刑；参见《中国天主教史籍汇编》，台北辅仁大学出版社，2003 年，第 512—514 页。这份 8 月的文件，两个月之后(10 月)到达了广州。

也是这样，因为我负责管理这一传教点。副省会长神父[①]召集了一场咨询会，因为这是事关整个中国的事，与会者除了那些本省的咨询者外，还包括一些富有经验的神父。在咨询会上，他们问我是否会要求我的传教点执行官方命令，因为在其他地方也没有神父，也就没人可被询问；我说，诸位阁下给出意见，我不得不避开本咨询会做出的决定；[②]依据所有人的意见，咨询会决定，要通知教徒们在礼拜日和主要的圣日，不要所有人都来参加弥撒，即使要来也要少一些人，就像每年来教堂的人数一样，以便不引起异教徒们的注意，直到我们看看事态如何变化；我也同意这一意见，因为的确要更加谨慎，而我也是这么要求教友们的。但是以往的经验显示，我们不必给中国人以恐惧，因为他们是胆小之人，他们在担惊受怕之时已经非常小心谨慎了；我们认为在开始时官员们会认真执行命令，因为是皇帝命令他们执行的；[③]但是他们也只是把布告在我们的门上张贴三日而已，很多人读了这份布告，说很好，并向我们道贺；只有一些其他的人读了布告后面色改变了。但是很多基督徒在不准成群结队来教堂的命令之下热情减退了；跟随基督徒前来听圣教之事的异教徒们，今年对他们的皈依工作达不到我的预期；这里可以补充一个例子：一个十分虔诚的女基督徒，已经接受良好的培训，她带领很多妇女认识圣教，结果被她的丈夫指控为贼首，她被迫逃离了；他还对这一平民百姓信奉的圣律大肆诋毁，将恐慌散播到基督徒中，我立刻使恐慌恢复了平静。但是这位好的女基督徒所做的那些没有过错的事情，对我们而言也没有成果。[④]然而，今年基督徒人数比去年多，因为本城所欠缺的数量被我三次前往村庄传教数日收获的

---

① 从1669年9月29日起，何大化代替成际理担任中国副省会长。

② 虽然陆安德参加了这个咨询会，不过他强调广东省与其他天主教地区的情况不同，因为在广东的耶稣会士可以跟本地团体保持密切联系。

③ 康熙八年七月二十日的诏书禁止开放教堂，不过，在广州没有严格执行，只要求控制人数。

④ 陆安德表示，这位很热情的妇女无辜，不过她的热情带来了不好的后果，如此必须谨慎。

人数弥补上了。①

领洗人数为 158 人，数量不大，如果局势平静的话会有更多。但是如果我们将这一数字与在整个中国所取得的成果做对比的话（则不算少了），根据这一年我看到的（耶稣会中国副省）年信，其中仅涵盖不足两年的内容，但受洗人数是包括在内的。在教难期间的这些年，以及罗文藻神父（Padre Fr. Gregório）通过寻访洗礼的，总计不超过 4 000 人，这其中还包括这些年 6 万名基督徒所生的子女，而这些年仅广州传教团领洗人数就超过 550 人。②本传教团的成果更多，尽管这里的迫害更为严厉；迫害主要不是针对教徒，而是针对神父们；严厉且让人感到耻辱的布告张贴在我们的门上，我们数次被官员访问和劝勉，而官员们在街道中央下令给负责看管我们的街道头目，让他们不准人们进入我们的住院，因为我们的住院与圣律有涉；③我说这些不是为了打击如此荣光的中国传教团，神父们在这里取得的成果之大，（其他地区）难以比较，但我说这些只是为了指出一些人的错误，这些人认为在广州做不出成绩或者不能取得成果，于是他们便不想来到地处澳门附近的这里。这一错误想法由澳门传开，很妨碍传教，但这种妨碍是可以战胜的，皈依者在一点点增加，正如中国范围内传教点的增加。中国的这些传教点都很好、很

---

① 在"教案"期间，广州城内的教徒减少了，不过 1670 年陆安德三次去城外传教，使 1670 年的教徒总数比 1669 年高一些。

② 似乎陆安德统计 1665—1670 年的新受洗教徒人数为：全国（广东之外）有 4 000 人，广东有 550 人（其中 1670 年有 158 人）。根据陆安德的说法，在"教案"期间，天主教人口数量继续增加 4 000，意思是说，从 60 000 达到64 000（似乎不算死者）。根据毕嘉的说法，1664 年全国（除了广东）有将近 10 万名教徒（参见 Standaert, *Handbook on Christianity in China*, Leiden: Brill, 2001, p.383），与陆安德的差距较大。注意，一般来说耶稣会的统计数字不包括多明我会及方济各会的传教区。

③ 1666 年 3 月传教士到达广州不久之后，反天主教的圣谕就贴在大原堂的门上；参见 Gabiani, *Incrementa*, c. 7, p.580；Santa Maria, "Relaçion de la persecuçion", in *Sinica Franciscana*, vol 2, p. 590；Navarrete, *Controversias*, pp.258 - 259。但根据闵明我的说法，从 1668 年中开始，情况比较宽松；参见 Navarrete, *Controversias*, p.64。

牢固，规模也都在一点点扩大。而那些迅速倍增的传教点，在热情过后，便出现萎缩，并在易代的冲击下消散、破灭。①

今年值得记述的信仰案例如下。首先要讲的是两位贵夫人的皈依事迹，因为她们的事迹尤为值得记述。她们的皈依发生于年初。她们是一位王爷（Mandarim do Régulo）②的两个遗孀。她们那时均患重病，很多医生都无计可施，她们也服用了很多药物，但都没有效果；直到在更换医生时有人来推荐一位基督徒，该教徒更擅长给马治病，从事治马已有多年，而治疗娇弱的贵妇就不那么擅长了。然而，当两位患者发现多梅（这位基督徒的名字）③来到家中，便感到病痛大大缓解了，而他一离开，她们便会受到病痛折磨，如是已有多次了。她们问他身上藏有什么功力导致这一现象产生。多梅诚恳地说，他也不知道自己有什么功力，只知道自己是一名基督徒，被给予圣律的讯息。两位贵妇发誓在康复后将成为基督徒；其中王爷的第二位妻子④立即放弃了秉持多年的佛教斋戒⑤，她的病情有所好转，在我前往"黑人"教堂⑥的时候她也去了。让我感到不安的是，这一外部构造为中式的教堂，其内部很不体面，里面也没有（她需要的）慰藉。但另一方面我也高兴地看到，她是带着谦卑与真诚来的；

---

① 陆安德承认，身在澳门的部分传教士的错误想法妨碍了广东天主教的发展，不过可以克服这个妨碍。

② 由于其他传教士文献用拉丁文"Regulus"称尚可喜（1604—1676），这里的"Régulo"也指尚可喜。1670 年初，两位寡妇受洗，她们的丈夫也许于 1669 年去世了。

③ 这位天主教医生（Thomé）是很有意思的案例，因为中医与民间宗教有密切关系，与天主教很容易发生冲突。

④ 第二位妻子应该为妃子。

⑤ 妃子保持佛教的斋戒，此后放弃。1668 年，传教士在广州激烈地讨论受斋者是否要先破斋戒，才能受洗。参见梅谦立《佛教受斋能否融入天主教？——以 1668 年"广州会议"与聂仲迁的报告为例》，《佛光学报》2018 年第 2 期。

⑥ 除了大原堂之外，城外有"黑人"教堂或神堂。"黑人"指一些从澳门过来的印度人。当时康熙禁止与澳门贸易，使澳门经济发生很大的危机，许多穷人离开了澳门，到广州谋生。

经过相当多的教育后，我给她洗礼了。多梅说，第一位夫人的洗礼应该在她的家中进行；[①]数日后，在其家中我给她洗礼了，而且她家的很多人都领洗了。但我推迟了为她的儿子和儿媳妇洗礼，直到他们有更坚定的决心，由于他们要经常去王爷的家，所以他们没有放弃做一些迷信活动的意愿；王爷妹妹的孙女告诉我："我相信天主圣律的一切，对佛教的一切都不信，但当我奶奶让我做某些迷信活动时，我无法拒绝；因此，如果神父想宽恕我的那些不得已而为之的罪过，我立刻领洗。"我看到缺少决心是她领洗的障碍，空口说说是容易的，但真正拥有决心就不那么容易了，她在精神上不可能心存决心，所以我让她带着基督之苦，祈祷能在时机成熟之时领洗。这两位女士或称夫人，是真正的基督徒，特别是第二位夫人，行走于王爷的宫殿和其他高级官员的府邸时，遭受来自其他贵妇的大量无礼嘲弄，一直非常坚贞。[②]

"黑人"(教堂)附近住着一位妇女，因长期患病而厌世。她起身欲冲入池塘，由于她很虚弱，在家中重重地跌倒了。垂死挣扎时，她见一披发长须的尊者进到家中，便问来者何人？尊者回答说是天主，来此拯救她。她问："您想授洗于我吗？"尊者说："是的，我想为你洗礼。"说完就不见了。她叫来神父，经过短暂的教育后领洗了，数个时辰之后她去世了。[③]

一位妇女前去向一个巫婆(Pitoniza)询问：她的基督徒丈夫的灵魂在哪里？藏于巫婆体内的魔鬼回复道，基督徒们的灵魂他不知道。[④]

---

① 可以看出陆安德的策略：他先让妃子在"黑人"教堂受洗，此后让妻子在她家中受洗，使他能一步步地进入这个家庭。

② 陆安德没有让寡妇的儿子及尚可喜妹妹的孙女受洗，因为他们没有清楚表达拒绝迷信活动的意志。相反，两位寡妇(妻子及妃子)接受他们基督徒的身份，愿意受羞辱。

③ 这位妇女重病，见天主之后，她受洗了。按照天主教信仰，即便她死了，由于已受洗，她的灵魂获得了永生。

④ "Pitoniza"指算命女士。这里还可以看出寡妇比较容易接受天主教信仰。

一个抽签算命先生的妻子领洗了，她在家中挂了一幅圣像。她的丈夫要给人算命，却连续十天怎么也找不到他的那些签，最后命他妻子收起圣像。他妻子泪流满面、满怀悲痛地收起了圣像。丈夫同样也泪流满面、深感内疚，便希望成为一名教徒。但因为他以这种有害的算命术为生，所以他不愿前来接受入教前培训。[①]

接下来再把话题转到“黑人”礼拜堂的弥撒。前往那里必须乘坐轿子，因为需要携带讲弥撒的必需品而不能让被城门卫兵发现，这些守门卫兵会检查出入城门者的随身携带物品。轿夫们打破常规，抄另一条路从北门出城。我曾多次让他们不要这么做，因为路途变得更远且难行，但这次我便任由他们这么做了。[②]距离城门不远处，我看到一个男人直挺挺地躺着，一旁有他的妻子和两个儿子在帮助他。我坐着轿子来到他的跟前，问他是否希望成为基督徒。他听不懂我的话，因为他是从遥远的地方来的，不懂官话。我见他因虚弱而昏迷，而且我身边也没有传道员，这时有很多人聚集过来想听听我说什么，我便问他住在哪里，并随他们到了他们的住所。我派传道员前来为他讲授，他接受教育多日后，与他的妻子和两个儿子一同领洗了。两个月后，他去世了。他命中注定灵魂得救，在于他昏倒时我刚好路过；如果不是这样，他永远不会听到天主圣教的讯息。[③]

在“Hoçum”村[④]有一个孩子，领洗了没几个月。他的奉教父母叫来其他教友为他祈祷，以期他能够康复。但是他的父母听从了一些异教徒的话，做了一些迷信活动。孩子死了，灵魂获得了至福。孩子的死让他的父母备受教育，再也不会做那些迷信活动了。

---

① 这个故事还展示出妇女比较容易接受信仰，不过丈夫很难接受，这里因为丈夫是算命先生。

② 大原堂在西门外。因此，这里的城门指去澳门路上的其他门或桥。陆安德经北门去“黑人”教堂，这是不让卫兵注意到他的一个策略。

③ 陆安德看到病人的时候，他马上走近他，建议他受洗，才能获得永生。我们也可以看到传道员的重要作用。

④ 也许指芳村。

一位20岁的女子做得更好。在患病两年后，她领洗了。临终前的三个月，她不准她的异教徒父母做任何迷信之举。她带着明显的获得拯救的征兆去世了。

在“Xamlum”村，一个异教徒的儿子在出生后不久便得重病要死了。这位异教徒找来他的教徒兄弟，让他给儿子洗礼。洗礼后，孩子因窒息充血而发黑的面部立即变得如天使一般，随后便咽气了。众人对孩子面容的变化均惊叹不已。①

① 在这三个故事里发生了死亡的悲剧，不过对天主教而言，最重要的是死亡之后的事情。

附录

“儒学与欧洲文明:明清时期西学与宋明理学的相遇”国际学术会议综述

中山大学哲学系　李蓬云

2018年9月16—17日,由中山大学广州与中外文化交流研究中心、哲学系、西学东渐文献馆,北京外国语大学比较文明与人文交流高等研究院联合主办,国际儒学联合会,《国际汉学》编辑部协办的“儒学与欧洲文明:明清时期西学与宋明理学的相遇”国际学术会议在广州中山大学举行。会议邀请了来自意大利、澳大利亚、日本、中国大陆与台湾等国家与地区近30名学者参加。会议共发表论文23篇,针对明清时期西学东渐与宋明理学的互动进行了多项讨论。

一、明清时期欧洲传教士与儒学的相遇

中国儒学典籍西传研究一直都是学界热点。北京外国语大学张西平教授细致地考察了白晋与德国哲学家莱布尼茨的通信,提出莱布尼茨二进制的发明既是其长期关心欧洲数学演算的结果,又受到了东方演算知识,特别是伏羲八卦图所包含的二进制思想的影响。在这段交错的文化史中,中国文化的影响功不可没。日本筑波

大学井川义次教授则聚焦西欧最早出现的《孟子》全译本——卫方济(1651—1729)在《中国六经》中的《孟子》译本，认为卫方济的翻译广泛地参考了朱熹、张居正等宋明理学的注解，这种实证性的翻译方法影响了后来西方的中国学(Sinologie)研究。

来华传教士所搭建起来的儒学与欧洲文明对话的桥梁，受到了与会学者的关注。台湾“中研院”林月惠教授从利玛窦《天主实义》对“太极”和“万物一体”的批判性诠释出发，探索宋明理学与基督宗教在终极真理上的对话。林教授指出，应从宋明理学“太极”与“万物一体”的宗教讨论中重新思考“儒家一神论”的理论建构，这将为当下儒家与基督宗教的对话提供思想资源。北京外国语大学麦克雷教授同样聚焦利玛窦的《天主实义》，通过分析其中所呈现的儒家与天主教的行动动机，认为虽然利玛窦极力呈现一场与中国传统展开的哲学对话，但他始终不能回避天主教启示的在场。华南师范大学贺璋瑢教授则透过分析历史上利玛窦“联儒抗佛”的传教策略，提出“宗教对话、理解与宽容如何成为可能”的问题。贺教授提出，今天人们在梳理“梵二大公会议”的精神和思想原则时，更要认识到宗教对话产生的前提首先是承认对方宗教的价值及独立性，任何一种宗教都不能完全垄断真理。

北京外国语大学谢明光博士介绍了一份收藏于意大利档案馆的关于入华耶稣会士罗明坚(1543—1607)的意大利文文献。谢博士从16—17世纪欧洲海外扩张的历史背景入手，讨论该文献对于罗明坚中国传教事业研究的历史价值和意义。

陕西师范大学齐飞智博士以《童幼教育》为文本依据，分析高一志(1566—1640)宗教教育和道德教育思想。齐博士认为，高一志“义礼西学”相对于儒家伦理道德思想最为独特之处在于，强调宗教教育对于道德教育的奠基性作用。长治学院薛灵美博士则关注高一志“义礼西学”系列著作，揭开西方“厄第加”(ethica)概念的“东方面孔”。薛博士认为，“厄第加”与修身西学在形式上是西方伦理学在中国传播的一个补充，在内容上以修齐治平为纲目，也是对理学的一种继承和发展。相较于以高一志为代表的晚明来华耶稣会士伦理学译著的经院伦理学传统，中南大学谭杰博士则关注当时的另一个传统，即以利玛窦为代表的人文主义伦理学译著。谭博士提出，利玛窦的译著比高一志在中国士人中影响更广，原因在于其人文主义著作在形式和内容上均与儒家伦理有相通之处。

二、明清时期儒家士人与欧洲文明的相遇

明清时期西学东渐对中国士大夫产生了较大的影响。中央民族大学孙宝山教授关注黄宗羲的经世学与西学的关系。孙教授通过探讨黄宗羲从心性学到经世学的转换对其经世学的形成，西学对其经世学的影响及二者在思想方面的近代融合等问题，以此揭示中国传统学术在西学传入后所展现的变化轨迹。同济大学陈畅教授则追问黄宗羲《破邪论》的“上帝”“魂魄”与“精神”观念背后的哲学意义。他认为，黄宗羲致力于探寻对治朱子学与阳明学流弊的天理观，这一天理观包含的主宰性和客观性观念，正是黄宗羲的自然科学、宋明理学研究及天主教思想批判一以贯之的主线。

香港中文大学宋刚教授以清初经学家、天主教信徒刘凝（1620—约 1710）所编纂的《天学集解》为中心，追溯晚明至清初中国人对传教士所介绍和传播的西学的理解与反应，进而揭示 17 世纪儒学与西学之间相遇、互动的复杂轨迹。

明清之际西学东渐对东亚知识界也产生了一定的影响。日本庆应义塾大学（Keio University）折井善果（Yoshimi ORII）教授以日本耶稣会士 Habian Fukan 的 *Myōtei Mondō* 为文本根据，围绕“太极”和“理”等概念，考察 17—18 世纪日本新儒家对天主教护教学的批判，认为这是神创论与阴阳二元论之间的互动。中山大学阮廷庆博士以 18 世纪越南儒者黎贵惇的《芸台类语》为文本依据，分析黎

贵惇的理气观与朱熹及西学的关系。阮博士认为，黎贵惇的贡献在于善用西学的知识，特别是天文学与地理学，来证明理气的实有，并通过“地气”的观念指出不同地方各有其特殊性。

三、“礼仪之争”：明清西学与儒学的碰撞

“礼仪之争”可谓中外文化交流史上的一次影响深远的大碰撞。作为“礼仪之争”的核心问题，“鬼神”与“祭祀”在这次会议上得到了热烈的讨论。复旦大学董少新教授围绕尚祜卿和张星曜两位士大夫教徒的天学著作，讨论明清之际天主教死亡观的传入及反响。董教授提出，在以尚、张为代表的士大夫教徒身上，呈现“以天学来补充古儒所未言、言而未尽之处”的接纳模式。

浙江工业大学王定安教授提出了“弥撒是否是祭祀”的问题。他指出，耶儒祭祀“方式”都体现出神圣性；祭祀“对象”所呈现的“临在”“如在”之别，无非是神人关系的具体表现；神学、经学系统的中道、中庸原则，都以礼仪为标准，祭祀都是其最重要的部分。华南师范大学代国庆副教授在中西经学互动视域下评析“祭礼”现象。代副教授通过分析 17 世纪在福建地区传教的耶稣会士和多明我会士，以及当地天主教徒就中国祭祀展开的辩难，提出多明我会士的观点与所处的地域文化环境有直接的关系，而利玛窦则更多地受到王学的影响与助佑。

中山大学王格副研究员则从利玛窦、庞迪我、高一志三位耶稣会传教士的论述中，系统考察西方天使学说如何透过“鬼神”观念传入中国。王副研究员指出，虽然传教士以尊“古儒”非“今儒”的方式批判宋明理学的确是一种传教策略，但以神鬼对应天使的做法并非完全出于策略考虑。肇庆学院汪聂才博士则通过分析利安当在《正学镠石》对儒家“鬼神”观的讨论，提出利安当利用中国古代典籍，尤

其是孔子教诲来批驳当时新儒家的观念和礼仪，也是一种与耶稣会士的文化适应政策相似而实有别的文化调适政策。

此外，南京大学宋黎明教授介绍了"礼仪之争"中的重要人物黎玉范的《圣教孝亲解》诸手稿。宋教授通过分析罗马国家档案馆(ASR)收藏的三种《圣教孝亲解》手稿与梵蒂冈图书馆所藏手稿之间的差异，判定它们的来源及写作年代。

其　他

中山大学郭丽娜教授从《中国古籍中蕴含之基督教要义遗存》的法译本探讨《易经》在法国的传播。郭教授认为，在19世纪法国社会世俗化转型时期，以蕴含天道时势变化理论的《易经》为代表的中国文化通过传教士对法国社会发展产生了影响。

中山大学柯修文(Daniel Canaris)博士分析了《中国哲学家孔子》中的和平和国家理由概念，认为玛窦采取文化适应政策是出于政治上的需要。尽管和平可能是政治哲学的最高追求，但在这里它应奠基于一种神圣的超越性。

扬州大学黄志鹏博士分析了罗光生命哲学中的创造观，认为罗光以"生命"作为沟通经院哲学和以儒家为代表的中国哲学的桥梁，这实际上是沿着利玛窦的理路而来的，是一种希望借助儒家哲学以实现经院哲学本土化的尝试。

此次会议较为清晰地呈现了明清时期传教士西学与宋明理学的相遇与碰撞，旨在把握明清时期以儒学为代表的中国传统与西方文明相遇时所出现的差异与对话。在此基础上，探讨如何更好进行异质文化对话与交流，以期为中国的发展提供有益的学术资源。